ESTUDOS DE DIREITO DA BIOÉTICA

ASSOCIAÇÃO PORTUGUESA DE DIREITO INTELECTUAL

ESTUDOS DE DIREITO DA BIOÉTICA

ALMEDINA

TÍTULO:	ESTUDOS DE DIREITO DA BIOÉTICA
COORDENADOR:	JOSÉ DE OLIVEIRA ASCENÇÃO
EDITOR:	EDIÇÕES ALMEDINA SA Rua da Estrela, n.º 6 3000-161 Coimbra Telef.: 239 851 905 Fax: 239 851 901 www.almedina.net editora@almedina.net
EXECUÇÃO GRÁFICA:	G.C. – GRÁFICA DE COIMBRA, LDA. PALHEIRA – ASSAFARGE 3001-453 COIMBRA producao@graficadecoimbra.pt FEVEREIRO 2005
DEPÓSITO LEGAL:	221418/05

Toda a reprodução desta obra, por fotocópia ou outro qualquer processo, sem prévia autorização escrita do Editor, é ilícita e passível de procedimento judicial contra o infractor.

ÍNDICE FINAL

	Pág.
Prof. Doutor Daniel Serrão	
Questões para o séc. XXI na perspectiva da ciência	9
Prof. Doutor Walter Osswald	
Diagnóstico genético e medicina predizente. Diagnóstico prénatal	17
Prof. Doutor José de Oliveira Ascensão	
Intervenções no genoma humano. Validade ético-jurídica	25
Prof. Doutor Guilherme de Oliveira	
Autoregulação profissional dos médicos	49
Prof. Doutor Luís Carvalho Fernandes	
A definição de morte. Transplantes e outras utilizações do cadáver	61
Prof. Doutor Carlos Pamplona Corte-Real	
Os efeitos familiares e sucessórios da procriação medicamente assistida (P.M.A.)	93
Prof.ª Doutora Maria Fernanda Palma	
Transmissão da SIDA e responsabilidade penal	113
Prof. Doutor Luís Manuel Teles de Menezes Leitão	
O internamento compulsivo do doente mental perigoso na Lei de Saúde Mental	129
Prof. Doutor Bernardo Xavier	
O acesso à informação genética. O caso particular das entidades empregadoras	141
Prof.ª Doutora Paula Costa e Silva	
A realização coerciva de testes de ADN em acções de estabelecimento da filiação	165
Dr. J. P. Remédio Marques	
Invenções de genomas – O problema das patentes	187
Dr. Augusto Lopes Cardoso	
Eutanásia e suícidio assistido	235
Dr. Luís Vasconcelos Abreu	
O segredo médico no direito português vigente	261
Dr. Henrique Mota	
Interrupção voluntária da gravidez	287
Dra. Stela Barbas	
Testes genéticos, terapia génica, clonagem	309

NOTA INTRODUTÓRIA

Este livro destina-se essencialmente a permitir o acesso generalizado aos textos que deram a base das conferências pronunciadas no Curso de Pós-Graduação de Direito da Bioética realizado na Faculdade de Direito de Lisboa. Dadas as contribuições muito valiosas que foram reunidas, impunha-se levá-los ao conhecimento de um público mais vasto.

A Associação Portuguesa de Direito Intelectual, que tomou sobre si o encargo da organização do Curso, completa a sua intervenção promovendo a publicação deste livro. Tem a satisfação de contribuir para um domínio emergente em acelerada afirmação, cuja densidade humana não lhe permitiria que ficasse indiferente.

O Coordenador do Curso

José de Oliveira Ascensão

119

QUESTÕES PARA O SÉCULO XXI

por DANIEL SERRÃO

Assumo que me compete, no âmbito deste debate triádico, com o qual se encerra um excelente curso de Pós-Graduação em Direito da Bioética, tratar a perspectiva da Ciência e mais especificamente da Ciência Médica quanto às grandes questões que irão atravessar e perturbar os seres humanos no Século XXI.

O Curso, no seu desenvolvimento, abordou já os problemas do presente, todos os problemas da ética bio-médica actual, com a qualidade e o rigor que são apanágio dos prelectores seleccionados. Por isso entendi que me era proposto o exercício de antecipar o futuro – e é o que vou fazer. Mas porque o futuro se constrói no presente, dou aqui como presentes todos os conteúdos das 14 sessões antecedentes e lançarei sobre eles um olhar atrevidamente futurista.

1. Anuncio, a abrir, a mais que provável mudança do paradigma actual das Ciências da Vida. Porquê?

Porque o ataque da Ciência ao complexo problema da vida desenvolveu-se, nos últimos cem anos, com a metodologia própria das ciências duras, em especial a física, a química e a matemática, e com a lógica racional da causalidade directa que vincula a resposta ao estímulo actuante, ou seja, o efeito à causa.

A consequência deste ataque científico foi uma dramática pulverização dos saberes sobre os seres vivos, incluindo os seres humanos, pulverização tão reducionista que torna improvável, ou mesmo impossível, a emergência actual de um outro Aristóteles, de um novo pensamento integrador global; não apenas sobre a natureza como *natura naturans* na expressão de Zubiri e Lain Entralgo[1], mas sobre todas as vidas: vegetal, animal e hu-

---

[1] Entralgo, Pedro Lain – O que é o homem? Evolução e sentido da vida. Tradução de A. Borges, D. Serrão e J.M. André. Editorial Notícias. Lisboa, 2002
Nesta obra na qual Lain Entralgo sintetiza o seu pensamento sobre a natureza do

mana; e ainda sobre a vida como totalidade e como relação ou emergência cósmica.

Não obstante, o paradigma científico, analítico e reducionista, avança imperturbável e continua hoje a escrutinar com tecnologias cada vez mais miúdas os efeitos mínimos de causas mínimas. Faz-me lembrar o percurso da investigação física sobre o efeito térmico que terminou no zero absoluto, na ausência de efeito térmico para explicar o efeito térmico.

Algo de semelhante aconteceu na investigação biológica com o ADN, que foi designado, a molécula da vida.

A vida tinha de ter um suporte químico, porque a vida é emergência da matéria, dizia-se no campo da investigação reducionista.

E quando Watson e Crick imaginaram – e depois confirmaram – a estrutura química tridimensional desta molécula proteica, o ADN, o aplauso foi unânime, incluindo o do Comité Nobel: está descoberto o segredo da vida.

Depois, com as capacidades actuais do grafismo informático, o ADN deixou de ser uma molécula química invisível e apareceu, aos olhos do cidadão comum, sob a forma de uma escada com dois varões que se enrolam em espiral, até ao infinito.

O ADN assumiu, assim, o estatuto de um grande mito dos tempos modernos[2], uma nova Esfinge que temos de interrogar sobre o segredo da vida, antes que ela nos interrogue e depois nos devore por não termos a resposta certa.

O ADN, coisificado em dupla espiral, passou a ocupar no imaginário do cidadão comum o lugar de honra dos antigos mitos fundacionais, vale por si próprio, tem uma força causal poderosa; é ele, esse ADN individual e autónomo, que gera e produz a vida, proclamaram os cientistas do particular e todos acreditaram.

Com a força deste mito não foi difícil obter as volumosas verbas necessárias para a descriptação do genoma humano – que é o ADN. Os cientistas analíticos e reducionistas conseguiram conhecer a posição relativa das sub-unidades químicas que o compõem, representando-as por letras G, T, C, e A e com elas escreveram um longo texto; afinal, um texto ilegível e indecifrável, que não explica a vida, nem explica nenhum ser

---

homem são apresentados os conceitos originais de Zubiri e é feito um debate aberto sobre a questão da hominização numa perspectiva científica, filosófica e teológica.

[2] Alex Mauron, em artigo publicado na revista Science interrogava-se se o ADN é o equivalente moderno da "alma".

vivo. Abusando da semântica, os mesmos cientistas, para tentarem combater a frustração do público – porque afinal descodificou-se o genoma e não aconteceu nada de relevante –, vêm lembrar que o longo texto, feito de A, C. T e G, em múltiplas combinações, tem uma informação oculta e que a desocultação vai demorar alguns 10 anos. Então, dizem, construiremos finalmente um modelo explicativo da relação causal entre informação e efeito, entre genoma e soma, entre química e corpo vivo. Construiremos, então, o autêntico fisioma da vida.

Entretanto os corpos vivos existem, interactuam, nascem, reproduzem-se, morrem, mesmo sem sabermos como é que a informação genómica produz o olho plurifacetado da mosca ou o prodigioso cérebro dos humanos.

E porque os corpos vivos estão aí e nos interpelam permanentemente, há-de desenvolver-se, neste milénio, uma nova disciplina pela qual a inteligência humana consiga compreender a vida em todas as suas manifestações concretas, cruzando os modelos científicos, físicos e químicos, com as representações simbólicas ou abstractas, da vida e dos seres vivos.

Este é o objectivo da nova bioética, global e profunda, anunciada por Van Potter em artigo publicado em 2001[3] pouco antes da sua morte (ocorrida em 6 de Setembro desse ano, logo após ter completado 90 anos).

O renascimento da Bioética como Bioética Global que se deve a Peter Whitehouse nos Estados Unidos e ao Instituto Internacional para o Estudo do Homem, de Florença, animado por Chiarelli e ainda a uma rede internacional de quarenta membros activos, este renascimento, dizia, vai ser o suporte da mudança de paradigma que anunciei, no estudo e compreensão da vida e no aprofundamento da relação, ainda algo misteriosa, entre os seres humanos inteligentes e a natureza viva. O livro de Darryl Macer – Bioethics is love of life[4] – e a Conferência Internacional que ele

---

[3] Potter, van Rensselaer and Potter, Lisa – Global Bioethics: Commenting sustainable development to global survival. Global Bioethics, 14 (4): 9-17, 2001.

Todo o vol. 14 desta revista, que é editada pelo International Institute for the Study of Man sob a direcção de A. B. Chiarelli, do Instituto de Antropologia da Universidade de Florença, é uma homenagem à vida e à obra de van Potter. Merece destaque o artigo de Peter Whitehouse intitulado: The rebirth of Bioethics: a tribute to van Rensselaer Potter (pags. 37-46).

[4] Macer, Darryl – Bioethics is love of life: an alternative text-book. Eubios Ethics Institute, 1998.

Macer, Darryl – Bioethics and the impact of genomics in the 21th Century: Pharmacogenomics, DNA Polymorphisms and Medical Genetics Services. Eubios Ethics

organizou no Japão sobre Bioética e impacto da Genómica no séc. XXI são, entre muitos outros, os sinais de que a mudança de paradigma já está em marcha. Que os jovens estejam atentos ao que vai acontecer.

2. Na ética dos cuidados de saúde – à qual os anglo-saxónicos chamam bioética, afunilando o sentido da palavra – identifico cinco grandes problemas que vão exigir um activo debate na sociedade civil – no sentido que esta expressão tem em Adam Seligman[5] – debate que só resultará na melhoria da condição humana, se for um debate bioético na linha do pensamento de Potter e dos seus actuais seguidores.

Não vou poder desenvolver os temas; vou apenas enunciá-los.

2.1 – À medicina científica é ainda hoje atribuída, como primeira prioridade, a cura das doenças orgânicas, das doenças com lesões. Esta prioridade possibilitou o desenvolvimento técnico-científico da medicina moderna com a sua capacidade interventiva de que são exemplo as unidades de cuidados intensivos que se ocupam de seres humanos no limiar da morte ou já mortos.

Um grupo de sages, de homens sábios, comissionado pelo Hastings Center[6], elaborou um documento de consenso internacional que altera as prioridades dos objectivos médicos. A primeira é – deve ser – a intervenção sobre a dor e o sofrimento que as pessoas apresentam, a segunda é o acolhimento da pessoa total integrada num contexto social e cultural. Em

---

Institute. A interpretação de D. Macer da bioética como a forma de os seres humanos exprimirem o sentimento universal de amor pela vida, é muito próxima do pensamento "potteriano". Contudo, Macer, que é neo-zelandês e trabalha como investigador no Japão, não cita no seu livro um único trabalho de van Potter.

[5] Seligman, Adam B. The Idea of Civil Society. The Free Press. New York, 1992.

Um melhor conhecimento da concepção de sociedade civil deste sociólogo e antropólogo de matriz hebraica, ajudaria a compreender que invocar e apelar hoje à "sociedade civil", como solução para os problemas actuais e futuros das sociedades politicamente organizadas em Estados e que não realizam a justiça, como equidade entre os cidadãos, nem promovem a solidariedade, não faz sentido.

[6] The Goals of Medicine. Setting New Priorities. An International Project of the Hastings Center. Este texto apresenta o resultado de uma reflexão de 15 personalidades de 15 países (Alemanha, Hungria, Escócia, Inglaterra, USA, Eslováquia, Chile, Itália, Suécia, República Checa, Dinamarca, Indonésia, Holanda e China). Daniel Callahan, fundador do Hastings Center, foi um dos membros e de certo inspirou a última frase do documento: "The medicine of the future will not, and should not, be the same in its institutional structures and policy settings as the medicine of the past and present".

terceiro lugar é que aparece a tecnologia médico-cirúrgica interventiva e tantas vezes mutilante – mas só aquela que a pessoa aceite no quadro do assentimento livre e esclarecido e da sua autonomia como pessoa.

Daqui a necessidade de formar, para além do médico tecnicista especializado, um novo médico com formação global que possa ser o médico assistente das pessoas que se consideram doentes, orientando-as e acompanhando-as na selva da medicina tecnicista curativa e que depois as receba e as apoie quando a dita medicina tecnicista e curativa deixou de ter utilidade e se desinteressou da pessoa que sofre e vai morrer. A mudança das prioridades é já exigida hoje pela sociedade civil e vai acabar por ser aceite pela profissão médica e pelas estruturas de formação dos médicos e enfermeiros. O centro não é o hospital e a satisfação dos profissionais; o centro é a pessoa que se considera doente e tem de ser ajudada com absoluto respeito pela sua autonomia pessoal e pela dignidade humana, da qual é titular até à morte.

Se esta evolução não acontecer, então a eutanásia médica será a única solução para as pessoas com doenças na fase de incurabilidade e o direito irá torná-la legítima como já aconteceu na Holanda. Desde 1 de Abril deste ano que a morte do doente pelo médico, neste País, não é crime, é boa prática clínica.

2.2 – Para fugir a este destino macabro, as pessoas vão exigir aos médicos especialistas e tecnicistas que pratiquem cirurgia de remodelação, não apenas para fins estéticos, mas para o prolongamento das funções vitais. Em caso de falência total da função, vão exigir a substituição do órgão velho por um órgão novo – uma nova pele, um novo coração e pulmão, novos rins, novo fígado, novo intestino, novo pâncreas – com o objectivo expresso e desejado, de prolongar o tempo de vida[7]. No horizonte deste desejo, estará a construção de um novo cérebro, povoando o cérebro envelhecido com células stem do sistema nervoso central, já disponíveis no mercado para ensaios de tratamento de doenças cerebrais como o Parkinsonismo ou a demência precoce de Alzheimer. Agora, porém, será para

---

[7] A construção de órgãos bio-artificiais em que se conjugam células vivas com suportes inertes está já em franco desenvolvimento. O fígado e o pâncreas bio-artificial estão já disponíveis para situações agudas. Os bio-materiais utilizados são os mais diversos e podem ser, mais tarde, reabsorvidos deixando o tecido vivo reconstruído a funcionar normalmente. Para conhecer em pormenor este desenvolvimento técnico ver: "Bioartificial Organs II. Technology, Medicine and Materials. David Hunkeler et al. Eds. Annals of New York Academy of Sciences, vol. 875, 1999.

permitir o exercício das funções cerebrais globais com células nervosas novas que farão emergir uma inteligência jovem num corpo com muitos anos. Mais tarde, o apuramento da técnica de clonagem de células diferenciadas, permitirá que cada um se auto-repoduza, sem necessidade de óvulo desnucleado ou de útero, pois os factores de diferenciação e nutrição dos pseudo-embriões ou quase-embriões em que se transformarão, à vontade da pessoa, algumas das suas células somáticas, serão fornecidas por máquinas de nidação – como na reprodução ovípara, em que apenas é fornecido, ao ovo, calor externo.

2.3 – Para atingir estes benefícios, será desenvolvido um comércio livre de células, tecidos e órgãos, colhidos em mortos ou em vivos, em seres humanos adultos, em fetos ou em embriões; e também nos quase-embriões produzidos pela técnica de clonagem – à qual já se chama hoje clonagem terapêutica, antecipando um eventual uso futuro, pois no presente não há nenhum tratamento com base em embriões de clonagem (aos quais prefiro chamar quase-embriões ou clonotos). A ética e o direito vão ter muitas dificuldades para lidar com estes novos problemas que não são as fantasias da engenharia genética, mas são aplicações, diria bizarras, de tecnologias já disponíveis hoje.

2.4 – Se não bastarem estes recursos para a satisfação do desejo da imortalidade corporal que vai acicatar os seres humanos neste milénio, irá recorrer-se aos animais para serem dadores de células, tecidos e órgãos. É a xeno-transplantação. Na necrose hepática aguda por cogumelos venenosos é hoje possível manter a vida fazendo passar o sangue por um pseudo-fígado extracorporal feito de células hepáticas de porco em co-cultura com células humanas. Enquanto se aguarda um fígado de dador humano, para transplantação. No futuro próximo, um fígado de dador animal.

A xeno-transplantação está tão desenvolvida que o Conselho da Europa, pelos seus Comités Permanentes de Saúde Pública e de Bioética, elaborou uma Recomendação, já disponível para debate público antes da aprovação pelo Comité dos Ministros, para que os Estados Membros regulem esta nova técnica terapêutica[8]. A xeno-transplantação é contudo

---

[8] No Documento intitulado "Recommandation du Comité des Ministres aux Etats-membres sur la xénotransplantation", o Artigo 12, admite a participação de doentes humanos em ensaios de xeno-transplantação em certas condições, sendo a primeira que "não exista nenhum outro método terapêutico apropriado, de eficácia comparável para a pessoa doente".

vivamente contestada pelas Associações de defesa dos direitos dos animais. Por proposta minha, aprovada por unanimidade, os primatas não humanos foram excluídos da possibilidade de serem dadores, apenas se permitindo a colheita de células nos primatas de pequeno porte que possam ser criados em cativeiro com o respeito devido ao seu ethos próprio.

2.5 – O quinto e último problema, vai ser o de curar o cancro. Aqui defendo um ponto de vista heterodoxo, mas com fundamento científico na perspectiva archeo-biológica[9].

O cancro genético, como o neuroblastoma da infância, a polipose familiar do cólon que evoluiu para carcinoma, certas neoplasias da mama feminina, os cancros múltiplos do síndroma de Li-Fraumeni e muitos outros, este cancro genético é curável por três vias: a orientação das células para a diferenciação ou a correcção do erro genético por engenharia genética ou a inibição da transcrição desse erro.

Pelo contrário, os cancros que resultam de acções do meio externo são incuráveis porque são neo-estruturas geradas pelo processo de adaptação evolutiva face às variações do eco-sistema e são o processo genético que desde há milhões de anos mantem a perenidade da vida das espécies, embora à custa da vida de alguns ou muitos membros dessas espécies.

A medicina científica e técnica do séc. XXI vai defrontar-se com a exigência dos cidadãos que querem a cura do cancro porque querem prolongar a duração da vida individual e vai ter de concluir que a morte por

---

[9] Serrão, Daniel – Archeo-biologia e Bioética: um encontro não conflituoso. In Diálogo e Tempo, livro de homenagem a Miguel Baptista Pereira. Edição da Fundação Eng. António de Almeida. Porto, 2000.

Serrão, Daniel – Uma leitura archeo-biológica do cancro humano. Xornadas Luso--Galaicas de Ciencias, 1990-92. Publicação da Academia Galega de Ciências. Monografia, 1993.

Nestes dois trabalhos e nos outros meus escritos que neles aparecem citados, poderá o leitor interessado encontrar os fundamentos para a concepção que tenho defendido de ser a lógica do conhecimento biológico uma archeo-lógica ou seja, um raciocínio que obriga à consideração constante da variável tempo. O homem não foi sempre como é hoje, nem no seu corpo, nem nas capacidades do seu espírito. O livro de Merlin Donald, Origins of Modern Mind, editado em tradução portuguesa com o título "Origens do Pensamento Moderno" pela Fundação Calouste Gulbenkian, dá um contributo importante para o entendimento diacrónico da biologia humana e da antropologia social e cultural. A interpretação archeo-biológica de cancros não genéticos, no homem, radica na relação de cada ser humano com o tempo vivido e articula-se com o tempo vivido e o tempo a viver por parte desta espécie triunfante que é o Homo erectus.

cancro será a morte natural a partir dos 120 anos. A utopia da imortalidade do corpo será sempre isso mesmo – uma utopia.

3. De forma esquemática abri um leque de previsíveis avanços na ciência médica que vão gerar inquietações éticas e perplexidades jurídicas.

A minha confiada esperança, está posta num debate bio-ético global dos cidadãos que proclame – como aconteceu recentemente numa grande reunião bioética realizada na Academia das Ciências de Nova Yorque intitulada Unity of Knowledge[10] – a unidade do saber, a qual aspira à construção da sabedoria global sobre a vida vegetal, animal e humana.

Do êxito e da eficácia prática deste debate, dependerá a paz entre as religiões, entre as nações e entre todos os seres humanos.

Vale a pena o esforço porque a alternativa é a extinção, em massa, da espécie humana que poderá ocorrer neste terceiro milénio.

---

[10] Unity of Knowledge. The Convergence of Natural and Human Science. Annals of The New York Academy of Sciences, vol. 935. New York, 2001.

São as Actas de uma conferência internacional realizada em Nova Iorque, em Junho de 2000, na qual, E.O. Wilson no discurso inicial apresentou a sua previsão e cito: The "borderland" disciplines of cognitive neuro-science, human genetics, human sociobiology, and biological anthropology would together soon provide us with an adequate conception of human nature and a unity of natural and human science". Para esta adequada concepção da natureza humana, E.O. Wilson propõe o neologismo "consilience". É curioso notar que muitos anos antes o Prof. Barahona Fernandes apresentou o seu "ponto de vista convergente" que haveria de criar a nova "Antropociência". No elogio que proferi a este notável pensador português quando passei a ocupar a sua Cadeira na Academia das Ciências tive ensejo de demonstrar como, nos seus trabalhos, antecipou a concepção de Bioética apresentada por van Potter em 1970.

DIAGNÓSTICO GENÉTICO E MEDICINA PREDIZENTE. DIAGNÓSTICO PRÉNATAL

WALTER OSSWALD[1]

A diagnose, termo de óbvia raíz grega e de uso consagrado há milénios, consiste, como é notório, no estabelecimento de um rótulo ou designação para um estado mórbido ou de doença, em consequência da integração nosológica de sintomas, sinais, história e (eventualmente, e cada vez mais) dados analíticos ou imageológicos colhidos em determinado indivíduo, que se declara doente ou a quem é atribuída essa condição (o que acontece não poucas vezes, p.ex. em cancerosos pré-sintomáticos ou em hipertensos e em tantas outras doenças a que os anglo-saxões chamam *silent killers*). A diagnose foi até há cinquenta anos considerada como a cúpula e acme da actividade médica: o mestre admirado e venerado conseguia identificar com segurança a natureza da doença e divisar-lhe a evolução futura, isto é, prognosticar com grande margem de probabilidade.

Devido à explosão terapêutica verificada a partir dos anos 50 do século XX, inúmeras doenças e quadros sintomáticos que até aí respondiam insatisfatoriamente às tentativas de tratamento ou eram mesmo refractários a qualquer terapia revelaram-se acessíveis à intervenção, curativa ou melhoradora, de novos fármacos, novas técnicas cirúrgicas ou terapias físicas. Compreensivelmente, o eixo das atenções e das ansiedades do paciente deslocou-se da diagnose para a terapêutica. Tenho pouco interesse em ser exibido com um rótulo, como uma borboleta espetada em cortiça, prefiro ser posto em liberdade e gozar da consolação de voar ao sol, sem que se tenha apurado qual a razão do meu triste confinamento, disse, por estas ou semelhantes palavras, o poeta Arno Holz. Desta nova sensibilidade e justificada esperança nascem uma atitude de alguma indiferença ou menor

---

[1] Professor catedrático aposentado da Faculdade de Medicina do Porto. Director do Instituto de Bioética da Universidade Católica Portuguesa.

apreço pela difícil arte diagnóstica, hierática e reservada aos eleitos, aos príncipes da medicina, portadores de um léxico ou elenco das doenças e dotados de uma penetrante visão, a que o vulgo chamou "olho clínico".

Não sei se por coincidência, a nobre palavra "diagnose" foi-se tornando menos usual e hoje tem alguma conotação antiquada e até pedante, tendo quase universalmente sido substituída pelo adjectivo, substantivado para o efeito. Aceitemos esta realidade e dediquemos, a partir de agora, a nossa atenção ao diagnóstico.

Não é minha intenção tratar separadamente dos três conceitos clínicos que me foram sugeridos como título para esta singela, e necessariamente breve, exposição. De facto, o diagnóstico genético é um dos mais importantes apoios da prática daquilo a que se convencionou chamar medicina preditiva (a que pessoalmente prefiro chamar predizente) e o diagnóstico prénatal inclui, muitas vezes, análises relacionadas com a constituição genética do nascituro. Havendo assim importantes regiões de sobreposição entre os conceitos hoje trazidos à colação, não seria adequado tentar tratar de modo monográfico cada um deles. Tentaremos, pelo contrário, integradamente referir aspectos da *praxis* e do *ethos* que nos permitam, espera-se, um olhar sobre o intrincado desenho conceptual que talvez se possa traçar, com base nesta realidade técnica complexa, ao modo de uma *veduta* barroca, que tenta abarcar em algumas dezenas de centímetros de papel toda uma cidade e na realidade só lhe reproduz a superfície, sem revelar a profundidade das suas artérias e o encanto dos seus jardins. Contentar-nos-emos, pois, com a simples fachada do nosso tema, mas teremos necessidade de, em breves momentos, relembrar alguns pormenores importantes para a integração almejada.

Em primeiro lugar: a genética. Longe vão os tempos em que esta ciência era um amável entretenimento de curiosos como o abade Gregor Mendel, que num convento da Europa Central estabeleceu as regras da transmissão hereditária de características fenotípicas e especulativamente propôs que essa transmissão se devia à passagem, de progenitores para descendentes, de partículas responsáveis por tais características; concepção essa confirmada com a descoberta dos genes e sua localização nos cromossomas nucleares (embora haja material genético extranuclear, mitocondrial, não responsável pelo fenótipo – mas esse é assunto que não necessitamos agora de invocar). Também já se encontra ultrapassada a fase em que o conhecimento genético dependia em grande parte das observações comparativas levadas a cabo em gémeos univitelinos, verdadeira experiência da natureza, com aproveitamento científico que se intitulou gemeologia (de que um cultor marginal e criminoso foi o famigerado Mengele, autor de observações em gémeos ciganos sacrificados em Auschwitz). Hoje, como é sabido, encontra-se descodificado em 98-99% da sua extensão o genoma humano e os genomas de muitas outras espécies; temos uma tecnologia que nos permite intervir por via química, quase cirúrgica, sobre porções do genoma, isolando, cortando ou adicionando sequências; e tornou-se fácil e relativamente expedito o processo de identificação de um indivíduo através da análise de pequenas amostras dos seus tecidos ou secreções, o que é de consabida importância médico-legal e criminal.

Em paralelo com esta vertiginosa evolução técnico-científica a genética tornou-se popular, mítica e temida. Popular, já que toda a gente tem alguma noção, não necessariamente correcta, do seu teor e objecto de estudo; mítica, por se terem tecido e construído em seu torno mitos de grande resiliência, que a mensagem serena, objectiva e revestida de autoridade que os cientistas se esforçam por passar debalde procura dissipar; e temida, já que as potencialidades (reais) de interferência com a liberdade e a autonomia individuais que a genética traz no ventre são muito ampliadas e desfocadas pela ficção científica e pela incorrecta, incompleta e hiperbólica versão que dos avanços da ciência vai fabricando a comunicação social. Não resistimos a citar, de entre os mitos teimosamente ancorados no imaginário colectivo, o do determinismo genético ("nós somos os nossos genes", o "genoma é o livro da vida em que está traçado o nosso destino") com a sua vertente anti-jurídica (o crime como consequência de uma disposição génica); o da clonagem (o risco de se fabricarem dezenas de Bin Ladens ou, num grau de menor perigosidade, mas também horripilante, grozas de Boy Georges); e o da intervenção eugénica e de melhoramento (produzir gerações de atletas sãos, de matemáticos brilhantes ou, mais corriqueiramente, de mulheres com medidas ideais).

Em segundo lugar, a medicina predizente. É reconhecido por todos que sempre existiu medicina predizente, já que a interrogação quanto ao futuro, própria do ser humano, não se compadece com a aceitação pacífica de um diagnóstico de situação. Sempre o doente ou seus familiares (e muitas vezes seus superiores, empregadores ou chefes, mas também seus subordinados ou súbditos) colocaram a questão candente ao xamã, ao curandeiro, ao médico: e agora, que vai ser deste doente? Cura-se, vai morrer, fica com marcas indeléveis ou volta a ser saudável? O interrogado, sempre contrariado, pois sabe como é falível o traçar de perspectivas num incerto futuro, avança prudentemente um prognóstico, assente em probabilidades e portanto não aplicável com rigor ao caso individual. Este tipo de medicina predizente não é, porém, o que presentemente se tem em mente quando se usa esta designação. Do que realmente se fala é de uma medicina que permite prever, com muito pequena margem de erro, o aparecimento no futuro, eventualmente a largo prazo (p.ex. de décadas), de manifestações mórbidas graves ou incapacitantes. Trata-se aqui, sobretudo, de doença monogénica, mas é provável que se venha a incluir nesta área toda uma série de patologias (certos tipos de cancro, como o da mama ou o do cólon; diabetes de tipo 2; esquizofrenia, doença de Alzheimer) para as quais uma determinada constelação de genes predispõe.

Poderá vir a acontecer que o médico informe: este embrião, ou este feto, ou esta criança, ou este adulto jovem virá a sofrer, daqui a tantos anos, desta ou daquela doença (coreia de Huntington, polineuropatia amiloidótica familiar, mas também, eventualmente, cancro ou diabetes). Se o diagnóstico for de predisposição, poderá ter marcado interesse para o diagnosticado, que poderá recorrer aos estilos de vida ou a medidas terapêuticas com valor profiláctico; no caso de doenças não curáveis nem influenciadas pela profilaxia / terapêutica, o valor do conhecimento da verdade parece ser, em regra, muito reduzido (preparação psicológica do doente e dos seus, tomada de medidas reguladoras do património e do exercício da profissão) e os seus inconvenientes muito marcados (vida em sobressalto e a prazo, tensões com conjugues e demais família, preocupações maternais, etc.). De qualquer modo, parece evidente que este tipo de medicina predizente (diagnóstico precoce de doenças de manifestação tardia) só pode ser praticado quando são observadas condições técnicas muito restritivas (diagnóstico apenas quando integrado em um sistema de aconselhamento genético, acompanhamento do doente e familiares por equipa de profissionais de saúde, incluindo psicólogo, durante o período que medeia entre diagnóstico e eclosão da doença, necessidade de consentimento informado exaustivo, execução do diagnóstico apenas em adultos capazes e que conscientemente o requeiram, etc.) – para uma descrição pormenorizada e de qualidade, ver Sequeiros (2001).

Finalmente, o diagnóstico prénatal. Sem entrarmos em pormenores (que poderão ser encontrados nas excelentes revisões existentes, v.g. as de Nunes e Biscaia, Nunes, Tavares, Sequeiros), lembraremos que se trata hoje de um procedimento médico de rotina, praticado sobretudo, e mais do que uma vez, durante a gestação, com recurso a métodos não invasivos (ecografia, cardiotocografia, doppler, etc.). Mais raramente, e apenas quando para tal existam indicações médicas, se recorre a técnicas invasivas, tais como a biopsia coriónica, a amniocentese, a fetoscopia, não destituídas de risco para a gestante e sobretudo para o produto da concepção (risco de 0,5 a 4% de abortamento, provocado por estas manobras). Como é sabido, habitualmente sugere-se o recurso a alguma destas técnicas quando existam probabilidades acrescidas de doença do feto, p.ex., em gestantes de idade relativamente avançada (mais de 35 anos), com história de abortos repetidos, anomalia cromossómica de nado-mortos anteriores ou dos pais, anomalia ligada ao cromossoma X, história familiar de doença genética. Isto significa que cerca de 5% das gestantes podem ter como indicação médica a prática de tais técnicas, sendo que 96% das mulheres que aceitam submeter-se a este diagnóstico têm a satisfação de ver confirmada a normalidade genética do filho. Por outras palavras, em 4% ou 5% iniciais, ou seja em 0,2% de todas as gestações, acaba por se chegar a um diagnóstico de anomalia (grave ou não, compatível ou não com a vida) que poderá ou não enquadrar-se no rol de condições que excluem a ilicitude do abortamento.

Mais recentemente, uma forma especial de diagnóstico prénatal, o diagnóstico pré-implantatório (DPI) (Oliva-Teles e Nunes, Almeida Santos) veio tornar possível a prática de um diagnóstico genético predizente numa fase muito inicial do desenvolvimento do ser humano. Basta retirar uma ou duas células ou um corpúsculo polar de um embrião cultivado *in vitro* para realizar este tipo de diagnóstico, que não tem, geralmente, consequências graves para o embrião assim amputado. No caso de se detectar anomalia genética grave, não se procederá à implantação do embrião no útero materno, medida que evitaria, segundo os seus defensores, um abortamento (ou interrupção voluntária da gravidez) a realizar mais tarde, quando o diagnóstico prénatal evidenciasse a alteração genética existente. É claro que um abortamento é **tecnicamente** diferente da rejeição de um embrião, mas continua a ser obvio que o embrião ainda não implantado não é, ontologicamente, diferente do já implantado, pelo que não existem diferenças morais entre as respectivas destruições.

Igualmente claro é o facto do DPI, que só pode ser realizado quando se recorre à procriação medicamente assistida com fecundação *in vitro,* tender a ser alargado a condições em que não está medicamente indicado. Assim, casais férteis (em que não está, pois, indicado qualquer método de procriação medicamente assistida, reservada para tratamento da infertilidade) recorrem já a esta técnica, a fim de seleccionarem o sexo dos filhos (rejeitando, pois, embriões sãos pela simples razão de que não têm o sexo que os pais desejam) ou com o objectivo de seleccionarem um filho com características genéticas que o tornem compatível com um irmão já existente e que sofre de doença (p. ex. leucemia), que poderá beneficiar com o transplante de células obtidas do nascituro. Em qualquer destas situações há destruição de embriões sãos e coisificação dos nascituros, que de fins em si próprios passam a meios.

Estas constatações são, na sua natureza, paradigmáticas do género de questões éticas complexas que os diagnósticos genéticos, prénatais ou não, mais ou menos predizentes, levantam. Em primeiro lugar, é indispensável debater a natureza do embrião, procurando atribuir-lhe um estatuto. Não será necessário sublinhar que da natureza do embrião se infere a liceidade ética de intervenções que o afectem ou eventualmente levem à sua destruição. Diagnóstico pré-implantatório, selecção de embriões, interrupção voluntária da gravidez, redução do número de embriões em gravidezes multigemelares, são procedimentos com importantes consequências para o embrião ou feto e a exigir um escrutínio cuidadoso e ponderado. A posição que sustentamos, ou seja a de que o embrião é um ser humano numa fase muito precoce do seu desenvolvimento, não foi nunca cientificamente desmentida ou provada errada (e não parece que o possa vir a ser), mas não deve ser entendida como fundamentalista ou até, no limite, como capaz de forçosamente excluir toda e qualquer agressão ao embrião. De facto, a vida humana é um valor elevadíssimo, mas não absoluto, pelo que por vezes se argumenta que outros valores se podem, eventualmente, sobrepor aos da vida humana incipiente (p.ex. o valor de uma vida já adulta, como o da mãe, ou, diriam alguns, o valor de uma vida familiar harmónica e equilibrada, que seria gravemente atingida pela sobrevida de uma criança com grave anomalia psíquica ou física, justificando-se assim a sua eliminação prénatal). Mas esse é um vasto campo do debate bioético que aqui não podemos encetar.

Outro tema importante do ponto de vista ético e prático, é o do consentimento informado. Em todas as situações prenatais, o consentimento é pedido aos pais ou, mais vezes, apenas à mãe. Por razões pragmáticas, certamente, pois não há outras pessoas a quem o solicitar: mas é seguro que não existe uma fundamentação sólida para esta atitude, quase universalmente seguida. Será que a mãe pode decidir da morte ou da vida do embrião ou feto que alberga? Quem lhe confere autoridade para ser dona de uma vida outra? Será que nestas circunstâncias a mãe é a melhor advogada e procuradora do seu filho, atenta aos seus melhores interesses e deles representante legítima?

Outra questão ética é do acesso a cuidados diagnósticos deste tipo e o pagamento dos seus custos. Até onde vai a obrigação de solidariedade e de justiça em relação aos elevados custos da procriação medicamente assistida e do diagnóstico pré-implantatório? Quem poderá ter acesso, gratuitamente, a estes cuidados especializados?

Finalmente, surge-nos da boceta de Pandora da moderna genética a pressão da eugenia, da nova eugenia. Já não se trata da eugenia estatal de má memória ("melhorar a raça, eliminar os doentes e os fracos"), embora algumas atitudes oficiais penosamente nos avivem essa sombria recordação (p.ex., pressões exercidas sobre gestantes com fetos portadores de anomalias genéticas compatíveis com a vida de razoável qualidade, tais como a trissomia 21, para que abortem). Trata-se sobretudo de uma eugenia de indivíduos ou de casais, que parecem procurar filhos "perfeitos", projectando para a realidade da procriação sonhos e mitos egocêntricos. Escolher um rapaz sem defeito, possivelmente bonito e de porte atlético, poderá em breve ser realizável; mas compete à sociedade e à comunidade científica decidir acerca dos limites a respeitar, dos interditos a estabelecer, da regulamentação a criar, tendo sempre como critério último o bem e a dignidade da pessoa criadora e da pessoa criada.

REFERÊNCIAS

ALMEIDA SANTOS, A. – Diagnóstico genético pré-implantatório. In Poderes e limites da Genética. Conselho Nacional de Ética para as Ciências da Vida, PCM, Lisboa 1998

NUNES, R., BISCAIA, J. – Diagnóstico genético prénatal. In Novos desafios à Bioética (coord. L. Archer, J. Biscaia, W. Osswald, M. Renaud) Porto Editora, Porto 2001

NUNES, R. – O diagnóstico prénatal da doença genética. In Genética e reprodução humana (coord. R. Nunes e H. Melo). Gráfica de Coimbra, Coimbra 2000

OLIVA-TELES, N., NUNES, R. – Diagnóstico pré-implantatório. In Novos desafios à Bioética (coord. L. Archer, J, Biscaia, W. Osswald, M. Renaud). Porto Editora, Porto 2001

SEQUEIROS, J. – Aconselhamento genético e testes preditivos em doenças da vida adulta. In Novos desafios à Bioética (coord. L. Archer, J. Biscaia, W. Osswald, M. Renaud). Porto Editora, Porto 2001

TAVARES, J. RUEFF – Das possibilidades actuais de predizer a saúde e a doença da pessoa. In Poderes e limites da Genética. Conselho Nacional de Ética para as Ciências da Vida, PCM, Lisboa 1998.

INTERVENÇÕES NO GENOMA HUMANO. VALIDADE ÉTICO-JURÍDICA

JOSÉ DE OLIVEIRA ASCENSÃO

SUMÁRIO: 1. Sociedade de risco e manipulação genética; 2. Gene, intervenção genética, patente; 3. Fontes jurídicas; 4. Intervenções com carácter terapêutico em células somáticas; 5. Intervenções com carácter terapêutico em células germinais; 6. Intervenções para fins de melhoramento em células somáticas; 7. Intervenções em células reprodutivas; 8. Ética e "política das éticas"; 9. Intervenções para melhoramento em células germinais; 10. Personalidade e genoma; 11. O *status* jurídico da questão.

1. Sociedade de risco e manipulação genética

Vivemos hoje no que é qualificado como uma *sociedade de risco*. A organização tecnológica avançada e meticulosa da vida social coexiste com riscos espantosos que de todo o lado a ameaçam. A sociedade é ávida de segurança, mas está por muitas formas vulnerável. Disso temos por todos os lados manifestações: duas torres que desmoronam, o caos derivado da interrupção no fornecimento de electricidade, o pânico provocado por um simples acidente rodoviário num túnel, o descontrolo nuclear...

Também se aponta, na origem de grandes riscos que ameaçam a sociedade, a biotecnologia[1].

---

[1] Cfr., embora com objectivo apenas de descrição geral, Fernando Bronze, *Argumentação jurídica: o domínio do risco ou o risco dominado?*, no "Boletim da Faculdade de Direito" (Coimbra), LXXVI (2000), 13, que retoma (23-24) a enumeração de Ulrich Beck. Este fala da globalização dos perigos ligados às indústrias químicas e atómicas, à manipulação genética e assim por diante. Arthur Kaufmann desenvolve a matéria da Bioé-

Por isso se desenvolvem dois movimentos paralelos e não contraditórios: por um lado, a corrida à inovação tecnológica, motor de autênticas revoluções que levam sempre mais longe a capacidade de domínio da natureza e de resolução de problemas sociais; por outro, o receio ou a inquietação perante os resultados anómalos que se configuram (ou pressentem, porque muitas vezes estão ocultos ainda). Como saldo, podemos dizer que os riscos aumentam sempre, mais celeremente que as soluções dos problemas. Ao contrário do *slogan*, a resposta aos problemas da técnica só com defeito tem sido dada pela técnica.

Isto levou a desenvolver um *princípio da precaução*, dirigido a controlar a evolução para evitar que se desemboque em consequências que sejam já irreparáveis. É proclamado em todos os sectores de risco. E tem sido referido expressamente à biotecnologia, sempre que o ecossistema ou a saúde ou integridade humanas estejam em risco[2].

Na realidade, há aqui apenas manifestação da virtude ou princípio clássico da *prudentia*, algo depreciado no mundo novo, mas que ressurge perante o avolumar dos riscos da própria existência individual e social.

O conhecimento do genoma humano, em particular, abre domínios maravilhosos de actuação, e cria simultaneamente grandes zonas críticas.

As possibilidades de intervenção, na terapia génica, na procriação, ou em muitas outras formas de actuação sobre a base biológica do ser humano, estão em crescimento contínuo.

Mas multiplicam-se os espaços problemáticos, na investigação e experimentação científicas (por exemplo, na criação de monstros), no diagnóstico (incluindo o pré-natal), na determinação e alcance do consentimento a exigir, e em tantos outros sectores.

E esses problemas fazem-se sentir em todas as aplicações: policiais e criminais; no emprego e nos seguros; no aborto e na selecção dos embriões; na criação de bancos de dados genéticos; na adopção; na investigação de paternidade; e assim por diante[3].

---

tica (bem como a da Ecologia) justamente no capítulo sobre a sociedade do risco: *Rechtsphilosophie*, C. H. Beck, 1997, 301-328.

[2] Cfr. por exemplo J. P. Remédio Marques, *A comercialização de organismos geneticamente modificados e os direitos dos consumidores*, in "Estudos de Direito do Consumidor", n.º 1 (1999), Centro de Estudos de Direito do Consumo da Faculdade de Direito de Coimbra, 215; João Carlos Gonçalves Loureiro, *O direito à identidade genética do ser humano*, in Studia Iuridica. 40, Colloquia 2, Coimbra Editora, 1999, 350.

[3] Cfr. por exemplo Luís Archer, *Questões éticas e sociais implicadas na análise do genoma humano*, na revista "Arte Médica Portuguesa"; Augusto Lopes Cardoso, *Da di-*

2. Gene, intervenção genética, patente

Só é nosso tema o que concerne à própria intervenção no genoma humano.

Estamos no tempo em que se anunciou ter-se chegado ao mapeamento completo do genoma humano.

Assistiu-se até a uma muito significativa corrida entre a indústria e a ciência, a primeira para conseguir o monopólio, a segunda pela liberdade. Segundo se revela ao observador não técnico, a ciência teria chegado primeiro, e a liberdade prevaleceu. O presidente Bush fez mesmo uma declaração pública, que aparentemente iria no sentido da liberdade do genoma humano. Mas isso não aplacou a voracidade da indústria.

Até há pouco, admitiam-se apenas patentes referentes a micro-organismos. Os Estados Unidos introduziram as patentes de genes. A Comunidade Europeia foi pressurosamente atrás, pagando o alto preço de ter de subverter as noções fundamentais de invenção e de descoberta[4]. Isto porque a descoberta dum gene é mesmo descoberta e não invenção.

A outorga de direitos exclusivos sobre genes, mediante patente de produto, cria por outro lado o risco de se levantarem barreiras à pesquisa e aplicação[5].

Mas a Comunidade Europeia emitiu a Directriz n.º 98/44/CE, de 6 de Julho, relativa à protecção jurídica das invenções biotecnológicas, que consagra a patenteabilidade de sequências de genes, em termos indefinidos mas perigosos (art. 5/2).

Foi transposta para a ordem jurídica portuguesa pelo recente Código da Propriedade Industrial, aprovado pelo Dec.-Lei n.º 36/03, de 5 de Março. Utilizou na transposição o habitual método da fotocópia.

Mas ainda agravou a situação, uma vez que integra um art. 54/1 *a*, em que se admite a patenteabilidade de "uma substância ou composição compreendida no estado da técnica para a execução de um dos métodos citados no n.º 2 do artigo 52.º, com a condição de que a sua utilização, para qualquer método aí referido, não esteja compreendida no estado da técnica".

Os métodos "citados" no n.º 2 do art. 52 são os métodos de tratamento cirúrgico ou terapêutico do corpo humano ou animal e os métodos

---

mensão jurídica da intervenção genética, in Rev. da Ordem dos Advogados, 61-I (Jan 2001), 485-6.

[4] Cfr. sobre esta problemática João Paulo Remédio Marques, *Patentes de Genes Humanos*, Coimbra Editora, 2001, 3.2.

de diagnóstico aplicados ao corpo humano ou animal. Mas já aí se diz que podem ser patenteados os produtos, substâncias ou composições utilizados em qualquer desses métodos. O art. 54/1 *a* vem assim, para este caso de métodos não patenteáveis (!), alargar a patenteabilidade às substâncias ou composições compreendidas no estado da técnica, desde que a sua utilização para aqueles métodos não esteja compreendida no estado da técnica. Calculam-se as dificuldades que trará esta previsão casuística, ainda por cima por referência a métodos que não podem ser patenteados.

Retomemos porém a questão do mapeamento do genoma humano. O facto de se afirmar terminado não impede que ainda falte muito no esclarecimento das funções dos genes.

Foi entretanto possível extrair da cadeia de ADN os trechos que contêm informação genética. Produzem-se *sondas* que permitem detectar genes da mesma natureza, nomeadamente para a localização do tipo de anomalias que se pesquisem.

E podem-se recombinar os elementos constituintes

– suprimindo
– modificando
– substituindo
– aditando
– genes, e isto
– quer em células somáticas quer germinais
– quer para terapia quer para melhoramento.

Devemos examinar estas modalidades, assim descritas em linguagem de leigo.

Mas antes, há que fazer um breve inventário das fontes jurídicas disponíveis.

3. Fontes jurídicas

Até há pouco poderia dizer-se que não havia em Portugal fontes nor-

---

[5] Cfr. Alberto Bercovitz, *La patenteabilidad de los descubrimientos genéticos*, in "El Derecho ante el Proyecto Genoma Humano" (obra colectiva), vol. II, Fundación BBV, 173; Celeste Pereira Gomes/Sandra Sordi, *Aspetos atuais do projeto genoma humano*, in "Biodireito", coord. Celeste Leite dos Santos, Revista dos Tribunais (São Paulo), 2001, 192-193.

mativas específicas na matéria. Restava assim apenas o recurso às fontes gerais, particularmente às constitucionais.

Encontravam-se duas disposições do maior alcance ínsitas na Constituição[6]:

1) a do art. 1, que coloca a base constitucional na dignidade da pessoa humana.

É uma afirmação da maior relevância, comum aliás a todos os países ocidentais. E ela dá a base valorativa para resolver muitas questões suscitadas. Mas há que evitar o recurso desmesurado a este princípio ontológico, que pode levar a uma banalização[7]. Arthur Kaufmann descrê mesmo que possa representar um argumento plausível, por ser demasiado abstracto e genérico, e ter conteúdo cambiante[8].

2) a do art. 26/3: a lei garantirá a dignidade pessoal e a identidade genética do ser humano, nomeadamente na criação, desenvolvimento e utilização das tecnologias e na experimentação científica. Aqui versamos já especificamente o nosso domínio.

A estas foram-se sucedendo outras fontes, em consequência de acordos internacionais.

Referimos em particular:

I – Declaração Universal sobre o Genoma Humano e os Direitos Humanos (UNESCO, 11 de Novembro de 1997).

Trata-se de uma mera declaração. Tem como é natural um carácter de proclamação de princípios. Todavia, as intervenções sobre o genoma humano são justamente o seu objecto. Contém várias pronúncias sobre as-

---

[6] Interessam ainda nesta os arts. 24 (direito à vida), 25 (direito à integridade pessoal) e 26/1 (direito à identidade pessoal).

[7] Neste sentido João Carlos Gonçalves Loureiro, *O direito à identidade genética do ser humano*, in "Portugal-Brasil Ano 2000", U.C. / Coimbra Editora, 1999, 264-389 (278-279), que estuda profundamente o tema. Mas o apoio neste princípio é imprescindível neste domínio e o autor recorre a ele frequentes vezes. Veja-se por exemplo a análise de Direito Constitucional brasileiro a que procede, e que o leva a ancorar a integridade genética do ser humano, na falta de previsão específica, na relevância autónoma do princípio da dignidade da pessoa (354-359). O autor retoma o tema em *Os genes do nosso (des)contentamento – Dignidade Humana e genética: notas de um roteiro*, in Bol. Fac. Dir. (U.C.), vol. LXXVII, 163, aprofundando o sentido de dignidade humana e considerando que só excepcionalmente se pode falar de uma violação autónoma do princípio da dignidade humana, dado o vasto leque de direitos fundamentais consagrados.

[8] *Rechtsphilosophie* cit., 314.

pectos particulares. E o art. 24 prevê "práticas que poderão ser contrárias à dignidade humana, como as intervenções sobre a linha germinal".

II – Convenção para a Protecção dos Direitos do Homem e da Dignidade do Ser Humano face às Aplicações da Biologia e da Medicina: Convenção sobre os Direitos do Homem e a Biomedicina (Conselho da Europa, Oviedo, 4 de Abril de 1997). Tem um Protocolo Adicional de 12 de Janeiro de 1998, que proíbe a clonagem de seres humanos.

Trata-se agora de uma Convenção, e tem grande significado para Portugal por ter sido já ratificada, juntamente com o Protocolo, a 3 de Janeiro de 2001[9].

Interessa-nos muito em particular o Cap. IV desta Convenção, relativo ao genoma humano. Alguns preceitos revestem-se de um carácter vago, o que não é de estranhar perante a grande diversidade de participantes e os receios de uma intervenção normativa prematura em domínios ainda em grande ebulição. Por outro lado, isso reduz em grande parte a eficácia prática. Seja o caso da proclamação do princípio da não discriminação em virtude do património genético. Marca uma orientação, mas permite ainda muitos entendimentos.

A Convenção contém porém duas disposições taxativas, que cortam cerce as problemáticas que apontam:

1) Art. 14 – não selecção do sexo

São proibidas técnicas da procriação assistida para escolher o sexo da criança a nascer.

Apenas se admite uma excepção: quando a finalidade for evitar graves doenças hereditárias ligadas ao sexo.

2) Art. 12 – testes genéticos predictivos

Só são admitidos para fins médicos ou de investigação médica e sem prejuízo de um aconselhamento genético adequado.

Firma-se assim uma orientação de grande importância, nomeadamente se se tiver em vista a pressão dos sectores interessados no sentido da realização de testes, em particular para fins de emprego ou de seguro.

É fundamental para nós o art. 13, epigrafado mesmo "Intervenções sobre o genoma humano". Mas justamente por ser o núcleo do nosso tema, a sua análise acompanhará o desenvolvimento subsequente.

---

[9] A Convenção entrou em vigor a 1 de Dezembro de 2001, por ter sido ratificada por cinco países.

Estranhar-se-á a escassez de fontes com que se lida em domínio tão importante. Mas há também aqui uma contenção que impede que se legisle afoitamente. Há que fugir da precipitação que leva a fechar rigidamente questões cuja meditação ainda está em aberto.

Por isso se tem manifestado a preferência pela auto-regulamentação, e nomeadamente pelos códigos deontológicos[10], que permitam com maior flexibilidade a adaptação às necessidades e o acompanhamento da evolução. O recurso às comissões de ética tem-se revelado também muito importante, em Portugal nomeadamente.

É indispensável aditar uma advertência em relação a esta situação de escassez legislativa. Não se pode inferir da circunstância de uma prática não ser especificamente proibida que ela seja lícita[11]. Por exemplo, não seria da circunstância de não haver nenhuma proibição específica da clonagem que se retiraria a licitude desta prática. Não deixariam de se aplicar os princípios gerais do Direito, com todas as orientações valorativas que comportam: e nomeadamente a orientação básica da preservação da dignidade do ser humano. Isto é igualmente importante quando se procede à despenalização de uma acção[12].

4. Intervenções com carácter terapêutico em células somáticas

Pode operar-se a terapia em células somáticas, com intervenções por meio de ADN recombinante.

O homem tem hoje capacidade, embora ainda limitada, de controlar as estruturas da sua existência como ser biológico.

Para o cientismo tecnológico, essa possibilidade não tem marcos que a limitem. O homem, como ser biológico, poderia ser encarado apenas como objecto de acções de melhoria[13]. Ajusta-se perfeitamente à nossa

---

[10] Estas fontes não serão por nós examinadas em especial.

[11] Cfr. o nosso *Direito e Bioética, in* "Direito da Saúde e Bioética" (obra colectiva), Lex, 1991, 12-13.

[12] A confusão foi muito visível entre nós no debate sobre a despenalização do aborto. Muitos identificaram despenalização e proclamação da licitude. Não é assim. A intervenção do Direito Penal só atinge um número mínimo de ilícitos, quando razões de várias ordem, nomeadamente de oportunidade, o justifiquem. Ainda quando o aborto é despenalizado não se pode tirar daí nenhuma ilação quanto à licitude ou ilicitude da sua prática.

[13] Ainda mais rudemente é acolhida qualquer limitação à investigação científica. É elucidativo o que se passa com a clonagem.

sociedade de consumo, em que o cliente tem sempre razão. Por isso a liberdade que se pretende é a do homem vir a ser tudo o que pode ser[14]; só as possibilidade fácticas representam barreiras.

Mas desde logo, o "biologismo" só enquadra uma fracção relativamente reduzida do ser humano e suas reacções[15]. Escapa-lhe o ser espiritual, que se ancora na base biológica e simultaneamente a transcende. Obriga a uma constante dialéctica, dirigida a uma composição finalística, a que presidem já critérios éticos e outros.

Neste domínio, a descoberta das técnicas de actuação sobre o genoma provocou uma comoção inicial, por receio de consequências imprevisíveis. Perguntava-se nomeadamente:

– se a mutação não iria atingir a descendência
– se ela não provocaria alteração da personalidade do paciente.

Portanto, perguntava-se se a intervenção não afectaria a identidade do receptor; e pior ainda, se não atingiria as gerações vindouras, por veiculação através de células germinais. Era difícil prever as consequências da ruptura do equilíbrio genético.

Mas hoje tende-se a admitir formas de terapia génica em células somáticas. Assimila-se esta modalidade de intervenção a quaisquer outros tratamentos em geral. Aqueles receios estão mitigados, porque não se terão confirmado as previsões mais pessimistas.

O que nos diz o art. 13 da Convenção da Biomedicina? Que uma intervenção que tiver por objecto modificar o genoma humano não pode ser levada a efeito senão por razões preventivas, de diagnóstico ou terapêuticas e somente se não tiver por finalidade introduzir uma modificação no genoma da descendência.

Excluem-se pois as intervenções que se comunicam à descendência, que são as que poderiam ocorrer através de células germinais. Estas serão examinadas a seguir.

Passando às intervenções em células somáticas, que aqui tomamos como as não comunicáveis à descendência, deixamos fora do nosso tema intervenções com finalidade diagnóstica, não obstante os problemas que

---

[14] Cfr. mais desenvolvidamente Fernando Bronze, *A Metodonomologia entre a Semelhança e a Diferença*, Coimbra Editora, 1994, 198.

[15] Cfr. o *Relatório e Parecer sobre Implicações Éticas da Genómica* do Conselho Nacional de Ética para as Ciências da Vida (40/CNECV/01), que acentua pelo contrário a influência do ambiente (I, n.º 5).

podem suscitar. Ficam as intervenções com finalidade preventiva e terapêutica.

O princípio é hoje o da admissibilidade destas intervenções.

Tal princípio é de aplaudir, desde que se pressuponham regras deontológicas ou éticas em geral que fixem limites. Quanto à alteração da identidade não é questão específica destas intervenções; e não é a qualquer intervenção no genoma que se deve atribuir esta consequência.

De facto há dificuldades em determinar os limites da intervenção terapêutica. Mas este ponto será examinado adiante. Outra questão reside na chamada "reserva de emergência"[16].

E aqui volta a funcionar o princípio da prudência, perante tecnologias não experimentadas ou intervenções de resultados ainda inseguros.

5. Intervenções com carácter terapêutico em células germinais

As maiores dificuldades concentram-se nas intervenções em células germinais.

Aqui dá-se um aumento tremendo do risco. Não está em causa apenas um indivíduo, estão também gerações futuras. As intervenções podem trazer mutações imprevisíveis. No extremo, poderiam conduzir a algo que não pertencesse já biologicamente ao género humano[17].

A questão é para já predominantemente teórica. Dizem os especialistas que estas técnicas não estarão operacionais ainda por anos.

Mas o debate não é em qualquer caso prematuro, porque em questão de tanta gravidade há que formar opinião o mais cedo possível, para que amanhã não sejamos surpreendidos por evoluções para que não soubemos preparar-nos ou a que não quisemos atempadamente pôr cobro.

A posição mais generalizada, na sociedade da lisonja em que nos encontramos, em que os egoísmos são constantemente alimentados pela propaganda política e pela publicidade, é a da desconsideração dos interesses das gerações futuras. A frase de Keynes, "a longo prazo estaremos

---

[16] A Declaração de Helsínquia V – Edimburgo 2000, n.° II.5, admite que em face da ineficiência de outras práticas se podem usar métodos não comprovados, particularmente se estes tiverem sido objecto de pesquisa. A nova informação deve ser se possível guardada e publicada. Abrangerá a possibilidade assim aberta as intervenções no genoma humano? Advinha-se o risco de isso trazer consequências muito negativas, em especial se incidir sobre células germinais.

[17] Ou que resulte do cruzamento com animais.

todos mortos", é bem lapidar. Detrás de uma observação de facto inatacável, está subliminarmente contida a desresponsabilização pelo que respeita aos que estão para vir: essa a razão do êxito que a frase obteve. Só nós contamos. O que deixamos aos vindouros já nos não preocupa.

No ponto de vista ético, porém, a posição a tomar é radicalmente oposta. Impõe-se uma solidariedade inter-gerações; somos responsáveis, na nossa medida, por quem vier depois de nós. Tudo o que fizermos que possa atingir as gerações futuras só pode ser feito em benefício delas, não em seu detrimento. Portanto, qualquer intervenção estaria sempre condicionada pelas consequências previsíveis que trouxesse ao homem no provir[18].

Retomemos então o art. 13 da Convenção. Que nos diz sobre a intervenção em células germinais?

Directamente, não as refere. A formulação pode conter a admissão de uma intervenção em células germinais, com finalidades preventivas ou terapêuticas em relação ao próprio indivíduo – por exemplo, para substituir um gene nocivo. Isso estaria admitido, parece, porque o critério da admissibilidade foi colocado na finalidade da intervenção.

Mas o que se entende pela frase: "se não tiver por finalidade introduzir uma modificação no genoma da descendência"? Parece excluir o que se dirige exclusivamente a alterar as características do genoma da descendência. Mas abre espaço à possibilidade de uma intervenção em células germinais ser feita com finalidade terapêutica no que respeita ao sujeito, mas introduzir simultaneamente uma modificação no genoma da descendência. Como se não dão mais esclarecimentos e se põe o critério na finalidade[19], parece deixarem-se em aberto as modificações no genoma da descendência que sejam arrastadas por intervenções com finalidade terapêutica em células germinais.

Como julgar então esta situação, ainda que se afigure de realização hipotética e marginal?

---

[18] E até pelo grau de risco de amplitude imprevisível que envolva, a avaliar em termos de prudência.

[19] João Loureiro, *O direito à identidade genética* cit., 9.3., traduz por "apenas se o seu objecto não for...". A substituição de *finalidade* por *objecto* não é indiferente para o sentido do preceito. *Finalidade* é o que consta da versão portuguesa publicada no *Diário da República* e o que corresponde também às versões inglesa e francesa. Por isso é a versão que retemos.

A Constituição, no art. 26/3, fala em garantir a identidade genética do ser humano. Com isto estabelece também uma garantia que se reflecte sobre as gerações futuras.

Mas a identidade genética não implica inalterabilidade: senão, mesmo as intervenções terapêuticas em células somáticas não seriam admitidas. Também não há uma garantia da inalterabilidade genética da espécie, até porque os direitos, liberdades e garantias têm por sujeito pessoas, e não espécies.

Isto significa que, mesmo à luz da Convenção e demais fontes, há ainda um espaço não regulado, onde cabe uma intervenção de que resulte modificação no genoma da descendência.

Mas quais são os limites dessa intervenção, a considerar-se eticamente admissível?

Permitimo-nos colocar a questão mais em geral.

A intervenção terapêutica em células germinais, com a finalidade de afastar genes malignos que se comuniquem à descendência, deve ser recebida com grandes cautelas, mas não condenada à partida.

A finalidade de curar justifica a intervenção. Libertar os vindouros de uma doença é justificação suficiente.

Mas se admitida, e na medida em que for admitida, só o será com total subordinação ao princípio da prudência.

Tem de se supor uma intervenção profundamente meditada e sujeita a toda a possível experimentação.

Tem de se averiguar quanto possível se a eliminação dos aspectos negativos não terá como contrapartida para o homem a eliminação de aspectos positivos que deles sejam interdependentes. Doutra maneira poderão afinal os vindouros ficar desprovidos do equilíbrio genético natural.

Nunca se elimina totalmente o risco. Mas só após realizadas as diligências cabíveis se pode pensar em intervenções que possam ter efeitos na descendência, libertando a espécie (a linha descendente) de uma anomalia.

Estas conclusões teriam sempre interesse, mesmo que concluíssemos que na situação actual estas intervenções estão de facto proibidas ou fortemente restringidas. É que, como dissemos, vigora o princípio da prudência. Só passo a passo se abrem novos caminhos. Uma política muito restritiva tenderá a evoluir, com os progressos científicos, no sentido de uma maior maleabilidade. A valoração positiva desses métodos, no plano ético, permite a abertura prudente a outras orientações.

E de facto, por oposição ao que se estabelece nos arts. 2 e 3 da Convenção Europeia dos Direitos Humanos, afirma-se hoje um novo direito, o direito a não herdar defeitos genéticos detectados e elimináveis cientificamente[20].

6. Intervenções para fins de melhoramento em células somáticas

Uma intervenção pode não ter finalidade terapêutica (ou preventiva), mas de melhoramento.

Esse melhoramento pode dirigir-se:

– ao indivíduo
– à espécie

O melhoramento da espécie seria obtido mediante intervenção em células germinais. Será matéria a examinar depois. Agora interessam-nos intervenções sobre células somáticas com fins de melhoramento que não atinjam as células germinais.

Limitando-nos pois a estas, observamos que semelhantes actuações sobre o corpo humano não são tão singulares como poderia pensar-se. Já se fazem, mesmo sem intervenção no genoma humano. E criam mesmo problemas de qualificação ética e jurídica, como no caso de cirurgia estética. Esta é ofensa corporal típica, ao contrário da intervenção com fim de cura; apenas poderá ser justificada com base no consentimento do ofendido.

O conteúdo da melhoria aparece claro em vários aspectos. Tomam-se remédios para aumentar a resistência física, a memória, até o QI... Isto cria um paralelismo na apreciação da licitude.

Também nestes casos, se houver maus resultados estes não se transmitem (ao menos directamente) aos vindouros[21].

Mas se passarmos às intervenções sobre o genoma humano em células somáticas, destinadas a obter o melhoramento, ou o reforço de caracteres humanos positivos, as dúvidas aumentam. Já se não trata de corrigir defeitos, mas de produzir um homem melhorado.

---

[20] Cfr. José Luis Villar Palasí, *Introducción jurídica*, in "El Derecho ante el Proyecto Genoma Humano", vol. I, Fundación BBV, 1994, 62.

[21] Salvo evolução anómala e imprevisível.

É possível recorrer a outras subdistinções para valorar a licitude. Por exemplo, poderemos distinguir:

– o reforço de caracteres positivos
– as alterações arbitrárias

Todas as distinções chegam a casos de fronteira, sempre discutíveis. A comparação com a cirurgia estética mostra a dificuldade. Também poderíamos pensar nas mudanças de tez. Mas a distinção é nuclearmente verdadeira.

Por isso, daqui por diante vamos considerar simplesmente o reforço de caracteres que representem elementos positivos do ser humano, e interrogar-nos sobre a licitude da sua obtenção ou melhoria por intervenção no genoma, no nível das células somáticas.

Fala-se usualmente, quer em *engenharia genética*, quer em *manipulação genética*. Mas manipulação implica um juízo negativo. Tomaremos por isso *engenharia genética* como a expressão-base, livre ainda de qualquer valoração, para designar toda a intervenção em células através do ADN recombinante[22]. Podemos falar em *manipulação genética* como modalidade de engenharia genética com carácter arbitrário, por não ser dirigida ao reforço ou obtenção de caracteres a valorar positivamente.

Mesmo fixando-nos na engenharia genética que não consista em manipulação, há que proceder à sua valoração ética.

Uma intervenção que permitisse aumentar a força física, ou qualidades psíquicas, seria de condenar?

Parece-nos difícil uma resposta afirmativa sem mais, quando ninguém condena os fármacos com esta finalidade. Não diríamos que o elemento eticamente decisivo se encontra no modo físico de intervenção. Está antes na finalidade prosseguida.

Pôs-se em causa essa licitude, considerando a desigualdade que assim se iria introduzir. Esses meios seriam de acesso limitado e muito onerosos. Ir-se-ia criar então um abismo entre quem poderia recorrer a eles e quem o não pudesse fazer.

---

[22] Se imaginássemos que isso poderia ser obtido por métodos que não representassem intervenção directa, como a ingestão de produtos químicos, já não representaria engenharia.

Mas esse abismo não é maior que entre quem tem Rolls Royce e quem não tem dinheiro para comprar uma bicicleta. Ou, em domínio mais próximo, quem pode voar para o estrangeiro para se tratar da sida e quem fica na lista de espera do hospital. Para não falar, evidentemente, na cirurgia estética.

Diríamos que deste modo se misturaria uma questão de ordenação social, que é genérica, com a questão bioética, que é a única que versamos aqui.

Na realidade, excluir a utilização dum processo vantajoso com a consideração que não pode chegar a todos é incorrer no que chamamos a *igualdade da inveja*. Esteve muito em moda há uns tempos atrás, e deixou marcas persistentes. Porém, tudo o que for benéfico para alguns deve deixar-nos contentes. Como chegar aos outros, é outra questão. Seguramente muito importante, mas sempre consequencial e instrumental em relação à primeira.

Que concluir então sobre estes métodos? Serão de rejeitar, por trazerem a tentação de criar o super-homem, a figura acima da condição humana?

Estamos ainda muito longe de semelhantes extremos. Pelo que não há motivo para tolher o desenvolvimento da pesquisa.

Isto significa que não é uma razão ética, mas uma razão de prudência, que dita o limite, constante do art. 13 da Convenção, de só serem permitidas intervenções sobre o genoma humano com finalidade terapêutica (ou preventiva).

Não é, quanto a nós, motivo determinante de condenação.

As intervenções que se dirigissem a melhorias seguras no plano somático da base biológica do ser humano poderiam ser permitidas. Teriam porém de ser submetidas a restrições muito apertadas, para que representassem verdadeiramente uma melhoria, afastando alguns riscos que são já previsíveis.

E decerto, nada há que tolha a investigação científica com esta finalidade.

7. Intervenções em células reprodutivas

Chegamos à hipótese extrema de intervenção humana sobre a base biológica – a intervenção em células germinais, portanto com a potencialidade de se transmitirem mutações aos descendentes.

Também aqui a finalidade poderá ser terapêutica, eugénica ou experimental. A terapêutica dar-se-ia para afastar anomalias em células reprodutivas[23].

Comecemos por distinguir estas intervenções da mera escolha entre várias possibilidades de reprodução.

Esta matéria só é objecto de uma referência na Convenção sobre Biomedicina: o art. 14 exclui a utilização de técnicas de procriação assistida para escolher o sexo da criança a nascer, como dissemos[24]. Daqui se infere que a utilização para quaisquer outros fins não está coberta pela Convenção, positiva ou negativamente.

O referido Relatório do CNECV[25] sobre implicações éticas da genómica observa que a justificação última da exclusão da selecção dos dadores de gâmetas para a consecução de características físicas da descendência, por razões não médicas, estaria expressa na Exposição de Motivos anexa ao Protocolo que proíbe a clonagem de seres humanos: "Considerando que a recombinação genética natural tende a originar uma maior liberdade para o ser humano do que lhe daria uma constituição genética pré-determinada, é do interesse de todas as pessoas manter a natureza essencialmente aleatória da composição dos seus próprios genes".

Sem contestar a opção, pomos em dúvida a afirmação que assim se limita a liberdade dos vindouros. Cada um é igualmente livre, dentro da sua própria constituição genética. A questão está na legitimidade da escolha humana em vez da determinação aleatória, não na liberdade do ser futuro implicado.

Mas mesmo a mera escolha das características físicas dos próprios embriões já formados, a fazer-se, é impugnada por motivos éticos.

A intervenção pode incidir, ao menos teoricamente, sobre gâmetas isolados ou sobre o embrião. Neste último caso pode ser fetal, a realizar no ventre da mãe[26]; tem então riscos acrescidos.

Com isto se gera uma nova problemática, que é a da oposição da mãe e da possibilidade de a ultrapassar no interesse do filho. A situação sus-

---

[23] Cfr. Carlos María Romeo Casabona, *El Derecho y la Bioética ante los límites de la vida humana*, Centro de Estudios Ramón Areces, 1994, 367. Apresenta já como alternativa o diagnóstico pré-implantatório.

[24] Salvo para evitar graves doenças hereditárias ligadas ao sexo.

[25] *Supra*, n.º 4.

[26] Ou da portadora. Como é natural, se for fetal está dependente do consentimento da mãe.

citou várias pronúncias neste sentido nos Estados Unidos. Mas há também posições em sentido contrário[27].

Porém, como dissemos, não é este tema que nos ocupa. Pensamos antes na intervenção em células germinais para transmitir certas características à descendência.

8. Ética e "política das éticas"

O genoma foi repetidamente declarado património comum da humanidade nas assembleias internacionais. É uma grande proclamação eloquente, para fazer face aos perigos que se apresentam. Representa algo como uma progressão do direito subjectivo a um património genético inalterado; é uma espécie de objectivação desse direito.

E isto porque as mutações genéticas podem pôr em causa a humanidade, tal como nos reconhecemos; e porque recorrentemente, de modo aberto ou disfarçado, se continua a manifestar o apelo à raça superior.

Mas aquela afirmação deve ser entendida em termos adequados. Como todas as declarações de cúpula, precisa de um ajustamento de fronteiras. Por outro lado, teve a sua valia para um dado momento histórico, mas esse momento está em vias de ficar superado[28].

Há que distinguir, em relação a esse património, o que representa benefício do que representa alienação – deixando já de fora o que é libertação do mal, portanto terapia. É alienação a atracção do super-homem, que implica mudança de natureza; mas também aqui a grande dificuldade está no traçar do critério de distinção.

Devemos, antes de mais, ter bem consciência do que está em jogo. Para isso convém excluir todo o gongorismo, para que a realidade se apresente no seu significado.

O obstáculo principal reside hoje na opacidade ética de vários sectores "pós-modernos", que se limitam a uma ética de "diálogo", ou melhor, a um mínimo denominador comum das éticas. Na realidade, não é já uma

---

[27] Cfr. Romeo Casabona, Carlos María, *Do Gene ao Direito* (trad. bras.), Instituto Brasileiro de Ciências Criminais (São Paulo), n.º 9, 1999, 156 e segs. (164).

[28] Por isso, a própria afirmação do art. 1 da Declaração Universal sobre o Genoma Humano e os Direitos do Homem – "o genoma humano é um componente fundamental do património comum da Humanidade" – foi substituída, passando a dizer-se: "Num sentido simbólico, ele é património da humanidade".

ética; passa a ser política, a *política das éticas*. Estas orientações nada têm a opor à criação dum ser que, pela alteração do seu genoma, não pertencesse já à espécie humana.

Isso criaria a diversidade de natureza, entre os seres transformados e os remanescentes. Mas não se vê também razão, quando outros critérios não intervêm senão os utilitaristas, para excluir directamente a criação duma *pluralidade de naturezas humanas*, tantas quantos os ambientes para que seja conveniente adaptar o homem[29].

A desconsideração dos limites ontológicos tira de facto a base para excluir qualquer desenlace. Mas o resultado a que conduziria seria a quebra, agora definitiva, da unidade do género humano.

Há que rejeitar estes extremos, numa visão ética (que não podemos fundamentar aqui) e à luz dos dados jurídicos existentes.

9. Intervenções para melhoramento em células germinais

A intervenção em células germinais pode fazer-se para melhoramento da espécie.

É aqui que surgem as máximas fantasias, pois tudo aparece como verosímil. Surgem também as máximas tentações, como a da criação duma super-raça que pouco teria já de comum com a nossa, porque o código genético passaria a ser outro. Surge enfim o máximo risco. E isto muito embora a utilização efectiva destas técnicas esteja muito mais longe do alcance humano do que o sensacionalismo dos média e do espectáculo dão a entender.

Mas isto não implica que todas as intervenções com fins de melhoria devam ser liminarmente rejeitadas.

Também não significa que rejeitemos o consenso como via de actuação. Pelo contrário, a prudência recomenda que neste campo acidentado nos limitemos àquelas alterações que são universalmente aceites como benéficas[30].

Talvez neste momento devamos mesmo prosseguir sobretudo na busca do consenso – embora tendo plena consciência que o consenso não

---

[29] Cfr. Fermin Roland Schramm, *Eugenia, Eugenética e o Espectro do Eugenismo*, em www.furg.br/furg/admini/cibio/opi/eugenia.htm.

[30] Cfr. sobre esta matéria o nosso *Direito e Bioética* cit., 21, em que referimos a posição de Luís Archer.

é critério de verdade, muito menos na ética. Sobretudo hoje, que vivemos em tempos de consensos impostos pelos meios de comunicação social.

Como o consenso não é critério de verdade, terá de se deixar sempre espaço para posições individuais em contrário. Que se podem exprimir, nomeadamente, pela objecção de consciência.

Tal como se tem de deixar espaço para orientações minoritárias, que tenham igualmente meios de expressão e sejam respeitadas (e não demonizadas, como fazem os nossos democráticos comentadores).

Mas os passos que se dão nesta via ingrata e resvaladiça precisam de se basear num apoio tão alargado quanto possível. Tendo sempre presente que consenso não é unanimidade, porque a exigência de unanimidade, ou da aproximação desta, leva ao imobilismo[31].

Na realidade, também aqui temos outra manifestação do princípio da prudência. Por razões pragmáticas e por razões de fundo. O consenso, se for genuíno, resultará do poder persuasivo do argumento. E a evidência continua a ser, no domínio racional, o critério da verdade.

Portanto, o ponto de partida possível estaria na distinção das intervenções arbitrárias e das que consensualmente devam ser tomadas como melhoramento.

Como dissemos, é matéria que não terá concretização fáctica nos tempos mais próximos. Nem a técnica tem resposta para já. Mas é necessário estarmos preparados para reagir correctamente, se a qualquer momento a questão se suscitar.

Vamos dar como exemplo (real ou fictício, para nós é indiferente) um gene que melhore a acuidade visual. A actuação com fins de melhoramento consistiria numa recombinação de DNA em células germinais que alterasse a informação genética na descendência, melhorando o desempenho da função[32].

Isso suporia sempre, repisamos, o conhecimento avançado de todas as funções do gene e do equilíbrio genético, para não ter efeitos colaterais de maior gravidade. Suporia toda a prudência em semelhança mutação. E

---

[31] Kaufmann, *Rechtsphilosophie* cit., 313-314, observa com razão que a responsabilidade não é só pela acção, mas também pela omissão. Mas recorda também (311) a afirmação de Hans Jonas, que os erros técnicos mecânicos são reversíveis, os biogenéticos são irreversíveis.

[32] Poderia consistir num aumento da resistência do homem perante determinados agentes patológicos (cfr. por exemplo Romeo Casabona, *Do Gene ao Direito* cit., 224), o que já não representa terapia ou *eugenia negativa*. Ou no reforço de caracteres humanos desejáveis, como a memória.

suporia ainda a possibilidade de recusa por parte das pessoas naturalmente implicadas naquela operação.

10. Personalidade e genoma

A supor que estas intervenções se mantivessem nos limites indicados, quais seriam as consequências?

Temos em vista alterações limitadas do genoma, que não implicariam alteração da natureza. Mas o resultado seria sempre a coexistência de tipos genómicos naturais e de tipos a que podemos chamar transgénicos.

Essa coexistência manter-se-ia por tempos indeterminados. Mesmo que os cruzamentos trouxessem uma certa ampliação, o âmbito afigura-se-nos ser sempre limitado a nível mundial. Só a multiplicação de semelhantes intervenções poderia modificar o panorama (a prazo muito longo, todavia). Por outro lado, dependeria ainda da persistência do gene introduzido ou alterado, ou das suas modificações, o que supomos ter hoje muito de ignoto.

Mas há ainda que apurar se este tipo de intervenção será eticamente admissível.

A grande objecção assenta em a intervenção poder trazer uma *mudança da personalidade*[33]. É o argumento mais frequente, mas dissemos já anteriormente que temos dificuldade em o compreender. A personalidade dos membros das gerações futuras não muda, porque terão sempre só uma. A questão está antes na legitimidade das intervenções *presentes* sobre o futuro, não na alteração de personalidades futuras.

Mas consideraremos então a predisposição que se possa praticar agora de elementos que contribuem para a formação da personalidade de seres a vir, ou sobre os quais a personalidade destes se alicerce.

Ainda que a intervenção seja para realizar um melhoramento; ou que a incidência surja como consequência acessória do melhoramento – actuamos sobre, ou determinamos, a personalidade de seres a nascer?

Se a personalidade fosse a resultante do genoma, a resposta poderia ser afirmativa. Predispondo o genoma, ou elementos deste, estaríamos a predispor também, parcialmente que fosse, personalidades futuras.

---

[33] Parece-nos desde logo claro que não se pode falar de alteração da personalidade daquele cujas células germinais foram alteradas.

Isso seria porém manifestação duma concepção materialista da personalidade, que se não justifica. O espírito, funcionando sobre base biológica, vai muito além desta. Só aspectos proporcionalmente limitados da personalidade dependem da base física. Há um grande sector que é epi ou transgenómico. Para muitos aspectos fundamentais da personalidade não se encontrou até hoje base em qualquer gene[34].

Por isso, o espírito sobrepõe-se à base física. Não é pelo genoma que o captamos.

Talvez este aspecto seja impressivamente ilustrado pela realidade dos gémeos homozigóticos. Têm o mesmo genoma (ou praticamente o mesmo) e todavia a própria experiência do convívio revela-nos personalidades perfeitamente diferenciadas. Têm aspectos comuns, mas são sem dúvida personalidades distintas.

A própria clonagem deve ser considerada a esta luz[35]. Com toda a anomalia que encerra, e nomeadamente com a ausência de dupla derivação que implica, em todo o caso a replicação do genoma não representaria duplicação da pessoa. Haverá sempre pessoas diferentes, não obstante as zonas de reacção semelhantes que acusassem.

É verdade que, alterando células germinais, se predispõem elementos que serão constitutivos de personalidades futuras. Estes elementos são planeados, em vez de resultarem aleatoriamente de processos naturais. Mas com isto não se está a tirar a identidade pessoal de ninguém.

Tudo são factores que devem pesar no julgamento dos processos de melhoramento por intervenção nas células germinais. Em domínio tão delicado, em que as exigências de prudência decuplicam, não se vê que a ética impeça em absoluto que se explorem caminhos que possam levar a uma melhoria da base física da individualidade humana.

Mas esta é a apreciação bioética. E a apreciação jurídica, ou ético-jurídica?

---

[34] Afirma por isso Daniel Wikler, *Los genes y la liberdad humana*, in "El Derecho ante el Proyecto Genoma Humano" (cit. nota 5), I, 107-109 (107-108), que os progressos da ciência genética não suscitam novas questões no domínio da liberdade humana: "Os genes são atributos físicos como quaisquer outros, cujo conhecimento pode ser utilizado para o bem e para o mal".

[35] É palavroso recorrer a um pretenso direito à individualidade, no sentido de irrepetibilidade dos seres futuros, para resolver a questão. Aliás, é manifestação do abuso que se faz da categoria do direito subjectivo, a torto e a direito. A exclusão da clonagem não se funda na violação de quaisquer pretensos direitos, mas em considerações objectivas sobre a dignidade e portanto sobre a não instrumentalidade da pessoa humana.

11. O *status* jurídico da questão

Que concluir, das manifestações legais dispersas sobre esta matéria? Não há uma disposição expressa. Pelo que estaria fundamentalmente em causa o art. 26/3 da Constituição, que garante a identidade genética do ser humano. Mas, se estivessem em causa direitos de pessoas existentes, a garantia da identidade genética seria assegurada através da exigência do consentimento da pessoa implicada para a intervenção no genoma, salvo se essa intervenção contrariar a cláusula geral dos bons costumes.

A questão está porém em saber se sob essa garantia pessoal não se situa também uma garantia institucional, que assegura a identidade da espécie. É natural que sim[36]. Mas isso não significa a inalterabilidade do genoma e a impossibilidade de intervenções. Recorde-se o que dissemos sobre as intervenções em células somáticas com carácter de terapia.

Portanto, o significado da garantia da identidade genética do ser humano parece ficar dependente da valoração bioética sobre o tipo de intervenção que se pretenda.

Mas não avançamos mais por este caminho, porque a aprovação da Convenção sobre Biomedicina veio trazer outra base jurídica à questão.

O art. 13 da Convenção, como vimos, traz implícita uma proibição absoluta de intervenções no genoma humano que tiverem por finalidade introduzir uma modificação no genoma da descendência.

Isto significa que qualquer modificação nas células germinais fica automaticamente vedada. As distinções que traçámos, para discussão bioética, são praticamente irrelevantes, porque aquele preceito a todas proíbe.

Poderá parecer paradoxal, dado o que anteriormente dissemos, mas estamos de acordo com a proibição no que respeita a células germinais – portanto, no que respeita a intervenções cujos efeitos se prolonguem no genoma da descendência.

É que o dever de prudência impede que se abram prematuramente as portas a processos hoje ainda não definidos, e cujas consequências estão ainda muito longe de estar apuradas com a segurança possível.

---

[36] Sobre o significado da garantia constitucional da identidade genética do ser humano, cfr. a análise desenvolvida de Paulo Otero, *Personalidade e Identidade Pessoal e Genética do Ser Humano – Um Perfil Constitucional da Bioética*, Almedina, 1999; em particular para a questão que nos ocupa, cfr. o n.º 4.3., onde sustenta um princípio geral da verdade biológica.

Em domínios de tanta gravidade, em que qualquer erro de previsão se poderia repercutir tragicamente sobre a descendência, é bom que o direito imponha, no período antecedente à factibilidade efectiva, um compasso de espera, destinado a um equacionar mais perfeito das questões. Fala-se internacionalmente numa *moratória* neste domínio. Aplaudimos a solução.

Não pensamos porém que esta seja definitiva, pelo que haverá que não deixar esmorecer a meditação jurídica.

Isso ficou já marcado quando falámos da intervenção em células somáticas. Há intervenções, mesmo com carácter de terapia, que atingem a dignidade do homem e devem ser vedadas. Seria o caso de intervenções que, afastando doenças, tornassem o paciente apático ou abúlico, por exemplo[37].

Mas não é qualquer melhoramento que muda a personalidade. Procurámos por isso delimitar os casos em que pareceria lícita uma intervenção com função de melhoramento em células somáticas.

O que se passa nas intervenções com função de melhoramento em células germinais é apenas um novo passo – qualitativamente muito importante, mas sempre sequencial – em relação a essa problemática. Por exemplo, a libertação de dependências ou limitações físicas não parece dever ser vedada por si. Tornar as pessoas menos irritáveis, por exemplo, não parece de repelir – mesmo que referido a gerações futuras.

Porém, se pesquisarmos as razões da proibição, verificamos que esta se baseia quer na insuficiência dos conhecimentos, quer na possibilidade de erros na intervenção, quer no receio de desvios ou abusos. Por isso se apela para uma moratória.

Isto manifesta que os tempos ainda não estão maduros para maior avanço neste campo. A reflexão deve prosseguir, quer no campo biológico, esclarecendo as potencialidades, quer no campo ético, aprofundando o seu significado, quer no campo jurídico, precisando os condicionalismos normativos que qualquer abertura teria necessariamente de implicar.

Estas cautelas são amplamente justificadas também pela voracidade da indústria, que referimos já. Abrir neste momento a possibilidade de modificação do genoma humano com efeitos sobre as gerações futuras seria transformar a genómica em objecto de lucro, mais do que já está, sem qualquer instrumento ou possibilidade séria de controlo. Este é um dos grandes riscos que paira actualmente sobre a dignidade humana.

---

[37] Pelo menos quando essa fosse a resultante global dessas intervenções.

Mas por outro lado, tomar a situação actual como definitiva, encerrando tudo no dilema sim ou não, seria deletério. O caminho parece ser antes o do aprofundamento de distinções, que tornem possível delimitar com segurança o que é ou não admissível.

Verificamos pois que, também neste sector melindroso, as questões não são radicalmente novas. Mas há um incremento de gravidade que ameaça trazer uma diferenciação qualitativa.

É necessário avançar com muito pequenos passos, que correspondam ao estado dos conhecimentos e à reflexão ético-jurídica. Mas também nisso se manifesta o princípio fundamental da prudência.

AUTOREGULAÇÃO PROFISSIONAL DOS MÉDICOS*

por Guilherme de Oliveira

1. A autoregulação é a forma mais antiga de regulação social. A humanidade viveu tradicionalmente, em comunidades pequenas, regidas por tradições, hábitos e decisões dos chefes autoreconhecidos pelo grupo; ao lado dos mais ou menos numerosos comandos do imperador ou do rei, nas comunidades mais amplas e organizadas. O que é, afinal, o costume, senão a forma mais antiga e generalizada de autoregulação?

No campo específico da Medicina, a expressão mais antiga de autoregulação consta dos textos atribuídos a Hipócrates, mais tarde convertidos no conhecido "Juramento".

O "império da lei" é um fenómeno recente. Os Estados modernos, tal como os conhecemos, aperfeiçoaram a noção de lei formal, e impuseram essa forma de expressão jurídica como a forma dominante. A lei geral e abstracta, aplicável a todos os cidadãos e a todos os casos semelhantes, garantia a igualdade de tratamento, ao contrário dos costumes do "antigo regime".

É através desta forma de regulação que os Estados desempenham as suas funções, de tal modo que o Estado é um "Estado legislativo"[1]. Hoje, quando pensamos em regulação jurídica, imaginamos uma lei formal, emanada do orgão legislativo competente – em Portugal, a Assembleia da República ou o Governo.

Mas até no último século – que levou ao extremo a hegemonia da lei – houve sempre espaço para a autoregulação. É que a lei geral e abstracta não tem capacidade para regular todos os problemas das sociedades complexas. Mesmo que se multipliquem as leis – e não se pode acusar os

---

* Texto da apresentação na mesa-redonda "Auditoria em Cirurgia", no XXI.º Congresso Nacional de Cirurgia, em Março de 2001, em Lisboa.

[1] Vital Moreira – *Auto-regulação profissional e administração pública*. Coimbra, Almedina, 1997, p. 131.

Estados de o não terem feito... – as previsões e os comandos legais não conseguem chegar a todos fenómenos sociais que carecem de regulação. Foi assim que apareceram por toda a parte os chamados "códigos de conduta" que as profissões adoptaram, e que no âmbito da medicina se chamam tradicionalmente "códigos deontológicos". E para além destes documentos, constituem expressões de autoregulação as Declarações de princípios formuladas por organizações nacionais e internacionais de médicos, os "Protocolos de actuação" e as "Reuniões de consenso" (*guidelines*), e os Pareceres das comissões de ética[2].

2. O valor destas formas de autoregulação – por vezes chamadas *soft law* – não é sempre igual.

As *Declarações de princípios*, emanadas de organizações nacionais ou internacionais de médicos, acerca da prática médica em geral ou sobre comportamentos diferenciados têm um valor jurídico *sui generis*. Por um lado, essas afirmações não fazem nascer direitos subjectivos, dos médicos ou dos doentes, exercitáveis através do aparelho judiciário; no máximo, os conteúdos mais claros e reiterados poderão influenciar a interpretação de normas formais que careçam de concretização; mas, como se compreende, nem nestes casos se dirá que o aparelho legal garante o respeito daqueles princípios. Eles têm, pois, uma fraca garantia jurídica de aplicabilidade[3].

Pelo contrário, as declarações de princípios gozam de uma adesão espontânea grande por parte dos profissionais, que se revêem nas afirmações proclamadas, assumem voluntariamente as responsabilidades que elas possam consagrar e compreendem a censura que se dirija contra o seu incumprimento.

Em suma, esta forma de autoregulação é pouco garantida externamente, mas é eficaz; com o senão de, em regra, as declarações assumirem intenções vagas, que não serão decisivas em casos concretos.

Os *Pareceres das comissões de ética* – sejam de comissões locais, nacionais ou internacionais – têm um valor semelhante ao das declarações de princípios. Constituem guias de conduta, normalmente centrados sobre uma área diferenciada de actividade ou sobre um problema específico; ora

---

[2] M.T. MEULDERS-KLEIN – *La production des normes en matière bioéthique*. In Claire Neirink, dir. - *De la bioéthique au droit*, Paris, LGDJ, 1994, p. 43-4.

[3] Alguns preceitos fundamentais, geralmente aceites, poderão ser considerados normas de direito internacional – como em matéria de ensaios clínicos, na sequência dos julgamentos de Nuremberg.

recomendam a adopção de uma certa atitude ora aconselham a ponderação, em cada caso concreto, de vários factores que devem influenciar a decisão.

Não se pode reconhecer que os pareceres constituam direitos exercitáveis juridicamente, mas pode esperar-se que os profissionais, ao menos quando se revejam no orgão que emitiu o parecer, o adoptem como modelo de comportamento.

Deve mencionar-se o caso especial dos pareceres que são emitidos dentro de um processo[4] e que podem ter o valor jurídico de viabilizar ou de comprometer uma pretensão. Imaginem-se, como exemplos, o parecer da comissão de ética hospitalar acerca de um ensaio clínico proposto por uma equipa[5]; e o parecer de uma comissão nacional sobre a relevância e a viabilidade de uma linha de investigação sobre embriões excedentários[6].

As *Guidelines* – resultantes dos Protocolos de actuação[7] e das "Reuniões de consenso"[8] – constituem uma forma característica de autoregulação, porque se situa normalmente em áreas eminentemente técnicas, em que só os especialistas são capazes pormenorizar as condutas técnicas exigíveis aos profissionais diferenciados; por esta razão, os protocolos são instrumentos de regulação que escapam necessariamente ao poder normativo das instâncias formais, políticas.

Não está excluido que os protocolos incluam orientações em matérias não técnicas em sentido estrito, que venham a propósito, como recomendações acerca da informação e do modo de obter o consentimento para as intervenções, sobretudo se a área considerada suscitar problemas especiais – será o caso de intervenções pediátricas ou em doentes do foro mental, de interrupção da gravidez, etc..

Estes instrumentos de autoregulação não fazem nascer direitos subjectivos exercitáveis em juízo, não são normas jurídicas ordinárias. Porém, eles contribuem para a definição das regras da boa prática médica e, portanto, ajudam a esclarecer, em cada caso concreto, quais são as *leges artis* que o médico está obrigado a respeitar em cada acto clínico. Deste modo,

---

[4] M.H. BERNARD-DOUCHEZ – *La déontologie médical. In* Claire Neirink, dir. - *De la bioéthique au droit*, Paris, LGDJ, 1994, p. 101-2.

[5] O parecer é obrigatório, segundo a nossa lei n.° 97/94, arts. 7.° e 8.°.

[6] Como se estabelecia no anteprojecto português de 1987, art. 40.° - cfr. COMISSÃO PARA O ENQUADRAMENTO LEGISLATIVO DAS NOVAS TECNOLOGIAS – *Utilização de técnicas de procriação assistida*, Coimbra, Centro de Direito Biomédico, 1990.

[7] Por exemplo, o *Guia para o transporte de doentes críticos*, da Sociedade Portuguesa de Cuidados Intensivos.

[8] Por exemplo, da Sociedade Portuguesa de Senologia.

os Protocolos de actuação ajudam decisivamente a interpretar as normas formais que impõem deveres jurídicos ao médico; eles exprimem, afinal, o conteúdo dessas normas formais e, por intermédio delas, assumem um relevo jurídico de primeiro plano[9].

Pode acontecer – sobretudo nos casos em que os Protocolos se dedicam a recomendar estratégias de actuação não puramente técnicas – que eles se limitem a recomendar a ponderação dos elementos relevantes de carácter ético, em cada caso. Nestas condições, os protocolos não acrescentarão nada de fundamental às normas que já definem os deveres de intervenção técnica ou os direitos dos doentes e, portanto, o seu valor é equiparável ao dos Pareceres das comissões de ética ou das Declarações de princípios.

Os *Códigos deontológicos* são talvez as expressões mais conhecidas de autoregulação. Eles condensam, sobretudo, os deveres[10] que o grupo profissional reconhece como próprios do seu desempenho. Não é de esperar que estes códigos contenham normas que definam direitos dos doentes[11] – a lei formal encarrega-se disto; simultaneamente com a definição de deveres, é natural encontrar recomendações sobre a conduta em casos concretos que exijam ponderações díficeis de carácter ético[12].

Os códigos deontológicos são normalmente elaborados com base numa legitimação dada por um orgão legislativo formal – no caso português, com base no Decreto-lei n.º 282/77, de 5 de Julho, que define o Esta-

---

[9] Admito que os médicos receiem comprometer-se com uma definição seca e estática de procedimentos técnicos muito especializados, justamente pelo receio de que o Direito e os tribunais venham depois a exigir, em cada caso, uma observância estrita dos procedimentos recomendados, como parte integrante das *leges artis*.

Creio que as normas gerais sobre o ónus da prova e as regras de convivência honesta mandam que os juízes comecem, realmente, por impor que o médico conheça e cumpra os procedimentos estandardizados como bons, a não ser que demonstre, em face das particularidades do caso concreto, que se impunha um desvio relativamente ao Protocolo.

[10] Compreensivelmente, muitos dos artigos do Código deontológico português são redigidos com base na forma: "o médico deve...".

[11] Embora a consideração directa dos direitos dos doentes possa figurar no código deontológico, principalmente quando sirva de pretexto para sublinhar um dever de respeito por parte do médico; serve como exemplo o art. 34.º do código dentológico português, que reconhece o direito do doente mudar de médico, para impôr ao médico substituído o dever de respeitar a decisão.

[12] Será o caso do regime cauteloso previsto no art. 54.º, do código deontológico português, sobre esterilização.

tuto da Ordem dos Médicos e lhe dá o direito de elaborar um Código deontológico, através do Conselho Nacional de Deontologia Médica (art. 80.º).

Podia esperar-se, depois dessa legitimação prévia, que o código elaborado no princípio do anos oitenta tivesse sido aprovado por uma lei formal; se isso tivesse ocorrido, as normas deontológicas teriam assumido o estatuto normal de leis do Estado, válidas não só para os médicos mas também para todos os cidadãos. Como o código actual foi publicado apenas no orgão noticioso da Ordem e não no Diário da República, ele não pode ter o valor de uma lei formal[13]. Isto não quer dizer, porém, que não assuma um valor prático-jurídico grande; de facto, as normas têm plena eficácia interna, dentro dos orgãos profissionais, constituindo a sua infracção motivo para responsabilidade disciplinar. Além disto, o conteúdo das normas do código serve de auxiliar decisivo para apreciar uma conduta médica, num tribunal ordinário – o tribunal buscará nas normas deontológicas a definição das exigências que se podem fazer ao médico, em matéria de diligência e de cuidado de preparação técnica, com efeitos no juízo sobre a ilicitude e a culpa do agente; é assim que se pode, por exemplo, preencher o conteúdo das normas que estabelecem os deveres dos médicos, no chamado Estatuto do Médico (Decreto-lei n.º 373/79, de 8 de Setembro)[14]. Ou seja, mesmo que não sejam consideradas normas jurídicas vulgares, as normas deontológicas serão aplicadas directamente em processos disciplinares dentro dos orgãos da Ordem e serão aplicadas indirectamente, nos processos de responsabilidade civil ou penal.

A questão do valor jurídico desta forma de autoregulação profissional suscita ainda o problema da eventual discordância entre as normas deontológicas e as normas da legislação ordinária. Este problema, porém, só pode ter uma solução: as normas deontológicas têm de se subordinar à legislação ordinária[15].

---

[13] O art. 119.º da Constituição da República impõe a publicação, no Diário da República, dos actos legislativos formais..

[14] Por exemplo, o dever de "contribuir com a criação e manutenção de boas condições técnicas e humanas de trabalho para a eficácia dos serviços" pode ser preenchido, num caso concreto, com o art. 77.º do código deontológico, que impõe o dever de registar cuidadosamente os resultados relevantes das observações clínicas, de tal modo que o médico que não cumpra este preceito possa ser responsabilizado civilmente pelos danos que o paciente sofra, designadamente por a omissão de registo ter inviabilizado uma pretensão junto de uma companhia de seguros.

[15] No nosso país, este problema poderia ser apreciado, por exemplo, quanto aos artigos 38.º (dever de esclarecimento e recusa de tratamento), 47.º (interrupção da gravidez)

Por último, a aplicação directa das normas deontológicas, pelos orgãos estatutariamente competentes, não deixa de exigir um controlo pelas instâncias judiciárias normais[16], na medida em que implica limitações de direitos civis, como o do exercício de profissão.

3. Hoje, há cada vez mais lugar para a autoregulação profissional dos médicos.

Algumas das razões que justificam, em geral, a autoregulação parecem acentuar-se quando se encara a profissão médica.

O progresso rápido da biomedicina, a complexidade dos conhecimentos adquiridos, a novidade absoluta de alguns saberes, têm permitido – e imposto – que sejam os "sacerdotes" desta nova religião a definir as vantagens e os inconvenientes de algumas intervenções técnicas, a definir, por último, as fronteiras entre o permissível e o proibido[17]. Assuntos relevantes como os da procriação medicamente assistida, da utilização de testes genéticos em vários domínios sociais (da prática clínica, do trabalho, dos seguros), da produção de medicamentos e dos ensaios clínicos, da clonagem terapêutica, têm mostrado com clareza como é difícil penetrar na teia científica moderna para tecer regras técnicas e regras jurídicas.

Creio que é objectivamente a altura de alargar a autoregulação pelo corpo médico. O exercício sistemático da autoregulação, através dos vários meios de expressão que ela pode assumir – Declarações, Pareceres, Regras deontológicas, Protocolos de intervenção – tem claras vantagens para todos.

Tem *vantagens para o Estado* pois, se é verdade que este tende a delegar o poder regulador nos corpos profissionais quando está perante

---

e 60.º (experimentação). De facto, o art. 38.º impõe o dever de esclarecer, mas parece remeter para o doente o ónus de recusar o tratamento, em vez de considerar a necessidade de um consentimento positivo; este consentimento positivo parece exigível apenas em face de tratamentos arricados, segundo o art. 39.º. O art. 47.º é mais restritivo do que o regime do código penal, na definição dos casos de interrupção de gravidez não punível. E o art. 60.º parece mais liberal do que o art. 4.º, n.º 3, da lei n. 97/94, de 9 de Abril, ao admitir a experimentação em indivíduos sãos, estabelecendo o requisito do consentimento, mas dispensando a exigência legal da ausência de riscos previsíveis.

[16] Vital MOREIRA, *ob. cit.*, p. 269.

[17] Em 1986, Ulrich BECK já se referia a este fenómeno da subcultura da medicina, receando a falta de controlos democráticos sobre tais saberes herméticos, capazes de alterar as noções de vida, morte, paternidade, etc. – cfr. em trad. cast. *La sociedad del riesgo*, Barcelona, Paidós, 1998, p. 258-267.

actividades altamente diferenciadas, com uma complexidade elevada, e em que os profissionais detêm o "monopólio do saber técnico"[18], então a actividade médica preenche cada vez mais essas condições. Aliás, já são visíveis as dificuldades que o poder formal dos Estados sente quando pretende fazer leis sobre matérias científicas. O carácter hermético dos conhecimentos, o pluralismo cultural dos países desenvolvidos em que esses progressos se verificam, a imprevisibilidade das consequências, são factores que excedem as competências políticas normais e não deixam muitas possibilidades: ou não se consegue, de todo, legislar; ou se vertem em regras formais as sugestões feita pelas comissões de especialistas; ou se remete explicitamente a regulação para os corpos científicos, neste caso para o "poder médico".

Por outro lado, invoca-se, como vantagem da autoregulação, a maior adesão espontânea aos comandos autodisciplinadores e a maior aceitação das constrições por parte dos destinatários[19], o que evita o desprestígio da leis e dos tribunais, do poder formal, quando os comandos são desrespeitados. Ora, em face de um corpo profissional cada vez mais selecto e, apesar de tudo, poderoso, compreende-se que o Estado confie no êxito, na eficácia, de uma delegação crescente do poder regulador.

O alargamento da autoregulação também tem *vantagens para os médicos*. Por um lado evitam a intervenção directa do Estado – tendencialmente mais agressiva; evitam o confronto com as autoridades formais, judiciárias e burocráticas, escapam a um ambiente recheados de códigos de conduta e relacionamento pessoal diferentes, onde até a linguagem é específica e por vezes incompreensível.

Por outro lado, ao assumir claramente as vantagens e também os ónus da autoregulação, os médicos mostram ao público que são capazes de atingir um grau de autodisciplina prestigiante, numa época em que a lapidação jornalística e as nuvens da crescente responsabilização jurídica abalaram, em certa medida, o "poder da bata branca".

Creio, também, que uma regulação mais fina, uma definição mais clara dos *standards* de comportamento exigíveis, tanto nos aspectos estritamente técnicos, como no respeito pelos direitos dos doentes, designadamente do direito à autodeterminação nos cuidados de saúde, tornaria mais previsível o comportamento de todos os interessados, em caso de conflito potencial: seria mais fácil imaginar o que decidiriam os tribunais ou os orgãos

---

[18] Enunciadas por Vital MOREIRA, *ob. cit.*, p. 92-4.
[19] Vital MOREIRA, *ob. loc. cit.*.

disciplinares; e os potenciais queixosos poderiam prever mais seguramente a inviabilidade das suas pretensões, optando pela desistência, em situações em que a obscuridade actual favorece as queixas infundadas, quando não ridículas.

Por último, não é desprezível pensar que o exercício da autoregulação, estimulante da profusão de documentos técnicos, significaria um apoio considerável para a actualização permanente dos profissionais.

Por último, há claras *vantagens para a comunidade*. O empenho do corpo médico no aumento da autoregulação profissional tem de passar pelo incentivo da discussão técnica nos colégios de especialidade, nos serviços hospitalares e centros de saúde; e esta promoção do debate técnico, conduzindo à definição mais rigorosa e abundante de *standards* de actuação, tem por consequência fácil o aumento do nível de preparação técnica dos médicos – uma vantagem inestimável.

E é bom de ver que a elevação dos padrões de qualidade dos serviços prestados aos doentes só pode fortalecer a relação de confiança entre os profissionais e o público – o bem mais precioso que os médicos conhecem.

4. Se os médicos presentes me desculparem o atrevimento, vou agora dedicar-me a sugerir duas áreas de actividade clínica onde creio que seria sobretudo vantajoso o incremento da autoregulação profissional: a prática do "consentimento informado" e a avaliação do desempenho de médicos e de serviços.

4.1. Todos os profissionais conhecem formulários para a prestação do "consentimento informado" para a prática de actos clínicos e todos têm a convicção de que, hoje em dia, um doente não pode sofrer intervenções relevantes antes de assinar um papel relativo ao consentimento. Mas acho razoável pensar que os profissionais de saúde não conhecem bem os fundamentos legais desta nova realidade nem sabem cumprir a exigência de uma forma adequada. Que quantidade de informação é exigível? Qualquer profissional pode fornecê-la? Basta um consentimento genérico, válido para todo o período de internamento, ou o doente tem de dar consentimentos sucessivos? Com base em novos esclarecimentos? O que valem as "directivas antecipadas" ou "testamentos de vida"? Quem deve prestar o consentimento, no caso de o doente ser um menor ou um adulto incapaz? E as leis reconhecem as situações de urgência? E reconhecem a simples dificuldade quotidiana do médico que está a cuidar de vários doentes, simultaneamente? Etc..

Qual será a realidade hospitalar portuguesa, relativamente a estes problemas[20]? Suponho que não há um conhecimento seguro deste assunto. E, todavia, as queixas dos doentes relativas à falta de esclarecimentos e à omissão de um consentimento positivo, consciente, devem estar à porta dos nossos tribunais, pois já aparecem por toda a parte, na Europa.[21].

E não devemos pensar apenas nas acções de responsabilidade por falta de consentimento informado. O que quero sublinhar é que vai crescendo, entre a comunidade médica internacional, a convicção de que por detrás da maioria das queixas por má prática técnica está, afinal, um défice de comunicação entre o médico e o doente[22]. "Os médicos que não estabelecem uma comunicação adequada com o doente e com as famílias ficam muito mais sujeitos a acções de responsabilidade do que aqueles que estabelecem uma comunicação bem sucedida, qualquer que seja o resultado funesto da intervenção"[23].

Creio que o corpo médico, e a comunidade, teriam vantagem em não esperar que o aperfeiçoamento dos *standards*, nesta matéria, viesse preguiçosamente do Estado, das Administrações das unidades de saúde, ou dos bancos das Faculdades. Julgo que seria útil para todos que o modo de praticar o consentimento informado fosse analisado pelos orgãos da classe médica, com a segurança que advém do facto de o assunto ser discutido por quem vive quotidianamente a relação médico-doente, e que os resultados sucessivamente apurados fossem recomendados *inter pares*, com a

---

[20] Estudos recentes, feitos por médicos espanhóis, mostra que metade dos doentes não recebe uma informação aceitável e não consegue dizer o nome da intervenção que sofreu; e metade dos médicos não utiliza os impressos do consentimento informado (J.C. RODRIGUEZ et al. – *El consentimiento informado. Aplicación en la práctica clínica*. Revista Cuadernos de Bioética, vol. XI, n. 43.º, 3-4, 2000, julio-diciembre, p. 407-11).

[21] Mesmo nos países que começaram há mais tempo a respeitar o direito dos doentes à autodeterminação nos cuidados de saúde, e já podem dizer que têm os médicos mais preparados nesta matéria, ainda há lugar para responsabilidade profissional: há bem pouco, um cirurgião pediátrico inglês foi suspenso do exercício da profissão, durante seis meses, por ter realizado uma "cateterização com balão" a uma criança de seis anos, sem o consentimento dos pais – *Consultant suspended for not getting consent for cardiac procedure*. Br. Med. Journal, vol. 316, March, 1998, p. 955.

[22] "Como um número crescente de estudos demonstram, há uma fraca correlação entre as acções por má prática e um desempenho técnico abaixo dos standards aceitáveis, o que confirma que o problema real está na comunicação" – cfr. J.E.FISCHER – *The effect of litigation on surgical practice in the U.S.A.*. British journal of Surgery, 2000, 87, p. 834.

[23] *Ob. cit.*, p. 833.

credibilidade acrescentada que a autoregulação favorece. Penso que esta atitude teria um alto valor preventivo de litígios.

4.2. Uma outra área em que parecia de alto valor um incremento da autoregulação é a da avaliação do desempenho técnico.

Admito previamente que este passo seria maior e mais arriscado.

Perante uma informação séria de um utente, de outro profissional, de associações, ou de outras entidades, apreciada por um grupo qualificado, tratar-se-ia de desencadear uma avaliação de um médico ou de um serviço, com o objectivo de identificar as deficiências relevantes que porventura existissem e, sobretudo, com a intenção de promover os melhoramentos possíveis. É certo que, havendo actos de má prática culposa, não se poderiam excluir os processos disciplinares ou outros; mas o procedimento mostraria a sua intenção mais pura quando não se justificasse uma acção disciplinar e o que parecesse mais adequado fosse uma acção de formação técnica para um certo profissional, ou um serviço, que reconhecesse estar em défice acerca de um tipo de intervenção[24-25].

Como se compreende, o enquadramento jurídico português não serve para os propósitos que estou a considerar. De facto, os instrumentos jurídicos que supõem uma avaliação técnica são procedimentos que já se instalaram numa fase litigiosa – são os procedimentos disciplinares organizados pelas Administrações hospitalares, pela Ordem dos Médicos, ou são acções de responsabilidade civil ou criminal, em que é preciso avaliar a conduta do agente para averiguar se ele agiu com culpa. As entidades tutelares, no sistema português, não têm um caminho não litigioso, destinado a apoiar um profissional que careça de formação, ou um serviço que

---

[24] Restaria saber em que condições se processaria o treino suplementar, quem o pagaria, e como se supriria a recusa de colaboração por parte de um médico.

[25] É este o espírito dos *performance procedures*, organizados em 1995, no Reino Unido. Note-se que estes procedimentos foram entregues a um organismo público – o *General Medical Council* – composto sobretudo por médicos eleitos, que inclui também profissionais e leigos nomeados por certas instituições. O G.M.C. desempenha as funções reguladoras e disciplinadoras que cabem à nossa Ordem dos Médicos, mas não tem a função de representação dos interesses dos profissionais, que no Reino Unido cabe à *British Medical Association*. Os autores citados adiante afirmam que teriam preferido que os poderes de avaliação técnica tivessem sido entregues aos *Royal Colleges* – as associações mais antigas cujo único propósito é manter o alto nível técnico da profissão (MASON; McCall SMITH – *Law and Medical Ethics*, 5.ª ed., London, Butterworths, 1999, p. 10-12).

mostre sinais de trabalhar abaixo do que seria desejável, num certo tipo de intervenção[26].

Dir-se-á que é o Estado que tem de responsabilizar-se pelo bom desempenho dos seus médicos-funcionários, perante os utentes, tanto mais que também é o Estado que responde perante os lesados que reclamam indemnizações civis[27], quando as coisas correm mal; esta matéria não seria, pois, para ser tratada dentro da capacidade autoreguladora da profissão. Além disto, o Estado que assumisse esta responsabilidade guardaria para si o desgaste da tarefa, poupando-se os órgãos profissionais a este ónus.

De facto, não está excluído, evidentemente, que os médicos sejam chamados a participar em avaliações determinadas pela hierarquia dos serviços públicos; hierarquia que ficará até, porventura, mais responsabilizada pelas deficiências notadas e pelos melhoramentos sugeridos pelos médicos. Admito, porém, que este é o tipo de matérias em que cabe o exercício de autoregulação. A classe médica organizada só terá vantagens em intervir antes e em vez do Estado, para encaminhar os procedimentos segundo uma forma amigável, sinceramente dirigida para o apoio técnico dos médicos e dos serviços, em favor do público e da relação de confiança que lhe cabe estimular.

Está fora da minha competência tomar posição sobre a melhor forma concreta de organizar estes poderes de autoregulação; porventura nem sequer há uma forma nitidamente melhor e exclusiva das outra possíveis. Apenas está ao meu alcance o que é patente – o Estatuto da Ordem dos Médicos comete-lhe, como actividades essenciais, "defender (...) a qualificação profissional", "concorrer para o (...) aperfeiçoamento constante do Serviço Nacional de Saúde", "promover a qualificação profissional dos médicos" (art. 6.º) e "criar e dinamizar estruturas que velem (...) pela qualificação profissional" (art. 7.º).

Será que a Ordem poderia estimular a organização de avaliações técnicas através dos Colégios de Especialidades? Será que valia mais desencadear os procedimentos através das Sociedades científicas, procu-

---

[26] O Regulamento Geral dos Colégios de Especialidades da Ordem dos Médicos (arts. 19.º a 21.º) prevê uma forma de intervenção de pura avaliação, quando se trata de reconhecer a idoneidade de um serviço que pretenda dar formação profissional reconhecida pelo Estatuto da Ordem.

[27] O caso normal será aquele em que o Estado responde sozinho perante o lesado e tem direito de regresso contra o médico; ou nem terá este direito, se o médico agiu com culpa leve – cfr. o art. 2.º do Decreto-Lei n.º 48051, de 21/11/67.

rando depois institucionalizar a colaboração das hierarquias administrativas das unidades de saúde? Não posso ter opinião sobre o assunto.

Apenas consigo vislumbrar os méritos, em geral, de usar a autoregulação para caminhar sistematicamente no sentido da avaliação técnica. E também percebo que essa caminhada seria bastante exigente; teria de ser conduzida com uma grande categoria profissional e pessoal. Porque, de outro modo, facilmente se diria, com justiça, que a autoregulação não era mais do que um disfarce da autodesresponsabilização[28].

---

[28] Vital MOREIRA – *Autoregulação profissional...*, p. 94-5 e 102. Aqui se referem autores para quem a autonomia profissional vale o mesmo que "pôr a raposa a guardar o galinheiro", "pôr o bode a tomar conta do jardim"...

A DEFINIÇÃO DE MORTE
TRANSPLANTES E OUTRAS UTILIZAÇÕES
DO CADÁVER[1]

por Luís Carvalho Fernandes

I. DEFINIÇÃO DE MORTE

1. Considerações prévias

I. A primeira questão do tema objecto da nossa exposição – definição de morte – receberia, por certo, respostas diferenciadas quando colocada a um filósofo, a um teólogo, a um biólogo, por referência a alguns dos ramos do saber em que aquele *fenómeno* se apresenta relevante. Para um jurista, a ideia que de imediato lhe vem à mente é a de a *morte*, considerada em si mesma, ou seja, com abstracção da sua causa[2], ser um facto jurídico em

---

[1] Este texto desenvolve as notas que serviram de base à exposição feita no *Curso de Pós-Graduação em Bioética*, na Faculdade de Direito da Universidade de Lisboa, mas beneficia de elementos recolhidos no debate que se lhe seguiu, ou por ele suscitados.

[2] O que fica dito no texto não pode ser entendido no sentido de as causas da morte, e até as circunstâncias que a rodeiam, não relevarem juridicamente. Bem pelo contrário.
Assim, a causa da morte, quando não seja *natural*, isto é, provocada pelo jogo de forças (biológicas) naturais, mas ligada a facto humano, releva para efeitos penais – o *homicídio* (arts. 135.° e segs. do Código Penal), o *incitamento* e a *ajuda ao suicídio* ou a *propaganda do suicídio* (arts. 135.° e 139.° do mesmo Código) são crimes –, mas também civis – dever de indemnizar (arts. 495.° e seguintes do Código Civil). Noutro plano, também no Direito Civil, a causa da morte interfere com o seu regime: por exemplo, se o sucessor causar a morte do autor da sucessão verifica-se *indignidade sucessória* (art. 2034.° do Código Civil).
Por outro lado, se as circunstâncias da morte se afastam dos condicionalismos que a acompanham na normalidade dos casos, logo se verificam desvios ao seu regime comum, nomeadamente no plano da sua inscrição registal e do destino do cadáver (cfr. algumas

sentido estrito. Em verdade, são correntes normas jurídicas que fixam a sua variada e multifacetada relevância jurídica[3] limitando-se a imputar-lhe efeitos jurídicos naquela sua qualidade. Exemplo paradigmático é o do n.º 1 do art. 68.º do Código Civil, quando estatui que «a personalidade cessa com a morte». Este preceito, no seu campo específico de aplicação – termo da personalidade jurídica singular –, não suscita dúvidas relevantes[4]; todavia, o seu pleno significado só se alcança se se souber o que é afinal a *morte*, em Direito. O mesmo se pode dizer do art. 2031.º do mesmo Código, ao determinar que a sucessão se abre no momento da morte do seu autor.

Donde resulta que a acima referida qualificação jurídica, sem ser falsa, é afinal insuficiente e pouco esclarecedora.

II. Servem as considerações anteriores para chamar a atenção para o facto de a interpretação e a aplicação de preceitos que imputam à morte certos efeitos jurídicos pressuporem a resposta a duas questões.

Assim, e num primeiro momento, cabe apurar o que deve afinal entender-se por *morte*, ou seja, há que fixar a sua *definição* legal, tarefa que se situa num *plano abstracto*.

Mas, para além dele, coloca-se, em relação à morte de cada pessoa, isto é, *em concreto*, a necessidade de determinar se, e quando, ela ocorreu. É o que designa por *verificação* da morte e do seu momento.

Neste segundo plano, em rigor, há ainda que manter distintos dois aspectos: *regras* que presidem à verificação da morte e *entidades competentes* para a sua aplicação.

Em todas estas matérias, para além de delicados aspectos de natureza ética, estamos perante questões em que o Direito é tributário de outras ciências, em particular da Medicina, mas de que não se pode alhear.

Delas nos passamos a ocupar em separado.

---

notas sobre regimes especiais do registo de óbito na nossa *Teoria Geral do Direito Civil*, vol. I, 3ª ed., rev. e act., Universidade Católica Editora, págs. 207 e segs.).

Mesmo no domínio da matéria que nos ocupa, como adiante se dirá, a circunstância de a morte ocorrer em circunstâncias que exigem a realização de autópsia ou outras perícias médico-legais interfere com o regime da utilização do cadáver.

[3] A relevância da morte, bem como muito diferenciados aspectos do seu regime, manifesta-se em diversos ramos do Direito, tanto privado como público.

[4] Abstraímos, por não relevar para efeito, da sombra de dúvida que preceitos como o n.º 1 do art. 71.º do Código Civil lançam sobre o alcance do art. 68.º, n.º 1, quando tutela os direitos da personalidade para além da morte do seu titular.

2. A noção de morte

I. A morte não pode deixar de significar, para o Direito, *a cessação da vida*, com duas precisões. Visa a primeira esclarecer que está em causa a vida *corporal* e a segunda assinalar que se trata da morte, em sentido global, e não, necessariamente, da cessação das funções orgânicas de todos e cada um dos órgãos ou tecidos do corpo[5].

Todavia, esta primeira aproximação ao conceito de morte, em rigor, não dá resposta satisfatória à questão que nos ocupa, antes se limita a transferir o problema do *mistério* da morte para o da vida.

Há que avançar no sentido de desvendar esse *mistério*, ainda que num plano estritamente jurídico; alcança-se tal desiderato mediante a fixação dos sinais – *critérios* – reveladores da morte.

Vejamos como o legislador se desincumbiu de tal tarefa no sistema jurídico português.

II. A definição legal de *morte* é estabelecida na Lei n.º 141/99, de 28 de Agosto, que fixa também «os princípios em que se baseia a verificação da morte» (art. 1.º).

A morte, segundo o art. 2.º da Lei n.º 141/99, «corresponde à cessação irreversível das funções do tronco cerebral».

Esta noção coloca, de imediato, como facilmente se compreende, o problema de determinar, em termos médicos, em que consiste essa cessação e como se manifesta. Estão aqui em causa «critérios médicos, técnicos e científicos».

III. Da conjugação do n.º 2 do art. 3.º da citada Lei com o art. 12.º da Lei n.º 12/93, de 22 de Abril, apura-se que compete à Ordem dos Médicos definir, manter, actualizar e divulgar esses critérios.

No exercício desta competência, a Ordem dos Médicos, antes de fixar os critérios de verificação da morte, deve ouvir o *Conselho Nacional da Ética para as Ciências da Vida*[6] (art. 5.º da Lei n.º 141/99 e n.º 1 do

---

[5] Esta distinção tem repercussões em certas modalidades de utilização do cadáver – colheita de órgãos ou tecidos –, possibilitando operações de reanimação que contribuem para o êxito de tais tarefas. Esta matéria foi objecto de um colóquio organizado sob a égide do Conselho Distrital do Porto da Ordem dos Advogados, tendo as exposições aí feitas sido reunidas sob o título *As Técnicas Modernas de Reanimação; Conceito de Morte; Aspectos Médicos, Teológico-Morais e Jurídicos*, Porto, 1973.

[6] Criado pela Lei n.º 14/90, de 9 de Junho, este *Conselho* tem, entre outras, compe-

art. 12.º da Lei n.º 12/93). Deve entender-se que o mesmo procedimento tem de ser observado na sua actualização, à qual a Ordem dos Médicos tem de proceder sempre que os progressos científicos o justifiquem (art. 12.º, n.º 1, da Lei n.º 12/93).

Os critérios aprovados pela Ordem dos Médicos bem como os documentos e regulamentos emitidos ao abrigo da Lei n.º 141/99 devem ser comunicados pelo seu bastonário ao ministro competente pelos assuntos da saúde, para, após aprovação, serem publicados no Diário da República, 1ª Série, parte B (art. 5.º da Lei n.º 141/99 e art. 12.º, n.º 2, da Lei n.º 12/93).

IV. Actualmente os critérios de certificação da morte cerebral constam da Declaração da Ordem dos Médicos de 1 de Setembro de 1994, publicada no Diário da República, 1ª Série-B, de 11 de Outubro de 1994.

Esta declaração foi emitida ao abrigo do art. 12.º da Lei n.º 12/93, a respeito da colheita de órgãos e tecidos em cadáveres; por isso, deve entender-se que ela se destina essencialmente aos fins regulados naquele diploma legal[7], pelo que dela nos ocuparemos quando tratarmos dessa matéria.

---

tência para analisar os problemas morais suscitados pelos progressos científicos nos domínios da biologia, da medicina ou da saúde em geral e sobre eles emitir pareceres, quando para tanto solicitado (art. 2.º, n.º 1, als. a) e b)).

A constituição multidisciplinar do *Conselho* é apenas uma das manifestações da necessidade de, nos problemas éticos ligados à defesa da vida humana e da sua qualidade, sem prejuízo do protagonismo fundamental da actividade médica e dos seus profissionais, se atender á sua projecção noutros domínios – sociais, filosóficos, teológicos, políticos e até económicos. A mesma preocupação de incrementar a participação de profissionais de outros domínios das ciências sociais e humanas, para dar maior dimensão à reflexão integrada sobre tais problemas, presidiu à criação das *comissões éticas para a saúde*, institucionalizadas pelo Decreto-Lei n.º 97/95, de 10 de Maio, para funcionarem em diversos serviços de saúde – públicos ou privados.

[7] Todavia, a remissão genérica estabelecida no art. 2.º do Decreto-Lei n.º 274/99, de 27 de Julho, ao mandar fazer a verificação do óbito nos termos da lei, implica que o regime da *Declaração* em causa vale também para a dissecação de cadáveres e extracção de peças, órgãos ou tecidos para os fins regulados nesse diploma legal.

3. Verificação da morte

I. O regime da verificação da morte desenvolve-se nos seguintes aspectos: determinação de quem tem competência para a fazer e das regras que para o efeito devem ser observadas.

Em termos gerais, a competência para verificação da morte cabe, como facilmente se compreende, aos médicos. Assim dispõe o n.º 1 do art. 3.º da Lei n.º 141/99.

Todavia, como o mesmo preceito deixa perceber, os médicos, no exercício desta competência, estão vinculados a observar certas regras, legalmente definidas. Nelas interferem, em concreto, certas circunstâncias que na ocorrência da morte se verificam.

Assim, em princípio, estando o doente sob a responsabilidade de certo médico, como é frequente, a este cabe fazer a verificação da morte (n.º 1 do art. 4.º da Lei n.º 141/99). Todavia, se outro médico comparecer primeiramente no local do óbito, é a este que aquela norma atribui competência para o efeito.

Este regime comum é afastado em situações particulares decorrentes de circunstâncias específicas existentes no momento da morte. Estamos a referir-nos aos casos de sustentação artificial das funções cardio-circulatória e respiratória. Para eles, o n.º 4 do art. 4.º da Lei n.º 141/99 determina que a verificação da morte seja feita por dois médicos, devendo estes observar o que se encontrar disposto em regulamento para tanto elaborado pela Ordem dos Médicos[8].

Segundo nos foi possível apurar[9], este regulamento não foi ainda publicado, o que constitui, sem dúvida, uma omissão que cumpre reparar, porquanto não se pode entender que a já referida *Declaração* o possa suprir[10]. Em verdade, várias razões apontam neste sentido. Desde logo, pode invocar-se o fim específico que presidiu à sua emissão. Para além disso, não podendo o legislador ignorar a sua existência – a Lei n.º 141/99 é muito posterior à *Declaração* –, ao prever um regulamento específico só pode estar a significar a insuficiência de tal *Declaração*. E nem custa a admitir que assim seja, se tivermos presentes os delicados problemas mé-

---

[8] Na elaboração e publicação do regulamento segue-se o processo, já exposto, do art. 5.º da Lei n.º 141/99.

[9] O resultado de buscas pessoais, infrutíferas, foi confirmado por informação colhida directamente junto dos Serviços Jurídicos da Ordem dos Médicos, cujo atendimento gentil não queremos deixar passar sem referência.

[10] Quando muito, se aplicável, será de observar o disposto na *Declaração*.

dicos e éticos envolvidos na verificação da morte em casos de sustentação artificial das funções cardio-circulatória e respiratória.

II. O processo de verificação da morte regulado no art. 4.º da Lei n.º 141/99 consiste em lavrar um registo sumário, com os seguintes elementos:

a) identificação possível da pessoa falecida, com indicação da fonte dos dados registados (documento de identificação ou informação verbal);
b) nome do médico e número da respectiva cédula da Ordem dos Médicos;
c) local, data e hora de verificação da morte;
d) informação clínica ou observações que tenham sido feitas à pessoa falecida.

A lei não é muito clara quanto às observações referidas na al. d), que identifica como «eventualmente úteis». Dado, porém, que elas são referidas em alternativa à «informação clínica», parece razoável entender que estão em causa dados que supram a falta dessa informação, ou a complementem. Em qualquer caso, *úteis* para determinar a causa da morte.

A titulação deste registo varia em função do local onde o óbito ocorra (n.ºs 2 e 3 do citado art. 4.º).

Se a pessoa falecida estiver internada em estabelecimento de saúde, seja público ou privado, o registo de verificação do óbito deve ser lavrado no respectivo processo clínico (n.º 2).

Nos demais casos, a lei admite várias soluções: registo em papel timbrado do médico, de instituição onde a pessoa falecida se encontre ou outro. O registo deve ser entregue à família da pessoa falecida ou à autoridade que compareça no local do óbito (n.º 3).

II. TRANSPLANTES E OUTRAS UTILIZAÇÕES DO CADÁVER

A) *Preliminares*

4. Considerações prévias

I. A utilização do cadáver para fins ligados à ciência médica não é, de modo algum, uma preocupação recente, e conheceu ao longo dos séculos, problemas e tratamentos muito diferenciados.

Ganhou, porém, maior acuidade quando a certos fins, que diríamos clássicos, outros se juntaram. Com efeito, os extraordinários progressos registados no domínio da ciência e da técnica tornaram possíveis métodos e meios de diagnóstico, prevenção e tratamento de muitas doenças que afligem a humanidade, alguns impensáveis em tempos bem pouco recuados; mas criaram também necessidades novas ou mais prementes derivadas do recurso a tecidos ou órgãos de origem humana, para múltiplos fins[11].

Nasceram assim, ou agudizaram-se, complexas questões éticas ligadas à defesa da vida humana e da sua qualidade que se projectam em diversos domínios – social, filosófico, teológico, político –, a exigirem tratamento pluridisciplinar, o que fez mesmo surgir uma nova ciência: a *Bioética*.

II. A definição do regime legal da utilização do cadáver envolve a complexa conciliação de valores contrapostos, que respeitam a *interesses individuais*, de um lado, e *sociais* (colectivos), do outro.

No primeiro plano, como projecção da dignidade imanente do Homem, base de todo o sistema jurídico constitucionalmente consagrada (art. 1.º da Constituição), no momento supremo da sua passagem pelo Mundo – a morte –, coloca-se o princípio que impõe a prevalência da sua vontade nos actos de disposição do próprio corpo e do seu cadáver. Mas está também em causa a dignidade pessoal e social da pessoa que faleceu e dos seus familiares e próximos, que exigem, por um lado, que todas as

---

[11] Só temos de nos ocupar da matéria pelo que respeita à utilização do cadáver; todavia, cabe aqui recordar que os actos relativos à colheita de tecidos ou órgãos podem ser praticados em pessoa viva – matéria também regulada na citada Lei n.º 12/93, o que se explica pelo facto de alguns dos problemas que nos dois casos se suscitam serem comuns às duas situações. Bem o ilustra a sistematização daquela Lei que, além de um capítulo de «disposições gerais», contém um dedicado à «colheita em vida» e outro à «colheita em cadáver».

Vem ainda a propósito referir, no domínio da investigação científica, fora do âmbito desta exposição, os ensaios clínicos realizados em seres humanos para testar a eficácia e segurança dos medicamentos, regulados pelo Decreto-Lei n.º 97/94, de 9 de Abril.

Há, porém, que ter em conta, pelo que respeita às colheitas em pessoa viva e a estes ensaios, a *Convenção para a Protecção dos Direitos do Homem e da Dignidade do Ser Humano Face às Aplicações da Biologia e da Medicina; e a Convenção sobre os Direitos do Homem e a Medicina* (Oviedo), aprovada, para ratificação, pela Resolução da Assembleia da República n.º 1/2001, de 19 de Outubro de 2000 (D.R., 1ª S.-A, de 3 de Janeiro de 2001), e ratificada pelo Decreto do Presidente da República, n.º 1/2001, de 3 de Janeiro.

intervenções no cadáver se façam com estrita observância do respeito devido aos restos mortais humanos, e, por outro, que não sejam postas em causa práticas religiosas e cívicas à morte ligadas – cerimónias fúnebres, ritos de sufrágio, homenagens cívicas.

Do ponto de vista colectivo, a necessidade de ultrapassar a carência de cadáveres, para assegurar, com a sua utilização, a prossecução de múltiplos fins de marcada relevância social, aponta no sentido de serem adoptadas medidas legislativas que não entravem, antes facilitem, a sua dádiva, bem como a de órgãos e tecidos que deles possam ser colhidos. A dádiva de cadáveres, ou de órgãos e tecidos que neles possam ser colhidos, traduz assim um espírito de solidariedade social, a fomentar. Estão, na verdade, em causa relevantes fins de diagnóstico terapêutico e de transplantação, mas também de ensino e investigação científica, nomeadamente a formação de profissionais de saúde, o melhor conhecimento do corpo humano e das patologias que o afectam, o aperfeiçoamento de métodos de diagnóstico e terapêuticos. Em suma, do que se trata é de assegurar o progresso da ciência médica e da sua capacidade de tratamento das doenças que afligem a Humanidade.

Como adiante melhor se verá, o sistema jurídico português procurou assegurar a conciliação dos interesses divergentes em presença, permitindo, a cada pessoa, a manifestação (positiva) da vontade de se opor à utilização do seu cadáver, mas tornando lícita, quanto a certos fins e no respeito do regime legal para tanto fixado, essa utilização, se tal oposição não existir.

5. Razão de ordem

I. A utilização do cadáver em vista dos fins genericamente enunciados no número anterior está naturalmente limitada pelas circunstâncias de os actos nela envolvidos dependerem, neste caso, da cessação da vida. Ainda assim, são diversas as utilizações possíveis do cadáver com objectos e fins diversos.

Quanto ao objecto, podem estar em causa actos relativos a peças, tecidos e órgãos de origem humana ou ao cadáver, em si mesmo, no todo ou em parte.

Ainda por referência ao objecto, os actos podem consistir na dádiva do cadáver para a colheita ou a extracção de peças, tecidos e órgãos e para a sua dissecação.

Os fins visados com estes actos são múltiplos[12]. Quanto a peças, tecidos e órgãos identificam-se na lei os de transplantação, terapêuticos, de ensino e investigação. Na dissecação de cadáveres são os dois últimos que estão em causa.

II. A análise e exposição do regime jurídico destes vários actos ganham em seguir o tratamento legal que lhe é reservado no sistema jurídico português.

Ora, o mais sumário exame dos diplomas legais em causa mostra-nos que para o legislador foi determinante, no tratamento desta matéria, o fim visado com a prática destes actos. Assim, dedicou um diploma aos dirigidos a fins de transplantação e terapêuticos (Lei n.º 12/93) e outro aos de ensino e investigação (Decreto-Lei n.º 274/99).

Nesta base, na exposição subsequente vamos seguir esta arrumação das matérias; todavia, no primeiro caso, sendo o fim de transplantação o dominante, por referência a ele se identificará o respectivo regime.

Cremos, porém, não constituir ultrapassagem indevida dos limites em que nos devemos mover, se, antes de começar a desenvolver o esquema exposto, em breves referências, fixarmos a noção e a natureza do cadáver, pois aí podemos colher elementos relevantes para a compreensão do regime legal das referidas matérias.

6. Noção e natureza jurídica do cadáver

I. A morte, ao fazer cessar a personalidade jurídica da pessoa, dá origem a outra realidade, tanto no plano material como jurídico, que é o cadáver.

Segundo a definição legal, cadáver é «o corpo humano após a morte, até estarem terminados os fenómenos de destruição da matéria orgânica» (art. 2.º, al. i), do Decreto-Lei n.º 411/98, de 30 de Dezembro).

---

[12] Além dos seguidamente referidos no texto, relevantes no domínio da Bioética em que esta exposição se insere, justifica-se a menção de outros fins de actos de que o cadáver pode ser objecto: identificação, investigação judiciária, comprovação de diagnóstico, determinação clínica da causa da morte, por via de autópsia ou de outras perícias médico-legais.

Retomando uma noção que temos vindo a adoptar[13], por *cadáver* entendemos, em Direito, os despojos inanimados de um ser humano, ainda que ele não haja sido pessoa em sentido jurídico. Esta precisão destina-se a contemplar os *restos mortais* de um nado-morto, que ainda se devem considerar cadáver. Mas não é já adequado o uso da expressão no caso de morte fetal precoce[14]. Por outro lado, interessa esclarecer que cabe ainda falar em cadáver, mesmo que os despojos não estejam completos, desde que se não trate, apenas, de partes isoladas de um corpo humano, como sejam órgãos ou tecidos, conservados, por exemplo, para estudo ou utilizados para fins cirúrgicos[15].

Finalmente, cabe esclarecer não ser corrente designar por *cadáver* restos mortais que, pela sua antiguidade ou significado religioso, ganharam a natureza de objectos arqueológicos, de documentos históricos, ou de objectos de culto (múmias, relíquias, etc.).

II. À determinação da natureza jurídica do cadáver não foram alheias, ao longo dos tempos e dos sistemas jurídicos, considerações de ordem religiosa e moral, que lhe atribuíram uma característica de *sacralidade*, que ainda hoje influencia as posições sustentadas pelos autores a seu respeito. Desde tempos imemoriais, essa *sacralidade* manifesta-se sob as mais diversas formas, que vão dos ritos funerários, religiosos ou cívicos, ao respeito devido ao próprio cadáver[16], à sua incomercialidade. As concepções religiosas e éticas do cristianismo só vieram fortalecer esse ancestral respeito pelo cadáver[17].

---

[13] Vocábulo *cadáver*, in POLIS, *Enciclopédia VERBO da Sociedade e do Estado*, vol. 1, cols. 662 a 666, e *Teoria Geral do Direito Civil*, vol. I, 3ª ed., rev. e act., Universidade Católica Editora, 2001, págs. 730-731.

[14] A morte fetal precoce é a que ocorre no caso de gestação inferior a 22 semanas completas (§ único do art. 4.°, e art. 1.° do Decreto-Lei n.° 44128, de 28 de Dezembro de 1961, na redacção do art. 1.° do Decreto-Lei n.° 27/80, de 29 de Fevereiro).

[15] Neste caso estamos perante coisas, embora, ainda assim, sujeitas a regime especial.

[16] A relevância do respeito devido ao cadáver revela-se na sua tutela penal, constituindo crimes os actos que o violem: impedimento ou perturbação de cerimónia fúnebre e profanação de cadáver ou de lugar fúnebre (arts. 253.° e 254.° do Código Penal).

[17] É conhecido o facto de, em certas épocas, tais concepções chegarem até a constituir um entrave ao progresso da medicina, pela dificuldade de dispor de cadáveres para estudos anatómicos.

São estas concepções, traduzindo «o respeito ancestral que ao homem merece o cadáver de outro homem», que explicam a relutância de alguns autores em classificar o cadáver como coisa, tendendo a vê-lo como uma realidade autónoma, como um *tertium genus*, distinta das pessoas e das coisas.

Na doutrina portuguesa podem apontar-se, como exemplos desta orientação, as posições defendidas por Cunha Gonçalves[18], Paulo Cunha[19] e Manuel Gomes da Silva[20].

Próxima desta concepção é a defendida por Oliveira Ascensão, considerando que o cadáver não é uma pessoa nem uma coisa, «porque indissociável da personalidade de que foi suporte». No seguimento de Manuel Gomes da Silva, entende que ele deve ser regido pelos princípios relativos às pessoas[21].

Sem esquecer a atenção que a esses sentimentos dominantes sobre o significado do cadáver humano deve ser dada, não parece, porém, que lhe possa caber outra qualificação que não seja a de coisa. Nem por isso pode deixar de se ter em conta que a sua natureza justifica um regime particular, traduzido, desde logo, na sua extracomercialidade: o cadáver pertence à categoria das coisas fora do comércio jurídico (*res extra commercium*)[22].

Cabem, porém, aqui dois desenvolvimentos, que esclarecem a nossa ideia.

Primo, a extracomercialidade do cadáver é um corolário da sua natureza jurídica e esta, por seu turno, derivada do que antes identificámos, genericamente, como a sua *sacralidade*. Mas a extracomercialidade, por outro lado, é apenas uma das manifestações do regime especial do cadáver que o demarca das coisas em geral.

Secundo, a própria extracomercialidade do cadáver assume feição especial, pois não o coloca apenas fora do comércio jurídico privado. Para traduzir correctamente o seu sentido, deve dizer-se que *o cadáver não pode ser, em princípio, objecto de actos jurídicos, só sendo lícitos os expressamente admitidos pelo Direito.*

---

[18] *Tratado de Direito Civil em comentário ao Código Civil Português*, vol. I, Coimbra Editora, 1961, págs. 304-305.
[19] *Teoria Geral do Direito Civil*. Resumo desenvolvido das Lições, Ano Lectivo 1971-1972, Serviços Sociais da Universidade de Lisboa, págs. 152 e segs..
[20] *Esboço de uma concepção personalista do Direito*, 1965, págs. 179 e segs..
[21] *Direito Civil. Teoria Geral*, vol. I, 2ª ed., Coimbra Editora, 2000, pág. 58.
[22] Cfr., a este respeito, Castro Mendes, *Teoria Geral do Direito Civil*, vol. I, AAFDL, 1978, págs. 115 e 391.

B) *Dádiva e colheita de tecidos ou órgãos para transplantação*

7. Âmbito de aplicação

I. A regulamentação dos actos de disposição do próprio cadáver, nomeadamente pelo que respeita à colheita de órgãos ou tecidos para fins de diagnóstico terapêutico e de transplante consta, actualmente[23], da já citada Lei n.º 12/93, cujo regime passamos a expor.
Começamos por determinar o seu campo de aplicação subjectivo.

II. A Lei n.º 12/93 aplica-se a todas as pessoas residentes em Portugal, sejam elas portuguesas, apátridas ou estrangeiras (art. 2.º, n.º 1).
No caso de estrangeiros não residentes, que ocasionalmente se encontrem em Portugal no momento da sua morte, o regime dos actos da dádiva ou colheita de tecidos ou órgãos rege-se pelo «seu estatuto pessoal». Assim se dispõe no n.º 2 do referido art. 2.º, o que significa a aplicação, em regra, da lei da sua nacionalidade, segundo o regime comum do art. 31.º, n.º 1, do Código Civil.
A dúvida que o art. 2.º, n.º 1, da Lei n.º 12/93 levanta é a de saber se, para os efeitos nele estatuídos, se atende apenas a quem licitamente resida em Portugal, ou também aos chamados *clandestinos* que, *de facto*, têm residência no país. Com base no texto do n.º 2, por aí se referir a estadia *ocasional* do estrangeiro em Portugal – o que significa uma permanência acidental, precária –, inclinamo-nos para considerar aplicável o regime da Lei n.º 12/93 aos *residentes clandestinos*.

III. Cabe, porém, referir que o artigo em análise define apenas o campo de aplicação da Lei, *em abstracto*.
Em verdade, a Lei admite que as pessoas por ela abrangidas, manifestem a sua indisponibilidade para a dádiva, *post mortem*, de órgãos ou tecidos, ou a limitem quanto ao seu objecto ou a certos fins. Assim resulta da conjugação dos seus arts. 2.º, n.º 1, e 10.º, n.º 1.

---

[23] Este é o terceiro diploma legal que regula a matéria no sistema jurídico português, tendo como antecedentes o Decreto-Lei n.º 553/76, de 13 de Julho, e o Decreto-Lei n.º 45683, de 25 de Abril de 1964. No processo legislativo deste foi emitido um notável parecer da Câmara Corporativa, de que foi relator o Prof. Manuel Gomes da Silva, que serviu de base ao seu estudo *Esboço*, atrás citado.

Deste modo, *em concreto*, o campo de aplicação da Lei é reduzido aos cidadãos nacionais e aos apátridas e estrangeiros residentes em Portugal que não tenham manifestado oposição à dádiva. São os chamados *potenciais dadores*, para seguir a terminologia do citado art. 10.°.

A oposição à dádiva ou a sua limitação são objecto de um acto cujo regime passamos a expor.

Nesta matéria a Lei n.° 12/93 é complementada pelo diploma que regula a organização e funcionamento de um registo – *Registo Nacional de Não Dadores* (RENNDA) – instituído para este fim específico: o Decreto--Lei n.° 244/94, de 28 de Setembro.

IV. Em qualquer dos casos de oposição referidos na alínea anterior, as pessoas que queiram ser *não dadores*, ou limitar a sua dádiva, quanto a algum dos referidos aspectos, têm de manifestar essa sua vontade junto do Ministério da Saúde (art. 10.°, n.° 1)[24].

Sendo a pessoa menor ou incapaz[25], esse acto deve ser praticado pelo seu representante legal. A fórmula genérica adoptada pelo legislador, «incapazes», além de manifestamente infeliz do ponto de vista técnico-jurídico – *o menor também é incapaz* –, levanta o problema de saber se nela estão abrangidos tanto os interditos como os inabilitados. A nossa resposta vai no sentido de excluir, em princípio, os inabilitados, pois a sua incapacidade se refere, em regra, ao plano patrimonial; só assim não será se a sentença de inabilitação abranger também, a título excepcional, actos de natureza pessoal, como alguma doutrina admite[26].

Todavia, no caso dos menores, estes são também admitidos a praticar tais actos, se para tanto tiverem capacidade de entendimento e de manifestação da sua vontade (art. 11.°, n.° 2, da Lei n.° 12/93).

---

[24] Em rigor, a declaração é apresentada nos Centros de Saúde.

[25] Quanto aos incapazes (menores e interditos), podendo a declaração ser feita pelos seus representantes legais, levanta-se o problema de saber se a oposição é ainda admitida após a sua morte. Em vista do regime descrito no texto e do fim que o domina, a nossa resposta vai no sentido negativo.

Não queremos, porém, deixar de exarar a seguinte nota: razões de *humanidade*, em especial, em certas situações particularmente *dolorosas* que acompanham o óbito, não deixarão, por certo, de determinar as entidades competentes a abster-se da colheita. Esta, de resto, por muito premente que seja, *não é obrigatória*.

[26] Sobre estes pontos, cfr. a nossa *Teoria Geral*, vol. I, cit., págs. 345-346.

O sentido deste regime é o de não fazer depender a intervenção do menor de um *escalão* etário[27], mas da sua capacidade natural de entender e querer, em concreto.

Levanta, todavia, a questão de saber quem vai ajuizar de tal capacidade, em termos práticos. Se atendermos ao *procedimento* instituído pelo Decreto-Lei n.º 244/94 – em particular ao n.º 2 do seu art. 3.º –, dir-se-ia que tal caberia ao funcionário do RENNDA que recebe as declarações.

Parece ser, porém, esta solução, pelo menos, discutível, tanto mais que no diploma que regula o RENNDA se faz apenas referência a representantes legais (cfr. arts. 2.º, 3.º, n.º 1, e 10.º, n.º 1, do Decreto-Lei n.º 244/94).

V. A declaração de indisponibilidade para a dádiva pode revestir mais de uma modalidade, a saber (art. 10.º da Lei n.º 12/93 e art. 2.º do Decreto-Lei n.º 244/99):

a) ser total ou parcial, isto é limitada a certos órgãos;
b) ser limitada a certos fins.

Quanto às formalidades a que está sujeita, resulta dos citados preceitos que ela deve ser feita mediante o preenchimento, em triplicado, de um impresso tipo, aprovado por despacho do respectivo Ministro[28].

Como garantia da legitimidade do declarante, o funcionário que o recebe, no momento da apresentação do impresso, deve controlar a veracidade das declarações de identidade dele constantes com o respectivo documento de identificação (art. 3.º, n.º 2).

Uma das cópias do impresso, com a certificação da sua entrega e a aposição da assinatura do funcionário recebedor, é entregue ao declarante e pode servir de prova da oposição (arts. 3.º, n.º 3, e 16.º).

Além disso, a declaração é inscrita no RENNDA[29] mediante a apre-

---

[27] Ainda assim, não nos parece irrelevante chamar a atenção para o facto de, no Direito comum (Código Civil e legislação complementar), ser hoje a idade de 12 anos aquela em que se dá relevância à vontade do menor na resolução dos assuntos de seu interesse (cfr. a nossa *Teoria Geral*, vol. I, cit., pág. 251).

[28] O modelo do impresso foi aprovado pelo Despacho Normativo n.º 700/94 do Ministério da Saúde, de 13 de Setembro, publicado no D.R., 1ª S.-B, de 1 de Outubro de 1994.

[29] O RENNDA é um registo informatizado, dotado de um ficheiro automatizado que deve organizar e manter actualizado a informação relativa às declarações de indisponi-

sentação do referido impresso. A inscrição deve ser feita de imediato, mas só produz efeitos quatro dias úteis após a sua apresentação (art. 3.º, n.º 4, do Decreto-Lei n.º 244/94).

Para além desta inscrição, o RENNDA deve emitir, no prazo máximo de 30 dias a contar da apresentação do impresso, um cartão individual[30], do qual consta a qualidade de não dador ou, se for caso disso, da limitação do objecto ou do fim da dádiva permitida (art. 11.º, n.º 2, da Lei n.º 12/93 e art. 14.º do Decreto-Lei n.º 244/94).

Em face deste regime não pode deixar de se concluir que estamos perante uma declaração expressa[31] e formal, que se reveste mesmo de certo carácter *formulário*. Em verdade, o próprio texto da declaração de indisponibilidade consta do impresso; consoante os casos: «pretendo não ser dador de órgãos e tecidos no caso de estes serem para fins de», ou «pretendo, apenas, não doar os seguintes órgãos ou tecidos»[32].

8. Natureza do acto

A dádiva de tecidos ou órgãos é por natureza gratuita. O mesmo vale para os actos com ela conexos.

A lei acentua esta sua natureza por mais de uma via. Assim, o n.º 1 do art. 5.º da Lei n.º 12/93 começa por afirmar que tal acto não pode, em nenhuma *circunstância*, ser remunerado e termina proibindo a comercialização de tecidos ou órgãos.

---

bilidade (art. 4.º do Decreto-Lei n.º 244/99). Nesse ficheiro constam, para tratamento automatizado, dados pessoais relativos a quem fez declarações de indisponibilidade – nome, morada, naturalidade, nacionalidade, data de nascimento, sexo, número e data do bilhete de identidade e órgãos, tecidos ou fins não objecto de doações (art. 5.º do mesmo diploma legal).

[30] O modelo do cartão foi aprovado pelo Despacho Normativo que aprovou o impresso.

[31] Embora, em termos gerais de Direito (art. 217.º do Código Civil), a declaração possa ser expressa ou tácita, a lei pode excluir esta modalidade, quer mediante norma específica, quer atribuindo à declaração um regime incompatível com a declaração tácita. É este o caso. Assim, a declaração feita, por certa pessoa, no sentido de o seu cadáver ser incinerado não exclui a colheita de órgãos ou tecidos, sem prejuízo de dever ser observada na destinação do cadáver, após a colheita.

[32] Para além do preenchimento de dados de identificação e de assinar o impresso, o declarante tem apenas de marcar com uma cruz os fins em causa ou indicar os órgãos que exclui da doação.

Há, porém, que não confundir a remuneração do dador com o reembolso de despesas efectuadas com a prática desses actos ou dos prejuízos sofridos por causa deles. Todavia, para ele ser admitido, devem os actos de dádiva ser a causa imediata e directa desses prejuízos; só quando assim aconteça, o reembolso é lícito (n.º 2 do art. 5.º).

Por outro lado, as pessoas que praticam os actos previstos no n.º 1 do art. 1.º, bem como os estabelecimentos autorizados a realizar transplantes, têm direito a remuneração pelo serviço prestado. Assim o permite o n.º 3 do citado art. 5.º; contudo, no sentido de deixar bem claro que esta permissão deve ser entendida sem prejuízo da regra da não comercialização de órgãos ou tecidos humanos, essa mesma norma acrescenta que a remuneração permitida deve referir-se apenas aos serviços prestados, não podendo na sua fixação «ser atribuído qualquer valor aos tecidos ou órgãos transplantados».

9. Entidades competentes

I. Na determinação da competência para a colheita de órgãos e tecidos e para as intervenções de transplantação importa começar por tratar separadamente cada um destes actos. Por outro lado, em relação a cada um deles cumpre ainda distinguir dois aspectos: pessoas que neles podem intervir e locais onde podem ser praticados.

Acontece, porém, que a primeira questão recebe uma resposta unitária em relação a qualquer dos actos em causa; com efeito, tanto os actos de colheita como as operações de transplante devem ser feitas sob a responsabilidade e directa vigilância de médicos. Assim se dispõe no n.º 1 do art. 3.º.

Acrescenta este preceito, numa disposição de mera cautela, pois tal resultaria já de regras comuns nesta matéria, que nesses actos devem ser observadas as respectivas *leges artis*.

Deste modo, em rigor, só quanto ao local onde os actos em causa devem ser praticados se impõe fazer as distinções acima identificadas.

II. Relativamente à colheita de órgãos e tecidos, o art. 3.º, n.º 1, *in fine*, da Lei n.º 12/93 afirma que os locais para a prática dos actos referidos no seu art. 1.º, n.º 1, são os «estabelecimentos hospitalares públicos ou privados».

O n.º 2 deste preceito admite também que a colheita de tecidos para fins terapêuticos seja feita nos institutos de medicina legal, no decurso de autópsia.

Razões de segurança e de qualidade dos serviços prestados exigem, porém, uma regulamentação mais estrita desta matéria, que hoje se contém na Portaria n.º 31/2002, de 8 de Janeiro.

Assim, a actividade de colheita de órgãos ou tecidos depende de prévia autorização do Ministério da Saúde, que, para o efeito, deve ouvir a Organização Portuguesa de Transplantação (n.º 1)[33], mediante requerimento do conselho de administração do estabelecimento[34].

No caso de colheita em cadáver, o estabelecimento hospitalar, segundo o n.º 4 daquela Portaria, deve dispor de:

a) valência (serviço, unidade ou outra) de cuidados intensivos;
b) valência de neurologia ou neuro-cirúrgia.

Para além disso, as instituições interessadas na realização de colheitas devem articular-se, por protocolo, com o Gabinete de Coordenação de Colheita de Órgãos e Transplantação da sua área, «por forma a que todos os potenciais doadores sejam referidos», nomeadamente para efeitos da consulta do RENNDA e a escolha do dador e do receptor (n.ºs 2 e 3).

III. No que respeita a operações de transplante, resulta dos n.ºs 3 e 4 do art. 3.º da Lei n.º 12/93 que elas hão-de ser feitas em *centros de transplante* autorizados pelo Ministério da Saúde e sujeitos a avaliação periódica, pelo mesmo Ministério, das suas actividades e resultados[35].

As razões invocadas para a regulamentação da actividade valem, *mutatis mutandis*, para a de transplantação, que consta, de resto, da Portaria atrás citada.

Deste modo, os serviços das instituições hospitalares, para o exercício da actividade de transplantação, devem preencher os requisitos relativos às várias modalidades previstas no Anexo à Portaria (n.º 3). As modalidades aí indicadas são os transplantes cardíaco, pulmonar, renal, hepático,

---

[33] Criada pelo Despacho n.º 257/96, do Ministério da Saúde, publicado no D.R., 2ª S., de 3 de Setembro.

[34] O requerimento deve ser instruído com parecer da Organização Portuguesa de Transplantação e com o Protocolo estabelecido com o respectivo Gabinete de Coordenação de Colheita de Órgãos e de Transplantação.

[35] Esta norma não foi aplicada, pelo que respeita á autorização, aos centros de transplantação que estavam em funcionamento no momento da entrada em vigor da Lei n.º 12/93 (art. 3.º, n.º 4).

múltiplo (nomeadamente fígado+rim e pâncreas+rim), pediátrico, da córnea, de progenitores hematopoiéticos e de outros tecidos e células.

A autorização para a realização de transplantes tem de ser requerida ao Ministério da Saúde, mediante requerimento do conselho de administração da instituição hospitalar, que deve ser acompanhado de parecer da Organização Portuguesa de Transplantação e de um programa de transplantação (n.º 7)[36].

IV. As autorizações concedidas para qualquer das actividades – colheita ou transplantação – são revogáveis pelo Ministério da Saúde, se tal for imposto por razões de saúde pública, de deontologia médica ou éticas e ainda quando, durante três anos consecutivos, as metas impostas, para o tipo de transplante, não sejam atingidas, em qualidade ou quantidade (n.º 9 da Portaria).

V. Todos os intervenientes nos actos relativos à dádiva, colheita e transplante de órgãos ou tecidos estão obrigados a uma regra de confidencialidade.

Por força dela, não podem ser reveladas as identidades do dador ou do receptor, salvo quando tal seja autorizado «por quem de direito», diz o art. 4.º da Lei n.º 12/93. Há-de entender-se que a lei se refere aos próprios dador ou receptor ou aos seus representantes legais, consoante os casos.

10. Regime da colheita

A colheita de órgãos e tecidos, em si mesma, é objecto de regulamentação que visa acautelar vários interesses.

Num primeiro plano, está em causa a fixação dos meios de apurar se a pessoa fez em vida oposição à dádiva.

Para além disso, em certos casos, o êxito da colheita, do ponto de vista do fim a que os tecidos e órgãos se destinam, depende do facto de ela ser feita logo após a morte da pessoa. Daí, como antes já ficou assinalado, a necessidade de prestar maior atenção à certificação da morte. Neste

---

[36] Este programa deve conter: *a)* elementos de identificação e de qualificação do respectivo responsável e demais pessoal nele envolvido ou a envolver; *b)* identificação das instalações, equipamentos e apoios disponibilizados pela instituição hospitalar para atingir as metas propostas; *c)* plano de actividades, com indicação do número de transplantes que se propõe realizar.

domínio, há-de ter-se em vista que a intervenção seja feita o mais breve possível após a morte; mas não podem, também, ser esquecidas medidas tendentes a evitar que a colheita seja feita em pessoa viva.

II. Resulta de considerações mais atrás feitas que o legislador se preocupou em estabelecer um regime que propicíe a colheita de órgãos e tecidos e, por isso, criou a figura do *dador potencial*. Não foi, porém, ao ponto de não atribuir a cada pessoa o exercício da faculdade de dispor da seu próprio cadáver, admitindo, nessa base, a oposição a tais actos[37].

Como é manifesto, a eficácia deste regime implica que, após a morte, quando a hipótese de colheita se coloca, e antes de a ela se proceder, se apure se a pessoa em causa é um dador ou um não dador.

Estão disponíveis para o efeito vários meios de prova.

Nos termos do art. 15.º, n.º 1, do Decreto-Lei n.º 244/94, não pode ser iniciada a colheita de órgãos ou tecidos em cadáveres sem previamente se verificar a existência de oposição ou limitações à dádiva, mediante consulta dos dados constantes no RENNDA. Esta disposição rege para os estabelecimentos, públicos ou privados, mas disposição equivalente vale para a colheita de tecidos pelos institutos de medicina legal (n.º 3).

Essa consulta é feita através dos gabinetes de coordenação de colheita de órgãos e transplantes e dos centros de histocompatibilidade (citado art. 15.º, n.º 1), no primeiro caso, e directamente pelos institutos, no segundo.

Para assegurar o funcionamento eficaz deste sistema e a realização expedita da consulta, os referidos gabinetes, centros e institutos estão autorizados a manter uma ligação ininterrupta ao ficheiro informático do RENNDA (arts. 7.º, n.º 1, e 15.º, n.º 2, do Decreto-Lei n.º 244/94).

Prevenindo a hipótese de, por qualquer motivo, a consulta não ser possível por meios informáticos, o n.º 2 do citado art. 7.º estabelece a possibilidade de os dados inscritos no RENNDA serem comunicados àquelas entidades por telecópia.

---

[37] Confirma o propósito de o legislador não ter entendido adequado fazer prevalecer, "a outrance", o interesse geral na facilitação da colheita de órgãos e tecidos, o facto de a Lei n.º 12/93 ter imposto ao Governo a promoção de uma campanha de informação dirigida, de um lado, a acautelar os argumentos de solidariedade social a favor da colheita de órgãos e tecidos e, do outro, a elucidar os cidadãos sobre a possibilidade de manifestarem a sua indisponibilidade à dádiva *post mortem* e à existência do RENNDA e do cartão individual (art. 15.º). No seguimento desta campanha – e porventura, também, de alguma polémica que a figura de *potencial dador* então gerou –, verificou-se um número (relativamente) significativo de declarações de indisponibilidade.

Para garantia plena de ter sido respeitado o esquema legalmente imposto, como condição prévia da colheita, o art. 17.º do Decreto-Lei n.º 244/94 impõe que as consultas ao RENNDA sejam, por seu turno, objecto de registo em suporte magnético. Assim é possível fazer prova da consulta e do seu teor.

Para além da consulta ao RENNDA, a prova de oposição à dádiva pode ser feita por outros meios (art. 15.º, n.º 3, do Decreto-Lei n.º 244/94):

a) cartão individual de não dador, se for exibido ou encontrado no espólio do falecido;

b) cópia do requerimento de indisponibilidade para a dádiva, em que esteja devidamente certificada, pelo RENNDA, a sua apresentação (cfr. n.º 3 do art. 3.º do mesmo diploma legal).

III. Como é manifesto, todos os meios descritos pressupõem a identificação do cadáver.

No caso de ela não ser possível, de acordo com a política, seguida pelo legislador, de facilitar a colheita, a Lei n.º 12/93 presume a inexistência de oposição à dádiva, sempre que outra coisa não resulte das circunstâncias do caso (art. 13.º, n.º 6). Estas circunstâncias hão-de consistir em factos ou elementos, a avaliar casuisticamente, que justifiquem o afastamento de tal presunção.

IV. Pelo que respeita aos aspectos ligados ao êxito da colheita, está envolvida, desde logo, a fixação do conceito de morte, matéria de que já antes nos ocupámos. São, pois, as particularidades da certificação da morte, para os efeitos da Lei n.º 12/93, que agora importa referir.

Há aqui que atender ao regime constante da *Declaração da Ordem dos Médicos*, oportunamente referida.

Segundo esta *Declaração*, o diagnóstico de morte cerebral e a sua certificação dependem de certas *condições prévias*, obedecem a determinadas *regras de semiologia* para estabelecimento do diagnóstico da morte cerebral e devem observar a *metodologia* nela fixada.

O diagnóstico de morte cerebral implica a verificação de diversas *condições* assim identificadas:

a) conhecimento da causa e irreversibilidade da situação clínica;

b) estado de coma com ausência de resposta motora à estimulação dolorosa na área dos pares cranianos;

c) ausência de respiração espontânea;

d) constatação de estabilidade hemodinâmica e da ausência de hipotermia, alterações endócrino-metabólicas, agentes depressores do sistema nervoso central e/ou de agentes bloqueadores neuromusculares, que possam ser responsabilizados pela supressão das funções referidas nas alíneas anteriores.

Quanto às *regras de semiologia* do mesmo disgnóstico, respeitam à ausência, na totalidade, de vários reflexos (fotomotores com pupilas de diâmetro fixo, oculocefálicos, oculovestibulares, corneopalpebrais e faríngeo). Deve também ser realizada uma prova de apneia confirmativa da ausência de respiração espontânea.

Finalmente, a *Declaração* estabelece a seguinte *metodologia do diagnóstico*: realização de dois de conjuntos de provas, com o intervalo que a situação clínica e a idade da pessoa torne adequado, e de exames complementares de diagnóstico, se tal se revelar necessário.

Estas tarefas devem ser desempenhadas por médicos especialistas em neurologia, em neuro-cirurgia ou com experiência de cuidados intensivos. Estes médicos não podem pertencer às equipas que estejam envolvidas no transplante dos órgãos ou tecidos. Um dos médicos deve pertencer à unidade ou serviço em que o doente esteja internado.

V. A Lei n.º 12/93, no seu art. 13.º, fixa ainda uma série de outras formalidades, tendentes a assegurar a *imparcialidade* dos médicos que a ela procedem e estabelece algumas regras sobre o acto de colheita em si mesmo.

Vejamos mais de espaço.

Pelo que respeita ao primeiro ponto, na verificação da morte não podem intervir médicos que constituam a equipa que vai proceder ao transplante (art. 13.º, n.º 2), restrição que, como atrás se viu, é também estabelecida na *Declaração da Ordem dos Médicos*.

A colheita, em si mesma, deve ser feita por uma equipa médica do estabelecimento onde for realizada, mediante autorização do respectivo director clínico (art. 13.º, n.º 2).

Estes médicos devem lavrar, em duplicado[38], um auto que será assinado por eles e pelo director clínico (art. 13.º, n.º 4), com os seguintes elementos (art. 13.º, n.º 1):

---

[38] Um dos exemplares do auto deve ser arquivado no estabelecimento onde é feita a colheita, sendo o outro mandado ao Ministério da Saúde, para fins estatísticos (art. 13.º, n.º 5).

a) identificação do falecido;
b) dia e hora de verificação da morte;
c) menção da consulta do RENNDA e do cartão individual, se houver;
d) menção da falta de oposição à colheita e do destino dos órgãos ou tecidos colhidos.

A colheita, como é manifesto, faz-se segundo as *leges artis*, mas deve obedecer a certas regras, desde logo por exigências decorrentes do respeito devido ao cadáver, mas também de outras exigências legais.

Assim, do n.º 1 do art. 14.º resulta que ela deve fazer-se com rigoroso respeito pelo decoro do cadáver, evitando «mutilações ou dissecações não estritamente indispensáveis à recolha ou utilização de tecidos ou órgãos» (art. 14.º).

A lei antiga[39] impunha ainda aos médicos a obrigação de restabelecer a morfologia do corpo após a colheita; o silêncio da lei vigente nesta matéria não os pode dispensar dessa obrigação, na medida do possível, por razões já sobejamente ditas, ligadas ao respeito devido ao cadáver.

VI. A Lei previne, finalmente, a hipótese de a morte ter ocorrido em circunstâncias que determinem a exigência de autópsia médico-legal (por exemplo, morte com suspeita de crime, por causa desconhecida ou sem acompanhamento clínico).

A exigência de autópsia, só por si, não constitui impedimento da colheita, mas impõe cuidados particulares na sua realização.

Assim, a equipa que preside à colheita deve evitar certos actos, nomeadamente mutilações ou dissecações, que possam prejudicar a realização da autópsia (art. 14.º, n.º 1). Por outro lado, devem ser relatadas, por escrito, todas as observações feitas no decurso da colheita, que possam ser úteis para completar o relatório da autópsia (art. 14.º, n.º 2)[40].

---

[39] Estamos a referir-nos ao art. 13.º, § único, do citado Decreto-Lei n.º 45683.

[40] Recorde-se, ainda, que no decurso da autópsia podem ser feitas colheitas de tecidos para fins terapêuticos (art. 3.º, n.º 1).

C) *Dissecação de cadáveres e colheitas para fins de ensino e de investigação científica*

11. Considerações gerais; razão de ordem

I. O ensino e a investigação científica no domínio da medicina e de outras ciências com ela conexas desde há muito exigem a disponibilidade de cadáveres. É um dos problemas clássicos, neste domínio, o da escassez ou mesmo da carência de material humano, que se reflecte negativamente no progresso dessas ciências.

A regulamentação desta matéria constou, no Direito português, durante muito tempo, de um provecto diploma legal, que vigorou por mais de oito décadas! De facto, até à entrada em vigor do Decreto-Lei n.º 274/99, foi a Portaria n.º 40, de 22 de Agosto de 1913, que regeu a matéria, pondo «à disposição das Faculdades de Medicina, para seus estudos, os cadáveres dos falecidos nos hospitais, asilos ou casas de assistência pública, os quais, dentro do prazo de 12 horas, decorridas depois do falecimento, não sejam reclamados pelas famílias para procederem ao seu enterramento».

O caminho para a introdução de um regime moderno nesta matéria foi aberto pela Lei n.º 12/93, que todavia se limitou a remeter a sua regulamentação para legislação especial (art. 1.º, n.º 3)[41]. No seguimento deste diploma legal, a Assembleia da República, pela Lei n.º 12/99, de 15 de Março, concedeu ao Governo autorização para legislar «sobre a dissecação lícita de cadáveres e extracção de peças, tecidos ou órgãos para fins de ensino e de investigação científica».

No uso desta autorização legislativa foi publicado o Decreto-Lei n.º 274/99, de 22 de Julho.

II. O regime instituído por este diploma legal não se afasta, em múltiplos aspectos, do estabelecido na Lei n.º 12/93 e diplomas complementares, sem prejuízo de desvios impostos pela diferente natureza dos fins visados com os actos regulados naquela Lei e no Decreto-Lei n.º 274/99.

---

[41] Não foi esta a única matéria que, podendo caber no âmbito geral da Lei n.º 12/93, ela se absteve de regular e remeteu para legislação especial. É este ainda o caso da transfusão de sangue, da dádiva de óvulos ou esperma e da transferência ou manipulação de embriões (art. 1.º, n.º 2).

Existem mesmo matérias em que este Decreto-Lei remete para aqueles diplomas.

Há, assim, toda a conveniência em adoptar, na exposição do tratamento jurídico dos actos de dissecação de cadáveres e de extracção de peças, órgãos e tecidos, para fins de ensino e de investigação científica, uma sistematização equivalente à acolhida para a análise da Lei n.° 12/93.

12. Âmbito de aplicação

I. O âmbito subjectivo de aplicação do Decreto-Lei n.° 274/99, genericamente previsto, corresponde ao da Lei n.° 12/93: pessoas residentes em Portugal, sejam nacionais, apátridas ou estrangeiras (art. 1.°). Esta aproximação entre os dois regimes torna pertinentes, neste domínio, as considerações que, a respeito da Lei n.° 12/93, fizemos sobre o regime a seguir quanto a não nacionais que sejam *residentes clandestinos* e aos estrangeiros não residentes, embora naquele Decreto-Lei não se contenha uma norma correspondente ao n.° 2 do art. 2.° da Lei n.° 12/93[42].

Do mesmo modo, quanto ao âmbito pessoal de aplicação do Decreto-Lei n.° 274/99, faz sentido a distinção de dois planos, *abstracto* e *concreto*. Todavia, quanto ao *plano concreto* não se verifica total coincidência entre os dois diplomas legais, sendo neste domínio mais complexo o regime do Decreto-Lei n.° 274/99 e maior o campo de intervenção da vontade das pessoas, quanto à prática de actos de dissecação de cadáveres ou de extracção, neles, de peças, órgãos ou tecidos, como passamos a expor.

II. O regime a este respeito estatuído no seu art. 3.° não prima pela clareza; a nosso ver, o seu sentido é o seguinte.

Cabe primeiro distinguir consoante a pessoa em causa tenha manifestado, ou não, em vida, a vontade de o seu cadáver ser utilizado para fins de ensino e investigação científica, mediante a prática de quaisquer dos actos em causa: dissecação ou extracção de peças, órgãos ou tecidos.

Se manifestou essa vontade e não a revogou[43], nada mais se exige para o seu cadáver ser utilizado para os aludidos fins, mediante a prática de quaisquer daqueles actos.

---

[42] Pela simples razão de, como oportunamente ficou dito, nesse sentido conduzir a solução de Direito comum.

[43] A lei permite que o próprio faça essa revogação a todo o tempo (última parte do n.° 1 do art. 3.°).

Se não manifestou essa vontade, nova distinção se impõe, pois não é coincidente o regime aplicável nas duas categorias de actos em causa.

Assim, segundo o n.º 3 do art. 3.º, a extracção de peças, órgãos ou tecidos é possível, se a pessoa não tiver manifestado, em vida, oposição à sua prática.

Já quanto à dissecação do cadáver ou de parte dele, o n.º 2 do art. 3.º só a permite quando não haja oposição da pessoa e a entrega do corpo não seja reclamada, pelas pessoas para tanto legitimadas, no prazo de 24 horas após tomarem conhecimento do óbito.

A reclamação pode ser feita, sucessivamente, pelo testamenteiro, em cumprimento de disposição do testamento[44], pelo cônjuge do falecido ou por pessoa que com este tenha convivido em condições análogas às do cônjuge, pelos ascendentes, descendentes, adoptantes ou adoptados, e pelos parentes no 2.º grau da linha colateral (art. 4.º, n.º 1).

Se a reclamação for feita por quem tenha para tanto legitimidade, mas fora do prazo legal, ou, independentemente do prazo, por quem não tenha legitimidade, só será atendida após a eventual utilização para fins de investigação científica ou ensino, não podendo, porém, o cadáver ser retido, para o efeito, mais de 15 dias, pela entidade que vai praticar esses actos (art. 4.º, n.º 2). As entidades que tenham feito a dissecação ou a extracção devem, quanto possível, atenuar os sinais decorrentes de tais actos. Assim dispõe o art. 4.º, n.º 1, *in fine*.

---

[44] A legitimidade do testamenteiro para reclamar o cadáver levanta algumas dúvidas na sua articulação com os poderes que lhe são conferidos pela lei civil. Em verdade, segundo o regime supletivo do art. 2326.º do Código Civil, ao testamenteiro compete «cuidar do funeral do testador e pagar as despesas e sufrágios respectivos conforme o que for estabelecido no testamento ou, se nada se estabelecer, consoante os usos da terra» (al. a)). Tendo presente que a parte final desta alínea se refere ao *estilo* e aos custos do funeral e dos sufrágios, deve entender-se que a realização do funeral fica, em geral, a cargo do testamenteiro. Poder-se-ia, assim, ser levado a pensar que, implicando o exercício desta competência a disponibilidade do cadáver, o testamenteiro teria o poder de o reclamar, *sempre*. Todavia, esta interpretação deixa sem sentido a al. a) do n.º 1 do art. 4.º do Decreto-Lei n.º 274/99, quando reporta a legitimidade do testamenteiro ao «cumprimento de disposição do testamento». Este resultado não se mostra conforme à regra da interpretação da lei que assenta na presunção de o legislador ter consagrado as soluções mais acertadas e sabido exprimir o seu pensamento em termos adequados (art. 9.º, n.º 3, do Código Civil). Ora, não podendo admitir-se que o *legislador* daquele Decreto-Lei ignorasse o art. 2326.º do Código Civil, a interpretação que temos por correcta vai no sentido de a legitimidade do testamenteiro para reclamar o cadáver depender de o autor da sucessão lhe ter atribuído, *expressamente*, no testamento, o encargo de cuidar do seu funeral. Por outras palavras, não basta a invocação do regime supletivo do art. 2326.º do Código Civil.

III. A oposição, em qualquer dos casos, é feita junto do Ministério da Saúde (art. 3.º, n.º 2, al. a), e n.º 3) e segue regime equivalente ao previsto na Lei n.º 12/93, nomeadamente quanto à inscrição no RENNDA, pois o art. 5.º do Decreto-Lei n.º 274/99, manda aplicar, nos diversos aspectos que à declaração de oposição e ao seu registo registo respeitam, o Decreto--Lei n.º 244/94, que, como já sabemos, regula o RENNDA.

Também neste caso a declaração é expressa e formal, valendo, por razões idênticas às invocadas no âmbito da Lei n.º 12/93, a afirmação de que tem mesmo carácter *formulário*. Em verdade, de igual modo, o texto da declaração consta do impresso: «declaro nos termos e para os efeitos do disposto nos artigos 1.º e 5.º do Decreto-Lei n.º 274/99, de 22 de Julho, a minha oposição à prática dos actos mencionados nesta declaração»[45-46].

A declaração de oposição, feita em impresso tipo[47], é livremente revogável, pelo próprio, a todo o tempo (n.º 2, *in fine*, do art. 5.º do Decreto-Lei n.º 274/99)[48].

IV. Sem prejuízo desta identidade de regime, o n.º 1 do art. 5.º do diploma em análise manda que a inscrição dos não dadores para fins de ensino ou investigação científica se faça em *ficheiro autónomo*. Ainda assim, o n.º 4 do citado preceito legal presume não dadores, para estes fins, as pessoas já inscritas no RENNDA à data da entrada em vigor do Decreto-Lei n.º 274/99, para os fins da Lei n.º 12/93.

A inscrição dos dados relativos aos não dadores no referido ficheiro autónomo é feita também nos termos do diploma que rege o RENNDA, ressalvadas as particularidades inerentes ao fim em causa (n.º 3 do mesmo artigo).

---

[45] Estes actos constam do *título* do impresso: «DECLARAÇÃO DE OPOSIÇÃO à dissecação de cadáveres e extracção de peças, tecidos ou órgãos para fins de ensino e de investigação científica nos termos dos artigos 1.º e 5.º do Decreto-Lei n.º 274/99, de 22 de Julho».

[46] Ainda neste caso, o declarante se limita a preencher o impresso com elementos de identificação e a assiná-lo.

[47] O modelo do impresso foi aprovado por Circular Informativa da Direcção Geral de Saúde, n.º 35/DSP, de 17 de Novembro de 1999, segundo dados gentilmente facultados pelo Instituto de Gestão Informática e Financeira da Saúde, que é o responsável pelos ficheiros automatizados do RENNDA.

[48] O impresso de declaração de oposição serve também para a declaração de revogação.

Tanto quanto nos foi dado apurar, não foi ainda aprovado modelo do cartão individual de não dador para os fins do Decreto-Lei n.° 274/99.

13. Natureza do acto

O Decreto-Lei n.° 274/99 não estabelece, *ipsis verbis*, ao contrário do que se verifica na Lei n.° 12/93, o carácter gratuito do acto pelo qual uma pessoa dispõe do seu cadáver para fins de ensino e investigação científica.

Todavia, razões de duas ordens apontam claramente nesse sentido.

Desde logo, num plano de direito comum, é invocável a própria natureza do cadáver e a sua extracomercialidade.

Para além disso, em igual sentido aponta a proibição de comercialização do cadáver e de peças, órgãos ou tecidos dele extraídos, estatuída no art. 6.°, n.° 1, Decreto-Lei n.° 274/99. A formulação genérica do preceito cobre manifestamente tanto os actos praticados pela pessoa em relação ao seu cadáver como os de terceiros.

A violação desta proibição constitui crime, punido com pena de prisão de 2 a 10 anos (art. 20.°, n.° 1, do Decreto-Lei n.° 274/99).

Os limites mínimo e máximo desta pena são agravados em um terço, se os actos de dissecação ou de extracção forem efectuados no cadáver de pessoa que tenha em vida manifestado a sua oposição, nos termos legalmente previstos.

14. Entidades competentes

I. A dissecação e a extracção podem ser praticadas nas escolas médicas das universidades, nos institutos de medicina legal, nos gabinetes médico-legais e nos serviços de anatomia patológica dos hospitais. Todavia, estas entidades carecem, para o efeito, de autorização do respectivo responsável máximo (art. 2.° do Decreto-Lei n.° 274/99).

II. Os actos em causa só podem ser praticados após a verificação do óbito por médico, nos termos da lei. Esta remissão do art. 2.° significa que são aplicáveis os mesmos pressupostos, critérios e métodos que presidem à verificação do óbito no âmbito da Lei n.° 12/93. Mas significa ainda que a dissecação ou a extracção não pode ser feita sem prévia consulta do

RENNDA. Confirma este entendimento o facto de o n.º 5 do art. 5.º do Decreto-Lei n.º 274/99 facultar, às entidades acima referidas, o acesso, *em tempo útil*, ao RENNDA.

Mais concretamente, este preceito determina que o acesso ao RENNDA é feito nos termos do art. 15.º do Decreto-Lei n.º 244/94. Isto significa que a consulta é feita através dos gabinetes de coordenação de colheitas de órgãos e transplantação e dos centros de histocompatibilidade, salvo quando seja feita pelos institutos de medicina legal (cfr., também, art. 5.º, n.º 1, do mesmo diploma legal).

Embora o Decreto-Lei n.º 274/99 seja omisso quanto a este ponto, não vemos razão para afastar a possibilidade de a prova da oposição ser feita pelos meios previstos no art. 16.º do Decreto-Lei n.º 244/94, analisados a propósito da Lei n.º 12/93[49], com ressalva do que se refere ao cartão individual, enquanto não for aprovado.

15. Regime da dissecação ou da extracção

I. O Decreto-Lei n.º 274/99 não regula de modo sistemático os actos de dissecação e de extracção. Ainda assim, com recurso a disposições dispersas e a princípios gerais válidos nesta matéria, podem fixar-se as seguintes notas mais significativas.

Desde logo, e embora a lei não o diga expressamente, na prática dos actos de dissecação e extracção devem ser observadas as *leges artis*.

Por outro lado, resulta de vários preceitos que estes actos, bem como os com eles conexos, são dominados pelo respeito que o cadáver merece e pelo sentido de solidariedade social neles envolvidos.

Neste contexto se compreende a preocupação de o legislador, no art. 19.º do Decreto-Lei n.º 274/99, determinar que «os planos de estudo dos cursos do ensino superior na área da saúde devem comportar acções se sensibilização visando o desenvolvimento do respeito pelo cadáver, bem como do significado, em termos de solidariedade, da dissecação de cadáveres e de partes deles e da extracção de peças, tecidos ou órgãos para fins de ensino e de investigação científica».

II. Pelo que respeita ao cadáver em si mesmo e aos actos que neles vão ser praticados, as entidades para tanto competentes estão obrigadas a

---

[49] Cfr., *supra*, n.º 10.II.

zelar pela sua conservação e utilização, mas também de peças, tecidos e órgãos deles extraídos, segundo o respeito devido ao cadáver e usando os meios técnicos e científicos mais adequados (art. 7.º).

Quanto aos despojos dos cadáveres que não sirvam para a sua reconstituição, as entidades que procederam à sua dissecação devem promover a sua inumação ou cremação, nos termos da lei[50]. E o mesmo destino deve ser dado às peças, tecidos ou órgãos que não sejam conservados para fins de ensino e de investigação científica.

É este o regime que consta do art. 18.º, do qual se deduz que as correspondentes despesas são suportadas por essas entidades[51].

Trata-se, aliás, de uma manifestação do espírito de solidariedade, visto do lado de quem aproveita da disponibilidade do cadáver, que se manifesta também em actos relacionados com a dissecação ou a extracção. Assim, as despesas com o transporte do cadáver – do local onde se encontra depositado para as entidades que vão proceder à dissecação ou extracção, bem como o de regresso àquele local – são suportadas pelas entidades que vão proceder a esses actos (citado art. 16.º)[52]. Também neste acto devem essas entidades agir com o respeito devido aos restos mortais humanos.

III. Como obrigação complementar da prática dos actos de dissecação e de extracção, o Decreto-Lei n.º 274/99 impõe às entidades que os realizam a criação de um *sistema de documentação* de dados a eles relativos, em registo próprio dos respectivos serviços e sob a responsabilidade do seu responsável máximo (arts. 8.º, n.º 1, 114.º)[53].

Os dados constantes do *sistema*, segundo o n.º 4 do art. 8.º, podem ser usados fundamentalmente para fins de ensino e de elaboração de trabalhos de investigação científica. Mas, ainda, para recolha de dados estatísticos, desde que não sejam identificáveis as pessoas a que respeitam.

Os dados pessoais registados devem ser conservados em ficheiro pelo prazo de cinco anos a contar da data da realização da dissecação ou extracção (art. 13.º).

---

[50] É o regime constante do Decreto-Lei n.º 411/98, de 30 de Dezembro, alterado pelos Decretos-Leis n.ºs 5/2000, de 29 de Janeiro, e 13/2000, de 13 de Julho.

[51] Nesse sentido aponta, aliás, o próprio relatório deste diploma legal.

[52] No transporte devem ser observadas as regras que regem o transporte de cadáveres (cfr. diploma legal citado na nota (50)).

[53] Em vários domínios relativos a este *sistema* – acesso aos dados, segurança da informação, entidade responsável, sigilo –, são aplicáveis, subsidiariamente, as disposições da Lei de Protecção de Dados Pessoais: Lei n.º 67/98, de 26 de Outubro.

Os dados a registar são os seguintes (alíneas do n.º 1 do art. 8.º).

a) elementos de identificação do cadáver[54];

b) elementos relativos a todo o processo de utilização do cadáver, desde a sua proveniência até o seu destino (nomeadamente o dos respectivos despojos e das peças, órgãos ou tecidos não conservados);

c) nome do responsável máximo do serviço que autorizou a prática dos actos;

d) actos realizados, incluindo peças, tecidos ou órgãos extraídos.

A preocupação de segurança da informação constante do *sistema de documentação* manifesta-se especificamente no Decreto-Lei n.º 274/99, por disposições relativas ao seu controlo, acesso e confidencialidade.

Assim, o art. 12.º estabelece uma série de regras de controlo do sistema que devem ser observadas para segurança da informação.

Por outro lado, é fixado um regime restritivo no acesso ao *sistema de documentação*, que só é permitido (arts. 10.º, n.ºs 2 e 3 e 11.º[55]):

a) ao responsável máximo do serviço que autorizou os actos;

b) aos médicos ou docentes que realizaram os actos;

c) a médicos, docentes universitários e investigadores, para preparação de aulas ou elaboração de trabalhos de investigação científica;

d) às pessoas a quem é atribuída legitimidade para reclamar o cadáver;

e) às autoridades judiciárias e policiais, nos termos das leis de processo[56].

---

[54] Sendo possível, isto é, sendo conhecido a identidade do cadáver, esses elementos são o nome, sexo, data de nascimento, naturalidade, residência e número do bilhete de identidade; sendo a identidade desconhecida, para suprir os dados que esse desconhecimento inviabiliza, deve ser arquivado um registo fotográfico do cadáver e recolhidas amostras para estudos genéticos dirigidos á sua identificação futura (n.ºs 2 e 3, respectivamente, do citado art. 8.º).

[55] Como é manifesto, há ainda a considerar o pessoal técnico e administrativo da entidade onde o *sistema* existe e a quem cabem funções de processamento dos próprios dados. O Decreto-Lei n.º 274/99 levou, porém, a sua preocupação pela segurança dos dados a esclarecer que tal pessoal só para esse fim específico tem acesso ao *sistema* (art. 10.º, n.º 4).

[56] A comunicação dos dados a estas autoridades deve ser feita nos termos da lei (art. 11.º, n.º 2).

A responsabilidade pelo sistema de comunicação, nos termos do art. 14.º, é atribuída ao responsável máximo do serviço onde a dissecação ou a extracção foram feitas. Nesta qualidade, compete-lhe:

a) assegurar o direito de informação e de acesso aos dados;
b) assegurar a correcção de dados inexactos;
c) assegurar o completamento de omissões;
d) assegurar a supressão de dados indevidamente registados;
e) velar pela legalidade da consulta ou comunicação da informação;
f) definir os termos do controlo necessário à segurança da informação.

Para além disso, as pessoas que tenham acesso ao sistema não podem transmitir a informação recolhida a terceiros, devem limitar o acesso ao que seja estritamente necessário para o fim que o legitimou, respeitando esses mesmos fins e não utilizando os dados obtidos para outros fins (als. b) e a), respectivamente, do n.º 1 do art. 10.º).

Finalmente, todas as pessoas que tenham acesso aos dados do *sistema de documentação* ficam obrigados a sigilo profissional (art. 15.º), nos termos do regime geral de protecção de dados pessoais.

OS EFEITOS FAMILIARES E SUCESSÓRIOS DA PROCRIAÇÃO MEDICAMENTE ASSISTIDA (P.M.A.)

Carlos Pamplona Corte-Real
Professor Associado da Faculdade de Direito de Lisboa

I. UMA BREVE APROXIMAÇÃO AO TEMA

A) *Enquadramento jurídico*

1. A Procriação Medicamente Assistida é, tão só, um dos grandes temas que a chamada *Bioética* – também designada por Biomedicina, Biotecnologia e até por Biodireito – abarca, bem al lado das delicadas questões da descodificação do genoma humano, dos transplantes, da manipulação genética, da eutanásia, da clonagem e de tantos outros que suscitam, ainda e agora, e nomeadamente à face do nosso sistema jurídico, bastas perplexidades.

Não se desdenha, aliás, do alcance da apontada divergência terminológica. Com efeito, das supraaludidas designações, umas exaltam a prioridade da tarefa médico-científica face a perspectivas axiológicas sempre controversas, enquanto outras fazem finca-pé na moldura ética, ou mais especificamente jurídica, naturalmente diferenciáveis.

Eis, pois, uma primeira e importante questão: a da *interrelação* dos avanços da tecnologia medicinal com os princípios fundamentais da Ética e, ou do Direito. Diria, a este propósito, que são sobejamente conhecidas as correntes filosóficas que vêem no Direito uma realidade profundamente dependente, agindo "a posteriori" e "espelhadamente" perante a vida. Não é esse o meu entendimento: o ordenamento jurídico não integra uma assim dita ordem social, embora sobre ela aja e com ela procure ajustar-se. É que lhe cabe sempre o impulso revalorizador e, ou estimulante, impeditivo do mero "laissez-faire" ...

2. Não quero com isto significar, além do mais, uma qualquer radical consumpção da Ética, ou mesmo da Moral Social, pelo Direito. Trata-se, pelo contrário, de sectores científicos ou para-científicos animados por propósitos distintos, que exigem, por isso mesmo, uma valoração dúplice das questões que ocupam a assim chamada (inadequadamente, crê-se) Bioética. É que o Direito visa delimitar e fazer articular, *imperativamente*, não só "espaços de liberdade" individual, quando se confrontem ou conjuguem entre si, como também quando tanjam aspectos de índole para-pública ou colectiva, o que nada tem a ver com a absoluta necessidade de uma adesão individual aos juízos de eticidade, por mais que socialmente pressionável.

Em suma, *latente fica a conclusão, de que todas as questões que integram o mundo da chamada Bioética, bulindo com valores existenciais, ou coexistenciais de índole vital, consentem uma distinta valoração, conforme olhadas à luz do ordenamento jurídico, heteronomamente legitimado a nível do Poder Soberano, ou à luz das margens de autonomia do consciente individual.*

Prefiro, pois, usar o termo *Biomedicina* em lugar de Bioética, mas para marcar bem a sua sujeição a uma ulterior ponderação à face de critérios especificamente éticos ou, diversamente, de critérios mais propriamente jurídicos. E remato, esclarecendo que o fenómeno jurídico, ele mesmo, se verga também e obviamente com a necessidade de recortar o ético em termos jus-normativos, nele não se esgotando porque o relativiza.

B) *Os Métodos de Procriação Medicamente Assistida*

3. Antes de entrar propriamente no cerne desta comunicação, cumprirá esclarecer, sumariamente, que se procurará analisar a problemática jurídico-familiar e jurídico-sucessória suscitada pelos plúrimos processos de Procriação Assistida adoptados hoje em dia. Desde a Inseminação Artificial (IA), onde se incluem os processos de injecção de sémen no aparelho genital feminino (próximo da injecção intro-citoplasmática de espermatozóides e da transferência de jânetas para as trompas – GIFT), até à Fecundação "in Vitro" (FIV), com transferência de embriões para o utero, ou com transferência de zigotos (ZIFT) ou embriões para a trompa (FIVETE), não descurando evidentemente a problemática muito própria da Maternidade de Substituição.

As dificuldades jurídicas suscitadas pela PMA são, muitas vezes, específicas do método adoptado, o que facilmente se compreenderá, pelo que ao enunciá-los adiante cuidarei de o fazer notar, ao mesmo tempo que se vão buscando as soluções mais adequadas a cada um.

Irei, entretanto, abstrair-me de ópticas estritamente médico-científicas, como por exemplo a subjacente a uma afirmação de Pinto Machado, no Parecer n.º 23/97 da Comissão Nacional de Ética para as Ciências da Vida (criada em 1991), quando explica que "muito possivelmente (e a breve trecho) *a dádiva de sémen será desnecessária*. De facto – acrescenta – os resultados sistematicamente já conseguidos, em muitos países, com a técnica da injecção intro-citoplasmática de um espermatozóide, mesmo imaturo, do epididímio e até do testículo, ou até do seu precursor imediato, a espermátide, levam a pensar que, em futuro próximo, o recurso a dadores de sémen seja praticamente desnecessário". É que tais afirmações transcendem-me tecnicamente e não correspondem à realidade que, entre nós, se observa.

4. Direi, por fim, introdutoriamente, que centrarei a minha exposição *nos efeitos* basicamente *jus-familiares* e *jus-sucessórios* das técnicas da PMA, à luz da nossa lei, sem deixar de fazer as inerentes incursões em áreas normativas conexas ou que os condicionem.

É que o que está afinal em causa bate no fulcral *tema de filiação*, e com isso inerentemente em áreas conexas *com os transcendentes valores da dignidade e liberdade individuais*, na sua expressividade a nível constitucional, ainda que por via familiar.

Buscar-se-á, por isso, *primeiramente*, o leque de respostas legíveis no nosso ordenamento à temática exposta, para *seguidamente*, e partindo duma perspectiva generalista para uma análise mais pontual, se tomar (ou procurar tomar) posição ante as questões mais candentes que venham a surgir, Sem preocupações exaustivas, porque o tempo urge, do exame das mesmas. Antes e somente visando o seu sumário desenho dialéctico-jurídico nos ramos do direito que ora nos preocupam.

C) *O Ordenamento Jurídico Português e a PMA*

5. Revogado o art. 1799.º do C. Civ., com a revisão de 1977, preceito no qual se estabelecia que a "fecundação artificial não pode ser invocada para estabelecer a paternidade do filho procriado por meio dela, nem para impugnar a paternidade presumida por lei", num total repudio pela eficácia jurídica da FA, desse modo mantida à margem do próprio Direito em nome da "Paz Familiar", há no Código Civil, hoje em dia, uma única disposição legal que se reporta directamente à Inseminação Artificial. Refiro-me ao art. 1839.°, n.° 3 que dispõe que *"não é permitida a impugnação da paternidade com fundamento em inseminação artificial ao cônjuge que nela consentiu"*. Tal preceito, que suscita, não obstante dúvidas interpretativas, pelo menos quanto à legitimidade para impugnar a paternidade, nomeadamente por parte do filho gerado (cfr. n.° 1 do mesmo artigo), parece obviamente exíguo para fazer face a temática tão complexa e extensa como a suscitada pela PMA.

Nem mesmo *o art. 1801.° do C. Civ.*, na nova redacção, determinando que "nas acções relativas à filiação são admitidos como meios de prova os exames de sangue e quaisquer outros métodos cientificamente comprovados", comporta uma qualquer opção do legislador pelo acolhimento jurídico das técnicas da PMA, face ao biologismo, mesclado é certo de remanescentes preocupações de tutela da segurança familiar, que inspiram a Reforma de 1977 em matéria de filiação.

6. Deixando de lado a alteração introduzida, na Reforma de 95 e pelo art. 168.° do C. Penal (relativamente ao texto primitivo do anterior art. 214.°), por nada trazer de novo para a nossa área explanativa (hoje pune-se, segundo tal artigo, "a prática não consentida" de "qualquer acto de reprodução medicamente assistida", e não só de inseminação artificial), há que reconhecer a dificuldade acrescida que *esta exiguidade legislativa* traz ao intérprete e, ou, aplicador, face ao ditame do art. 8.°, n.° 1 do C. Civ. que impõe que "o tribunal não pode abster-se de julgar, invocando a *falta* ou obscuridade da lei, ou alegando dúvida insanável acerca dos factos em litígio".

7. Refira-se que, além dos ditames do Cód. Civ. completam o nosso ordenamento jurídico, a nível da legislação ordinária e no tocante à PMA: a Lei n.° 3/84, de 24 de Março, sobre *Educação Sexual e Planeamento* – cfr. art. 9.°, n.° 2 que determina que "O Estado aprofundará o studo e a prática da inseminação artificial como modo de suprimento da esterilidade"; o Decreto-Lei n.° 319/86, de 25 de Setembro, que estabelece normas relativas à disciplina e actividade de "bancos de esperma", diploma que pretendia ser apenas transitório e que resultou do labor da então criada Comissão para o Enquadramento das Novas Tecnologias, mas que não chegou a entrar em vigor, por depender de regulamentação ulterior, sendo que no preâmbulo do dito diploma se reconhecia que "a *inseminação artificial heteróloga* levanta problemas técnicos e ético-jurídicos bem delicados" (e não só quando feita com sémen fresco de dador), pelo que deve ser realizada, tal como a fertilização "in vitro" com gamitas do dador, sob *"responsabilidade e directa vigilância de um médico em organismos públicos ou privados* (...), *expressamente autorizados pelo Ministro da Saúde, e após regulamentação legal adequada (art.2.°)"*, diversamente do que se estatuía quanto a técnicas de procriação homóloga; por fim, a Lei n.° 12/93, de 22 de Abril que, em matéria de colheita e transplante de órgãos e tecidos de origem humana, se limita a excluir do seu âmbito de aplicação, remetendo para legislação específica, "a transfusão de sangue, a dádiva de ôvulos e de esperma e a transferência de embriões (...)".

8. Não pode deixar, entretanto, de assinalar-se que, por despacho n.° 37/86, de 14 de Abril, foi constituída a referida Comissão para o Enquadramento Legislativo das Novas Tecnologias, presidida por Pereira Coelho que, na altura, ultimou três anteprojectos legislativos: um sobre Utilização de Técnicas de Procriação Assistida, que não chegou a vingar, outro *sobre o funcionamento dos Centros de Procriação Assistida*, que originou o citado Decreto-Lei n.° 319/86 e, finalmente, um último sobre o *Conselho Nacional de Bioética*, que viria a ser definitivamente institucionalizado somente em 1991. Posteriormente seria criado, por despacho de 4 de Agosto de 1992, do então Secretário de Estado da Saúde, um *Grupo de Trabalho para o Estudo da Medicina Familiar, Fertilidade e Reprodução Humanas*. Este Grupo apresentou um Relatório em Setembro de 1993, sendo de referir não só o teor do seu *anexo X*, com a epígrafe "Tópicos, sugestões e fundamentos para o Projecto Legislativo sobre Procriação Medicamente Assistida", como ainda o súbito aparecimento de um novo anteprojecto do Governo ao qual não foi dado, entretanto, qualquer seguimento de que haja notícia. Finalmente, já na vigência do XIII Governo Constitucional foi aprovada uma proposta de lei – n.° 135/VII (que regulava as Técnicas de Procriação Medicamente Assistida), a qual já na sua forma de Decreto da Assembleia da República n.° 415/VII, *foi vetada presidencialmente por inconsttucionalidade* e devolvida para reapreciação – DR II Série, de 30/7/99, n.° 82, p. 2316).

Como é visível, e perante o veto presidencial (aliás, demasiado *evanescente em termos de fundamentação*), parece poder concluir-se que o ordenamento jurídico português, expectantemente, tarda em assumir posição perante questões médico-científicas tão relevantes do ponto de vista jurídico-familiar, não obstante os três anteprojectos elaborados, a própria lição do Direito Comparado. E note-se ainda que após a 4ª Revisão Constitucional – Lei n.º 1/97, de 20 de Setembro (DR I Série, n.º 218/97), foram introduzidos alguns ditames significativos nesta matéria, como seja o art. 67.º, n.º 2, al. c) que dispõe *incumbir ao Estado "regulamentar a procriação assistida*, em termos que salvaguardem a *dignidade* da pessoa humana", e o art. 26.º, na sua nova redacção, *maxime* no seu n.º 3, que, no tocante ao direito à identidade pessoal (cfr. n.º 1), estatui que "a lei garantirá *a dignidade pessoal* e a *identidade genética na criação, desenvolvimento e utilização das tecnologias e na experimentação científica*" [vd., ainda, a al. *d*) do n.º 2 do art. 67.º].

Tutelada constitucionalmente a PMA ganha um vigor que contradiz claramente *o vazio legal* nesta matéria. O nosso Ordenamento mostra-se, pois, e inequivocamente, hesitante numa área de grande delicadeza jurídica ...

II. ENUNCIADO DE QUESTÕES JURÍDICAS RELEVANTES A NÍVEL FAMILIAR E SUCESSÓRIO

A) *A existência de uma lacuna intencional, de expectativa*

9. Face ao exposto, não arece legítimo falar-se em qualquer tipo de inconstitucionalidade por omissão (art. 283.º da CRP). Não só porque tem havido preocupação em legiferar sobre a matéria da PMA, como também porque o que parece antes ocorrer é estar-se face a *uma lacuna de expectativa, embora intencional*. Lacuna de expectativa que começa logo por se estribar na própria controvérsia em redor da conveniência e adequação em legislar neste campo, face à rapidez dos progressos médico-científicos, às plúrimas envolventes técnico-jurídicas a ter em linha de conta, ao reconhecível desajuste de uma qualquer regulamentação minuciosa facilmente desactualizável, e até aos limites que a lei poderia trazer à evolução biotecnológica.

10. Juristas vários reclamam com urgência tal lei, bem como, o que é facilmente entendível, os próprios médicos. Penso que a legislar-se nesta matéria, o que também creio conveniente, o legislador deveria preocupar-se, sobretudo, com o enunciado dos princípios fundamentais que regeriam o recurso à PMA, quer por parte do utente quer por parte do médico, e *especificamente* a propósito de cada técnica adoptável. Nem me parece adequado uma legislação unitária reportada ao leque de questões nucleares de toda a Bioética, pelo particularismo dos problemas em sede de PMA. Legislar sim, mas circunscrita e flexivelmente, com apelo ao direito comparado e aos valores pilares da nossa Ordem Jurídica, *maxime* o do respeito pela dignidade humana. Sem radicalismos ou preconceitos axiológicos, em nome de pretensos dogmas ditos familiare, quer actuais quer passadistas, ou em nome da exaltação incondicional de uma absolutizante liberdade individual.

11. O certo é que, de momento, se depara, no nosso ordenamento, e a propósito de tantas questões conexas com a PMA, com uma inegável situação lacunar que o já mencionado art. 8.°, n.° 1 do C. Civ. *manda superar*. Neste caso, pondo de lado a *analogia legis* e a própria *analogia juris*, por se ter que procurar toda e qualquer solução, em conformidade com o teor do art. 10.°, n.° 3 do C. Civ., quer dizer por via da "normativação" do chamado "espírito do sistema".

Ou seja, *serão os princípios fundamentais – materiais ou formais – a nível axiológico, inspiradores e sustentáculo do sistema jurídico português*, que nortearão as respostas que devem ser feitas relevar para cada questão omissa de per si. E com isto se reafirma a ideia de uma virtual *plenitude do ordenamento jurídico* porque, na sua leitura ao mais alto nível, ainda que com inevitáveis margens de indeterminação aplicativa, se deve legitimar o intérprete.

12. Ora, no campo e em matéria de *filiação*, e face às novas tecnologias, são princípios como o direito à identidade pessoal, o direito à liberdade e igualdade, o respeito pela dignidade humana e, mais especificamente os critérios, biologistas ou não, subjacentes à constituição dos vínculos materno e paterno perante a lei civil, que regerão a detecção da "norma" criável para a superação de cada uma das múltiplas situações lacunares que há que resolver em matéria de PA.

B) *O Estatuto Jurídico do dador de esperma ou de ovócitos*

13. O *anonimato* e o dever de sigilo relativamente ao dador de gâmetas (esperma, ovócitos) é a solução maioritariamente consagrada a nível de direito comparado. Era também a solução do projecto Pereira Coelho (art. 24.°), mas não já a da Proposta de Lei n.° 135/VII, de 1999, correspondente ao Decreto n.° 415/VII, onde o art. 12.° admitia, no seu n.° 2, que "as pessoas nascidas na sequência de procriação medicamente assistida podem, após a maioridade, requerer à Comissão prevista no art. 29.° (Comissão de Orientação e Acompanhamento) informações sobre todas as circunstâncias do seu nascimento, *incluindo a identificação dos dadores de gâmetas ou do embrião*".

14. O que está em causa é, pois, a determinação da solução jurídica a dar à questão do pretenso anonimato do dador, perante o nosso Ordenamento actual. Há quem sustente que se está ante uma situação que pediria uma medida análoga à inserida no art. 1987.° do C. Civ., relativo à *adopção plena*, o qual estabelece que "depois de decretada a adopção plena *não é possível estabelecer a filiação natural do adoptado, nem fazer a prova dessa filiação fora do processo preliminar de publicações*" (vd., também, o art. 1985.°), pois só assim se conseguiria evitar o decréscimo de dadores de sémen ou de ovócitos, indispensável à superação dos problemas de infertilidade. Há quem entenda, pelo contrário, que o direito fundamental à identidade pessoal, mesmo antes da reforma constitucional de 97 (cfr. n.°s 1 e 3 do art. 26.° da CRP) já exigiria o acesso ao conhecimento integral da ascendência de sangue, não só por razões terapêuticas de tipo hereditário, mas sobretudo em ordem à própria reconstituição integral da história pessoal de cada qual. Por fim, numa posição de meio termo, há que opibe que *seria suficiente o mero acesso à identidade genética do dador*, ao seu ADN, com o que se evitaria a criação de vínculos biológicos parentais indesejáveis do ponto de vista terapêutico, ao mesmo tempo que se obviaria ao ??????? de relações de paternidade ou maternidade despidas de qualquer projecto real de assumpção das mesmas, sem se contribuir para a diminuição de dadores "a descoberto".

15. Julgo que *a resposta a dar dependerá, sobretudo, do estatuto jurídico atribuível precisamente aos dadores de gâmetas, sendo certo que parece inequívoco que um qualquer vínculo de ordem filial não deve nem pode ocorrer*. Não tanto, ou não somente pela ausência de um projecto enquanto progenitor, mas sobretudo por, ajustadamente crê-se, se ver na infertilidade uma maleita, um padecimento a que a dação de sémen ou de ovócitos visa fazer face, tão só *no plano médico*. Ou seja, a ideia certeira de uma *regra de subsidiariedade* aplicativa das técnicas da PMA, circunscritas às ditas situações de infertilidade do mais variado tipo, parece justificar, *face à sobrevalorização de claros objectivos de terapia, uma interpretação ampla do direito à identidade pessoal de qualquer indivíduo artificialmente procriado*, embora com a inerente negação de qualquer vínculo familiar decorrente da dação de gâmetas, apenas medicamente significante. E julga-se que tal conclusão se estriba harmonicamente na leitura dos valores fundamentais do nosso sistema legal (*maxime*, no at. 26.°, n.°s 1 e 3 da CRP), até porque *parece de afastar qualquer argumento de paridade de razão, legível no teor do art. 1987.° do C. Civ.*, por relativo a uma forma diferente de criação de um *vinculo jurídico-afectivo de filiação, através da adopção plena, cujos pressupostos são bem diversos* e de particular gravosidade para a criança adoptada, como pode ver-se no art. 1978.° do C. Civ.

C) *O recorte jurídico do assim dito direito a procriar*

16. Pode parecer controverso que o desenvolvimento das técnicas de PMA, possa propiciar a concretização de um assim dito direito a procriar.
O art. 36.°, n.° 1 da CRP, ao antepor o direito a constituir família ao direito a contrair casamento, parece legitimar a tutela constitucional do direito a procriar, autónoma mesmo da tutela do direito ao casamento.
Mas se a fecundação dita homóloga sem dúvida se compagina com a visão tradicional de um direito a procriar, pelo geneticismo que respeita, já é controverso que a *inseminação heteróloga*, mesmo com 50% dos gâmetas do casal, como exigem várias leis, possa corresponder ao exercício de um tal direito.
A inseminação artificial com sémen do dador, a dação de óvulos com implantação do embrião após fertilização "in vitro" no útero feminino, ou a maternidade de substituição, corresponderão ainda ao exercício de um direito a procriar?

17. A resposta será afirmativa, porque parece dever valer entre nós, e à face da nossa lei, um recorte conceptual *alargado*, do direito a procriar, abarcando a procriação artificial através de processos médicos aceites e juridicamente reconhecíveis.
Lembre-se, de novo, o teor do art. 1839.°, n.° 3, que faz relevar, relembre-se a inseminação *heteróloga* consentida pelo marido, em termos de inimpugnabilidade da paternidade.

Este preceito parece-me, de resto, perfeitamente transponível, analogicamente, como adiante explico, para as ditas situações de dação de ovócitos com implantação do embrião no organismo materno, legitimando também, crê-se, esse tipo de maternidade heteróloga.

Donde resulta o reconhecimento, já actual no nosso ordenamento, de um direito a procriar, abrangente também da procriação artificial, até porque, de outro modo, seria relativamente limitado o alcance da tutela constitucional da procriação medicamente assistida, nos termos do art. 67.°, n.° 2, al. *c*).

18. Curioso será notar que o direito a procriar artificialmente não é, em geral, reconhecido às mães solteiras ou a casais homossexuais unidos de facto, sem que se consigam vislumbrar razões jurídicas convincentes para um tal entendimento, já que as famílias monoparentais proliferam (atenta até a evolução da filosofia divorcista), para além de que a Lei n.° 7/2001, de 11 de Maio, veio tutelar juridicamente as uniões de facto homossexuais, em termos similares às demais. A verdade é que também o art. 7.° da L.U.F. impede os unidos de facto homossexuais de adoptar. Dispositivo que, tal como o entendimento ora em apreço, me parece atentatório dos princípios constitucionais da igualdade e do respeito pela liberdade de orientação sexual.

D) *A interpretação do art. 1839.°, n.° 3 do C. Civil*

19. Dispositivo praticamente desgarrado na nossa lei ordinária, a nível do reconhecimento da relevância jurídica da PA, o art. 1839.° do C. Civ. impede no seu n.° 3, como já se disse, a impugnação da paternidade "com fundamento em inseminação artificial, ao cônjuge que nela consentiu", livre e esclarecidamente, entenda-se.

Independentemente da previsível querela que possa suscitar-se em torno da "potencialização" integrativa do transcrito preceito nestas matérias de PA – é realmente um dispositivo muito fértil neste domínio, quanto mais nã seja por ser único no afrontamento directo da temática –, a verdade é que não é líquida, também a sua leitura interpretativa.

Desde logo pode duvidar-se da sua índole excepcional ou não, o que arrastaria a queda da sua eventual extensibilidade em matéria de ilegitimidade para a impugnação da paternidade por inseminação artificial, *maxime*, às pessoas indicadas no n.° 1, ou seja "à mãe, filho, nos termos do art. 1841.° e ao Ministério Público".

20. Qualificar uma dada norma legal como excepcional, exige sempre um complexo exercício de interpretação, como bem sublinha a doutrina. Depois, tenho por controvertível a própria categoria dogmática da excepcionalidade normativa, sendo certo que o mero recorte negativo do âmbito aplicativo de uma regra tida por geral e que dela decorra, só poderá ser sustentado com base em princípios ou valores tão ou mais relevantes juridicamente do que os ínsitos na regra geral.

Por fim, não me parece duvidável, a índole não excepcional do art. 1839.º, n.º 3. Ele não é senão uma inerência *da definitividade* virtual dos chamados *estados de família*, de que é, por exemplo, afloração, aqui inequivocamente analógica, a irrazoabilidade da adopção plena (art. 1989.º). Quero com isto dizer que o art. 1839.º, n.º 3 consagra *uma nova modalidade de constituição de um vínculo de filiação*, não necessariamente genética *porque legitimada precisamente por situações de infertilidade, mas situada bem ao lado da filiação biológica e da filiação adoptiva*. Um *tertium genus*, o que faz acrescer a importância da PMA, mas lhe retira, como aliás decorre em boa parte do art. 67.º, n.º 2, al. *e*) da CRP, qualquer cunho excepcional.

21. Assim sendo, *estando em causa uma norma especial que não excepcional*, nenhuma dificuldade técnica suscita a extensão interpretativa da interdição da impugnação da paternidade às pessoas incluídas no n.º 1 do art. 1839.º, nomeadamente ao filho artificialmente procriado. E digo interpretação extensiva, porque o espírito que subjaz à extensão é o mesmo.

De igual modo, não se vê como se disse *supra*, qualquer óbice à aplicação analógica do artigo às situações agora lacunares de maternidade heteróloga (com dação de ovócitos).

22. Um pequeno aditamento apenas para esclarecer o que parece incontroverso: que a inseminação ou procriação artificial não consentidas pelo cônjuge será motivo de divórcio, nos termos do art. 1779.º e por violação grave do dever de respeito;

– que creio naturalmente impugnável a validade do consentimento prestado, quando não seja livre e esclarecido consequencialmente, nos precisos termos, e uma vez mais por analogia, que valem para a anulação da perfilhação (cfr. art. 1860.º do C. Civ.);
– que a indicação no registo civil, pela mãe, da não paternidade do marido que consentiu na inseminação artificial (vd. art. 1832.º,

n.ºs 1 e 2), não produz qualquer efeito, não podendo pôr em causa, naturalmente, a preservação da paternidade do marido (vd. art. 1838.º);
– por fim, quanto à união de facto, os problemas enunciados têm de ser enquadrados adentro do contexto especial do seu controverso regime jurídico, o que nos levaria longe demais. Fundamentalmente, relevarão, com as necessárias adaptações, os ditames específicos da filiação extramatrimonial, *maxime* em sede de perfilhação, tendo ainda presente a observância por analogia do art. 1839.º, n.º 3.

E) *A Maternidade de Substituição*

23. É também uma técnica de PMA, mal aceite, tanto a nível nacional (cfr. anteprojectos referidos) como internacional (a nível do próprio Conselho da Europa, por exemplo). A chamada mãe hospedeira pode ser inseminada artificialmente apenas, mantendo a sua qualidade de mãe genética, ou ver ser nela implantado um embrião "in vitro", em que os gâmetas femininos ou masculinos provêm, via de regra, de um dos membros do casal que a ela recorre.

Em qualquer caso, o que verdadeiramente caracteriza *a figura da maternidade de substituição, é a procriação para outrem.*

E para evitar negócios que possam representar um aviltamento ou mercantilização do corpo, e que sobre tudo envolvam o ter de se suportar uma gestação integral necessariamente perturbadora da condição da mulher que dá à luz como mãe hospedeira, devem ser tidos por nulos os negócios jurídicos, onerosos ou gratuitos, que subjazem a tal situação.

Era essa a solução da Proposta de Lei n.º 135/VII de 99 (cfr. art. 6.º, n.º 3), que acrescentava mesmo que a mãe hospedeira seria havida como mãe da criança, para todos os efeitos legais (cfr. art. 6.º, n.º 4), garantindo desse modo a total ineficácia de negócios tidos por contrários à moral e bons costumes (vd. art. 280.º do C. Civ.) porque vão bulir com direitos de índole marcadamente pessoal, *indisponíveis* portanto.

24. Diferente é, porém, a situação da mãe social ou de recepção, a quem seja implantado um embrião "in vitro", com dação de ovócitos por terceira pessoa e com sémen do marido ou companheiro. Não se está, neste caso, ante uma situação de mãe hospedeira, porque precisamente não se procria para outrem.O que se verifica é tão somente uma *maternidade heteróloga*, em que a mãe social é também geradora. Como tal, a mãe de recepção é também mãe jurídica, aplicando-se-lhe por analogia, repete-se, o art. 1839.°, n.° 3, no tocante à inimpugnabilidade da maternidade.

Concluo, afirmando que a inviabilização da maternidade de substituição, parece decorrer da nossa lei, porque conforme com o disposto no art. 1796.° do C. Civ., que dita no seu n.° 1 que "Relativamente à mãe, a filiação resulta do facto do nascimento (...)".

A verdade é que tal conclusão, acaba por poder acarretar um tratamento discriminatório da mulher com *problemas de infertilidade situados não a nível ovular, mas uterino*. Decorrências ainda da leitura do espírito do nosso sistema!

F) *Embriões Excedentários*

25. A Fertilização in Vitro traz como um mal necessário *o inerente surgimento de embriões excedentários*. E tal circunstância dá lugar a graves preocupações, nomeadamente de *todos aqueles que sustentam existir vida no embrião desde o momento da concepção*, e se alarmam por isso com o destino a dar aos embriões excedentários, afastando inclusivamente a sua utilização para fins de investigação científica, salvo quando tenham por exclusiva finalidade o benefício do próprio embrião, *v.g.* o diagnóstico genético pré-implantatório.

Os embriões que não tiverem sido transferidos para o útero materno e sejam desnecessários para o casal beneficiário, deveriam, segundo esta corrente do pensamento ser congelados, cedidos quando muito a outro casal em idênticas condições de infertilidade, sendo vedada qualquer manipulação genéticanos embriões *qua tale*.

Vários problemas surgem então: o da durabilidade em condições de utilização de um embrião congelado, e sobretudo o procedimento a tomar face a grande quantidade de embriões excedentários *congelados*.

26. É por isso que não consigo compreender bem as posições algo fundamentalistas dos que fazem coincidir início da vida com a concepção, ou mesmo com o estádio de pré-embrião ou de zigoto, e que são forçados a enfrentar, *sem soluções*, esta óbvia realidade *que é inerente à Fertilização in Vitro: é que não sendo ela condenada enquanto método procriativo, a verdade é que nunca pode haver uma certeza científica no fazer coin-*

cidir o número de embriões gerados "in vitro" e os necessários para a superação dos problemas dos casais beneficiários, pelo que embriões excedentários haverá sempre com abundância ...

As dificuldades de conservação dos ovócitos enquanto tais, agudiza o problema, e a pretensa penalização da criação deliberada de embriões excedentários não o resolve, obviamente.

27. *Mas perante factos não há argumentos*. E a inutilidade de tantos embriões excedentários não pode deixar de legitimar *a interrogação sobre o seu possível aproveitamento*, v.g. *para fins de pesquisa médico-científica* – desde que não se manipulem células germinais.

Não há pois outra forma de resolver o problema, *a menos que se vedasse o recurso à própria FIV (...), e a tanto não se chega*. E com isto parecem cair por base tantos outros pontos de vista – certamente inspirados na temática abortiva – *sobre a índole ininterrompível e irrepetível do embrião* como ser percursor do ente humano adulto que origina um processo vital incindível.

A verdade é que os embriões excedentários existentes se congelados, *não vivem, vegetam dir-se-á*, pelo que há que ultrapassar soluções de impasse inconsequentes!.

G) *Fertilização ou Inseminação post-mortem*

28. Vários problemas têm surgido quanto à possibilidade de utilização do sémen existente nos Bancos de Esperma (outro ponto que deve ser regulamentado), ou de embriões, *após o falecimento do respectivo dador de gâmetas*.

Aqui coloca-se realmente uma questão marcadamente jus-sucessória. E é sabido que o Direito das Sucessões é um ramo dependente, pelo menos no tocante à sucessão legal (legitimária e legítima), do Direito de Família. É evidente que todas as questões conexas com o recorte jurídico e constituição de um vínculo filial, se reflectem no Direito Hereditário. E daí que os temas já analisados relevem igualmente a nível sucessório. Diz-me tu, Direito de Família, quem e de que modo se é filho, que eu te direi da sua qualidade como sucessor – eis como se interrelacionam os dois ramos institucionais de direito.

A questão que ora está em causa é, sem dúvida, mais fortemente conotada com o Direito Sucessório, porque tem a ver, como se disse, com uma inseminação ou fecundação ulterior ao fornecimento de gâmetas por um membro do casal, de direito ou de facto, ou até por um dador sem família constituída, solteiro por exemplo.

29. Estabelecia o art. 18.°, n.° 1 da Proposta de Lei n.° 35/VI que "após a morte do marido ou do homem com quem vivia em união de facto, não é lícito à mulher fazer-se inseminar com esperma do falecido, a menos que *haja consentido* na inseminação *post-mortem* e esta tenha lugar nos *três meses* seguintes ao seu falecimento". Doutro modo, o esperma seria destruído logo que transcorrido o prazo aludido. Para a Fecundação in vitro post-mortem valia o mesmo regime, por remissão do art. 24.° da Proposta.

30. Não sendo explícito o preceito quanto à forma do consentimento – creio ser de admitir *a forma testamentária* ou a *escritura pública* (cfr. art. 1853.°, quanto à perfilhação, com as necessárias adaptações), pois tal consentimento *acaba por traduzir-se indirectamente na instituição virtual de um herdeiro* (ou mais).

Devo acrescentar que o nosso C. Civ., no seu art. 2033.°, n.° 2, al. *a*), reconhece já capacidade sucessória aos concepturos, no âmbito da sucessão testamentária e contratual, quando filhos de pessoa certa e determinada ao tempo da morte do autor da sucessão.

E se os concepturos, hoje em dia, têm uma capacidade sucessória circunscrita à sucessão voluntária, é porque não é concebível para a nossa lei, a sucessão legal de concepturos de um ... falecido!

31. A ser admitida a inseminação post-mortem, em termos similares ao da Proposta de Lei n.° 135/VII, parece-me de estender o disposto no art. 2033.°, n.° 2, al. *a*), a tal circunstância, admitindo extensivamente a capacidade sucessória de concepturos nascidos por inseminação post-mortem, *maxime como filhos do dador falecido e na sucessão legal*, nos mesmíssimos termos, porém. O que pressuporia a indicação da mãe beneficiária [cfr. art. 2033.°, n.° 2, al. ???), *in fine*], e a aplicação de pleno dos princípios aplicáveis à sucessibilidade de concepturos.

III. UMA BREVE APROXIMAÇÃO AO TEMA

32. Já vai longa a exposição, por breves que tenham sido as análises esboçadas a propósito das várias questões suscitadas pelas técnicas da

PMA. De tudo resulta que no nosso ordenamento jurídico vai sobrevivendo uma *larga e expectante lacuna intencional neste campo*. Que há que preencher por força do art. 8.°, n.° 1, conjugado com o art. 10.°, n.° 3, do C. Civ., ou seja, apelando à normativação inferível do espírito de sistema, com vista à sua integração em cada situação omissa.

Claro que face às margens de indeterminação inerentes à busca de soluções sistematicamente inseríveis, seria conveniente, pelo menos, a elaboração de uma Lei de Enquadramento sobre Procriação Artificial, flexível (mero enunciado de grandes princípios), periodicamente revisível e actualizável.

33. Será ainda particularmente necessário demarcar nitidamente em termos funcionais, *Procriação Medicamente Assistida e Adopção* como via de constituição de vínculos de filiação. São dois institutos bem distintos nos seus pressupostos e objectivos, bem mais demarcados socialmente os de adopção, embora pontualmente possa haver semelhanças de regime transponíveis. De resto, também, por exemplo, a Perfilhação pode ser fonte inspiradora de soluções acolhíveis para algumas questões trazidas pela PMA e, bem assim, aspectos vários do regime constitutivo do vínculo filial, matrimonial ou extramatrimonial, desde que compatíveis com a especificidade da PA, como um "tertium genus" no âmbito dos vínculos de filiação.

34. No que concerne aos aspectos familiares e sucessórios atribuíveis à PMA, há que reconhecer a dificuldade da sua abordagem à face do ordenamento jurídico actual, e da indispensabilidade de, por um lado, se superarem alguns dogmas e preconceitos jurídicos teimosamente latentes, e por outro, se evitam no extremo de uma liberalização excessiva, com larga subjugação do Direito pela Ciência Médica. Está em causa a evolução científica que a Biotecnologia almeja e que o Direito deve procurar não entravar, mas está também em causa, sobretudo, a necessidade de enquadrar normativamente e talvez mesmo "desacelerar" uma marcha vertiginosa para uma vivência colectiva profundamente individualista e céptica quanto a valores.

Legisle-se, pois, de uma forma flexível, informada e despreconceituosa.

BIBLIOGRAFIA SUMÁRIA

a) **Portuguesa**

AA. VV. – *Direito da Saúde e Bioética* (obra colectiva), Lex, 1991

ALMEIDA SANTOS, AGOSTINHO – *Razões de Ser, Genética e Reprodução Humana. Conflitos e Contradições*, Gráfica de Coimbra, 1994

ÁLVARO DIAS, JOÃO – *Procriação Assistida e Responsabilidade Médica*, Coimbra Editora, 1996

ANTUNES VARELA, J. — "A Inseminação Artificial e a filiação perante o Direito Português e o Direito Brasileiro", in *Revista de Legislação e de Jurisprudência*, 3843/53, 1994/95, pp. 162 e ss.

ARAÚJO, FERNANDO – "A Procriação Assistida e o Problema da Santidade da Vida", Almedina, 1999

ARCHER, LUIS – "Gerar ou produzir vida humana", *Brotéria*, vol. 124, Lisboa, 1987

ARCHER, LUIS; BISCAIA, JORGE; e OSWALD, WALTER – *Bioética*, obra colectiva sob a coordenação de LUIS ARCHER; colaboração de Luis Archer, Isabel Renaud, Michel Renaud, A. Lopes Cardoso, Roque Cabral, V. Pinto de Magalhães, M. Luisa Portocarrero, Bernardo Domingues, Daniel Serrão, Adelino Marques, Walter Oswald, J. Luis Biscaia, Paula Martinho da Silva, Vitor Ramos, M. de Lurdes Pintassilgo, J. Mendes Ferrão, J. Manuel Nazareth, Eduardo Sá, Luis Sebastião, M. Patrão Neves, Rui Nunes, A. M. Almeida Costa, Amândio S. Tavares, V. Feytor Pinto, A. Almeida Santos, Purificação Tavares, João Loureiro, J. Queiroz e Mello, Robalo Cordeiro, Cardoso da Silva, António Sarmento, João Barreto, J. Toscano Rico, J. Lesseps dos Reis, Laureano Santos, Anselmo Borges, Rui Faria, J. R. da Costa Pinto), Verbo, 1996

ASCENSÃO, JOSÉ DE OLIVEIRA – "Direito e Bioética", in *Direito da Saúde e Bioética*, Lex, 1991, pp. 7 e ss.

ASSEMBLEIA DA REPÚBLICA – Divisão de Informação Legislativa e Parlamentar – "Procriação Medicamente Assistida, Utilização do Embrião", col. Temas, vol. II, n.° 1, 1992

BARBAS, STELLA – *Direito ao Património Genético*, Almedina, 1998

BIGOTTE CHORÃO, M. – "O problema da natureza e tutela jurídica do embrião à luz de uma concepção realista e personalista do Direito", in *O Direito*, ano 123.°, IV, 1991, pp. 571 e ss.

CAPELO DE SOUSA, R. – *O Direito Geral da Personalidade*, Coimbra, 1995

CARDOSO DA COSTA, J. M. – "Genética e Pessoa Humana – Notas para uma perspectiva jurídica", *Revista da Ordem dos Advogados*, ano 51.°, II, 1991, pp. 459 e ss.

CONSELHO NACIONAL DE ÉTICA PARA AS CIÊNCIAS DA VIDA – *Documentação*, vol. I (1991-1993), Lisboa, Presidência do Conselho de Ministros, Imprensa Nacional--Casa da Moeda

– *Documentação*, vol. II (1993-1994), Lisboa, Presidência do Conselho de Ministros, Imprensa Nacional-Casa da Moeda

CORTE-REAL, CARLOS PAMPLONA – *Direito da Família e das Sucessões*, Relatório apresentado no concurso para Professor Associado da Faculdade de Direito de Lisboa, 1995

DINIS, JOAQUIM DE SOUSA – "Procriação Assistida: Questões Jurídicas", in *Colectânea de Jurisprudência*, ano XVIII, tomo IV, 1993, pp. 8 e ss.
DUARTE, TIAGO – *In Vitro Veritas? A Procriação Medicamente Assistida na Constituição e na Lei*, polic., 1997
FERREIRA, JOÃO PRATAS – "Procriação artificial humana. Perspectiva Médica. Situação em Portugal", in *Revista da Faculdade de Direito da Universidade de Lisboa*, n.ºs 11 e 12, Jan./Jun. 1989, pp. 39 e ss.
GOMES CANOTILHO, J. J. e VITAL MOREIRA – *Fundamentos da Constituição*, Coimbra Editora, 1991
– *Constituição da República Portuguesa Anotada*, 1993
GOMES DA SILVA, MANUEL – "Esboço de uma concepção personalista do Direito. Reflexões em torno da utilização do cadáver humano para fins terapêuticos e científicos", in *Revista da Faculdade de Direito de Lisboa*, vols. XVII e XVIII, 1964, pp. 139 e ss. e 51 e ss.
LEITE DE CAMPOS, DIOGO – "A vida, a morte e a sua indemnização", Lisboa, 1987
– "O Direito e os Direitos de Personalidade", in *Revista da Ordem dos Advogados*, ano 53.º, Abril-Junho 1993, pp. 201 e ss.
LOBATO DE FARIA, PAULA – "A Revolução Genética. Bases de Reflexão sobre os Novos Desafios colocados à Ética e ao Direito", in *Direito de Saúde e Bioética*, AAFDL, 1996, pp. 187 e ss.
LOPES CARDOSO, AUGUSTO – "Procriação humana assistida", in *Revista da Ordem dos Advogados*, ano 51.º, Abril 1991, pp. 5 e ss.
LOPES ROCHA, M. A. – "Bioética e Nascimento. O diagnóstico pré-natal", in *Rev. Port. de Ciência Criminal*, Abril-Junho, 1991
MARTINHO DA SILVA, P. – "O anonimato do dador", in *Boletim da Ordem dos Advogados* I (1987), pp. 1 e ss.
– *Procriação Assistida, Aspectos Jurídicos*, col. Livros do Direito, 1986
MIRANDA, JORGE – *Direitos Fundamentais, Introdução Geral*, 1999
OLIVEIRA, GUILHERME F. FALCÃO DE – "Aspectos Jurídicos da Procriação Assistida", in *Revista da Ordem dos Advogados*, ano 49.º, 1989, pp. 767 e ss.
– *Mãe há só uma/duas. O contrato de gestação para outrem*, Coimbra Editora, 1992
– "Legislar sobre Procriação Assistida", in *Revista de Legislação e de Jurisprudência*, 3840/2, 1994, pp. 74 e ss.
– "O fim da arte silenciosa (o dever de informação dos médicos)", in *Revista de Legislação e de Jurisprudência*, n.º 128 (1995/1996), pp. 70 e ss.
OTERO, PAULO – "Personalidade e Identidade Pessoal e Genética do Ser Humano: um Perfil Constitucional da Bioética", Almedina, 1999
PEREIRA COELHO, F. – "Procriação assistida com gâmetas do casal", in Publicações do Centro de Direito Biomédico da Faculdade de Direito da Universidade de Coimbra, 1993, pp. 9 e ss.
PEREIRA COSTA, AMÉLIA – *Perspectiva jurídica de um acto de amor*, dissertação de mestrado (inédita), U.A.L., 1997
PEREIRA, RUI CARLOS – *O crime de aborto e a Reforma Penal*, AAFDL, 1995
RAPOSO, MÁRIO – — "Procriação Assistida – Aspectos éticos e jurídicos", in *Direito da Saúde e Bioética*, Lex, 1991, pp. 89 e ss.

– "Bioética e Biodireito", in *Revista do Ministério Público*, ano 12.°, n.° 45, 1991, pp. 21 e ss.
SALDANHA CARDOSO, ALEXANDRA C. SPRANGER G. FORTE – *A Procriação Assistida e o Direito de Filiação entre a Biologia e a Ética*, dissertação de mestrado (inédita), U.A.L., 1997
SERRÃO, DANIEL – "Bioética. Perspectiva médica", in *Revista da Ordem dos Advogados*, 51 (1991), p. 419 e ss.
VIEIRA DE ANDRADE, J. – "Procriação assistida com dador: o problema do ponto de vista dos direitos fundamentais", publicação do Centro de Direito Biomédico, Coimbra, 1993, pp. 49 e ss.
– *Os direitos fundamentais na Constituição portuguesa de 1976*, Almedina, 1983

b) **Estrangeira**
AA. VV. – *Procriazione artificiale e interventi delle genetica umana* (obra colectiva), CEDAM, 1987
BARBOZA, HELOÍSA H. – *A filiação: em face da inseminação artificial e da fertilização in vitro*, tese, Rio de Janeiro, 1993
BIK, C. (coord.) – *Procréation artificielle: où en sont l'éthique et le droit* (obra colectiva), Comité de Ciências Médicas do Conselho da Europa, Paris, 1989.
BOURGEAULT, GUY – *L'éthique et le droit face aux nouvelles technologies bio-médicales – prélogomènes pour une bioéthique*, prefácio de GUY ROCHER, Montreal, 1990
BRANLARD, J. P. – *Le sexe et l'état des personnes*, LGDJ, Paris, 1993.
CALOGERO, MARIO – *La procreazione artificiale: una ricognizione dei problemi*, Giuffrè, 1989
CAMPOS, RAMON HERRERA – *La Inseminación Artificiale: Aspectos Doctrinales e Regulación Legal española*, Granada, 1991
CARNEIRO, NELSON – "Os aspectos jurídicos da inseminação artificial e a disciplina jurídica dos Bancos de Esperma", in *Revista de Direito Comparado Luso-Brasileiro*, Ano IV, n.° 7, 1985, pp. 241 e ss.
CASABONA, C. M. ROMEO (e outros) – *Biotecnologia y Derecho: Perspectivas en Derecho Comparado*, Bilbao-Granada, 1998
CATALA, PIERRE – "Le droit des successions et des libéralités au regard de la procréation artificiale", in *Revista da Ordem dos Advogados*, ano 46.°, Setembro 1986, pp. 469 e ss.
CIFUENTES, SANTOS – *Derechos Personalíssimos*, Buenos Aires, Edit. Astria, 2ª ed., 1995.
CORNU, G. – "La procréation artificielle et les structures de la parentée", in *Revista da Ordem dos Advogados*, ano 46.°, 1986
DOMINGO, M., e BASSO, O.P. – *Nacer y morir com dignidad - Bioética*, Buenos Aires, 1992
DUFRESNOIS, D. – *Demain, les grands projets de l'humanité*, Paris, 1991
DWORKIN, ROGER B. – *Limits: the role of the Law in Bioethical Decision Making*, Indiana University Press, 1998
ESSER, ALBIN – "Genética Humana. Aspectos jurídicos e sócio-políticos" (trad.), in *Revista Portuguesa de Ciência Criminal*, 1992, pp. 45 e ss.
FALLON, B. H. e SIMON, A. M. – *Droit de la Famille, droits de l'Enfant*, Sirey, 1996, pp. 117 e ss.

FERRANDO, GILDA – *La procreazione artificiale tra etica e diritto* (obra colectiva), CEDAM, 1989

GAFO, JAVIER (e outros) – *Ética y Biotecnologia* (colab. Carlos Alonso Bedate, Diego Gracia, Ricardo Amils, Luis Archer, Jose Luis Garcia Lopez, Juan R. Lacadena, Enrique Martins, Carlos R. Casabona, Javier Rupérez, Univ. Pontificia Comillas de Madrid, 1993

GOMES SANCHEZ, Y. – *El Derecho a la Reproducíon humana*, Marciel Pons, 1994

GROTE, RAINER – "Aspects juridiques de la Bioéthique dans la legislation allemande", in RIDC 1-1999, pp. 86 e ss.

HARICHAUX, M. – "Le corps et les produits du corps", in *Bioéthique et Droit*, pp. 103 e ss., PUF, 1988

JONSEN A. R., VEATCH R.M., WALTER, L. – *Source Book in Bioethics: a Documentary History*, Georgetown University Press, 1998

LABBÉE, X. – *La condition juridique du corps humain avant la naissance et après la mort*, Lille, 1990

LABRUSSE, C. e CORNU, G. – *Droit de la filiation et progrès cientifique*, Paris, 1982

NEIRINCK, CLAIRE (coord.) – *De la bioéthique au biodroit*, LGDI, Paris, 1994 (obra colectiva, colab. de Meulders-Klein, M. T.; Barbieri, J. F.; Tomasin, D.; Bernard--Douchez, M. H.; Boubay-Pagés, M.; Neirinck, C.; Koubi, G., e Pousson-Petit, J.)

PALACIOS, MARCELO – *Informe de la Comision Especial de Estudio de la fecundacion in vitro y la inseminacion artificial humanas*, Congresso dos Deputados, Madrid, 1987.

PORRAS DEL CORRAL, M. – *Biotecnologia, Derecho y Derechos Humanos*, Cajasur Publicaciones, Córdova, 1996

RABAGO, LEÓN – *La Bioetica para el Derecho*, Univ. de Guanajuato, Fac. de Derecho, Mexico, 1998

ROBERTS, MELINDA – *Child versus childmaker – Future Persons and present duties in Ethics and the Law*, 1998, Boston

SANTOSUOSSO, FERNANDO – *La fecondazione artifizialle umana*, Giuffrè, 1984

SCARPERO, MONICA S. – *Fertilização assistida. Questão aberta*, 1ª ed., S. Paulo, Edit. Forense Univ., 1991

SHALEV, CARMEL – *Nascere per contratto*, Giuffrè, 1992

VEGA GUTIERREZ, M. L.; VEGA, Y.; MARTINEZ BAZA, P. – *Reprodución Assistida en la Comunidad Europea. Legislación y aspectos bioéticos*, Valladolid, 1993

YAGUE, F. LLEDÓ – *Fecundación artificial y derecho*, Tecnos, 1988.

TRANSMISSÃO DA SIDA E RESPONSABILIDADE PENAL*

por Maria Fernanda Palma

1. A transmissão do vírus da SIDA por via sexual ou através de outros meios – uso de seringas infectadas ou plasma contaminado – revela o carácter instável do conceito de homicídio introduzindo interrogações onde parecia existirem certezas.

Com efeito, admitindo-se que a contaminação com o vírus da SIDA provoca uma deficiência do sistema imunitário que permite o aparecimento de várias doenças graves que conduzem, irreversivelmente, à morte, é desde logo questionável se este tipo de processo causal em cadeia (sucessão de infecções) geralmente demorado e baseado em relações consentidas corresponde ao tipo de causalidade e de domínio sobre o corpo da vítima subjacente ao homicídio, em que geralmente se concebe uma conduta imediatamente causal e sem possibilidade de defesa pela vítima. Na realidade, o paradoxo destes casos resulta de a morte da vítima não ser directa consequência da contaminação, mas ser inevitável consequência da incapacidade do organismo resistir às doenças contraídas, como se a contaminação traçasse um destino irreversível para o organismo da vítima, mas não actuasse de modo causal relativamente à morte.

O facto de a possibilidade de morte da vítima após a contaminação depender de um processo natural não comandado directamente pelo agente suscita uma analogia entre estes casos e todos aqueles em que uma remota acção inaugura um caminho irreversível sem, no entanto, se poder afirmar dela que é mais do que mera *conditio sine qua non* do resultado. A pessoa que é ligeiramente ferida e contrai tétano ou a pessoa que é exposta a uma radiação e desenvolve um cancro configuram casos em que a afirmação da causalidade é duvidosa devido à falta de conexão directa e à pouca

---

* Texto publicado nos Estudos em Homenagem do Prof. Doutor Inocêncio Galvão Telles, 4.º vol., Almedina, 2003.

previsibilidade do resultado. No caso da SIDA, também não há conexão directa, mas a conexão com a morte da vítima é inevitável. É igualmente verdade que há uma probabilidade diminuta de a conduta apta para contagiar (a relação sexual ou até o contacto com o sangue da vítima de seringa infectada) ser efectivamente danosa, concretizando a contaminação. Por outro lado, como se disse, pode haver, também, uma "certa responsabilidade" da vítima nos casos de relações sexuais voluntárias na sua própria colocação em perigo.

Deste modo, a incerteza quanto à contaminação e os outros factores referidos retiram ao acto transmissor o imediato significado de homicídio, apesar de a contaminação conduzir ao desencadeamento de um processo causal com um percurso natural, mas irreversivelmente mortal.

Por outro lado, como também se referiu, o contexto social da conduta, nomeadamente o relacionamento sexual ou a troca de seringas num meio de toxicodependência, associa o acto transmissor a uma mera lógica de risco consentido, aos riscos gerais da vida. A "inevitabilidade" da morte após um longo processo adequa-se à vulnerabilidade da vida humana. Por seu turno, os novos conhecimentos médicos sobre a doença sugerem uma cronicidade que adia a morte para um futuro cada vez mais longínquo. O alargamento, através de medicamentos, da duração da vida, permite-nos questionar se a probabilidade de morrer devido à doença (e não devido a outras circunstâncias) não estará altamente enfraquecida, em função da possibilidade de interferência de outros factores durante o hiato temporal entre a conduta e o evento. E, finalmente, o eventual consentimento da vítima no relacionamento sexual leva-nos a perguntar se, de alguma forma, não há um domínio do processo causal pela própria vítima que o desvia do seu ponto originário – o comportamento do indivíduo infectado.

Está, assim, manifestamente em causa que seja linear a caracterização do acto transmissor como matar uma pessoa, ainda que o autor aja com dolo. Com efeito, mesmo o dolo de homicídio não bastará para suprir as debilidades da caracterização causal da conduta porque não há, em geral, crime doloso onde o processo causal não for reconhecido como relevante ou dominado pelo agente, tendo de existir uma congruência entre o tipo subjectivo e o tipo objectivo.

2. Este é, por conseguinte, o primeiro grande problema que os casos mais frequentes de transmissão do vírus da SIDA colocam ao Direito Penal e à ética. Trata-se, como se disse, de delimitar, na nossa sociedade, as fronteiras do homicídio, o significado de matar uma pessoa, dolosa ou negligentemente, perante a inevitabilidade da morte e ainda, por vezes, um certo tipo de comportamento da vítima. É ainda homicídio introduzir um factor da morte num indivíduo, a médio ou a longo prazo, mesmo que a duração desse prazo diminua as probabilidades de a morte ocorrer em virtude desse mesmo factor? Alheando-nos dos casos de SIDA, perguntar-se-á se a provocação de uma hipotética alteração genética num feto que predisponha, após o nascimento, a criança a contrair uma doença fatal, constitui ainda um homicídio?

Quando analisamos este problema, é o aspecto causal da acção de matar que está em discussão. O que desde logo nos intriga nestas situações é não estarmos suficientemente preparados, do ponto de vista ético, para definir o conteúdo objectivo do "não matarás".

Por outro lado, é a relatividade inevitável da causalidade que nos surpreende. Matar não pode ser suscitar qualquer condição de morte futura, como, por exemplo absurdo, dar vida a um ser mortal ou mesmo determinar uma causa futura de morte por manipulação do código genético ou por transmissão de uma doença fatal durante a gravidez.

E, além disso, qual é o significado do comportamento da vítima? Trata-se de um consentimento relevante?

Matar não tem um significado naturalisticamente causal, mas sim um significado valorativo. Pressupondo a causalidade, matar exige um domínio específico sobre o processo causal que permita considerar causal a acção de uma pessoa e atribuir-lhe responsabilidade por ela.

Estará nessas condições a transmissão do vírus da SIDA por via sexual, ou por contaminação de seringas?

Em suma, impõe-se responder à questão do significado do processo causal desencadeado pela SIDA relativamente ao conceito típico de homicídio.

3. A tendência maioritária da doutrina penal é considerar que a imputação objectiva se justifica nestes casos de transmissão da SIDA. Schünemann resolve o problema através do conceito de autoria e do domínio do facto[1]. O agente infectado tem um superior domínio do facto, através do conhecimento privilegiado de que dispõe. Um tal conhecimento torna-o, na transmissão da SIDA através de relações sexuais, uma espécie de autor mediato, relativamente ao comportamento sexual do parceiro-vítima, essen-

---

[1] Schünemann, Bernd, "Problemas juridico-penales relacionados con el SIDA", em *Problemas juridico-penales del SIDA*, org. Mir Puig, 1993, p. 11 e ss.

cial para que a contaminação se verifique. Mas Schünemann admite, ainda assim, que a imputação objectiva seja excluída nos casos de contactos aventureiros com indivíduos pertencentes a grupos de risco ou de troca de seringas num meio de toxicodependentes.

Nessas situações, há uma predisposição da vítima para a lesão (autolesão) ao procurar a fonte do perigo – o agente infectado. O superior conhecimento do agente, aí, está limitado pela elevada previsibilidade que a vítima tem do contágio. Schünemann defende a impunidade em casos excepcionais, mas que outros autores generalizam, em face da propaganda do sexo seguro e dos conhecimentos normais sobre sexualidade e SIDA.

Porém, a posição que transfere para a vítima a necessidade de autoprotecção, tratando o agente como mera fonte de perigo não colhe unanimidade nem se pode considerar maioritária na doutrina penal. Com efeito, ela poria em causa princípios de auto-responsabilização relativamente a pessoas que têm um concreto conhecimento e domínio da situação em que se encontram.

Frisch[2], concordando com uma sentença do BGH que se afastou da tese da impunidade destes casos, afirma: "Na verdade, haveria um afastamento de princípios elementares da responsabilidade pela evitação do perigo se o peso da protecção perante certos perigos se transferisse de quem causa o perigo para quem é sujeito ao perigo". Nestas situações, porém, há uma questão prévia que não é fácil de ultrapassar para concluir pela imputação objectiva – não é proibido o relacionamento sexual dos agentes infectados com a SIDA e nem sequer existe um dever legalmente consagrado de comunicação e de informação sobre tal estado infeccioso.

4. No caso português, é claro que a SIDA não é uma doença de comunicação obrigatória[3]. Poder-se-á, então, vir a imputar a responsabilidade pela infecção de terceiros a agentes integrados num *milieu* de sexo profissional e reconhecidamente pertencentes a uma categoria de risco, quando se integram, aparentemente, num espaço não tutelado pelo direito tanto a sua actividade como a comunicação da sua doença?

---

[2] Frisch, Wolfgang, "Riskanter Geschechtsverkehr eines HIV-Infizierten als Straftat?", em *Juristische Schule*, 1990, 5, p. 369.

[3] Cf. Lei n.º 2036 de 1949 e Portaria n.º 1071/98, em DR I Série, n.º 801, de 31 de Dezembro. No primeiro diploma, existem disposições no sentido de proibir actos de que possa resultar o contágio às pessoas infectadas com certas doenças (Base IV).

A negação da referida transferência de responsabilidade para a vítima pressupõe, de algum modo, o controlo legal dessa actividade ou do próprio relacionamento sexual do agente infectado com a SIDA. Neste momento, porém, é difícil concluir que haja na legislação portuguesa um verdadeiro dever jurídico de prestar informação sobre a situação de saúde de quem exerça actividades de prostituição.

Todavia, o dilema é complexo: por um lado, é difícil reconhecer um verdadeiro dever jurídico de informar sobre a infecção com o H.I.V. que justificaria a imputação objectiva porque seria compatível com uma responsabilidade não partilhada do agente pelos efeitos do seu relacionamento sexual com a vítima e permitiria valorar como verdadeiro domínio do facto, em termos sociais, o seu comportamento; por outro lado, negar a imputação objectiva, aceitando, nesses casos de contactos de risco, a impunidade dos comportamentos seria admitir uma clareira de irresponsabilidade dos agentes e de desprotecção das vítimas. E tal clareira abrangeria, necessariamente, todos os terceiros (médicos, familiares, colegas, etc.) que sabendo do estado de saúde do agente colaborassem, silenciosamente – nada fazendo, nada impedindo – no "suicídio" ou "autolesão" dos "clientes" em busca de contactos aventureiros.

Seria uma lógica de autonomia, aliada a uma lógica de silêncio e de morte.

É um tipo de situação em que a própria demissão do legislador é conspirativa, pois, a pretexto de uma não regulamentação dos modos de relacionamento sexual, se permite que circule uma não informação concreta sobre quem é portador da doença que, em última análise, cria, em cadeia, um grupo alargado de potenciais vítimas – todas as que, embora não procurando elas próprias os contactos aventureiros, venham, devido a relações sexuais até mesmo estáveis com tais vítimas (também sem conhecimento concreto sobre o facto de terem sido infectadas), a ser vitimadas sem que a ninguém possa ser atribuída a responsabilidade.

5. Estaremos, na realidade, perante uma ideia pérfida de adequação social que branqueia práticas homicidas? E, em face desta desregulação legal, não deverá o Direito Penal reconhecer, pura e simplesmente, que não há vontade incriminadora relativamente aos agentes infectados nos casos de comportamentos sexualmente aventureiros da vítima?

A interpretação que esta situação coloca ao Direito tem duas respostas: uma no plano do direito vigente, *de jure condito*, e outra *de jure condendo*. No plano do direito vigente, não é possível deixar de imputar objectivamente o comportamento homicida aos que actuem, eles próprios, como fonte de perigo para outros, não os informando que são portadores da doença mas detendo um conhecimento exacto sobre o seu estado, enquanto os parceiros sexuais apenas podem contar em abstracto com tal perigo. *De jure condendo*, impõe-se a criação de deveres legais de informação às vítimas e de comunicação de tal doença às autoridades para todos os que tenham actividades profissionais de relacionamento sexual ou em que especificamente se verifique um acentuado perigo de contágio[4]. É necessária a intervenção da lei nesse espaço desregulado, não para proteger a credibilidade do negócio da prostituição, mas para proteger a sociedade. Onde não há informação nem protecção deve passar a existir regulação e controlo. Só assim será possível sustentar, indiscutivelmente posições de garante de terceiros e cortar pela raiz a conspiração de silêncio que a sociedade e o Direito instauraram em redor da transmissão da SIDA.

6. A questão da qualificação como homicídio destas condutas depende ainda da avaliação da chamada imputação subjectiva, nomeadamente das possibilidades de afirmação do dolo de homicídio.

Verificar-se-á, verdadeiramente, dolo de homicídio nestes casos, em que o agente transmissor só pode representar uma probabilidade estatística de pouca intensidade de o contágio se verificar? O contexto do relacionamento sexual não será apto a propiciar uma confiança na não produção do resultado típico ou, para usar a fórmula do artigo 14.º, n.º 3, do Código Penal, uma não conformação com a realização do facto típico?

Há quanto a esta questão uma diversidade de respostas na doutrina. O ponto decisivo para uma solução não é, porém, a probabilidade estatística. Com efeito, as representações comuns sobre a perigosidade das relações sexuais de um parceiro infectado com sida são muito elevadas e superam, provavelmente, a perspectiva oferecida pelas estatísticas.

Porém, a baixa probabilidade estatística não poderia relevar para efeitos de dolo. E isto, desde logo, porque não é adequada às representações comuns e ao temor de contágio que existe na sociedade, não sendo, por isso, de configurar uma base sólida para indiciar a não conformação com a produção do resultado. As estatísticas não são coincidentes com as expectativas comuns e torna-se, por isso, duvidoso que o agente disponha

---

[4] Note-se que o Tribunal Constitucional italiano considerou inconstitucional a omissão legislativa quanto à exigência de testes de SIDA aos enfermeiros que tivessem tido contactos sexuais com pessoa infectada.

de um saber científico e que não sejam as expectativas comuns com que se confronta na decisão de agir.

Por outro lado, sempre se entendeu que a existência inequívoca de dolo directo em situações de risco mínimo, mas ainda risco proibido, não impediria a qualificação do crime como doloso, demonstrando-se a relativa autonomia da intensidade da causalidade em face da intensidade do dolo. Assim, por exemplo, quem dispara a uma distância enorme, com uma probabilidade mínima de acertar, mas esperando acertar na vítima, realiza um homicídio doloso. Nesse tipo de casos, apenas poderá estar em questão a verificação de dolo eventual, por se admitir que o agente confiaria na não produção do resultado. Mas não estando em causa qualquer verdadeira adequação social do relacionamento sexual do agente com SIDA, que não revela tal facto ao seu parceiro sexual, e existindo efectiva imputação objectiva do resultado ao comportamento do agente, ter-se-á de concluir que o dolo se verifica em princípio, apesar de não existir uma elevada probabilidade estatística de contaminação.

Um outro aspecto a considerar é o contexto social em que a contaminação é produzida. Poderá ela ser critério de afastamento do dolo? Aqui também não pode existir, inequivocamente, uma resposta negativa. O relacionamento sexual ou se verifica num contexto amoroso e não é racional que o agente não se confronte com as resistências que as convicções sociais comuns suscitam e que não as tenha de superar na sua decisão, fazendo prevalecer o interesse na ocultação à vítima da situação sobre o perigo, ou verifica-se, num contexto puramente profissional, e, aí, a minimização do risco não é, em princípio, factor determinante da acção, porque o agente não nutre qualquer especial afecto pela vítima.

Por outras palavras, quando estivermos perante o acto de transmissão em contexto amoroso, embora ele possa ser explicado e compreendido segundo uma lógica específica não é inequívoco que esteja excluído o dolo de homicídio, dado o natural confronto do agente com o risco da vítima e a eventual sobreposição de certos interesses emocionais à não contaminação da vítima. A lógica do desejo amoroso é, por vezes, egoísta e possessiva e pode tornar-se homicida. Não poderemos excluir, no entanto, que o agente aja perturbado emocionalmente e se desvie da ponderação objectiva da situação, de modo a criar uma convicção de que nada sucederá, não revelando uma atitude indiferente para com a vítima, mas uma lógica de decisão afectivamente perturbada.

Não deveremos, certamente, resolver todos os casos da mesma maneira, nem pressupor que há dolo ou não há dolo, em geral, nestas situações. A única conclusão possível é que o contexto social não altera em si mesmo a caracterização do acto, sendo necessário confrontar o concreto comportamento do agente com o resultado da sua acção e a base da sua decisão de agir.

7. A configuração da transmissão da SIDA como homicídio, através de condutas cujo contexto causal ou subjectivo não é o tradicional no homicídio pode, dadas as dificuldades assinaladas bem como as dificuldades de prova, conduzir a uma situação em que, na prática, tais comportamentos ficariam impunes. A eficácia preventiva do Direito Penal poderá ser duvidosa se apenas se puderem relacionar tais condutas com o homicídio. Haverá, assim, que procurar uma tutela eficaz, independentemente da possibilidade de qualificar actos de transmissão da SIDA como homicídios.

Para além destas condutas de transmissão da SIDA, também a contaminação dos produtos do sangue ou através de actividades profissionais que exigiriam uma especial cautela torna necessário cobrir, desde logo, uma área de provocação da contaminação, independentemente da verificação da morte e sobretudo a partir do momento da criação do perigo.

Os sistemas penais europeus têm-se confrontado com a necessidade dessa antecipação de tutela, procurando resolver tal problema com recurso a tipos incriminadores que prescindem do resultado, como o envenenamento ou as ofensas corporais perigosas ou pela criação de tipos específicos de transmissão ou propagação de doenças.

A questão que se coloca, desde logo, é saber qual o ponto ideal de antecipação da tutela penal. Isto é, qual será a fase do perigo que justifica a incriminação: a mera realização de uma conduta susceptível de causar a contaminação, embora possa não se provar que a contaminação ocorreu, apenas a contaminação efectiva ou ainda tão só a contaminação apta a desencadear o processo irreversível da SIDA? Por outro lado, na perspectiva da imputação subjectiva, coloca-se o problema de saber se a antecipação da tutela exigirá um dolo referido ao perigo em abstracto, sem conexão com a representação da possibilidade ou probabilidade de dano ou se deverá configurar um intenso dolo de perigo (dolo directo ou necessário), excluindo a área limítrofe do dolo eventual em que, inevitavelmente, se cairá na referência da vontade ao perigo do perigo.

Que função deverá ter, efectivamente, a antecipação da tutela? Tratar--se-á, fundamentalmente, de uma norma subsidiária capaz de abarcar condutas em que as dificuldades de prova osbtariam ao enquadramento no homicídio ou deverá abranger-se uma área intermédia entre o homicídio e as ofensas corporais, entre o dolo e a negligência, de gravidade específica, em que a intensidade do perigo justificaria que os deveres de protecção das vítimas pelos agentes fossem mais intensos do que os vulgares deveres de cuidado?

As opções referidas, tanto no plano da tipicidade objectiva como no da tipicidade subjectiva, necessitam de ser reflectidas pelo legislador penal, correndo-se o risco, perante o não enfrentamento da questão, de uma confusão ética dos destinatários das normas. É o que sucederá quando os julgadores realizarem interpretações dos tipos de crimes de perigo que não tenham em conta as finalidades da antecipação da tutela, fazendo recuar porventura em excesso essa tutela ou elevando a conduta puramente negligente à categoria de dolosa, enfraquecendo assim as fronteiras da delimitação da censura do dolo em face da negligência ou tornando-as desfasadas do sentido enraizado nas representações comuns sobre a acção.

As respostas a estas questões pelo Código Penal português não são também muito claras.

O crime de propagação de doença contagiosa (artigo 283.º do Código Penal), que mais directamente traduz as necessidades apontadas, revela duas intenções fundamentais: dar expressão jurídico-penal a actividades que podem ser particularmente perigosas e referir à concreta criação do perigo para a vida ou para a integridade física a incriminação.

Em suma: trata-se de um crime de perigo concreto, doloso, em que o legislador modelou a incriminação em função do tipo de actividade e do perigo criado. O perigo, que é, assim, elemento do tipo (resultado), pode ter sido criado a título de dolo ou de negligência, distinguindo-se um crime doloso de perigo concreto de um crime doloso quanto à acção e negligente quanto ao resultado. A estas modalidades típicas acresce um tipo globalmente negligente (quanto à acção e quanto ao resultado).

De alguma forma, estas modalidades típicas revelam uma moderação na antecipação da tutela pela exigência da verificação de uma causalidade de perigo concreto, mas o facto de se admitirem formas negligentes quanto ao resultado e à própria acção alarga a incriminação a formas comportamentais que, em geral, não poderiam ser consideradas negligentes por não serem senão formalmente crimes de resultado.

Esta solução, acentuando o resultado de perigo e distinguindo variações quanto à causalidade dolosa ou negligente não consegue evitar totalmente a problemática da prova, apesar de ela poder estar simplificada se se entender que o "de modo a criar perigo para a vida e integridade física" significa apenas uma susceptibilidade de dano, pouco controlável, associada logo à colocação do corpo das vítimas em contacto directo com o vírus, de modo a poder contrair a infecção e mesmo que ela não tenha sido efectivamente contraída, que isso não seja provado ou que as vítimas já estejam contaminadas.

Na primeira concepção do perigo, a concretização exigida é mínima, ultrapassando-se as essenciais dificuldades de uma prova da causalidade – o perigo para a vida ou integridade física é reduzido à criação efectiva das condições adequadas para a contaminação e sua subsequente disseminção. Na segunda perspectiva, há um elemento concretizador mais acentuado – o evento de perigo é a efectiva contaminação das vítimas, o facto de elas se tornarem portadoras do vírus.

O princípio da legalidade impõe esta última interpretação, na medida em que só se verifica a propagação (e não mera possibilidade de propagação) quando as vítimas contraírem a doença. A propagação pressupõe uma actividade de multiplicação da enfermidade (atingindo-se uma multiplicidade de vítimas ou pelo menos mais do que uma).

A contracção da doença pela vítima é, segundo o sentido das palavras, necessariamente elemento essencial do tipo e não apenas uma circunstância agravante. Se as vítimas apenas foram postas em contacto com o agente da doença mas não a chegaram a contrair, não se pode falar de propagação mas, quando muito, de tentativa, se a propagação for dolosa.

Poder-se-ia, na realidade, ter antecipado a tutela do crime consumado doloso até à situação que corresponde, na actual configuração, à tentativa, mas isso com a contrapartida de afastar a sua realização a título de negligência.

Como se pretendeu admitir como conduta típica de propagação para além da realização global por negligência (artigo 283.º, n.º 3), uma simbiose de dolo quanto à conduta perigosa e negligência quanto à criação do perigo (artigo 283.º, n.º 2), o que na realidade não é mais do que uma espécie de negligência grosseira ou até mesmo uma fórmula para abranger todos os casos limítrofes do dolo, então não é concebível uma antecipação generalizada da tutela.

8. A limitação de uma norma como o artigo 283.º, n.º 1, do Código Penal, a condutas muito específicas de agentes com certo desempenho profissional não satisfaz, obviamente, a necessidade de um tipo incriminador de perigo subsidiário do homicídio para os casos mais correntes de transmissão da SIDA.

A única solução alternativa é a aplicação do artigo 144.º, alíneas *c*) ou *d*). A moldura penal mais grave do artigo 144.°, alíneas *c*) ou *d*), relativamente à do artigo 283.°, n.° 2, levanta, porém, de novo, o problema de saber se o legislador não teria representado, nos chamados crimes de perigo comum (em que a pena varia entre 1 e 8 anos de revisão), em geral, um evento de perigo menos concreto.

A diferença da medida da pena pode, porém, justificar-se pela existência, nas ofensas corporais, de um elemento de agressão directa ao corpo da vítima através de uma conduta violenta, não devendo este elemento sistemático ser bastante para concluir por uma menor concretização do evento de perigo no artigo 283.° do Código Penal, em que se prevê que o agente pratique, geralmente, actividades neutras sem relação directa com a vítima e em que o dolo se associa a uma inconsideração grave e não a um efectivo propósito (que já deverá consubstanciar dolo de dano).

O recurso ao crime de ofensas corporais perigosas suscita também as mesmas dificuldades relacionadas com a prova do nexo de causalidade e a prova do dolo, tendo apenas a vantagem de afastar as dificuldades de uma caracterização como homicídio de várias condutas de transmissão do vírus da SIDA, nomeadamente por ser difícil estabelecer a relação directa com a morte da vítima.

Em qualquer caso, a morte da vítima agravará a responsabilidade penal quer se trate de agravação pelo resultado em sede de crime de perigo comum ou em sede de ofensas corporais (artigos 285.° e 145.° respectivamente)[5].

9. O conjunto de condutas susceptíveis de pôr em causa a vida e a integridade física através da transmissão da SIDA não se limita aos contextos de relacionamento sexual directo, de troca de seringas ou até mesmo ao quadro de uma disseminação, geralmente ligada à utilização de produtos de sangue que contenham o HIV. Há todo um grupo de comportamentos, reveladores do poder de controlo sobre as causas da transmissão[6], em que a característica dominante é a passividade, isto é, a omissão. Há, na verdade, toda uma problemática específica de omissão em conexão com a transmissão de SIDA, sendo necessário averiguar até que ponto justifica a intervenção penal.

---

[5] Em todos estes casos a ocorrência posterior da morte levanta delicados problemas processuais e relacionados com a prescrição.

[6] Utilizando, aqui, a expressão de Schünemann em "Problemas juridico-penales relacionados con el SIDA" cit., p. 54 ss.

Poderemos distinguir, sem pretensão de exaustividade, três tipos de situações: a omissão dos agentes contaminados quer quanto à prestação da informação quer quanto à obtenção de informação para si próprios, a omissão dos agentes detentores de informação sobre a contaminação de certas pessoas que poderão infectar terceiros e a omissão das autoridades ou dos detentores de poder institucional relativamente a medidas ou informações susceptíveis de evitar a contaminação das vítimas. Estes grupos de casos suscitam soluções específicas, estando envolvidos em contextos sociais diversos.

10. Na omissão dos próprios agentes contaminados relativamente a pessoas que com eles contactem de forma a poderem ser também contaminadas, há, em princípio, domínio das causas de contágio e, por isso, omissão relevante. A possibilidade de o agente ser imediatamente fonte de perigo para outrem dispensa a identificação de um específico dever de agir do agente, sendo aqui praticamente equiparável a omissão à acção.

Neste grupo incluem-se tanto os casos de contacto sexual (que são um misto de acção e omissão) como os casos de pura omissão factual em que o agente não informa quem lhe presta certo tratamento susceptível de contágio ou ele próprio, como enfermeiro ou médico, não toma precauções para evitar transmitir a doença de que seja portador, situação em que, de novo, nos encontraremos perante uma conduta mista de omissão e acção. Poderão, nestes casos, verificar-se situações de negligência se o agente, tendo razões para representar que foi contaminado, não averiguar ele próprio a sua situação e, nesse estado de mera dúvida, não tomar qualquer precaução para evitar o contágio.

Haverá, assim, um dever jurídico de realizar o teste da SIDA, como suporte desta omissão, apesar de ele não ser expressamente previsto na lei como obrigatório?

A solução preferível é, de facto, que haja uma obrigatoriedade legal do teste relativamente a pessoas que exerçam certas profissões que criem risco típico de transmissão, desde que não haja a possibilidade de uma prevenção generalizada de contágio através de procedimentos específicos.

Em todo o caso, a falta de obtenção de informação pelos testes do agente que tenha elevadas razões para admitir que está contagiado (por ter mantido relacionamento sexual com pessoa infectada, por exemplo) e que, mesmo assim, realiza condutas aptas a transmitir o vírus da SIDA pode ser caracterizada como negligência, desde que o perigo não seja muito genérico. E, neste tipo de situações, não há propriamente razões para distinguir as acções das omissões, desde que seja patente uma violação do dever de cuidado fundada no extravasamento da esfera de risco do agente e na inaceitável interferência causal nos bens jurídicos da vítima.

11. Na omissão de informação da vítima por parte de quem, como terceiro, tem um conhecimento privilegiado sobre a situação do agente, há uma difícil questão subjacente – a da fundamentação da posição de garante do terceiro. Existe ou deve existir uma tal posição de garante em certos casos?

A resposta que se impõe, neste momento, é que só existirá tal posição de garante quando o agente tiver assumido uma posição de protecção da vítima ou tenha a mesma função relativamente ao agente (situação das pessoas que sejam responsáveis por inimputáveis) – isto é, quando o agente por razões legais, institucionais ou contratuais tiver uma posição de garante ou pelo menos quando tiver assumido um controlo exclusivo sobre a situação. Assim sucederá, por exemplo, quando o médico do doente é simultaneamente médico da mulher, é o único a conhecer a doença e sabe também que o marido não informa a mulher.

Na maioria das situações em que um terceiro tem conhecimento, e até exclusivo, da doença do agente, podendo evitar a contaminação se informar a vítima, há obstáculos legais relativamente a tal informação, a começar, desde logo, pelo segredo médico[7]. Nestes casos, não se poderá concluir que o valor segredo prevalecerá sobre o valor da vida, sendo, em geral, justificada a sua violação por direito de necessidade. Mas também não se pode concluir que há um dever de violar o segredo e, consequentemente, uma omissão relevante senão em casos muito específicos, como se referiu.

12. Mais complexa é ainda a questão da omissão de terceiros em posições de autoridade.

Deverá a polícia intervir num meio de prostituição em que há indivíduos contaminados a fim de evitar os contágios com os clientes? Deverão os dirigentes de certas instituições de saúde informar a polícia, por exemplo, de que uma pessoa que exerce a prostituição está contaminada com a SIDA? Existirá, aqui, por força das funções que exercem, uma verdadeira posição de garante destes agentes?

---

[7] Cf. artigo 195.º do C. Penal.

A este tipo de situações não se pode dar uma resposta generalizada que permita concluir que haverá homicídios ou ofensas corporais por omissão sistematicamente. A prevenção da contaminação não pode ser concebida, sobretudo a partir da intervenção policial, mas sim através da prevenção dos riscos pelas vítimas, na medida em que elas sejam capazes de se defender. O esclarecimento, promovido pelo Estado, da população e de certos grupos em especial sobre o nível de contaminação de grupos de risco e sobre os modos de a evitar são os meios adequados de intervenção. De qualquer modo, o controlo da situação nesses grupos através de meios institucionalizados (controlo legal da actividade de prostituição, realização de testes de SIDA, distribuição de seringas a toxicodependentes, etc.) é uma exigência de uma política contra a difusão da doença.

A ausência ou pelo menos o fraco empenhamento da sociedade nessa política não pode ter como alternativa o recurso aos mecanismos da responsabilidade penal.

13. Finalmente, a questão específica da responsabilidade por omissão de medidas adequadas ao controlo da qualidade do sangue forma um outro núcleo problemático de eventual responsabilidade penal. Não há também aqui uma questão tradicional de responsabilidade penal. Em geral, estas situações foram desencadeadas, em diversos países, no contexto de estratégias políticas baseadas na informação científica disponível e nas opções da segurança e controlo de riscos tomadas.

Tais estratégias e opções revelaram-se, em muitos casos, fontes de consequências catastróficas. Os casos de hemofílicos contagiados através de produtos do sangue ocorreram em vários países, entre os quais Portugal.

Em geral, a crítica às opções políticas deu lugar à responsabilização penal dos detentores de posições de autoridade e decisão, concretizada ou não, mas sempre através de processos criminais altamente mediáticos. Em certos casos concretos, fizeram-se acusações de terem existido opções conscientes dos riscos baseadas no lucro económico de certas empresas que comercializam os produtos do sangue, que conduziram à ausência de uma adequada eliminação de factores de risco. Em situações desse tipo, se efectivamente se verificaram, haveria comportamentos criminosos pelo menos de propagação da SIDA.

Fora desse contexto, a mera estratégia de redução ao mínimo das opções de segurança não revelará, geralmente, responsabilidade penal a título de dolo, no sentido tradicional. A própria negligência, que pode ser indiciada por comportamentos pouco exaustivos quanto à protecção dos produtos do sangue, não tem de redundar numa directa responsabilidade penal, onde os agentes inseridos numa máquina de decisão administrativa pressionante para o tratamento massificado das situações decidiram com inércia e burocraticamente.

A sociedade alivia-se do seu sistema projectando na figura de autoridades administrativas ou políticas a responsabilidade penal, fora dos seus padrões clássicos, quando o verdadeiro problema é político: a economia da saúde e a progressiva consideração do indivíduo como um elemento irrelevante na lei dos grandes números.

O Direito Penal não pode ser, porém, o recurso pacificador dos fracassos políticos nem sequer instrumento directo de julgamento de políticas de efeitos lesivos de bens essenciais da pessoa. O dolo e a negligência, a causalidade e a justificação não deverão ser mitigados ou formalizados para que o Direito Penal resolva problemas de responsabilidade política. A intervenção penal, nestes últimos casos, bem como toda a problemática do homicídio referida tem subjacente a necessidade de uma orientação política de construção ética da responsabilidade individual, ética de respeito e, por vezes, de responsabilidade pela vida alheia como critério de justificação da liberdade e critério essencial de justiça.

O INTERNAMENTO COMPULSIVO DO DOENTE MENTAL PERIGOSO NA LEI DE SAÚDE MENTAL

Luís Manuel Teles de Menezes Leitão

1. Introdução

Um dos direitos conferidos aos doentes, nos termos da Base XIV, n.º 1 b) da Lei de Bases da Saúde (Lei 48/90, de 24 de Agosto) é o de "decidir receber ou recusar a prestação de cuidados que lhe é proposta, salvo disposição especial da lei". Esta norma estabelece um princípio do consentimento necessário, cujo fundamento se encontra no direito à liberdade pessoal, previsto no art. 27.º da Constituição, e que exprime o primado do doente como pessoa humana, em face das propostas de tratamento que recebe[1]. Daqui resulta que assiste ao doente o direito de decidir sobre os tratamentos a que se quer sujeitar, podendo, portanto, salvo casos excepcionais, recusar tratamentos que não deseja[2], ou optar por tratamentos diferentes, mesmo que não correspondam à medicina ortodoxa ou se reconduzam a puro charlatanismo[3].

A realização de intervenções e tratamentos médico-cirúrgicos sem consentimento do paciente é, aliás, punida pelo art. 156.º do Código Penal com pena de prisão até três anos ou com pena de multa. O n.º 2 deste artigo

---

[1] Cfr. Sérvulo Correia, "As relações jurídicas de prestação de cuidados pelas unidades de saúde do serviço nacional de saúde", em AAVV, *Direito da Saúde e Bioética*, Lisboa, AAFDL, 1996, pp. 13-74 (53 e ss.).

[2] Pense-se no caso das testemunhas de Jeová, que recusam a transfusão de sangue.

[3] Cfr. Jean-Marie Auby, "Le corps humain et le droit: Les droits de l'homme sur son corps", em AAVV, *Direito da Saúde e Bioética*, Lisboa, Lex, 1991, pp. 171-181 (177). Quem ministra o tratamento pode eventualmente incorrer no crime de usurpação de funções, previsto no art. 358.º b) do Código Penal, ou de intervenção contra as *leges artis* (art. 350.º, n.º 2 do C.P.) mas o doente é livre de receber esse tratamento.

só permite dispensar o consentimento do paciente, quando este só pudesse ser obtido com adiamento que implicasse perigo para a vida ou perigo grave para o corpo ou para a saúde, ou quando o consentimento tenha sido dado para certa intervenção ou tratamento e se ter verificado que o estado dos conhecimentos e a experiência da medicina impunham outro tratamento como único meio para evitar um perigo para vida o corpo e a saúde. Exige-se, no entanto, em qualquer destes casos que não se verifiquem circunstâncias que permitam inferir com segurança que o consentimento seria recusado.

Este princípio geral é, no entanto, objecto de excepção, no caso da doença mental. Efectivamente, a situação de doença mental é juridicamente a que desencadeia maiores restrições aos direitos dos doentes, neste caso não apenas por razões de tutela da saúde pública, mas porque o doente mental é muitas vezes susceptível de pôr em perigo outros bens jurídicos e a sua situação impede um exercício responsável da sua autodeterminação pessoal. Assim, quem tenha uma anomalia psíquica que o incapacite de governar a sua pessoa e bens pode ser interdito do exercício dos seus direitos (art. 138.º e ss. do Código Civil) ou nos casos menos graves inabilitado (arts. 153.º e ss.). Aos interditos e aos inabilitados, bem como aos notoriamente dementes, é-lhes vedada a possibilidade de contrair casamento (art. 1601.º do Código Civil) e os interditos por anomalia psíquica não podem celebrar testamentos (art. 2189.º). Quanto aos outros negócios jurídicos que celebram, eles podem ser anulados pelo tutor (art. 148.º), a quem incumbe cuidar especialmente da saúde do interdito, podendo para o efeito alienar os seus bens mediante autorização (art. 145.º e 1938.º)[4].

Mesmo não ocorrendo interdição ou inabilitação, a doença mental importa restrições muito maiores aos direitos do doente do que uma doença normal. Assim, o art. 5.º c) da Lei da Saúde Mental (Lei 36/98, de 24 de Julho) vem restringir os direitos do doente que constavam da Lei de Bases da Saúde, uma vez que o seu direito a receber ou a recusar as intervenções diagnósticas e terapêuticas propostas é excluído, "em caso de internamento compulsivo ou em situação de urgência em que a não intervenção criaria riscos comprovados para o próprio ou para terceiros". Por outro lado, o art. 5.º g) vem referir que os direitos de comunicação com o exterior e de receber visitas sofrem "as limitações decorrentes do funcio-

---

[4] Esta autorização, que era judicial, passou a ser da competência exclusiva do Ministério Público, nos termos do art. 2.º, n.º 1 b) do D.L. 272/2001, de 13 de Outubro.

namento dos serviços e da natureza da doença". Finalmente, o n.°2 do art. 5.° admite que seja o representante legal, sempre que o doente não possua o discernimento necessário para avaliar o sentido e o alcance do consentimento a autorizar a submissão deste a electroconvulsivoterapia (cfr. art. 5.° d) da LSM) ou a sua participação em investigações ou ensaios clínicos (art. 5.° e) da LSM).

2. O internamento compulsivo

2.1. Generalidades

A maior restrição à liberdade pessoal do doente concretiza-se no entanto com a admissibilidade de internamento compulsivo, a qual obteve consagração constitucional no art. 27.°, n.°3 h) da Constituição, que o coloca ao lado das clássicas restrições da liberdade como as penas e as medidas de segurança[5]. A Lei da Saúde mental admite actualmente dois regimes de internamento compulsivo: o *internamento compulsivo normal*, previsto nos arts. 12.° e ss., e o *internamento compulsivo de urgência*, previsto nos arts. 22.° e ss.

O internamento compulsivo normal pode ser decretado em caso de anomalia psíquica grave que leve o portador a pôr em perigo bens jurídicos, de relevante valor, próprios ou alheios, de natureza pessoal ou patrimonial (art. 12.°, n.°1 da LSM) ou quando, não possuindo o portador o discernimento necessário para avaliar o sentido e alcance do consentimento, a ausência de tratamento deteriore de forma acentuada o seu estado (art. 12.°, n.°2 da LSM). Já o internamento compulsivo de urgência apenas pode ser efectuado quando, além da verificação dos pressupostos do art. 12.°, n.°1, exista perigo iminente para os bens jurídicos aí referidos, nomeadamente por deterioração aguda do estado do portador de anomalia psíquica (art. 22.° LSM).

---

[5] Antes da introdução desta disposição, pela Lei Constitucional n.° 1/97, de 20 de Setembro, já se tinha questionado em Tribunal a compatibilidade das Bases XX, XXIII, n.°s 2 e 3, alíneas a) e d) e XXX da Lei 2118, de 3 de Abril de 1963 com a Constituição, tendo o Tribunal de Almada recusado com esse fundamento o internamento compulsivo de um esquizofrénico, que recusava submeter-se a medicação. Pelo Acórdão 674/98, de 2 de Dezembro, a 2ª Secção do Tribunal Constitucional considerou sanada a inconstitucionalidade com a alteração da Constituição.

Daqui resulta que a medida de internamento compulsivo tem pressupostos bastantes mais latos do que aqueles que resultariam de uma medida de segurança, dado que esta é avaliada em função da prática anterior de factos ilícitos tipificados como crimes, enquanto a medida de internamento compulsivo tem apenas como pressuposto uma situação de potencial perigosidade, ou até pode prescindir dela, bastando-se com os danos causados ao doente com a ausência de tratamento.

2.2. *Pressupostos do internamento compulsivo normal*

Relativamente ao pressuposto genérico referido no art. 12.°, exige-se, para se decretar o internamento compulsivo que exista uma **anomalia psíquica grave,** conceito que, como bem salientou CUNHA RODRIGUES, deve "definir-se em termos técnicos-científicos, mas sem ligação com o critério de perigosidade. Terá uma função limitadora e restritiva, apropriada ao estado do conhecimento científico. Noutra perspectiva, a noção de *gravidade* obedece a um plano axiológico em que se fixam pressupostos mínimos e se recusam critérios utilitaristas de selecção e diagnóstico. Se a anomalia psíquica não for grave, não há lugar a internamento compulsivo, ainda que gere situações de perigo"[6]. Efectivamente, esta norma não pode ser usada para controlar casos de perigosidade de indivíduos que não possuam qualquer anomalia psíquica ou que, embora possuindo-a, esta não seja de natureza grave. Esses casos, apenas podem ser objecto de penas ou medidas de segurança, as quais pressupõem a prática de factos típicos.

Apesar desta restrição, há que referir, como salienta VIEIRA DE ANDRADE, que o conceito de anomalia psíquica é um conceito perigoso em termos jurídicos. Efectivamente não só é extremamente difícil estabelecer a fronteira da anomalia psíquica com simples características desviantes do

---

[6] Cfr. CUNHA RODRIGUES, "Sobre o estatuto jurídico das pessoas afectadas de anomalia psíquica", em AAVV, *A Lei de Saúde Mental e o Internamento Compulsivo*, Coimbra, Coimbra Editora, 2000, pp. 19-52 (44-45). Salienta DENIS SALAS "O Delinquente sexual", em ANTOINE GARON / DENIS SALAS (org.), *A justiça e o mal*, trd., Lisboa, Instituto Piaget, s.d. (ed. orig. 1997), pp. 45-73 (54-55), que os debates sobre a responsabilidade penal partem de "uma divisão de competências entre justiça e psiquiatria: os indivíduos perigosos dependem da justiça (e da prisão); os doentes mentais do hospital psiquiátrico. Os primeiros são julgados responsáveis; os segundos são irresponsáveis, pois a sua loucura «completa» chega a um ponto de não relação consigo mesmos e com a sociedade".

padrão comum, como a idiossincracia, a diferença, pecularidade, extravagância, excentricidade, bizarria ou até a genialidade, como também são conhecidas experiências históricas de internamento para "tratamento psiquiátrico" de dissidentes a determinados regimes políticos com base em ideias de higiene social ou defesa da ordem e tranquilidade públicas[7]. A única hipótese de contrôle deste conceito é a sua determinação em termos científicos e a sua restrição aos casos mais graves, como aliás impõe a lei através da exigência de "anomalia psíquica grave", não se bastando assim com qualquer desvio do padrão intelectivo ou comportamental. Entre nós, tem sido discutido designadamente se neste âmbito poderão ser enquadrados os toxicodependentes, o que nos parece dever ter uma resposta globalmente negativa, já que a maioria dos toxicodependentes tem capacidade para decidir e avaliar de forma correcta as consequências do seu comportamento[8].

Mas também não é qualquer anomalia psíquica grave que pode servir de base para decretar a medida do internamento compulsivo. Exige-se ainda que se crie, por força dela, uma situação de perigo para bens jurídicos, de relevante valor, próprios ou alheios, de natureza pessoal ou patrimonial, e [o portador] recuse submeter-se ao necessário tratamento médico" (art. 12.º, n.º 1) ou "que determine que o portador não possua o discernimento necessário para avaliar o sentido e alcance do consentimento, quando a ausência de tratamento deteriore de forma acentuada o seu estado" (art. 12.º, n.º 2). Estas duas situações aparecem colocadas em alternativa, pelo que o internamento compulsivo poderá ser decretado desde que a anomalia psíquica grave acarrete qualquer destas consequências. Seguindo a proposta de VIEIRA DE ANDRADE poderemos denominar a primeira situação de "*internamento de perigo*, em que, por estarem em causa valores comunitários, se pode ultrapassar a falta de acordo do internando", sendo a segunda denominada de "*internamento tutelar*, em que, independentemente da perigosidade, se pretende defender a saúde de quem, estando em risco de ruína, não esteja em condições de se determinar pelo tratamento"[9].

---

[7] Cfr. VIEIRA DE ANDRADE, "O internamento compulsivo de portadores de anomalia psíquica na perspectiva dos direitos fundamentais", em AAVV, *A Lei de Saúde Mental e o Internamento Compulsivo*, Coimbra, Coimbra Editora, 2000, pp. 71-91 (78-79).

[8] Cfr. ANTÓNIO REIS MARQUES, "Lei de Saúde Mental e Internamento Compulsivo", em AAVV, *A Lei de Saúde Mental e o Internamento Compulsivo*, Coimbra, Coimbra Editora, 2000, pp. 111-119 (117).

[9] Cfr. VIEIRA DE ANDRADE, *op. cit.*, p. 83.

Em relação ao *internamento de perigo*, prevê-se a possibilidade de a anomalia psíquica grave acarretar uma situação de perigo para bens jurídicos de relevante valor, de natureza pessoal, ou patrimonial. Esse conceito de perigosidade não corresponde assim, a qualquer vaga noção de perigosidade social[10], exigindo-se que estejam em causa bens jurídicos de relevante valor – que a nosso ver só poderão ser aqueles objecto de tutela penal, seja esta referente às pessoas ou ao património. Estará assim em causa um conceito de perigosidade semelhante àquele que pode determinar a medida de segurança de internamento prevista nos arts. 91.º e ss. do Código Penal. No entanto, é manifesto que nem todos os bens jurídicos tutelados criminalmente poderão estar na base de internamento compulsivo. Designadamente, caso alguém em situação de anomalia psíquica injurie outrem, não parece que o internamento compulsivo possa ser decretado[11].

Relativamente ao *internamento tutelar*, ele respeita às situações em que a anomalia psíquica grave impede que o doente possua o discernimento necessário para avaliar o sentido e o alcance do cosnentimento e a a ausência de tratamento deteriorar de forma acentuada o seu estado. Neste caso, o internamento surge como uma medida de protecção do próprio doente, que, não estando em condições de exercer concientemente o direito de consentir no tratamento, previsto na Base XIV, n.º 1 b) da Lei de Bases da Saúde, pode ver o seu estado de saúde consideravelmente agravado em consequência do não internamento. O Tribunal neste caso, ao ordenar o internamento, exerce assim uma função tutelar específica de suprimento do consentimento.

2.3. *Decretamento do internamento compulsivo normal*

Sendo o internamento compulsivo uma restrição de direitos fundamentais, o art. 8.º da LSM manda aplicar-lhe os princípios da necessidade,

---

[10] Conforme refere CUNHA RODRIGUES, *op. cit.*, p. 45, "fica definitivamente arredada a aplicação de critérios baseados em princípios morais, em usos ou em conceitos ou estereótipos de ordem ou desvio e, ainda mais, a cedência a concepções estéticas, de higiene social ou de honra familiar que historicamente justificaram ou estimularam a ocultação da loucura".

[11] Cfr. HÉLDER ROQUE, "Um reflexão sobre a nova Lei de Saúde Mental", em AAVV, *A Lei de Saúde Mental e o Internamento Compulsivo*, Coimbra, Coimbra Editora, 2000, pp. 121-131 (128).

adequação e proibição do excesso. Assim, o internamento compulsivo só pode ser decretado quando for a única forma de garantir a submissão a tratamento do interessado e finda logo que cessem os pressupostos que lhe deram causa (art. 8.°, n.° 1 LSM) e tem que ser proporcionado ao grau de perigo do bem jurídico em causa (art. 8.°, n.°2 LSM), sendo as restrições aos direitos fundamentais as estritamente ncessárias e adequadas à efectividade do tratamento e à segurança e normalidade do funcionamento do estabelecimento (art. 8.°, n.°4 LSM).

Para garantia da observância destes princípios, o internamento compulsivo só é decretado em processo judicial (arts. 7.° a) e 13.° e ss.), onde são assegurados ao internando todas as garantias de defesa (art. 10.°). Nos termos do art. 13.° da LSM têm legitimidade para requerer o internamento compulsivo, o representante legal do portador da anomalia psíquica[12], qualquer pessoa com legitimidade para requerer a sua interdição[13], as autoridades de saúde pública[14] e o Ministério Público[15].

À semelhança do Código de Processo Penal, que é aliás de aplicação subsidiária (art. 9.° LSM), a Lei da Saúde Mental atribui tanto ao internando como ao internado uma cartilha de direitos e deveres (art. 10.° e 11.° LSM), assumindo, aliás, a situação do internando algum paralelismo com a do arguido em processo penal, sendo definido como "o portador de anomalia psíquica submetido ao processo conducente às decisões previstas nos arts. 20.° e 27.°" (art. 7.° c))[16]".

Naturalmente que a decisão de submeter ou não o arguido a internamento compulsivo cabe ao juiz, a qual, no entanto, depende de prévia avaliação clínica-psiquiátrica, a que se refere o art. 17.°, devendo esta ser realizada por dois psiquiatras no prazo de quinze dias, com a eventual colaboração de outros profisionais de saúde mental (art. 17.°, n.°1). No entanto, diferentemente do que sucede no âmbito do processo penal, em

---

[12] O qual é o tutor, no caso, de interdição, ou o pai e a mãe, caso haja sujeição ao poder paternal.

[13] Nos termos do art. 141.° do Código Civil será o cônjuge, qualquer parente sucessível ou o Ministério Público.

[14] Encontram-se referidas na Base XIX da Lei 48/90, de 24 de Agosto e no D.L. 336/93, de 29 de Setembro, que a regulamenta.

[15] Esta referência era aliás desnecessária, na medida em que ele já se inclui no círculo de pessoas que pdoeria requerer a interdição do incapaz.

[16] Cfr. FRANCISCO MILLER MENDES, "A nova Lei de saúde mental", em AAVV, *A Lei de Saúde Mental e o Internamento Compulsivo*, Coimbra, Coimbra Editora, 2000, pp. 99-110 (102)

que, tratando-se da avaliação da inimputabilidade do arguido, os arts. 351.º e 163.º, n.ºs 1 e 2 do Código de Processo Penal autorizam o juiz a divergir do parecer dos peritos, desde que fundamente a decisão, o art. 17.º, n.º5 da LSM vem dizer que "O juízo técnico-científico inerente à avaliação clínico-psiquiátrica presume-se subtraído à livre apreciação do juiz", procurando destruir assim a questão da judicialização do tratamento médico[17]. Estabelece-se, assim, a quebra do brocardo de que o juiz é o perito dos peritos[18], determinando-se o carácter obrigatório e vinculativo do parecer dos psiquiatras, que constitui assim uma pré-decisão médica da questão, que se separa da decisão jurídica[19]. No entanto, uma vez que a decisão final cabe ao juiz, que tem que referir não apenas as razões clínicas, mas também outra justificação para o internamento (art. 20.º, n.º 2), parece que o parecer dos psiquiatras só será vinculativo se for desfavorável. Ou seja, para decretar o internamento compulsivo o juiz precisa de parecer favorável dos dois psiquiatras, mas não é obrigado a decretá-lo se apesar disso não ficar convencido da necessidade do internamento. Se o parecer dos dois psiquiatras for divergente, terá que ser renovada a avaliação por novos psiquiatras, nos termos do art. 18.º, n.º3, uma vez que sem os dois pareceres concordantes no sentido do internamento não poderá o juiz decretá-lo[20].

2.4. *O internamento compulsivo de urgência*

Apenas em caso de urgência por perigo iminente para os bens jurídicos referidos no art. 12.º, n.º 1, nomeadamente por deterioração aguda do estdo do portador de anomalia psíquica é que se dispensa o processo judicial, podendo o internamento compulsivo ser decretado pelas autoridades de saúde pública ou de polícia (art. 22.º) no estabelecimento com urgência psiquiátrica mais próximo para avaliação clínica psiquiátrica e assistência médica (art. 24.º), o qual, se concluir pela necessidade de internamento, é obrigado a comunicá-la ao tribunal (art. 25.º), que tem que decidir em 48 horas se mantém ou não a privação da liberdade até à decisão final do

---

[17] Cfr. HÉLDER ROQUE, *op. cit.*, p. 130.

[18] Cfr. CUNHA RODRIGUES, *op. cit.*, p. 47.

[19] Salienta que não há internamento compulsivo contra a opinião médica, A. LEONES DANTAS, "O processo de internamento na Lei de Saúde Mental", na *RMP* 23 (2002), pp. 151-166 (152).

[20] Cfr. VIEIRA DE ANDRADE, p. 85.

processo pelo tribunal competente (art. 26.º, n.º 2). Neste caso, continua a exigir-se a intervenção judicial, embora ela seja apenas confirmativa, face à situação de urgência.

O internamento compulsivo de urgência é restrito aos casos de internamento de perigo, não sendo assim admitido em relação ao internamento compulsivo tutelar, referido no n.º 2 do art. 12.º. Efectivamente, a degradação do estado clínico do doente como processo lento que é, não pode determinar o internamento compulsivo de urgência, caso não haja perigo para bens jurídicos. O internamento compulsivo de urgência apenas se justifica nas situações de perigo para os bens jurídicos referidos no art. 12.º, n.º 1, em que esse perigo já não seja apenas uma mera potencialidade, mas já constitua uma efectiva iminência de lesão, ou seja, que se esteja já não perante uma hipótese de mero perigo abstracto, mas antes numa situação de perigo concreto.

2.5. Contrôle judicial do internamento compulsivo

Conforme se pode verificar, o internamento compulsivo está sujeito a um amplo contrôle jurisdicional, não apenas por ser decretado mediante decisão judicial, mas também porque essa decisão é sempre susceptível de recurso, dado que o art. 32.º admite amplamente o recurso para o Tribunal da Relação de todas as decisões judiciais relativas a esta matéria, ainda que, como bem se compreende, esses recursos tenham sempre efeito meramente devolutivo (art. 32.º, n.º 3).

O côntrole judicial mais importante nesta situação é, no entanto, a providência de *habeas corpus*, prevista no art. 31.º. Efectivamente, essa norma dispõe que, caso o internamento se apresente como ilegal, por ter sido realizado sem os pressupostos legais, ser determinado por entidade incompetente, ou estar excedido o prazo de 48 horas para confirmação judicial, é admissível que o internando ou qualquer cidadão utilize a providência de *habeas corpus* para obter a sua libertação (art. 31.º, n.º 1 LSM). Uma vez requerida essa providência, se o juiz não a considerar manifestamente infundada, ordena, mesmo telefonicamente, a apresentação imediata do portador de anomalia psíquica (art. 31.º, n.º 2 LSM), bem como a entidade que o tiver à sua guarda, ou quem a represente, que deve apresentar nesse momento os esclarecimento necessários sobre a situação (art. 31.º, n.º 3 LSM), cabendo depois ao juiz decidir, ouvidos o Ministério Público e o defensor (art. 31.º, n.º 4 LSM).

2.6. Extinção do internamento compulsivo

O processo de internamento compulsivo pode extinguir-se pelas seguintes situações:

a) transformação em internamento voluntário;
b) substituição por tratamento em regime ambulatório;
c) alta do internado;
d) revisão judicial do internamento.

Relativamente à transformação do internamento compulsivo em internamento voluntário, ela encontra-se prevista no art. 19.º, n.º 3 da LSM, que determina que, quando o internando aceita voluntariamente o internamento e não houver razões para duvidar da aceitação, o juiz providencia a apresentação deste no serviço oficial de saúde mais próximo e determina o arquivamento do processo. Resulta daqui consequentemente uma claríssima preferência legal a favor da decisão voluntária do doente, na medida em que, mesmo estando preenchidos os pressupostos legais para o decretamento do internamento compulsivo, o facto de o internando se decidir voluntariamente submeter ao tratamento impede o juiz de decretar essa medida.

A outra modalidade de cessação do internamento compulsivo é a sua substituição por tratamento em regime ambulatório, prevista no art. 33.º da LSM. Efectivamente, o art. 33.º, n.º1 LSM determina que o internamento seja substituído por tratamento em regime ambulatório, sempre que seja possível manter esse tratamento em liberdade. Essa substituição depende, no entanto, de aceitação expressa por parte do internado, das condições fixadas pelo psiquiatra assistente para o tratamento em regime ambulatório (art. 33.º, n.º 2 LSM), e efectua-se com base numa simples comunicação ao tribunal competente (art. 33.º, n.º3), sendo que, caso essas condições sejam desrespeitadas, é retomado o regime do internamento compulsivo, apenas com base na comunicação do incumprimento ao tribunal competente por parte do psiquiatra assistente (art. 33.º, n.º 4). O tratamento em regime ambulatório constitui assim uma medida de coacção alternativa ao internamento compulsivo, decretada em substituição deste, pelo que não determina o arquivamento do processo.

Outra modalidade de extinção do internamento compulsivo é a alta do internado, referida no art. 34.º da LSM. A situação de alta do internado corresponde à cessação dos pressupostos que deram origem ao internamento compulsivo (art. 34.º, n.º 1), podendo essa situação ser verificada por decisão do director clínico do estabelecimento, fundamentada em relatório de avaliação clínico-psiquiátrica do serviço de saúde em que decorreu o internamento ou por decisão judicial (art. 34.º, n.º 2). Decretada a alta, existe apenas a obrigação de a comunicar imediatamente ao tribunal competente (art. 34.º, n.º 3). Daqui resulta que a alta não necessita de decisão judicial, podendo ser decretada por mera decisão médica, ao contrário do que sucede com a medida de segurança de internamento, o que constitui uma importante salvaguarda da autonomia da decisão médica neste domínio[21].

A última modalidade de extinção do internamento compulsivo é a revisão judicial da situação do internado, prevista no art. 35.º da LSM. Efectivamente, o tribunal pode a todo o tempo rever a situação de internamento compulsivo, desde que seja invocada a existência de causa justificativa para a sua cessação (art. 35.º, n.º1 LSM). A lei determina, aliás, que a revisão é obrigatória, independentemente de requerimento, decorridos dois meses sobre o início do internamento ou sobre a decisão que o tiver mantido (art. 35.º, n.º 2). No caso da revisão obrigatória, a lei chega mesmo a prever a audição do internado, salvo se o seu estado de saúde tornar a audição inútil ou inviável (art. 35.º, n.º 5) LSM.

---

[21] No mesmo sentido, A. LEONES DANTAS, *op. cit.*, p. 153.

O ACESSO À INFORMAÇÃO GENÉTICA. O CASO PARTICULAR DAS ENTIDADES EMPREGADORAS*

por BERNARDO XAVIER**

1.º
Introdução

O problema que convosco pretendo reflectir – e que tem a ver com o que se chama Biodireito nas suas relações com o Direito do trabalho – coloca-se, na informação genética, a propósito da preservação da personalidade, integridade e intimidade do homem que trabalha e das suas próprias "chances" de emprego. Grande problema, pois.

A questão do que se chama património genético[1] é, sobretudo, entendida como a da informação genética. Lembraria que essa informação está contida no genoma incluso nos cromossomas de cada organismo. A essa informação é possível ter acesso por colheita de material genético a submeter a testes e o resultado de tal informação pode ser processado.

Eu não vou descrever aqui (e aproveito para saudar os juristas que o conseguiram[2]) os princípios científicos e os processos técnicos. Não me apresento como biólogo: apenas tento adivinhar o que está em jogo.

---

* *Conferência proferida em 25 de Junho de 2002 na Faculdade de Direito da Universidade Clássica de Lisboa no Curso de pós-graduação em Direito da Bioética, dirigido pelo Prof. Doutor José Olivera Ascensão. Mantém-se o estilo directo de conferência destinada a ser ouvida. Alguns passos desta conferência e a sua parte conclusiva tinham já sido objecto de incipiente exposição no V Congresso de Direito do Trabalho.*
** *Professor de Direito do Trabalho (Faculdade de Direito da Universidade Católica Portuguesa).*

[1] Ou "herança genética" (DIAS, 2001, 469). O conceito jurídico varia e não é unívoco (BARBAS, 1998, 239).

[2] Um claro resumo das questões e das noções biológicas indispensáveis pode ser

O que se poderá dizer (utilizando por vezes as metáforas adequadas a um princípio de compreensão) é que o genoma humano "está no cerne mais oculto da célula e do cromossoma"[3], sendo que o genoma é o conjunto de genes (partículas elementares) nucleares responsáveis pela transmissão de caracteres hereditários. Todas as células de um organismo contêm informação genética, sendo o genoma localizado nos cromossomas o conjunto do material genético, que se apresenta com uma sucessão determinada. O mapeamento[4] e a sequenciação[5] a partir do 1990 (projecto HUGO[6]) do genoma humano como série completa de genes dos cromossomas de um organismo, representada por letras[7], deu lugar à revolução genética que abriu extraordinários e perigosos caminhos à humanidade[8]. Na intimidade química dos cerca de 30 mil genes que se encontram em cada uma das células se determina boa parte da vida e da doença do Homem, acentuando ARCHER que "as maravilhas hereditárias de toda a sua anatomia e fisiologia estão inscritas numa molécula simples, de aparência trivial"[9].

Fala-se de património genético, "no sentido do universo de componentes físicos, psíquicos e culturais que começam no antepassado remoto, permanecem constantes embora com mutações ao longo de gerações e que em conjugação com factores ambientais e num processo permanente de interacção passam a constituir a nossa própria identidade e por isso temos o direito de guardar e defender e depois transmitir".[10] Os genes são, assim,

---

encontrado em GUILHERME DE OLIVEIRA, *Temas*, 101 ss. V., também, ZENHA MARTINS, *O genoma humano e a contratação laboral*, Celta Editora (Oeiras, 2002), 101 ss, notável estudo de que só tomámos conhecimento depois de pronunciada a presente conferência, e GOMES (2001), introdução e o glossário no final do estudo. Com grandes desenvolvimentos no plano da biologia, v. REMÉDIO MARQUES.

[3] ARCHER, 1994, 65.

[4] O mapeamento é a localização física de todos os genes nos 23 pares de cromossomas humanos (OLIVEIRA, *Temas*, 102).

[5] Os elementos de que se compõem os genes dispõem-se segundo uma certa ordem.

[6] Sigla que designa o *Human Genome Organization*, saída do *Human Genome Project*.

[7] Daí a bela metonímia quanto ao "livro" quase indecifrável do "alfabeto da vida", de muitos milhões de páginas dessas letras seguidas ininterruptamente – boa parte delas sem significado –, que não formam palavras nem frases, por desprovidas de espaços, de pontuação e de parágrafos, mas onde infelizmente se encontram "gralhas". V. as indicações de ZENHA MARTINS, cit., 13.

[8] KINDERLERER/LONGLEY, 11.

[9] "O genoma...", 2001, 70.

[10] STELA BARBAS, (1998, 17).

portadores de informação comum à espécie humana. Daí a célebre declaração assumidamente simbólica da UNESCO sobre o genoma como património comum da humanidade.

Da humanidade, mas também da pessoa – que é o que nos interessa aqui, como logo seguidamente avulta na declaração da UNESCO. Não são apenas caracteres hereditários ocultos no recôndito da célula e do cromossoma, pois neles se contém, não uma variação, mas uma específica combinação de genes como única em cada indivíduo, que confere à pessoa a sua singularidade[11].

Mas o que é genérico e património da humanidade e o que é específico de cada um? Diz ARCHER que "o genoma de cada um produz um perfil de bandas[12] que é único para cada ser humano, do nascimento à morte, o que quer que ele faça da sua vida. Identifica o indivíduo"[13]. Fala-se então de identidade genética[14].

Daqui se parte para a engenharia genética e para especiais formas de diagnóstico e de tratamento e, sobretudo importante para o nosso tema, para a informação genética como método de medicina preditiva. Tudo isto é vertiginoso e avassalador[15].

Lembrados estes pontos, pois seguramente já foram tratados neste Curso de pós-graduação a maior parte dos aspectos relevantes, vamos aqui analisar o problema enquadrado no segmento de questões jurídicas ligadas ao conhecimento a propósito da relação de trabalho da informação genética ou, melhor, de informação sobre a informação genética. E do acesso a essa informação pelas empresas enquanto empregadoras, *i.e.*, enquanto pretendem a colaboração laboral de alguém para os respectivos fins.

2.º
O problema no Direito do trabalho. Razão de ordem

Os problemas práticos que queria convosco debater são os da possibilidade de as empresas solicitarem informações (sobre o património) de

---
[11] MARQUES, 101.
[12] Precisamente, há quem use uma metáfora expressiva: "código de barras".
[13] "Genoma e intimidade", 66.
[14] Assim no art. 26.º da Const., apesar das dúvidas quanto à designação. V. OTERO (Paulo), *Personalidade*, 84-5.
[15] Para uma introdução tão acessível como fascinante à bioética e ao genoma, v. DANIEL SERRÃO, "A criação", 803.

carácter genético[16] a propósito do contrato de trabalho, com o fim de melhor conhecer, formar juízos e predizer sobre quem admitem ou recrutam ou sobre quem intentam encarregar de certas missões especiais ou sobre quem promovem na hierarquia ou mesmo sobre quem confiam a sua própria gestão superior ou, porventura, quem seleccionam para efeitos de despedimento.

É obviamente um problema em que estão em jogo direitos de extrema importância para quem trabalha, assim como estão em jogo interesses de quem emprega na melhor adequação e no mais eficaz recrutamento e gestão da mão-de-obra. E estão obviamente em jogo interesses gerais.

Diria ainda que, por extensão, o problema se coloca a propósito de certos institutos que poderíamos considerar conexos, tais como os dos serviços públicos ou privados de emprego ou de intermediação do emprego.

As questões de enquadramento são – pois – antes de tudo de Direito constitucional e colocam-se, na informação genética, a propósito da preservação da personalidade, integridade e intimidade do homem que trabalha[17]. Mas que direitos? Nem mais nem menos que os da identidade pessoal e familiar, os direitos de conhecimento e desconhecimento do próprio património genético e o direito de reserva e de não discriminação.

O problema é, pois, mais fundo – o da dignidade da pessoa humana, a que faz apelo logo o primeiro artigo da lei fundamental e, ainda, os dispositivos já referidos. Falamos, pois, no art. 1.º (dignidade da pessoa humana), 13.º (igualdade) 25.º (integridade pessoal) e, mais especificamente, no art. 26.º da Const. (reserva, protecção na utilização da informação, identidade genética, não-discriminação[18]).

---

[16] Ou mesmo material genético, o que obviamente ainda é mais discutível (não tanto porque a recolha desse material implique técnicas muito invasivas – pelo contrário, pode bastar saliva, cabelos ou unhas –, mas, sobretudo, porque da recolha do material resultam informações mais amplas e sem ligação com o trabalho, envolvendo intrusão na privacidade). A este propósito se coloca o problema, a seguir equacionado, da necessidade da colheita, dos testes e da informação recolhida serem realizados por entidade terceira credenciada.

[17] V., sobretudo, ARCHER, "Genoma e intimidade". A propósito se coloca a questão de direitos de nova geração (quarta geração de direitos) – v. OTERO (Paulo), *Personalidade*, 83. V., também, MELO, "O recurso", 547 ss. V., também CUNHA RODRIGUES, "Perspectiva".

[18] V. OTERO, ob. cit., 83 ss, chamando a atenção para a circunstância de a Const. portuguesa (revisão de 1997) ter passado a ser a primeira ou uma das primeiras a reconhecer expressamente a identidade genética do ser humano.

Assim, a questão não se limita ao trabalhador, mas prende-se com toda a pessoa – vida e dignidade pessoal. Aliás, na integridade do património genético está a privacidade própria e alheia. É certo que estes marcos estabelecidos detalhadamente na lei fundamental são de observância indispensável. Simplesmente a questão não se pode resolver no embevecimento dos direitos fundamentais (ou no fascínio dos direitos fundamentais), pois estes são interactivos, sujeitos à concordância prática e em geral à reserva do possível[19].

Nos domínios laborais, o problema foi tratado num estudo[20] que não é do conhecimento de muitos por ter sido publicado fora do âmbito das obras e revistas jurídica (refiro-me à investigação muito interessante do tema que se deve à Prof. STELLA BARBAS[21]). Em termos resumidos, mas explícitos, foi versado também com a habitual profundidade pelo Prof. GUILHERME DE OLIVEIRA[22] e, num plano ético, mas profundamente relevante no domínio jurídico, pelo Prof. ARCHER[23]. Há ainda outros contributos importantes[24].

---

[19] Não se pretende diminuir o alcance dos direitos fundamentais, que avultam – e bem – no nosso Ordenamento, mas apenas recordar que muitos autores chamam autorizadamente a atenção para um perigoso fascínio. Na realidade, há uma "cultura" que tende a perspectivar os direitos fundamentais (sobretudo, os de carácter social) como posições activas a que não correspondem deveres, derramadas em catadupa gratuita sobre cada cidadão que se dê ao trabalho de nascer, por um ordenamento jurídico transmudado em fabulosa cornucópia. Já ENGISCH advertia que o Ordenamento não é um tesouro (aquele "saco cheio de direitos subjectivos" generosamente distribuídos pelo povo) e referia a "relativa pobreza" em que residia toda a dificuldade do Direito. A lamentável cultura de um Direito afluente que invadiu até os operadores jurídicos é tanto mais perigosa quanto não há, inversamente, uma cultura de observância pelos cidadãos dos deveres fundamentais e de aceitação dos sacrifícios da cidadania e da pertença à comunidade nacional [v.g., o respeito pela identidade nacional, o dever de pagar impostos e o da defesa da Pátria]. Esquece-se também demasiadas vezes que os direitos fundamentais estão sujeitos à concordância prática com outros direitos fundamentais e valores da comunidade nacional relevantes (VIEIRA DE ANDRADE, ob. cit.,145) e à reserva do possível pela escassez de recursos (A e ob. cit.).

[20] À época da conferência não tinha sido ainda publicado o bem documentado e importante estudo na matéria de ZENHA MARTINS (João Nuno), *O genoma humano e a contratação laboral*, Celta Editora (Oeiras, 2002).

[21] "Contratos de trabalho em face das novas possibilidades de diagnóstico", em *Brotéria*, 150 (2000).

[22] *Temas de Direito da Medicina*, 138-143.

[23] *Bioética*, 232 . V., também, "O genoma cit., 76 ss.

[24] Será justo destacar as páginas que DIAS dedica ao ponto em *Dano corporal* cit., 472 ss.

Quanto ao contrato de trabalho e à relação do trabalho, eu queria tratar principalmente do problema quanto a uma fase pré-contratual, determinante da constituição da relação de trabalho. Ficarão para melhor estudo os temas relativos à exigência de testes para manutenção e modificação do contrato (*v.g.*, como condição de promoção) e a de testes relativos a inadaptação (cessação do contrato), dos quais deixaremos apenas alguma indicação. No nosso tema teremos de partir de certos pressupostos: na realidade, algumas questões relevantes têm carácter geral e situam-se no direito dos empregadores à informação necessária em oposição aos direitos dos trabalhadores a defenderem-se de discriminações e de invasão de privacidade.

3.º
Questões gerais relativas à informação
que a empresa pode solicitar aos candidatos a emprego

Na realidade, a questão terá de começar por ser colocada num plano que tem a ver com os próprios limites da solicitação da informação (genética ou qualquer que seja) pelas empresas aos candidatos a emprego[25]. Isto prende-se com o problema da boa fé e de respeito pelas pessoas. É certo que quem contrata tem o direito de saber, *i.e.*, a de estar informado sobre aspectos relevantes do negócio, sobretudo quando eles residem na esfera da eventual contraparte. À doutrina nunca pareceu ilícita a solicitação de informações relevantes sobre a saúde, o pedido de um *curriculum* exacto, a demonstração de capacidades e aptidões para o posto de trabalho a desenvolver, e o desempenho em testes psicotécnicos, etc. Tal faz parte do quotidiano da selecção e admissão de pessoal.

Mas sempre se entendeu que, neste domínio, o acesso ao conhecimento por parte da empresa tinha limites, para evitar ascendências e intrusões intoleráveis. E, sobretudo, para que fique assegurada uma conduta recta, em que não se verifiquem discriminações ilícitas[26]. Tem de haver um balanceamento no recrutamento do pessoal entre a informação necessária naquilo que no plano jurídico corresponde à formação do contrato, em que existem obrigações de boa fé e de veracidade, e a necessidade de

---

[25] V., em DÄUBLER (1994), 526 ss e JAVILLIER (1999), 248 ss. Entre nós, MENEZES, CORDEIRO, 556 ss. e MARTINEZ, 397 ss.

[26] MACHADO DRAY (2001).

defesa dos contraentes de excessiva intrusão. E como no contrato de trabalho encontraremos sempre a pessoa (na sua difícil distinção relativamente ao objecto do contrato) é necessário ir buscar princípios de tutela que vão para além da regra contratual, princípios esses que defendam a personalidade.

Deixando para já de remissa o mais íntimo, que é o nosso tema – informação proporcionada pelos testes genéticos –, há limites no dever de informar e no direito a solicitar informação. Seguindo a inspiração[27] do modelo francês – em que há legislação específica[28] – e no plano pré-contratual, (não apenas, pois haverá de considerar-se que não pensamos apenas na empresa futura empregadora, mas na empresa de colocação – "*head-hunter*"), torna-se necessário que seja garantido o seguinte:

1.º) Adequação das solicitações de informação e sua obtenção, que não pode ir para além do directamente relevante para a execução das funções que se têm em vista na admissão;

2.º) Reserva ou sigilo quanto a essas informações, que não podem ser utilizadas por outrem;

3.º) Transparência em que a norma deve ser a da possibilidade de conhecimento dos resultados pelo candidato e dos objectivos;

4.º) Fiabilidade, para que o candidato não seja sujeito a provas ou testes exóticos, não aferidos e que às vezes podem relevar da superstição. Tem-se prestado a discussão animada a quiromância, a observação do "carma", a grafologia[29], testes psicológicos[30], principalmente projectivos.

Na prestação da informação por parte do candidato não há "direito a mentir"[31]; mas – por parte da empresa – a aplicação da informação, que se deve reger por uma severa ética, terá de ser norteada pelo princípio cons-

---

[27] Novamente chamamos a atenção para que esta conferência foi proferida em Junho de 2002, antes da publicação do anteprojecto do Código do Trabalho, que continha princípios relevantes a este propósito. Como nota de actualização, lembramos que na proposta de lei relativa ao Código do Trabalho subsequente a esse anteprojecto figuram vários princípios importantes quanto às limitações na solicitação de informação ao candidato a emprego (art. 16.º e 18.º).

[28] V., para além de JAVILLIER, as informações de DIAS, *O dano* cit., n.1109.

[29] É necessária autorização do interessado no Direito alemão (DÄUBLER, 532).

[30] DÄUBLER, 533.

[31] A não ser quanto a perguntas inaceitáveis (filiação sindical, estado de gravidez). V. DÄUBLER, ob. e loc. cit., referindo a jurisprudência.

titucional de não-discriminação[32]. Sobretudo é relevante a questão de testes ou outros meios de informação aplicados maciçamente, para evitar a contratação de qualquer grupo de risco e assim actuar com intuito discriminatório no mercado de emprego, que não deve ser coutada daqueles que têm, por exemplo, uma saúde a toda a prova.

4.º
Solicitação de informação genética aos candidatos

Entre nós existirá sequer, na prática, problema específico relevante? É certo que em Portugal, não se tornando fácil cumprir os requisitos anteriormente mencionados quanto a testes genéticos, não há notícia de estes serem solicitados, fora de alguns casos pontuais. Mas nada nos diz que no futuro muito próximo a situação se altere e se não torne fácil aos empregadores solicitarem economicamente estas informações e até de modo sistemático. Voltaremos ao assunto.

O problema – em geral – está no acesso da empresa empregadora a métodos de diagnosticar ou predizer de factores de condicionamento ou predisposição genética no plano da saúde – e, portanto, do absentismo e de outros vectores relevantes no meio do trabalho –, e até no plano da aptidão.

Temos desde logo de distinguir os testes genéticos de saúde daqueles que porventura tenham a ver com "condicionantes" da personalidade[33], merecendo estes últimos reservas muitíssimo maiores.

Como também distinguir, nos testes relativos à saúde, aqueles que envolvem um diagnóstico certo e actual e aqueles que revelam apenas uma propensão futura, i.e., um prognóstico. E distinguir, sobretudo quanto a estes últimos, aqueles que têm a ver com a organização e meio de trabalho e aqueles que, envolvendo futura incapacitação, são estranhos aos factores laborais.

---

[32] Os problemas mais importantes são o de inquérito a actividades ou preferências políticas, sindicais ou – em outro plano – estado de gravidez. Perguntas deste tipo são inaceitáveis (com excepção de candidaturas relativas a organizações de tendência – quanto às primeiras – e – quanto às segundas – candidaturas a postos de trabalho com condições de perigo para o estado de maternidade).

[33] Temperamento agressivo, comportamento alcoólico, tendências sexuais, grau de inteligência (v. as referências relativas à "robustez genética" em GOMES, 53).

Pensamos útil deixar por ora estas distinções, que têm a ver com a matéria da informação: Supomos que a discussão sobre o tema ganhará clareza se se identificarem as condições de processo, antes de estudar a matéria ou objecto da informação.

Parece-nos de exigir desde logo a existência de certas condições de processo para solicitar qualquer informação genética. Trata-se aqui de aplicações do que se disse quanto às limitações ao direito patronal de se informar sobre o candidato. Assim, – e usando o que se referiu em geral para a solicitação da informação – para os testes que permitam conhecer da informação genética de um candidato há que pressupor desde logo: a) que o conhecimento do património genético ou da informação sobre esse património tem realmente no plano científico um adequado grau de certeza no diagnóstico e prognóstico[34] (para o efeito pretendido sabemos que há informação importante quanto a diagnóstico e probabilidade de muitas doenças[35]); b) que a recolha do material informativo não se socorre de técnicas invasivas, é isenta de riscos, prevalecendo sempre o interesse do paciente[36]; c) que é feita em instituição adequada no plano científico[37] e de segurança[38]; d) que é instituição terceira[39]; e) e – finalmente – que se verifica intervenção da vontade esclarecida e livre do trabalhador, o qual poderá ter acesso a essas informações e providenciar para a sua correcção. O aspecto da intervenção da vontade do trabalhador[40] é o mais melindroso, ainda que os outros se prestem a problemas[41]. Como havemos de

---

[34] Colhe-se dos estudos no âmbito do Parlamento Europeu que se chegou à conclusão que muitas expectativas foram goradas e que determinadas predições se revelaram injustificadas. Conhecido é o caso de proibição de recrutamento de indivíduos de raça negra para voo a grandes altitudes com base em eventualidades genéticas de falta de oxigenação de que se verificou falta de provas científicas (V. BARBAS, ob. cit., 594).

[35] V.g., diabetes, doença de Alhzeimer, certas formas de cancro, cardiopatias, coreia, perturbações mentais.

[36] CEDHB, art. 4.°. No caso do material genético, as técnicas de recolha são menos invasivas (OLIVEIRA, 107).

[37] A. e ob. cit., 111.

[38] Estamos a referir o problema da protecção dos dados genéticos. Sobre este ponto, OLIVEIRA, ob. cit., 155 ss.

[39] BARBAS (2000), 594.

[40] São constantes as referências ao consentimento esclarecido e livre nas declarações internacionais (art. 5.° da CEDHB e art. 5.° da DUGHDH, art. 3.° da CDFUE).

[41] No domínio dos pressupostos, suponho que eles se não encontram realizados no estado actual da biotecnologia portuguesa: não tanto por falta de acreditação de entidades – pois existe legislação –, mas pela falta de garantia de reserva. É, sobretudo, necessário

ver, não poderemos confiar muito na protecção da vontade esclarecida[42] e livre de quem quer conseguir um posto de trabalho a todo o risco. E, sobretudo, teremos de estar em guarda contra injustas selecções positivas de quem gostaria de apresentar o seu próprio perfil genético impecável[43]...

Quanto a estas condições de processo, no campo das grandes declarações, há que citar o art. 1.º da "Convenção dos direitos do homem e da biomedicina", aprovada pelo Conselho da Europa (CEDHB/97) e já por Portugal ratificada[44]. Ele estabelece a obrigação dos Estados de proteger a dignidade e identidade de todos os seres humanos e garantir a todas as pessoas sem discriminação o respeito pela sua integridade e pelos outros direitos e liberdades fundamentais face à biologia e medicina. Seguidamente, o art. 2.º afirma o primado dos "interesses e bem-estar do ser humano" ... "sobre o interesse exclusivo da sociedade ou da ciência". Finalmente, o art. 11.º proíbe "qualquer forma de discriminação contra uma pessoa em razão do seu património genético".

Na realidade, o Conselho da Europa tomou consciência do perigo de uma utilização imprópria da biologia. Assim, exigir-se-á, neste preciso domínio: a) garantia de reserva absoluta da informação[45]; sobretudo quanto a dados médicos informatizados (Recomendação do Cons. da Europa sobre dados médicos)[46];b) consentimento da pessoa e acesso desta aos

---

assegurar que este tipo de exames não seja realizado na própria empresa empregadora. A mesma preocupação é sentida em geral pelo Parlamento Europeu. V., também, o art. 6.º da Conv. n.º 181 da OIT sobre agências de emprego (pertinência da informação e reserva da privacidade). Deve também confrontar-se a nossa legislação quanto à protecção de dados pessoais.

[42] ARCHER, "O genoma" cit., 77, referencia – entre outras – as limitações a um consentimento informado decorrentes da sofisticação dos próprios testes genéticos. Na Carta dos Direitos fundamentais da União Europeia (art. 3.º) está expressamente previsto no domínio da biologia o respeito ao "consentimento livre e esclarecido da pessoa".

[43] Depende das ópticas, mas seguramente certas informações favorecem candidaturas, tais como a demonstração de impossibilidade de gestação apresentada por candidatas a emprego e há sinais de que tal já aconteceu em outros países.

[44] Aprovada para ratificação pala Res. AR 1/2001, em *DR*, n.º 2 de 2001, e ratificada pelo Dec. PR n.º 1/2001

[45] Art. 7.º da DUGHDH, sobre a confidencialidade dos dados genéticos: "Os dados genético associados a uma pessoa identificável e armazenados ou processados para fins de investigação, ou para qualquer outra finalidade, deverão ser mantidos confidenciais, segundo a forma prevista na lei".

[46] Art. 7.º da L n.º 67/98, Lei de protecção de dados pessoais: (dados sensíveis).

dados (art. 5.º e 10.º da CEDHB). Dentro destes requisitos assume especial importância que o trabalhador esteja em situação de declarar a sua vontade de forma esclarecida e livre [art. 5.º, 10.º e 16.º, v) da CEDHB], não podendo efectuar-se sistematicamente este tipo diligências de modo a que o candidato a emprego se encontre afinal numa situação de constrangimento. Na verdade o problema não se resolve no mero requisito de voluntariedade. Não bastará dizer-se que o teste é voluntário se na prática se afastam os que não se disponibilizam ou se é preferida a parte do universo dos candidatos ou dos trabalhadores que ao teste se submetem. Ou ainda, que seja o próprio trabalhador a exibir esses testes, esgrimindo assim com as suas vantagens anti-selecção ou de selecção positiva (v. g., o caso já apresentado da candidata que demonstra não poder ter filhos).

Voltemos ao nosso País. No domínio das condições de processo, suponho muito duvidoso que se encontrem realizados no estado actual da nossa biotecnologia: quanto à acreditação de entidades[47], – ainda que exista legislação – não supomos garantido que as empresas apenas obtenham resultados em empresas credenciadas; quanto a condições de reserva, parece-nos que não está assegurado que este tipo de exames não seja realizado na própria empresa. Um problema marginal é o do custo dos próprios testes[48] necessários à recolha e tratamento da informação[49], para saber se os dados genéticos poderão constituir um padrão informativo. Por outro lado, não parece que se encontre suficientemente acautelado que entidades de intermediação no emprego (serviços de colocação, etc.) só possam aceder uma informação genética não direccionada ou sem posse de material genético ou que se abstenham de deter um perfil do candidato ao emprego em todos os vectores[50]. Problema que exige cautela especial é o do acesso aos dados pelos candidatos a emprego e a possibilidade da sua rectificação, para o que se torna necessária uma análise da nossa legislação na matéria, que aqui não pode ser feita[51].

---

[47] O problema existe a nível europeu, quanto à acreditação e padronização.
[48] DIAS (2001), 479, nota 1108.
[49] Problema interessante, mas que talvez não possua tenha especificidade, é o de saber se a informação poderá ser solicitada por conta do trabalhador.
[50] V. art. 6.º da Conv. n.º 181 da OIT, sobre a solicitação de informações para emprego (pertinência e reserva da privacidade). Não se pode permitir que sejam lançadas as possibilidades de selecção genética à partida, proibida já pelo art. 11.º da CEDHB.
[51] CASTRO (CATARINA SARMENTO), "A protecção dos dados pessoais dos trabalhadores", em *Questões Laborais*, n.º 19 (2002)

Seja como for, nada nos diz que no futuro muito próximo a situação não evolua em termos de tornar fácil aos empregadores solicitarem sistematicamente e economicamente estas informações, extraídas em instituições terceiras, acreditadas e seguras. Há um problema importante, que é o de um cientismo que prolifera e ao qual podem aderir os próprios trabalhadores. De qualquer modo, em outros países há notícia de rastreios genéticos massificados com motivações laborais[52], sendo interessante examinar as soluções desses mesmos países tendentes a evitar abusos empresariais (v.g., alemã[53] e francesa).

Terá ainda de dizer-se que não são de desconsiderar os perigos de, nos quadros das transnacionais que entre nós operam, se poder estabelecer uma prática de colheita e de informação genética feita em países terceiros quanto à relação do trabalho. Para evitar esta ou outras práticas é indispensável a adesão dos países mais significativos a uma regulação com validade e eficácia internacional que proteja suficientemente os candidatos a emprego, em desenvolvimento da convenção da OIT n.º 181 e de outras convenções já citadas. Penso – mais uma vez o afirmo – que o Direito do trabalho tem necessidade de ultrapassar fronteiras: O Direito do trabalho ou será internacional ou não será.

Ultrapassadas estas questões, poderemos colocar a questão de saber se é lícito, do mesmo modo que é lícito solicitar ao trabalhador um *"check-up"*, ou – noutros domínios – provas de habilidade, destreza ou competência, e dar as informações adequadas, – se é lícito, dizia, requerer-lhe acesso à informação genética?

As questões ligadas ao património genético têm grande delicadeza e, para além das condições referidas, a natureza do conhecimento a obter envolve supostos quanto à <u>matéria</u> da especial solicitação de informação[54]. É obviamente necessário que o conhecimento tenha suficiente relevância[55]

---

[52] Dias (2001), 472, 476. Guilherme de Oliveira, 138-143.

[53] É conhecida uma importante recomendação do Parlamento alemão.

[54] Däubler, 535, considera que uma análise de qualidades hereditárias ou especiais propensões é contrária ao Direito alemão e, se se aplicasse sistematicamente, criaria um grupo de pessoas problemáticas no mercado de trabalho. Contudo, a questão será diferente se for por livre iniciativa e fora de concurso para apreciar melhor os riscos. V., também *Münchener Handbuch zum Arbeitsrecht*, I, 637 ss, em que se considera inaceitável a solicitação de análises do genoma se se pretender conseguir um perfil abrangente da personalidade e saúde do trabalhador.

[55] Dias (2001), 472-3, relativamente à orientação inglesa: "o acesso dos empre-

e que a finalidade seja adequada e correspondendo a um interesse suficientemente expressivo e geral – (preâmbulo da CEDHB).

De qualquer modo, convém examinar a argumentação da banda da defesa à abertura da legitimidade da solicitação da informação genética. Há – desde logo – a considerar aspectos gerais e quase de saúde pública (o rastreio genético pode destinar-se a prevenir doenças que afectam o público) e será aqui seguramente ajustado, por exemplo, o despiste de doenças contagiosas[56]. Depois, outros aspectos, mais direccionados à posição do trabalhador na empresa. Têm sido em Portugal (GUILHERME OLIVEIRA[57]) examinados prudentemente argumentos frequentemente usados para sustentar a posição dos empregadores que pretendam solicitar informações sobre o património genético: para além dos aspectos referidos de saúde do trabalhador e de protecção de terceiros, há a considerar o custo/benefício entre encargos de formação e produtividade esperada, a competitividade das empresas, a prevenção e o controlo de doenças profissionais[58]. Colo-

---

gadores à informação genética deve ter como única justificação a directa relevância que tal informação possa ter para a eficiência e qualidade do trabalho a desenvolver, devendo considerar-se inadmissível o acesso a tal informação por razões exclusiva ou precipuamente financeiras (v.g., identificação de futuros riscos que acarretem custos para o empregador)".

[56] V. DIAS (2001), 476, com informações sobre EUA, Dinamarca e Alemanha.
[57] *Temas*, 138 ss. V., também, BARBAS, "Contratos" cit., 596 ss.
[58] Há fontes normativas a considerar. A Const. portuguesa (certamente pioneira) diz expressamente, logo a seguir à referência à integridade das pessoas e ao reconhecimento do direito à identidade pessoal, ao desenvolvimento da personalidade, à reserva de intimidade e da protecção contra a discriminação, a utilização abusiva de informações sobre as pessoas e famílias (n.º 3 do art. 26.º): "A lei garantirá a dignidade pessoal e a identidade genética do ser humano, nomeadamente na criação, desenvolvimento e utilização das tecnologias e na experimentação científica". Salientes são também o art. 70.º do C.Civ. e a protecção contra as ofensas à personalidade física e moral e o direito à reserva da intimidade – art. 80.º do C.Civ. – . Fundamental é a resolução adoptada pelo Parlamento europeu em 16.3.89, que reclama uma proibição penalmente assegurada da selecção com base em critérios genéticos. A CEDHB – art.º 11.º – proíbe a discriminação da pessoa em função do património genético e o art. 12.º limita os testes preditivos a fins médicos (a ratificação desta convenção foi aprovada pela R. da AR n.º 1/2001 – deve atentar-se que não parece ser *self executing*).

Acrescentaremos o seguinte, como nota de actualização, relativamente a projectos legislativos ainda não conhecidos à data da conferência que pronunciámos. O Cód. Trab. (anteprojecto), depois de declarar que nenhum trabalhador ou candidato a emprego pode ser privilegiado, beneficiado, prejudicado, privado de qualquer direito ou isento de qual-

cadas as questões neste plano, afigura-se-nos necessário – como dissemos – distinguir os testes genéticos com fins médicos de aqueles que têm a ver com a personalidade ligada à prestação de trabalho. E, quanto aos testes genéticos com fins médicos, torna-se necessário – como dissemos – fazer algumas distinções. Afastam-se obviamente todos aqueles que possam identificar-se com práticas eugénicas[59] ou discriminatórias[60].

5.º
A raiz do problema da candidatura.
Excepções ligadas à fisionomia do contrato de trabalho

Por certo que o contrato de trabalho, sendo embora comutativo e não aleatório, tem uma especial acentuação de risco que se faz impender sobre o empregador, acentuação no risco que até vale para contradistingui-lo dos contratos de prestação de serviços. Por outro lado, os nossos tempos, para protecção do trabalhador, levaram à acentuação da álea a cargo do empregador, do risco da utilidade da prestação e nos riscos que têm a ver com a conservação do contrato quando há patentes deficiências na sua comutatividade (segurança de emprego unilateral, mesmo em casos em que os mecanismos civilísticos recomendariam a resolução da relação).

O conhecimento do património genético envolveria, assim, a minimização desse risco. Mas, estaríamos em face de uma "engenharia" que provoca, pelo excesso de conhecimento, a violação de uma certa igualdade

---

quer dever em razão de património genético, entre outros factores (art. 18.º) dizia no seu art. 19.º que o empregador não pode praticar qualquer discriminação, directa ou indirecta, baseada em factores de nacionalidade, sexo, convicções, etc. e de património genético. A proposta de Cód. Trab. – apresentada à Assembleia da República – estabelece especiais cautelas no que se refere a testes e exames médicos (art. 18.º) e referencia igualmente a não discriminação relativa ao património genético (art. 21.º, 2 e 22.º, 1). No Cód. Trab. recentemente publicado v. arts. 22.º e 23.º. Cfr., também, art. 19.º.

[59] A Carta dos direitos fundamentais da União Europeia proíbe as práticas eugénicas, nomeadamente as que têm por finalidade a selecção das pessoas".

[60] Art. 6.º da DUGHDH: "Ninguém será sujeito à discriminação que tenha a intenção ou o efeito de infringir direitos humanos, as liberdades fundamentais e a dignidade humana com base nas características genéticas". Art. 11.º da CEDHB: "É proibida toda a forma de discriminação contra uma pessoa em virtude do seu património genético". V., ainda, a proibição de discriminação em face de características genéticas constante do art. 21.º da Carta dos direitos fundamentais da União Europeia.

de partida que a todos terá de reconhecer-se e a frustração do sentido solidário, em que se afirma a diferença sem a graduar *a priori*. Assim, apesar da excessiva e por vezes desanimadora carga aleatória que no contrato de trabalho impende sobre o empregador, não poderemos aceitar, precisamente nos termos que constam das referidas declarações internacionais, a intrusão gravíssima que envolve a solicitação de informações genéticas, sobretudo aquela que tenha relevo em aspectos não clínicos.

A empresa não tem o direito a conhecer tudo, tanto mais quanto se sabe que o património genético define a historicidade do genoma humano e que, portanto, é algo de absolutamente privado e reservado. Inclusivamente o trabalhador tem o direito a ignorar a sua informação genética e quanto a ela sigilo terá de ser especialmente preservado, porque se reporta também à terceiros (como se disse, os testes fornecem informação sobre a família[61]).

Mas se é de encarar com cuidado a solicitação de testes com relevância na saúde, muito mais no caso de testes de personalidade, cuja exigência em geral se nos afigura inaceitável. Discute-se ainda até que ponto são cognoscíveis certas predisposições genéticas (destino genético) no domínio da personalidade e comportamento (vontade, capacidade de integração, inteligência, força anímica, capacidade e rapidez de decisão, desembaraço)[62]. De qualquer modo, a CEDHB limita os testes genéticos preditivos, que devem ser reservados a finalidades médicas.

Parece óbvio que se devem colocar as maiores cautelas às solicitações de informações relativas à personalidade do trabalhador: se se efectuassem sistematicamente seriam um factor de discriminação. Seja como for, tal conhecimento está vedado como critério de selecção. Não parece aqui verificar-se geralmente um interesse suficientemente forte para afastar a reserva.

Neste plano da personalidade – exceptuando casos extremos de risco para o próprio e terceiros (caso de selecção de um astronauta, de duplo para cenas perigosas em cinema) ou em que se encontrem em jogo interesses que façam funcionar o princípio da proporcionalidade [ao nosso nível talvez antes da contratação de um caro jogador de futebol ou então em hipótese de dispendiosíssimo investimento em formação para especialidades de melindre em que o conhecimento prévio de factores desse tipo seja extraordinariamente relevante] e com especiais cuidados (pareceres de

---
[61] OLIVEIRA, ob.cit., 157.
[62] Ver GOMES, 53.

comissões de bioética) – não parece dever ser permitida sequer a solicitação, quanto mais a exigência.

Mas o problema é diverso quanto aos testes clínicos. Cabe aqui distinguir, nos testes relativos à saúde, aqueles que envolvem um <u>diagnóstico</u> certo e actual e aqueles que revelam apenas uma propensão futura[63] – testes de <u>prognóstico</u>. E, quanto a estes últimos, distinguir aqueles que têm a ver com a <u>função, organização e meio de trabalho</u> e aqueles que, envolvendo futura incapacitação, são <u>estranhos aos factores laborais</u>.

Parece de aceitar como lícito o teste genético de diagnóstico.

No nosso Direito positivo, o que está legislado tem a ver com a prevenção da segurança, saúde e higiene e, obviamente, não se pensou em testes genéticos. O trabalhador deve (art. 22.°, 1,c) do DL 26/94) "prestar informações que permitam avaliar, no momento da sua admissão, a sua aptidão física e psíquica para o exercício das funções correspondentes à sua categoria profissional, bem como sobre factos ou circunstâncias que visem garantir a segurança e saúde dos trabalhadores, sendo reservada ao médico do trabalho a utilização da informação de natureza médica". Por outro lado, o empregador deve realizar exames de saúde ao trabalhador antes do início da prestação do trabalho (art. 16.°, 2, a) e o médico do trabalho organizar ficha de aptidão (art. 18.°).

---

[63] Ou mais do que uma propensão, mas no horizonte de uma manifestação tardia. STELA BARBAS ("Contratos", 599 ss) distingue as doenças monogénicas, em que há uma certeza quase absoluta em que a doença se vai manifestar, das multifactoriais, em que tal não acontece. No caso das primeiras, o trabalhador teria o dever de revelar os respectivos dados e o empregador o direito de solicitar os respectivos testes. Resposta negativa seria dada nos casos de doenças multifactoriais, em que o empregador só pode inquirir da saúde actual. Quanto a nós, haveria vantagem em fazer distinções, pois trata-se de problema diverso daquele que aqui nos prende, já que é relativo a informação a prestar pelo trabalhador e não a informação a colher pelo empregador. Diremos o seguinte. Concordando em princípio com a Autora no que se refere às doenças multifactoriais, supomos excessivo configurar um dever de informação a propósito por parte do trabalhador, sobretudo quando não ligado a características específicas do posto de trabalho. Afigura-se-nos também que pode conduzir a abusos o princípio de ilimitada despistagem de doenças monogénicas pela submissão do candidato a testes. Tendo embora em conta as acertadas restrições que a Autora faz quanto à aplicação do princípio, julgamos que se deve fechar mais a porta a uma selecção patronal incontrolável quanto ao risco de saúde, que pode ter como resultado excluir de modo ilegítimo pessoas do mercado de trabalho.

Caso diferente será o dos testes médicos de prognóstico. É de considerar que a lei confere ao empregador – directa ou indirectamente[64] – uma série de competências no domínio da prevenção e protecção da saúde e avaliação de riscos que podem pôr em perigo a devida reserva. Aqui temos a difícil compatibilização entre acções destinadas a garantir o interesse colectivo e do mesmo modo a segurança, higiene e saúde do trabalhador, com a defesa deste contra discriminação e intrusão.

Ora, os testes genéticos têm ainda um papel positivo na segurança do trabalho, sobretudo quando estiverem indicados relativamente aos especiais riscos de determinadas actividades. Contudo, tais testes não devem ser utilizados para excluir do trabalho em certas actividades cujos riscos podem ser desde logo diminuídos pela aplicação das normas necessárias de higiene e de segurança[65]. Não se podem excluir todas as situações de risco com recurso a técnicas preventivas[66], mas parece admissível a despistagem por testes genéticos para protecção da saúde e segurança do trabalhador[67] e de terceiros.

O empregador tem *direito a saber*, mas dentro de certos limites: obviamente, no plano do diagnóstico poderá mandar realizar os exames necessários, dentro dos princípios gerais do sistema de saúde, higiene e segurança no trabalho. Mas torna-se necessário distinguir aquilo que tem a ver com a defesa da saúde, higiene e segurança no trabalho, matéria de interesse público (em que há competências da Administração Pública,

---

[64] Quanto a situações indirectas, pensamos em instituições que servem ao mesmo tempo o trabalhador, a empresa e a saúde pública.

[65] Através de testes genéticos poderemos encontrar indicações, *vg*, sobre a hipersensibilidade a um produto químico com o qual o trabalhador tenha contacto.

[66] V., sobre o ponto, GUILHERME DE OLIVEIRA, ob. cit., 140. O A. admite que exames deste tipo podem relevar como impedimento de admissão se estiverem em causa doenças de evolução rápida (141). Os princípios quanto à higiene e segurança vão no sentido de tentar excluir actividades perigosas, e onde não for possível procurar os métodos e processos mais eficazes para prevenir os riscos que não podem ser evitados e, relativamente aos trabalhadores, equipá-los com todo o conhecimento de prevenção e de meios individuais de protecção. Mas, nas actividades de grande risco será inadequada uma selecção genética que concorre também para evitar acidentes? Aí, afasto-me um pouco das opiniões restritivas, admitindo os testes, ainda com controlo de comissões técnicas e éticas adequadas. Por outro lado, como é posto em evidência por muitos, o conhecimento de genes de predisposição para certa doença permite criar condições de género de vida (logo, de trabalho) e assim se impedirá que a predisposição se transforme em doença.

[67] *Münchener* cit., 637.

deveres funcionais dos empregadores e, para além de direitos subjectivos, também deveres dos próprios trabalhadores), e aquilo que corresponde a interesses unicamente do empregador relativamente a expectativas de contratar um trabalhador saudável que garanta uma colaboração eficaz e continuada. Ora, não é fácil demarcar com precisão os âmbitos do direito "prevencionístico[68]" do trabalho e os dos direitos de informação que estão atribuídos ao contraente empregador antes da celebração do contrato de trabalho. Não será, contudo, arriscado dizer que esses interesses são menos tuteláveis.

Os limites de cognoscibilidade pelo empregador são assim mais restritos no que toca à informação genética com carácter de prognóstico. Fora de casos com relevo para a segurança, higiene e saúde no trabalho do próprio e de terceiros, creio que se devem banir outros testes, não só – como vimos – para apuramento de "condicionantes" da personalidade, mas também quanto às tendências ou predisposições no domínio da saúde. Mesmo no que se refere a estes casos é difícil aceitar que os testes genéticos se reportem a mais que possibilidades patológicas específicas e identificadas – (o empregador não tem de possuir conhecimento da integridade do "perfil genético" do trabalhador). O art. 11.º da CEDHB é terminante sobre a proibição de "qualquer forma de discriminação contra uma pessoa em razão do seu património genético". E, pelo art. 12.º, "os testes que sejam preditivos de doenças genéticas ou que sirvam para identificar a pessoa como portadora de um gene responsável por uma doença, quer para detectar uma predisposição ou uma susceptibilidade genética a uma doença, podem ser efectivados apenas para fins médicos, e sob reserva de aconselhamento genético adequado". Que nesses fins médicos se incluam os da higiene e segurança do trabalho não parecerá injusto, como vimos, mas não para excluir um trabalhador que possa sofrer de doença curável ou mesmo incurável, a longo prazo. A Resolução do Parlamento Europeu de 16.3.89 sobre liberdade de investigação e limitações na genética, reclama a proibição de selecção genética, proibição sancionável inclusivamente por processos penais (n. 16).

Assim, para efeitos do contrato de trabalho, admitimos apenas excepções à proibição de exigência de testes preditivos, ainda que de carácter clínico, em casos específicos, que – fora de um plano aferido de

---

[68] Socorremo-nos da locução italiana. No tema, v. LEGA, *Introduzione al diritto prevenzionistico* (Milão, 1965).

saúde e segurança e higiene no trabalho – devem ser avaliados por comissões éticas independentes[69], em áreas profissionais determinadas. assim, por exemplo, em casos que seja nítida a confluência de interesses do candidato e da empresa[70] e, sobretudo, do interesse público (trabalhadores cujo erro funcional seja imprevisto e afecte terceiros – hipótese dos pilotos[71]). De qualquer modo, esses testes genéticos de incidência clínica têm de possuir conexão com o trabalho. Só excepcionalmente poderão relevar prognósticos desligados da organização, meio e função laboral, de que serão exemplo aquelas hipóteses consideradas a propósito da informação genética quanto à personalidade.

Não nos parece também lícito que entidades de intermediação no emprego (serviços de colocação, etc.) possam aceder uma informação genética não direccionada ou possuam material genético ou que com ele configurem um perfil do candidato ao emprego em todos os vectores. Estariam lançadas as possibilidades de selecção genética à partida, proibida já pelo art. 11.º da CEDHB[72].

Resumindo. Para os testes genéticos devem assegurar-se – e internacionalmente – condições de *processo*: fiabilidade, reserva, consentimento esclarecido e livre. E *de fundo*, no plano de congruência relativamente ao seu objecto. Só devem ser admitidos, sem cautela especial, testes clínicos de diagnóstico. Quanto aos de prognóstico, devem admitir-se com base nos valores de segurança, saúde e higiene no trabalho e em interesse do trabalhador (eventualmente sensível a certas exposições ou ambientes) e mantendo-se o fim de adaptar as condições de trabalho às condições pessoais, bem como de terceiros. Só em casos restritos é de afirmar a existên-

---

[69] Neste plano, é geralmente aceite que, excepto quando haja riscos para a segurança de terceiros, os testes de aptidão devem apenas incidir sobre o estado actual de saúde do candidato, e não sobre a previsibilidade das suas enfermidades. Particularmente injusta (ARCHER) seria uma situação em que se fizesse uma selecção genética de pessoas particularmente resistentes a determinados materiais perigosos, utilizados pela empresa, com finalidade de reduzir os riscos objectivos de segurança no trabalho. Normas legais estritas devem ser estabelecidas no respeitante à obtenção e uso de material genético relativo aos trabalhadores, garantindo-lhes o direito a informação sobre a natureza e implicações e o de poder recusar qualquer análise genética. V. ARCHER, "O genoma" cit., 81 ss.

[70] Hipótese de pessoa destacada para lugares isolados.

[71] BARBAS, ob. cit., 596.

[72] V. também art. 6.º da Conv. n.º 181 da OIT.

cia de um interesse patronal suficientemente forte para que esses testes sejam aproveitados para fins que vão além dos interesses do próprio trabalhador[73] e de terceiros. E será seguramente excepcional a legitimidade de solicitação de testes clínicos relativos a factores não laborais. Devem ser proibidos os testes genéticos quanto a aspectos de personalidade, a não ser em casos excepcionalíssimos.

Se a grande aposta, como diz o reputado cientista LUIS ARCHER está em "conhecer o homem na própria raiz do seu enigma, prever o seu futuro, mudar a sua rota", os dados não poderão ser lançados de modo a estabelecer – pelo jogo do mercado – uma selecção genocrática, a pretexto da liberdade da empresa, da informação e até da ciência.

6.º
Modificação e cessação do contrato de trabalho

A selecção de um trabalhador ao serviço para novo posto de trabalho ou promoção terá também de ser equacionada. Creio que as possibilidades de solicitação de material genético devem estar submetidas a limitações adequadas, inspiradas por princípios semelhantes aos do recrutamento[74].

Aspecto em que é de equacionar a possibilidade de realizar testes genéticos no decurso da relação de trabalho e tendo em vista a respectiva modificação, refere-se à saúde e segurança do trabalho, num domínio de interesse comum, empresa, trabalhadores, pessoas que se relacionam com a empresa, comunidade. Os investimentos em segurança no sentido de eliminação e redução dos riscos têm um limite de acordo com regras de proporcionalidade, mantendo-se para além dele a competência dos empregadores para promoção da segurança, higiene e saúde do trabalhador[75].

---

[73] STELA BARBAS, "Contratos de trabalho" cit, 594: "Vários textos normativos estabelecem que os testes predizentes só podem ser exigidos nos contratos de trabalho quando haja razões sérias de saúde, avaliadas por médicos, para o próprio ou grave risco para terceiros".

[74] No balanço a proceder deve considerar-se que os interesses a ponderar da banda do trabalhador são menos intensos e normalmente mais direccionada a informação genética pretendida.

[75] O controlo através de material genético de protecção de saúde e da segurança no trabalho não está especificamente previsto. Supomos para o efeito aplicáveis os princípios

Aqui também se podem aproveitar os princípios expostos relativamente à candidatura a emprego e outras observações feitas anteriormente.

Quanto à cessação do contrato de trabalho os problemas colocam-se eventualmente em algumas áreas fora do despedimento. Não parece que seja lícito um processo de selecção em casos de inadaptação ou despedimento colectivo[76]. Mas pode haver certificação de impossibilidade, para efeitos de caducidade do contrato, mas aqui estaremos em face de diagnóstico clínico.

7.º
Conclusões

Trata-se de defender a autoresponsabilidade contra o determinismo biológico[77]. O projecto de declaração do Parlamento Europeu (RIEJESGH), penso que neste aspecto sem contestação, considera que deve ser retirada a ênfase quanto ao aspecto preditivo[78]. O homem não está programado fatalmente pelo genoma. Nada está escrito.

Haverá que conhecer as raízes da identidade humana, evitando qualquer genocracia[79]. Mas não há apenas um problema de transparência de mercado em nome de um cientismo que ignore os seus próprios limites. O relatório FIORI, de que saiu o projecto de declaração já reconheceu que deve ser reformulada a tese da predominância do gene[80]. Reivindicar o estabelecimento de um sólido contexto jurídico, *i. e.*, a lei da *polis*, a lei da cidade para todos os cidadãos, reclamar o banimento da lei da selva que é

---

gerais, interessando, entre outras, os seguintes artigos dos diplomas fundamentais (LQSHST, 4.º; 8.º, h; 9.º; 15.º; RFASHST – 16.º, 2; 18.º, 5; 19.º; 21.º e 22.º). Ocupámo-nos, em outro lugar, das referências à constitucionalidade destes diplomas (v. Ac. do TC n.º 368/02).

[76] Nos EUA, muitos trabalhadores perderam emprego em face de rastreio da informação genética.

[77] CARDOSO DA COSTA, 472.

[78] As consequências como resultantes de complicados processos de interacção entre genes, proteínas e ambiente (n.º 22).

[79] JOÃO PAULO II (*apud* STELA BARBAS, "Contratos, 605):"Faço votos para que a conquista deste novo continente de saber, o genoma humano, represente o início de novas possibilidades de vitória sobre as doenças e jamais seja confirmada uma orientação selectiva dos seres humanos".

[80] V., também, ARCHER, "O genoma" cit., 76.

a lei do mercado constituem hoje a prudência e a sabedoria dos que acima de tudo colocam o indivíduo e a liberdade.

Concluo: Só manteremos a liberdade, só florescerá em nós a igualdade e o justo sentido da "descoberta do outro"[81] que é a raiz da fraternidade, se persistir algum mistério sobre a radical diferenciação humana.

RESENHA BIBLIOGRÁFICA

AAVV, *Bioética* (Verbo, 1996)
AAVV, *Bioética – Questões em debate*, Braga, 2001
AAVV, *Dicionário de Bioética*, Ed. Perpétuo Socorro (Vila Nova de Gaia, 2001)
ANDRADE (J. Carlos Vieira), *Os direitos fundamentais na Constituição de 1976* (Coimbra, 2001).
ARCHER (Luís), – "Genoma e intimidade", em *Cadernos de Bio-Ética*, n.º 7 (1994)
– "A descoberta do genoma humano", em *Brotéria* (Lisboa, 2000)
– "Manipulação genética e futuro do homem", *Brotéria,* vol. 104.º
– "O genoma humano", em *Bioética- Questões em debate*, Braga, 2001
ASCENSÃO (José de Oliveira), "Direito e Biotécnica", em *ROA*, (Lisboa, Julho 1991, ano 51)
– *Direito da Saúde e Bioética*, coord. de OLIVEIRA ASCENSÃO, Lex (Lisboa, 1991)
– "Procriação assistida", em *Estudos em homenagem ao Prof. Martinez*
ASSEMBLEIA DA REPÚBLICA, *Conselho Nacional de Ética para as Ciências da Vida* (Lisboa, 1990)
BARBAS (Stela Marcos de Almeida Neves), "Contratos de trabalho em face das novas possibilidades de diagnóstico", em *Brotéria* 150 (2000)
– *Direito ao Património Genético*, Almedina (Coimbra, 1998)
BROWNSWORD, CORNISH, LLEWELYN, *Law and human genetics,* Oxford, 1998 [contendo, CAMPBELL (Collin), "A Commission for the 21st Century"; KINDERLERER (Julian) e LONGLEY (Diane), "Human Genetics: The New Panacea?"; BLACK (Julia), "Regulation as Facilitation: Negotiating the Genetic Revolution"; BEYLEVELD (Deryck) e BROWNSWORD (Roger), "Human Dignity, Human Rights, and Human Genetics"; O'NEILL (Onora), "Insurance and Genetics: The Current State of Play"; POTTAGE (Alain), "The Inscription of Life in Law: Genes, Patents, and Bio-politics"].
CARDOSO (Augusto Lopes), "Procriação Humana Assistida (alguns aspectos jurídicos)", em *ROA* (Lisboa, Abril 1991, ano 51)
CHORÃO (Mário Emílio F. Bigotte), "Biodireito", em *Enciclopédia Luso-Brasileira de Cultura*, Edição Séc. XXI, Ed. Verbo (Lisboa/São Paulo)

---

[81] Deixamos aqui esta paráfrase em homenagem ao grande livro esquecido que é "A descoberta do Outro", de GUSTAVO CORÇÃO.

"Bioética, Biodireito e Biopolítica (Para uma nova cultura de vida), em *Instituições de Direito*, I vol., Almedina (Coimbra, 1998)
"Revolução Biotecnológica e Direito – Uma perspectiva biojurídica personalista", em *Enciclopédia Luso-Brasileira de Cultura*, 23.º, Ed. Verbo, (Lisboa)
CORDEIRO (António Menezes), *Manual de Direito do Trabalho* (Coimbra, 1991)
COSTA (José Manuel M. Cardoso da), "Genética e Pessoa Humana – Notas para uma perspectiva jurídica", em *ROA* (Lisboa, Julho 1991, ano 51)
CUNHA RODRIGUES, "Perspectiva jurídica da intimidade da pessoa", em *Cadernos de Bio-Ética*, n.º 7 (1994)
DAÜBLER, *Das Arbeitsrecht*, Trad. em castelhano sob o título "Derecho del trabajo", Madrid, 1994
DIAS (J. Álvaro), "Procriação medicamente assistida, dignidade e vida", em *Ab Uno ad Omnes* (Coimbra, 1998)
Dano corporal – quadro epistemológico e aspectos ressarcitórios (Coimbra, 2001), ed. Almedina – pp. 463-484.
DRAY (Guilherme Machado), "Autonomia Privada e Igualdade na Formação e Execução de Contratos Individuais de Trabalho", em *Estudos do Instituto de Direito do Trabalho*, vol. I, Almedina (Coimbra, 2001)
GOMES (J.A: Correia) "A genética humana e o Direito-fragmentos de uma visão prospectiva", em *Sub Judice*, 2001, n.º 19.
JAVILLIER (Jean-Claude), *Droit du Travail*, 7.ª e., L.G.D.J. (Paris, 1999)
LOUREIRO (João C. Gonçalves), "O direito à identidade genética do ser humano", em *Studia Juridica*, 40.
MARQUES (J.P. Remédio), *Patentes de Genes Humanos?*, Centro de Direito Biomédico da FDUC, Coimbra Editora (Coimbra, 2001)
MARTINEZ (Pedro Romano), *Direito do Trabalho* (Coimbra, 2002)
MELO (Helena Pereira de), "O recurso a testes preditivos de doenças de manifestação tardia face ao direito a conhecer o património genético", em *Brotéria*, 144 (1997)
MOTA (Henrique), *Biomedicina e novos direitos do homem*, diss. pol., 1988
NEVES (Carlos), *Bioética – temas elementares* (Lisboa, 2001), ed Fim de Século
NEVES (M. Patrão), "Os progressos da genética: um desafio para a reflexão ética", em *Brotéria* 148 (1999)
OLIVEIRA (Guilherme).*Temas de Direito de Medicina* (Coimbra, 1999), ed. Coimbra Edª.
OSSWALD (Walter), "A encruzilhada bioética", em *Brotéria* (1999)
– "A genética e o homem programável", em *Brotéria*, 144 (1997)
OTERO (Paulo), *Personalidade e Identidade Pessoal e Genética do Ser Humano: Um perfil constitucional da bioética*, Almedina (Coimbra, 1999)
RAPOSO (Mário), "Procriação assistida" em AA VV, *Direito da saúde* cit.
RENAUD (Michel), "Análise filosófica acerca do embrião humano", em *Brotéria*, 151 (2000)
ROCHA (Manuel António Lopes), "Bioética e Nascimento – O Diagnóstico Pré-Natal – Perspectiva Jurídico-Penal", em *ROA* (Lisboa, Julho 1991, ano 51)
SERRÃO (Daniel), "A criação e o genoma", em *Brotéria*, 153 (2001)
– "Bioética, Perspectiva Médica", em *ROA* (Lisboa, Julho 1991, ano 51)
SILVA (João Ribeiro da), *Bioética na sua trajectória – Bioética contemporânea II* (Lisboa, 2001), ed. Cosmos.

SILVA (Paula Martinho da), *Convenção dos Direitos do Homem e da Biomedicina*, Cosmos (Lisboa, 1997)
SOUSA (Rabindranath V.A. Capelo de), *O Direito Geral de Personalidade*, Coimbra Editora (Coimbra, 1995)
ZENHA MARTINS (João Nuno), *O genoma humano e a contratação laboral*, ed. Celta (Oeiras, 2002).

SIGLAS

CDFUE	**(União Europeia) – Carta dos Direitos Fundamentais da União Europeia – 2000**
CEDHB	**(Conselho da Europa) – Convenção Europeia dos direitos do homem e da biomedicina – 1997** /2001 – dez.-rat,, publ. Jan. 2002.
CNECV	**(Conselho Nacional de Ética para as Ciências da vida)**
CTSGHOTMM	**(Comissão temporária sobre genética humana e outras tecnologias da medicina moderna)** – Parlamento Europeu
DH	**(Declaração de Helsínquia)** Associação médica mundial – última versão 1989 (tb. Declaração de Manila)
DIB	**(União Europeia) – Directiva** 98/44/CE, protecção de intervenções biotecnológicas
DUGHDH	**(Unesco) – Declaração Universal sobre o genoma humano e os direitos humanos – 1997**
LQSHST	**(Lei quadro da segurança, higiene e saúde no trabalho)** – DL n.º 441/91, de 14 de Novembro, alterado pelo DL n.º 133/99, de 21 de Abril
ROFASHST	**(Regime de organização e funcionamento das actividades de segurança, higiene e saúde no trabalho)** – DL n.º 26/94, de 1 de Fevereiro
RIEJESGH	**(Parlamento Europeu) – Relatório sobre as implicações éticas, jurídicas, económicas e sociais da genética humana (Relatório FIORI)** Rejeitado em 29.11.2001
RPE	**de 16.3.89 (Parlamento Europeu)** Res. sobre liberdade de investigação e limitações na genética, fecundação in vitro.
RPE	**de 11.3.97 (Parlamento Europeu)** Res. sobre clonagem humana

A REALIZAÇÃO COERCIVA DE TESTES DE ADN EM ACÇÕES DE ESTABELECIMENTO DA FILIAÇÃO[1]

PAULA COSTA E SILVA

1. Se já se afirmou e demonstrou que não há sistemas jurídicos eticamente neutros, pensamos poder dizer que o regime jurídico (qualquer que ele seja) vigente em sede de estabelecimento da filiação é sempre fortemente condicionado por coordenadas éticas. Devendo o interesse prevalente em qualquer regime de investigação ser o interesse daquele que quer conhecer a sua origem, o modo como o legislador conforma este direito e a respectiva exequibilidade dependem de opções éticas fundamentais. Um dos exemplos mais flagrantes do que se afirma são as proibições de investigação, a que adiante voltaremos[2]. Outro é constituído pelas presunções de paternidade e de maternidade.

2. São múltiplos os problemas que as acções destinadas a estabelecer (ou a impugnar) a filiação suscitam. Não é nosso objectivo determo-nos agora sobre todos eles. Há, porém, um núcleo problemático relativamente ao qual nos parece urgente reflectir sobre alguns dados normalmente invocados na respectiva discussão. Referimo-nos aos chamados exames científicos, mais especificamente, aos testes de ADN[3].

---

[1] O presente texto coincide com parte da matéria exposta em aula ministrada ao curso de pós-graduação em Bioética, no ano lectivo de 2001/2002. O núcleo temático que aqui ficou por tratar respeita às bases de dados elaboradas a partir de vestígios biológicos. Retomaremos este tema tão breve quanto possível. Foram considerados elementos disponíveis até final de 2002.

[2] *Vide* nota 4.

[3] Sobre a matéria dos testes de ADN no âmbito de acções de estabelecimento da filiação, ROBERTO THOMAS, L'accertamento della filiazione naturale, Giuffrè Editore 2001, p. 149 e segs. (159-167).

Mas a indicação de que as presentes reflexões recairão sobre a matéria dos testes de ADN ainda é demasiado vaga, pois a admissibilidade e a realização destes testes suscitam, uma vez mais, múltiplas questões. Entre elas, a que deverá ser necessariamente reflectida, refere-se à adequação e necessidade de um sistema de presunções legais de paternidade (ou de maternidade) quando o estado actual do conhecimento permite um resultado certo e praticamente imediato sobre a derivação biológica. Para além deste problema, poderá ainda perguntar-se se não faria sentido rever todo o esquema probatório das acções destinadas a estabelecer a filiação, bem como reponderar a força probatória do resultado dos testes de ADN, considerados peritagens.

Nenhuma destas questões será objecto de reflexão neste estudo. Com efeito, este recairá, exclusivamente, sobre a problemática da possibilidade de submissão coactiva de um indivíduo à realização de exames de ADN.

Antes de podermos ensaiar uma solução para este problema, teremos de recolher uma série de dados relacionados com o escopo, a execução técnica e os resultados destes exames. Consideramos estes elementos absolutamente cruciais para a resolução das questões jurídicas suscitadas pelos testes de ADN.

3. O teste de ADN permite determinar, num sistema de percentagens, qual a probabilidade de determinado indivíduo proceder biologicamente de outro.

Se este é o escopo do teste de ADN pode dizer-se que este tipo de teste só poderá assumir relevância probatória quando esteja em causa o estabelecimento de uma maternidade ou de uma paternidade jurídicas em harmonia com a derivação biológica.

Desta afirmação decorre que os testes de ADN tanto podem mostrar-se adequados a verificar uma maternidade ou uma paternidade jurídicas que coincidam com a derivação biológica, quanto quando pretenda excluir-se uma maternidade ou uma paternidade previamente estabelecidas por estas não coincidirem com a derivação biológica. Em suma, o teste de ADN permite estabelecer "a verdade biológica", tomada esta no sentido da derivação biológica.

Perante o que antecede poderá perguntar-se se, então, os testes de ADN não relevam em toda e qualquer situação em que a maternidade ou a paternidade jurídicas estejam ou por determinar ou em que se visem impugnar.

Se pode dizer-se que, sendo o princípio geral o da coincidência da maternidade e da paternidade jurídicas com a derivação biológica, têm os testes de ADN uma aplicação potencialmente universal nas acções de investigação, há que proceder com cautela. Conforme já acima se afirmou, o sistema pode acolher situações em que os vínculos jurídicos da maternidade ou da paternidade não coincidem com a derivação biológica. Bastará relembrar as já referidas proibições de investigações, constantes dos arts. do Código Civil, bem como a proibição de impugnação da paternidade quando tenha havido inseminação heteróloga consentida pelo marido da mãe[4]. Ficam em aberto as questões suscitadas pelos casos em que não há derivação biológica materna por parte da mãe do nascimento[5].

[4] A conformidade constitucional destes limites à determinação da derivação biológica são controvertidos na medida em que chocariam com o direito à identidade pessoal ou com o direito à identidade genética. Sobre esta problemática, que, por não integrar o objecto da presente investigação, será referida de modo muito breve, cfr. PAULO OTERO, Personalidade e identidade pessoal e genética do ser humano: um perfil constitucional da bioética, § 3.° e 4.°.

A identidade genética é aferida para cada indivíduo, não carecendo da determinação da derivação biológica. Deste modo, se podem antever-se obstáculos de natureza organizacional e económica à concretização do direito à identidade genética, não nos parece que este seja posto em crise pelas proibições de investigação, unicamente destinadas a impedir a determinação da derivação biológica e não a identificação dos dados genéticos de cada indivíduo.

Mais melindrosa é a resolução do conflito quando às proibições de investigação é contraposto o direito à identidade pessoal. Conflito idêntico surge quando se confronta o direito à identidade pessoal com normas que prescrevem a caducidade do direito à investigação da paternidade ou da maternidade, contempladas em múltiplos ordenamentos, conflito acerca do qual se pronunciaram já os nossos tribunais, concluindo pela constitucionalidade destas disposições.

O direito à identidade pessoal tem sido concretizado como o direito de cada indivíduo a conhecer a sua identidade histórica, a saber quais são as suas referências familiares. Tomado absolutamente, impõe este direito que não haja quaisquer limites à investigação da maternidade ou da paternidade.

Se a resolução do conflito entre os limites à investigação e o direito à identidade pessoal não se compadece com a enunciação de uma solução única e simples, deverá ter-se em atenção que, independentemente dos benefícios relacionados com a detecção precoce de doenças hereditárias, às proibições de subjaz uma opção ética do sistema. Estas proibições são norteadas por aquilo que, em dado momento e espaço, se considera ser a forma mais eficaz de tutelar um indivíduo cuja maternidade ou paternidade decorrem de situações consideradas patológicas. Os danos psíquicos decorrentes de uma revelação da verdade biológica podem ser tremendos pois que se impõe ao indivíduo que lide com realidades profundamente traumáticas pelo estigma social que comportam. E nesta ponderação de interesses não podem menosprezar-se os efeitos que a desintegração social, decorrente, em primeira linha, de uma destruição do ambiente familiar em que esse indivíduo se desenvolveu, acarretam. O sistema português considerou, *v.g.*, que é melhor para

Do que antecede parece resultar demonstrado o que se afirmara acima: os testes de ADN apenas poderão relevar em acções em que se discuta um vínculo de maternidade ou de paternidade jurídicas quando essa maternidade ou essa paternidade devam coincidir com a derivação biológica.

---

um indivíduo não saber quem é o seu pai do que saber que o seu pai é simultaneamente seu avô, pois que a esta paternidade está associada toda a carga simbólica negativa do incesto. De um ponto de vista psíquico, entende-se que o sujeito tem maior capacidade para lidar com a indeterminação de quem é o seu pai ou a sua mãe do que com a revelação das respectivas identidades.

Sendo as proibições de investigação destinadas a proteger o indivíduo que não sabe quem são os seus progenitores, cumpre perguntar se, apesar desta finalidade, elas não colidem com o direito à identidade pessoal, tomado este como direito do indivíduo a conhecer a sua história. Sobre este problema, cfr. o princípio 18.º da Parte B. do Livro branco sobre os princípios relativos ao estabelecimento e às consequências jurídicas da filiação, onde se tenta articular a impossibilidade de estabelecer uma filiação e o direito ao conhecimento dos pais biológicos. Mais se dá conta nesta passagem que, apesar da existência de uma proibição de estabelecimento de uma paternidade, pode o pai biológico, não reconhecido como pai jurídico, ser condenado nomeadamente a prestar alimentos.

Esta passagem do Livro branco parece-nos identificar proibição de investigação com proibição de estabelecimento de uma filiação. A proibição de investigação impede, desde logo, que se averigúe quem é pai. Na proibição de estabelecimento da paternidade jurídica admitir-se-á a investigação tendente a localizar e a especificar, de modo juridicamente relevante, quem é o pai biológico, mas impede-se, num segundo momento, que este seja considerado como pai jurídico da criança. Se é evidente que o pai jurídico não tem de coincidir com o pai biológico, se é também claro que, havendo uma proibição de investigação, há um pai biológico, o facto de se admitir que este pai biológico tenha obrigações relativamente à criança só é harmonizável com o interesse desta criança, tutelado através das proibições de investigação, se ela não tomar conhecimento de que aquelas obrigações existem porque há uma filiação biológica. Pois de pouco servirá dizer a uma criança que o seu avô não é o seu pai jurídico, porque esta filiação não pode ser estabelecida por resultar de um incesto, mas permitir-lhe que compreenda que o seu, avô, porque é seu pai biológico, tem relativamente a ela determinadas obrigações jurídicas.

Apesar da consagração constitucional do direito à identidade pessoal, não tem de reconhecer-se a respectiva concretização em toda e qualquer circunstância. Assim, e porque este direito existe para tutelar o interesse do seu titular, sempre que interesses concorrentes desse titular aconselhem uma impossibilidade de concretização daquele direito, deverá ele ser restringido.

[5] Sobre este problema, OLIVEIRA ASCENSÃO, Procriação assistida e direito, Estudos em homenagem ao Professor Doutor Pedro Soares Martinez, p. 667, concluindo que, apesar de actualmente se poder afirmar que "mãe há só três", a mãe jurídica deve ser a mãe do nascimento.

4. De forma simplificada, poderá dizer-se que o resultado de um teste de ADN para efeito de estabelecimento de uma derivação biológica pressupõe que a informação genética de um descendente possa ser explicada através dos dados genéticos dos seus ascendentes biológicos. Para cada trecho que ADN, cada um dos ascendentes passará uma informação das duas detidas no seu próprio ADN para esse trecho, ao seu descendente. O que vem a significar que a derivação biológica pode ser demonstrada se a informação genética de dado indivíduo coincidir com parte da informação genética de cada um dos seus progenitores, não coincidindo com a informação de um terceiro (cfr. figuras 1 a 3.

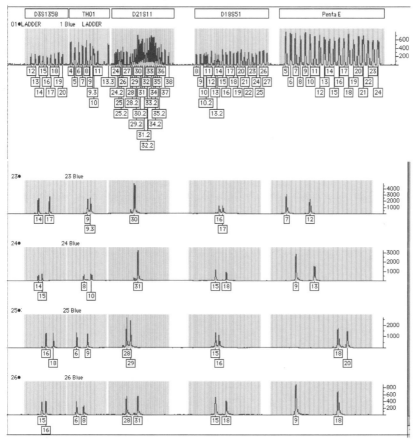

FIGURA 1

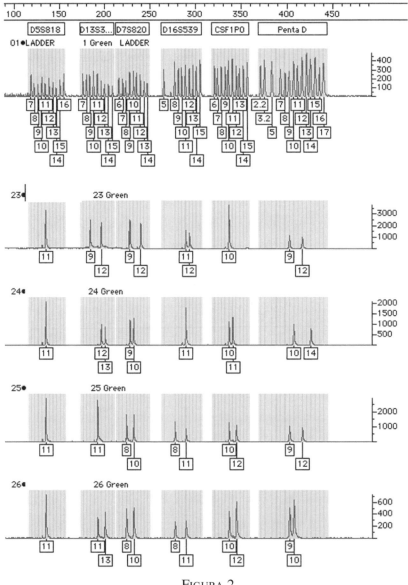

FIGURA 2

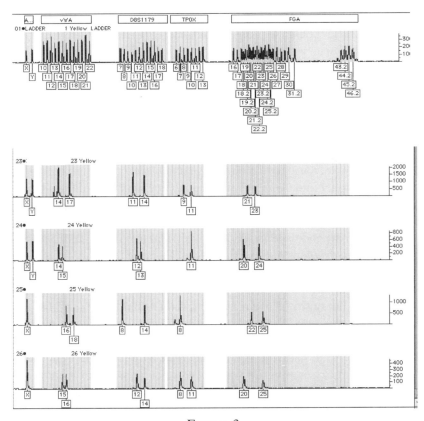

FIGURA 3

Nas figuras 1 a 3, a primeira marcação, após o gráfico de frequência alélica, correspondente a um pretenso pai 1, a segunda a outro pretenso pai 2, a seguinte à mãe e a última ao menor.

Porque seria absolutamente inviável (e inútil) proceder a uma "tipagem" integral do ADN de cada um dos indivíduos cuja relação biológica se investiga[6], é usual proceder-se apenas à descodificação de zonas de

---

[6] A circunstância de o teste de ADN não implicar uma "tipagem" de todo o ADN dos indivíduos cuja relação biológica se investiga permite-nos manter toda esta problemática afastado daquela que se refere à concretização do direito à identidade genética, previsto no art. 26/3 da Constituição.

grande polimorfismo[7] em cada um destes indivíduos. A escolha deste tipo de zonas visa aumentar a probabilidade de estabelecimento do vínculo dentro do universo geral de sujeitos que podem ser investigados. Com efeito, se se procedesse à análise de zonas de relativa fixidez morfológica, dificilmente se poderia concluir pela existência muitíssimo provável de uma derivação biológica, pois que os dados do descendente poderiam ser justificados através da composição do ADN de um imenso universo de sujeitos. Compara-se o que é potencialmente variável de indivíduo para indivíduo a fim de as identidades entre investigados assumirem relevância. Pois se há identidade naquilo que normalmente é muito variável tem-se uma maior probabilidade de justificar os dados genéticos de um descendente através dos dados genéticos de concretos indivíduos.

Mas o estabelecimento do grau de probabilidade de uma derivação biológica não depende apenas de uma maior ou menor coincidência entre a conformação de zonas polimórficas do ADN entre dois indivíduos. Com efeito, quando se realiza um teste de ADN, para além de se analisar a coincidência parcial dos dados genéticos de determinados indivíduos, há ainda que ponderar um outro factor: a frequência do tipo do polimorfismo apresentado por esses indivíduos numa dada população. Na verdade, para cada trecho ou local polimórfico de ADN, é possível encontrar múltiplas variações do número de pares de bases apresentadas pelos indivíduos, sendo que, a cada um desses tipos de variações vão corresponder diversos montantes de repetições na sequência das bases. Ora, foi demonstrado que umas variações são mais frequentes do que outras, dependendo os tipos e as frequências das variações da população a que pertencem os indivíduos. Assim é possível detectar, *v.g.*, a maior frequência de uma sequência de x número de pares de bases para o local A do ADN dos indivíduos nascidos no norte de Portugal e uma maior frequência do número y de pares de bases para o mesmo local do ADN em indivíduos nascidos no sul do país (cfr. fig. 4, relativa à frequência alélica do locus vWA nas populações portuguesa caucasiana e de Cabo-Verde).

---

[7] O ADN apresenta-se como um sistema duplo de quatro tipos de bases (citosina, guanina, adenina e timina), enrolado sobre si mesmo. Quando se fala em zonas de grande polimorfismo querem referir-se locais do ADN onde se verifica uma grande variabilidade do número de pares de bases que as integram. Sobre esta matéria, Léo Lavergne, Deux aspects de l'identification génétique en médecine légale: la position du généticien dans ce nouvel environnement et l'évaluation de rareté des profils génétiques, in L'analyse génetique à des fins de preuve et les droits de l´homme, Bruylant 1997, p. 39-78 (48-74).

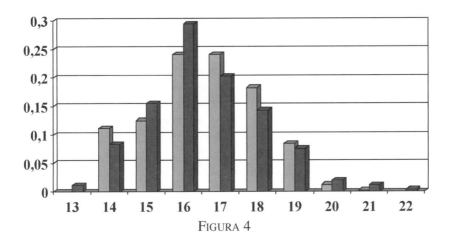
FIGURA 4

Isto significa que, e uma vez mais em termos muito simplificados, se um indivíduo apresenta um dada conformação extremamente rara de um local do seu ADN que também se encontra em um dos indivíduos que estão sendo investigados, esta coincidência genética assumirá extrema relevância no determinação do grau de probabilidade de uma derivação biológica[8].

No final da análise ao ADN dos sujeitos cuja relação biológica se pretende investigar, o perito dirá qual a probabilidade de se verificar essa derivação biológica. Actualmente a maioria dos relatórios dos peritos que se pronunciam pela "probabilidade quase provada" de existir uma derivação biológica, adoptando ainda a designação da escala de HUMMEL, atingem valores absolutamente esmagadores, pois apresentam percentagens com vários noves à direita da vírgula, sendo que à esquerda se encontra o número 99[9].

---

[8] LÉO LAVERGNE, Deux aspects de l'identification génétique en médecine légale: la position du généticien dans ce nouvel environnement et l'évaluation de rareté des profils génétiques, p. 48 e segs..

[9] Por esta razão nos é referido que, actualmente, a invocação pelos peritos do "predicado verbal" da escala de HUMMEL correspondente aos números apresentados e que é "probabilidade quase provada" deixou de ser persuasiva. Isto porque este predicado pode ser aplicado a uma percentagem da ordem dos 99,90%, quando os números atingem actualmente múltiplos dígitos à direita da vírgula.

Para além de permitir afirmar uma probabilidade muitíssimo elevada de existir um vínculo biológico entre dois sujeitos, o teste de ADN permite também proceder à exclusão dessa derivação. Este será o resultado inequívoco quando em quatro zonas de grande polimorfismo se apresentarem diferenças na conformação genética dos indivíduos. Se as diferenças forem inferiores a quatro, haverá que continuar a investigar outras zonas de ADN para se concluir se aquelas variações são mutações não excludentes de uma derivação biológica ou se, ao invés, significam exclusão de tal derivação.

5. Um ponto que nos parece extremamente relevante de reter é o seguinte. Será porventura comum que se pense que a realização de um teste de ADN para efeitos do estabelecimento de uma derivação biológica depende da possibilidade de analisar os dados dos alegados pais biológicos de determinado indivíduo. O que significaria que sem pai ou mãe biológicos seria impossível estabelecer a probabilidade de existir uma derivação biológica entre estes sujeitos e o seu alegado filho. Sem ADN fornecido pelo pretenso pai e pela pretensa mãe o perito já não poderia realizar o teste destinado a averiguar a relação biológica entre estes sujeitos e determinado indivíduo.

Mas esta conclusão está errada. Não é absolutamente necessário para a determinação de uma derivação biológica que se proceda à análise e comparação do ADN dos pretensos pais e do filho.

O único indivíduo cujo ADN tem sempre de ser "tipado" é o filho. Tanto o pretenso pai quanto a pretensa mãe podem ser substituídos por indivíduos que com eles apresentem afinidades genéticas. Assim, tanto é possível analisar e comparar o ADN do filho com o ADN do pretenso pai ou da pretensa mãe, como é possível analisar e comparar o ADN do filho com o ADN dos seus avós, dos seus tios ou de seus meios irmão.

O fundamento desta afirmação encontra-se na circunstância, quanto aos avós do investigante, de nem o pretenso pai nem a pretensa mãe terem um ADN de conformação "originária". Os dados genéticos de cada um destes indivíduos dependem da informação genética que tenham recebido dos respectivos progenitores. Deste modo, os dados que determinada criança recebe do seu pai deverão poder ser explicados através do ADN dos pais do seu pai, ou seja, através do ADN dos seus avós. Consequentemente, o pai ou a mãe podem ser substituídos pelos avós da criança para a determinação do grau de probabilidade de uma derivação biológica.

O mesmo acontece com os supostos tios, irmãos do progenitor cuja relação biológica com o investigante está em causa. Porque os tios vão buscar a respectiva informação genética aos mesmos indivíduos aos quais a vai buscar o alegado pai do investigante, haverá largas zonas em que o ADN destes indivíduos é idêntica. O mesmo se passando com irmãos do investigante. Se estes irmãos vão buscar parte da informação genética ao alegado progenitor do investigante, o ADN deste investigante e o ADN dos seus irmãos terão grande probabilidade de registarem coincidências.

A possibilidade de se recorrer a outros indivíduos, para além daquele que é investigado, a fim de se realizarem testes de ADN no âmbito de acções de investigação da filiação deverá estar sempre presente. Pois estes indivíduos, caso se mostrem dispostos a colaborar no âmbito daquelas acções, poderão solucionar muitos dos problemas que se têm suscitado quando o demandado recusa aquela colaboração. Pois os efeitos da recusa do alegado progenitor podem ser totalmente anulados se alguém que com ele apresente afinidades genéticas decidir colaborar.

6. O último ponto que deve ser retido ainda no que concerne à realização dos exames de ADN é também imprescindível para que se possa avançar para a resolução da problemática inerente à realização coactiva destes exames. Referimo-nos ao tipo de material que deve ser colhido para que seja possível realizar testes de ADN.

Como é evidente, em tese pode ser analisado qualquer tipo de produto que contenha células com núcleo, pois dentro deste estará o ADN. No entanto, o produto normalmente recolhido para a realização dos testes de ADN é o sangue. Mas isto pela simples razão de que a maioria dos equipamentos disponíveis para a realização de testes de ADN no âmbito de processos de investigação da filiação (a situação será totalmente distinta nos laboratórios de polícia criminal) estão preparados para proceder ao tratamento do sangue. Ainda que o teste pressuponha a recolha de sangue, bastará uma picada num dedo do indivíduo para que o material recolhido seja suficiente.

No entanto, nos processos de investigação de filiação pode ser extraído ADN de produtos tão variáveis como a saliva, a unha ou o cabelo (este arrancado pela raiz sob pena de apenas permitir uma análise ao ADN miticondrial, que contém somente informação genética transmitida pela mãe daquele indivíduo).

7. Os dados técnicos estão enunciados.
Passemos agora ao problema que nos propusemos tratar: a possibili-

dade de imposição coactiva da realização de testes de ADN no âmbito de acções de reconhecimento da filiação[10].

Comecemos por ver quais são as soluções possíveis para este problema. E vamos verificar que as diferentes soluções têm acolhimento em diferentes ordenamentos jurídicos.

A primeira solução será a de admitir a imposição de uma realização coactiva de testes de ADN. Aquele que é demandado em acção destinada ao estabelecimento da filiação terá de suportar a recolha de um qualquer material do seu organismo que contenha ADN para que seja possível realizar o respectivo teste. Este é o sistema vigente na Alemanha, onde se vai ao ponto de se impor a realização de testes de ADN aos sujeitos que surgem na acção como "testemunhas" e que aleguem ter, também eles, mantido relações sexuais com a mãe do investigante[11].

Se se entender que a imposição coactiva da realização do exame não é possível, podem conceber-se ainda duas soluções.

Em primeiro lugar pode dizer-se que sendo ordenada a realização de um exame de ADN pelo tribunal, o demandado que não compareça para este efeito será imediatamente considerado pai do investigante. A não submissão ao exame tem, consequentemente, efeitos ao nível do mérito da acção. Este regime, vigente nos países anglo-saxónicos[12], tem inconvenientes incomensuráveis. Para além de ser possível a fixação de uma filiação em eventual contradição com os demais resultados probatórios obtidos ao longo da acção, permite este sistema contornar os processos de adopção.

Partindo-se ainda da proibição de uma imposição coactiva da realização dos testes de ADN pode ainda pensar-se numa terceira solução. À recusa de realização do teste não corresponde uma consequência no nível do mérito da acção, mas antes no nível probatório. A recusa de colaboração será valorada em termos probatórios, podendo mesmo ponderar-se uma inversão do ónus da prova, passando este a incidir sobre o recusante.

---

[10] Sobre a análise desta problemática, cfr. as intervenções de NATHALIE HSTIN-DENIES, La preuve par les empreites génétques en droit belge de la filiation, CLAIRE BERNARD ET CATHERINE CHOQUETTE, Les incidences de l'identification génétique sur le droit de la filiation québécois e de MARIE-THÉRÈSE MEULDERS-KLEIN, Les empreites génétiques et la fin des dilemmes?, integrados no capítulo III, título II da obra L'analyse génétique à des fins de preuve et les droits de l'homme, Bruylant 1997.

[11] Sobre o sistema alemão, RAINER FRANK, Die zwangsweise körperliche Untersuchung zur Feststellung der Abstammung, FamRZ 1995, p. 977 e seg..

[12] RAINER FRANK, Die zwangsweise körperliche Untersuchung zur Feststellung der Abstammung, FamRZ 1995, p. 976.

Ao que nos parece, a maioria da jurisprudência[13] e da doutrina[14] entendem ser este o sistema vigente entre nós, fundando-se esta solução no art. 519 do Código de Processo Civil[15].

8. Perante a exequibilidade pragmática de qualquer uma destas três soluções, qual parece ser a que melhor tutela os interesses do investigante?

Se partirmos do princípio que os interesses do investigante no estabelecimento da sua filiação jurídica pressupõem a determinação de uma derivação biológica, parece-nos claro que o melhor sistema será aquele que afaste todos os obstáculos à realização dos testes de ADN. Com efeito, só estes podem estabelecer, com rigor, uma derivação biológica. Qualquer outro meio de prova é absolutamente falível para estabelecer esta derivação, pois haveria que demonstrar perante o tribunal que o nascimento de dado indivíduo ocorreu na sequência de uma concreta relação sexual, na qual se tenha verificado a fecundação de um óvulo por esperma de determinado indivíduo. *Probatio diabolica*.

Cremos que dificilmente se poderá contra-argumentar com a necessidade de ponderar os resultados de um eventual teste de ADN com as restantes provas produzidas no processo ou com presunções pré-existentes, se com esta linha de raciocínio se pretende fundar uma equivalência entre o teste de ADN e outras prova que possam ser avaliadas. Ao que julgamos, a "verdade" decorrente dos resultados de um teste de ADN não tem paralelo com a convicção que pode ser formada no espírito do julgador por qualquer outro meio de prova[16]. Neste particular, o princípio da

---

[13] Vide o acórdão n. 616/98 do Tribunal Constitucional, D.R. II, de 17 de Março de 1999, que se pronuncia pela constitucionalidade da interpretação do art. 519/2 do CPC segundo a qual a recusa de colaboração da parte, à qual foi ordenada a realização de um exame hematológico, pode ser valorada em termos probatórios. Com este aresto estarão afastados alguns dos argumentos que levavam os tribunais a decidir que a recusa de colaboração da parte apenas podia determinar a condenação em multa, não legitimando uma valoração probatória. .

[14] LEBRE DE FREITAS *ed alter*, Código de Processo Civil anotado, *sub* art. 519, n. 6; LOPES DO REGO, Comentários ao Código de Processo Civil, *sub* art. 519, n. IV.

[15] Afirmando, à luz do CPC de 39, que a recusa de colaboração pela parte importava a imediata confissão dos factos que se visavam provar através daquela colaboração, ALBERTO DOS REIS, Código de Processo Civil anotado, III, p. 323 e segs..

[16] Neste sentido, GUILHERME DE OLIVEIRA, O estabelecimento da filiação, *sub* art. 1801.XI escreve: "À medida que se for generalizando o recurso às provas biológicas e for ganhando crédito o trabalho das instituições encarregadas da sua execução, crescerá a necessidade de vincular o juiz civil às conclusões técnicas dos peritos (...)." Apesar de na

equivalência dos meios de prova, que permitiria negar a necessidade do teste perante a eventual existência de outras provas, não tem valia. Pois de nada serve invocar e estabelecer uma paternidade pelo facto de o pretenso pai ter reputado toda a vida determinado indivíduo como seu filho se a genética desmente este resultado.

Com isto não se pense que estamos defendendo que a verdade biológica deva ser o único valor em equação em todo a problemática do estabelecimento da filiação. Seguramente que o sistema deve estabelecer determinadas presunções de maternidade e de paternidade, concordantes com os padrões que, sendo socialmente aceites, permitem o melhor equilíbrio da relação familiar. É, nomeadamente, saudável que se presuma que pai de uma criança é o marido da mãe, tal como se recomenda que se presuma que pai de uma criança é o homem que vive em união de facto com uma mulher[17]. Talvez não tanto porque se parta da presunção de uma exclusividade das relações sexuais entre duas pessoas que têm uma ligação de convivência, mas sim porque se supõe que esta é a "verdade" menos arriscada para a criança. Haverá situações em que é melhor continuar a viver com a verdade que sempre o foi do que proceder a uma alteração traumática, psíquica e socialmente, das referências de um conjunto de indivíduos. Mas sempre que aquilo que está em causa é a determinação de uma filiação que assenta numa derivação biológica mantemos o que acima afirmámos: não haverá, no estado actual do conhecimento, prova melhor colocada para proceder à demonstração dessa derivação do que o teste de ADN[18]. Nestes casos, ao investigador não interessa uma paternidade qualquer, interessa-lhe a paternidade biológica.

---

altura da redacção deste texto acontecer que, entre nós, apenas era possível fazer a prova negativa, ou seja, a prova da exclusão da paternidade, actualmente é realizada em Portugal a prova positiva da paternidade. Com isto se pretende dizer que, atendendo quer ao tipo de produto analisado (directamente o ADN), quer à metodologia dos exames, é possível demonstrar não apenas a existência de incompatibilidades, mas a existência de semelhanças nos locais com polimorfismo do ADN. Pelo que estão verificadas as condições enunciadas por GUILHERME DE OLIVEIRA: actualmente, parece haver necessidade de vincular o juiz civil às respostas dos peritos. Com isto se aumenta a força probatória da peritagem, deixando de poder dizer-se que estes meios de prova tenham apenas força probatória bastante.

[17] Cfr. princípio 5.º do Livro branco sobre os princípios relativos ao estabelecimento e às consequências jurídicas da filiação.

[18] Cfr. princípio 14.º do Livro branco sobre os princípios relativos ao estabelecimento e às consequências jurídicas da filiação. No n. 51 deste documento pode ler-se: "Quando se procura a verdade biológica nos processos respeitantes ao estabelecimento ou à impugnação da filiação, importa utilizar os métodos mais fiáveis existentes. *As modernas*

9. A fiabilidade dos resultados dos testes de ADN darão, ao que nos parece, uma imensa tranquilidade ao tribunal no momento de decidir[19]. Atendendo à relevância ética e jurídica do vínculo de filiação, aos efeitos jurídicos[20] e sociais derivados da determinação de um parentesco que pressuponha uma derivação biológica, cremos que o proferimento de uma decisão, da qual resultarão todos aqueles efeitos, traduz um acto de extremo melindre. As consequências do erro judicial são, nestes casos, tremendas, tanto quando é negada uma paternidade, como quando ela é admitida. A probabilidade de ocorrer um erro pode ser drasticamente diminuída se se recorrer a exames de ADN. Esta circunstância apontaria para um recurso muito frequente aos exames de ADN[21].

10. Para além da fiabilidade dos resultados decorrentes de testes de ADN, se pensarmos agora nos custos que este meio de prova representa podemos mesmo afirmar que será menos oneroso para o tribunal pedir a realização de um teste desta natureza do que proceder à audição de múlti-

---

técnicas de análise do ADN conjugadas com outras informações médicas permitem agora determinar de forma quase certa quem é ou não é o pai biológico da criança" (itálico nosso).

[19] A este propósito veja o acórdão do STJ de 21.6.1983, publicado no BMJ n. 328, p. 297-301, onde se pode ler: "Lá fora, são já correntes certos meios científicos que permitem apurar a paternidade biológica com um muito elevado grau de probabilidade. Ainda há pouco se noticiava que um juiz norte-americano decide rapidamente as acções de investigação mediante uma série de três HLA (antigénio do leucócito humano)." Se pensarmos que a fiabilidade dos testes realizados directamente ao ADN têm uma fiabilidade muito superior aos testes então realizados e referidos pelo STJ no citado aresto, poderemos inferir da força persuasiva do resultado de um teste de ADN. Já em 1935, SIMÕES CORREIA, A investigação da paternidade ilegítima, ns. 40 e 41, aludia às provas tendentes a demonstrar a paternidade biológica que, então, se circunscreviam à verificação de existência de semelhanças fisionómicas e anatómicas e à identidade de grupos sanguíneos.

[20] Os efeitos mais relevantes decorrentes do estabelecimento de um vínculo de filiação são enunciados na Parte B. Livro branco sobre os princípios relativos ao estabelecimento e às consequências jurídicas da filiação. Aí se referem o poder paternal, a obrigação de alimentos, a atribuição de um nome e de uma nacionalidade à criança e os efeitos sucessórios.

[21] Infelizmente, os testes de ADN têm custos. A ponderação destes custos, atendendo ao contexto geral de falta de recursos financeiros nos tribunais, poderá determinar uma de duas situações. Se os tribunais se propõem pagar os testes realizados pelos estabelecimentos oficiais, limitar-se-ão a requerer os exames que possam efectivamente pagar. Na situação inversa, poderão requerer todos os exames que julguem convenientes, mas farão perigar a solvabilidade dos estabelecimentos oficiais.

plas testemunhas que visarão provar, umas, que a filiação deve ser reconhecida, outras, que assim não é.

11. À fiabilidade dos resultados decorrentes de um exame de ADN devem ser contrapostos os inconvenientes que estes exames implicam para aqueles que a eles se devem sujeitar.

Por um lado terão os sujeitos que devam submeter-se aos exames de se deslocar a um estabelecimento oficial para que aí seja efectuada a recolha de um qualquer produto de que possa extrair-se ADN.

Por outro deverão permitir que lhes seja feita uma picada, em regra, num dedo e que a zona picada seja levemente pressionada para que seja possível proceder à recolha de sangue. Pode ainda acontecer que devam admitir que lhes seja arrancado um cabelo pela raiz, que lhes seja pedido que cuspam para uma lâmina ou que se lhes retire um pedaço da ponta de uma unha.

12. Se confrontarmos, de um lado, a relevância probatória dos testes de ADN, a fiabilidade dos respectivos resultados, potenciadora de uma anulação do erro judiciário, os interesses preponderantes num processo tendente a estabelecer a filiação e os custos com a instrução de um processo, de outro, os inconvenientes que deve sofrer aquele que tem de sujeitar-se a um teste da ADN, diremos que a ponderação aponta no sentido de a melhor solução ser aquela que vigora na Alemanha, ou seja, a de admitir a imposição coactiva de uma realização dos testes de ADN

Mas será esta a solução contida no nosso ordenamento?

A resposta a esta questão não é, de todo, linear.

Que a realização de testes de ADN no âmbito de processos de investigação da filiação é admissível resulta expressamente do art. 1801 do Código Civil, preceito que tem sido alvo de crítica pois que se limita a afirmar alguma coisa que decorre já do princípio da liberdade de prova, vigente no nosso sistema[22].

Que o juiz possa ordenar a realização de testes de ADN parece decorrer em linha directa dos poderes instrutórios do tribunal, expressamente previstos no art. 265 do Código de Processo Civil.

---

[22] Sobre o art. 1801 do Código Civil, cfr. GUILHERME DE OLIVEIRA, Estabelecimento da filiação, Almedina 1979 (6ª reimpressão, Fevereiro 2001), *sub* art. 1801.II e Aspectos jurídicos da procriação assistida, Temas de direito da medicina, Coimbra Editora 1999, p. 12.

Mas será possível impor a realização coactiva destes testes?

13. A resposta à questão que acabámos de enunciar resultará da interpretação do art. 519 do Código de Processo Civil, havendo que concretizar a amplitude com que o nosso sistema consagrou o principio da cooperação em matéria probatória.

Segundo o art. 519/1, o dever de colaboração para a descoberta da verdade impende sobre todas as pessoas, sejam ou não partes na causa[23]. Este dever de colaboração implica, entre outras coisas, uma submissão às inspecções necessárias ao apuramento da verdade.

De acordo com o n. 2 do mesmo art. 519 que aqueles que recusem a colaboração devida serão condenados em multa, sem prejuízo dos meios coercitivos que forem possíveis. O que significa que, havendo recusa e não sendo esta legítima, a parte ou ao terceiro serão condenados em multa independentemente de lhes serem aplicados ou não meios coercitivos.

Em seguida estabelece o art. 519/2 que sendo o recusante parte, a sua recusa poderá ser valorada para efeitos probatórios, sendo ainda possível, nas circunstâncias previstas no art. 344/2 do Código Civil, proceder à inversão do ónus da prova.

Numa primeira tentativa de articulação das duas partes do art. 519 diremos que apenas poderá haver lugar à aplicação das sanções previstas na segunda parte se, sendo o recusante parte, não tiver sido possível utilizar os meios coercitivos adequados a garantir a colaboração. Pois que se estes meios forem usados e a "colaboração" garantida, terá sido apresentado o meio de prova necessário pelo que não fará sentido valorar a conduta inicialmente omissiva do recusante.

Centremo-nos agora nos nossos testes de ADN. Vimos acima que o único indivíduo cujo ADN tem de ser necessariamente analisado é aquele que quer ver reconhecida a sua filiação. Já quanto aos seus pais, se a filiação for desconhecida apenas quanto a um deles e se só relativamente a esse se pretender o reconhecimento judicial, vimos que se é mais simples proceder à determinação da probabilidade de uma derivação genética analisando o ADN desse alegado indivíduo e da mãe do investigante, o

---

[23] Sobre o dever de colaboração ou de cooperação em matéria probatória, cfr. PEREIRA BATISTA, Reforma do processo civil. Princípios fundamentais, Lex, p. 70 e segs.; LEBRE DE FREITAS, Introdução ao processo civil, Coimbra Editora 1996, n.8.2. LEBRE DE FREITAS *ed alter*, Código de Processo Civil anotado, *sub* art. 519; LOPES DO REGO, Comentários ao Código de Processo Civil, *sub* art. 519; TEIXEIRA DE SOUSA, Estudos sobre o novo processo civil, Lex 1997, p. 62 e segs..

pretenso pai pode ser substituído por pessoas que com ele apresentem uma afinidade genética. Deste modo, se o dever de colaboração incide, em primeira linha, sobre o pai, não deverá esquecer-se que tal dever de colaboração incidirá sobre quantos apresentem uma afinidade genética com ele. Qualquer um deles poderá contribuir para a descoberta da verdade, no caso, a existência de uma derivação biológica.

Ora, aquilo que cumpre perguntar, num primeiro momento, é se é possível impor à parte ou aos terceiros que com ele apresentem uma afinidade genética a realização de testes de ADN no âmbito de processos de investigação da filiação.

Mas há uma outra questão que tem de ser equacionada. Vimos que para a realização do teste de ADN é fundamental a recolha de material do filho. Como pode garantir-se que seja recolhido o seu material? O que fazer se este filho não é parte e se o alegado pai, contra o qual se invoca uma presunção, necessitar de demonstrar que não é o pai biológico através da realização de testes de ADN?[24]

Centremo-nos no primeiro problema. Será possível o recurso a meios coercitivos para a realização de testes de ADN?

14. Quando se fala da aplicação de meios coercitivos, em ligação com a realização daquele tipo testes, pode estar a falar-se de duas coisas distintas.

Por um lado pode estar a dizer-se que a parte deve ser obrigada a apresentar-se perante o Instituto de Medicina Legal sob pena de aí ser conduzida sob custódia. Neste caso, o meio coercitivo será adequado a garantir a presença do indivíduo perante o instituto que realizará a perícia. Mas há depois um segundo momento em que pode falar-se de coacção. Haveria uma realização de um teste de ADN com utilização de meios coercitivos se se impusesse ao sujeito a recolha de um qualquer produto do seu organismo a fim de que deste fosse extraído o ADN para a análise.

É evidente que admitir que o sujeito pode ser conduzido sob custódia ao Instituto de Medicina Legal para depois não poder ser-lhe imposta a recolha de sangue, de um cabelo ou de saliva, é pugnar por uma solução inútil. Com efeito, ela implica o dispêndio de meios que não levam ao resultado pretendido: a realização do teste.

---

[24] Impondo a comparência da mãe, acompanhada do menor, no Instituto de Medicina Legal para a realização de testes de ADN, cfr. o acórdão do STJ de 11.3.1997, publicado na Colectânea de Jurisprudência, Acórdãos do Supremo Tribunal de Justiça 1997, I, p. 145.

Deste modo, a única coerção que pode ter alguma utilidade reside na imposição ao sujeito da obrigação de permitir a recolha de material de que possa extrair-se ADN.

15. E será possível aquela coerção?
Dois argumentos fundamentais se têm avançado para negar esta possibilidade.

Por um lado e no que respeita à imposição de meios coercitivos que garantam a presença do indivíduo junto do Instituto de Medicina Legal, afirma-se que a utilização de tais meios implica uma violação do direito à liberdade do indivíduo. Ele não pode fazer o que quer, não pode ir onde quer num determinado dia, pois que nesse dia tem de ir ao Instituto de Medicina Legal. Esta restrição ao direito fundamental à liberdade, previsto no art. 27 da Constituição. Não estando prevista neste art. 27 qualquer restrição ao direito à liberdade quando o sujeito deva ser acompanhado ao Instituto de Medicina Legal e por os direitos fundamentais apenas admitirem as restrições previstas na Constituição, conforme se lê no art. 18/1 deste diploma[25].

Por outro sustenta-se que a imposição de uma recolha de material biológico do indivíduo contra a sua vontade implica uma violação do seu direito à integridade física, direito que, nos termos do art. 25 da Constituição, não admite qualquer restrição.

E avança-se com a seguinte solução. Não sendo possível a utilização de meios coercitivos que limitem, em posições mais abrangentes, quer o direito à liberdade quer o direito à integridade física, ou que restrinjam, em posições menos abrangentes, apenas o direito à integridade física, admite-se que o tribunal determine a realização de testes. No entanto, se o sujeito obrigado a esta realização não colaborar com a justiça será condenado em multa e, para parte da jurisprudência e da doutrina, verá ainda a sua conduta omissiva valorada em sede probatória, admitindo-se inclusivamente uma inversão do ónus da prova.

Verifica-se, porém, uma certa contradição nesta proposta de solução. Na verdade, não nos parece possível invocar, por um lado, a impossibilidade de recurso a meios coercitivos por esta implicar uma violação de

---

[25] Sobre o conteúdo do direito à liberdade e constitucionalidade das respectivas restrições introduzidas pelo legislador ordinário, cfr. acórdão n. 479/94, de 7.7.1994, do Tribunal Constitucional, publicado no BMJ n. 439, p. 69-121

direitos fundamentais e, por outro, condenar o recusante ao pagamento de uma multa e valorar a respectiva conduta omissiva em sede probatória. Pois que, de duas uma. Se a colaboração implica violação de direitos fundamentais a recusa a colaborar é legítima. Neste caso, tanto é impossível usar meios coercitivos que imponham a colaboração quanto qualificar a recusa de colaboração de ilegítima. Mas se a recusa de colaboração é legítima, não pode depois dizer-se que a parte recusante será condenada em multa e ficará numa posição desvantajosa em sede probatória. Ao invés, se se considera que a recusa não é legítima por não implicar violação de direitos fundamentais, deverá admitir-se o recurso a meios coercitivos uma vez que estes apenas eram excluídos por se pressupor que implicavam uma violação a direitos fundamentais afinal não verificada. Neste último caso não haverá que valorar qualquer conduta omissiva porque, tendo havido recurso a meios coercitivos, o teste será realizado. De pouco servirá atribuir à omissão relevância de princípio de prova se o teste permitirá a prova cabal. O que nos parece impossível é considerar, por um lado, que não pode recorrer-se a meios coercitivos por estes implicarem violação de direitos fundamentais e, por outro, fazer aderir efeitos negativos à omissão da parte. Isto equivaleria a fazer acrescer desvantagens jurídicas a uma conduta que se considera lícita. Ora a cumulação de licitude com desvantagem em caso de omissão é apenas compatível com a figura do ónus, não com a figura do dever. E é uma situação jurídica deste tipo que encontra consagração no art. 519 do Código de Processo Civil.

16. Se temos de afastar qualquer solução que simultaneamente impeça o recurso a meios coercitivos por haver violação de direitos fundamentais e que trate a omissão de colaboração como juridicamente reprovável, temos que, de duas, uma. Ou se considera que a realização de exames não atinge direitos fundamentais e que, como tal, é possível o recurso a meios coercitivos ou se conclui pela existência de uma violação de direitos fundamentais na realização de testes de ADN e, como tal, se impede quer a aplicação de meios coercitivos quer a valoração negativa da conduta do recusante.

A segunda solução, apesar de nos parecer coerente, é perigosa. Pois dela resulta que o sujeito ao qual o tribunal determina a realização de um teste de ADN vê impender sobre si uma situação jurídica que não é uma obrigação. Isto porque do pura e simples incumprimento não resulta qualquer consequência. O recusante não estaria sujeito sequer a um ónus de colaborar pois da não realização do teste nenhuma desvantagem para ele decorreria. Mas este resultado é o único possível se se admite a existência de uma violação de direitos fundamentais.

17. Que posição tomar em toda esta problemática?
Aparentemente, haveria apenas que questionar se o acto de recolha de material biológico deve ser considerado uma violação à integridade física de um indivíduo ou ao seu direito à liberdade. Sendo a resposta a qualquer destas questões positiva a solução seria evidente: nem meios coercitivos, nem valoração da omissão.

Mas esta perspectiva do problema surge-nos de algum modo como redutora. Com efeito, ela relega para segundo plano um dado absolutamente fundamental. Mesmo que se admitisse que a realização de um teste de ADN atinge a integridade física, esta violação não é arbitrária. Ela apresenta-se como absolutamente necessária para o exercício de um outro direito constitucional, a saber, o direito à identidade pessoal. O mesmo se diga da necessidade de condução de um indivíduo sob custódia ao Instituto de Medicina Legal. A haver violação do direito à liberdade esta apresenta-se como absolutamente fundamental para o exercício do direito à identidade pessoal.

E não se diga que este direito constitucional pode ser tutelado através do exercício do também constitucionalmente consagrado direito à prova através da apresentação de outros meios de prova. Pois, como vimos e tal como é reconhecido pelo Comité de peritos para o direito da família do Conselho da Europa, no estado actual do conhecimento o teste de ADN é a melhor prova num processo de estabelecimento da filiação fundada numa derivação genética.

Do que antecede dir-se-á que a eventual restrição ao direito à integridade física decorrente da realização de um teste de ADN é absolutamente proporcionada e adequada aos fins que com essa restrição se visam obter: permitir um resultado judicial nas acções de estabelecimento da filiação compatível com a realidade.

Mas, perguntar-se-á, deverá ser qualificada como uma violação à integridade física a picada de um dedo? A recolha de um cabelo? A recolha de saliva? Qualquer um destes actos nos parece absolutamente estranho ao núcleo do direito à integridade física, tal como previsto no art. 25 da Constituição. As condutas que o legislador constitucional veda como atentatórias deste direito são a submissão da pessoa a tortura, maus tratos ou penas cruéis, degradantes ou desumanos. Que analogia se pode estabelecer entre qualquer um destes actos e a recolha de um cabelo ou de saliva ou mesmo a picada de um dedo? Julgamos que nenhuma. Qualificar a recolha de saliva como uma violação à integridade física significar empolar de tal forma este direito constitucional que jamais será possível encontrar-lhe o núcleo fundamental.

E cabe ainda perguntar, neste contexto, como é possível sustentar a conformidade constitucional de um diploma que permite a recolha coerciva de sangue quando um indivíduo esteja conduzindo em estado de embriaguez aparente e sustentar, simultaneamente, a desconformidade constitucional de uma ordem judicial que imponha a recolha coerciva quer de sangue, quer de um cabelo ou de saliva, para a determinação de um vínculo de filiação é algo de anómalo. O direito à integridade, se impuser a impossibilidade de recolha de sangue ou de outro material, tanto não admite restrições constitucionais num caso como no outro.

18. Independentemente da linha de argumentação que pode ser extraída da vigência de um diploma que admite a realização coerciva de exames de sangue, pensamos que qualquer um dos tipos de acção que são necessários à recolha de materiais, dos quais se possa extrair ADN não consubstanciam violações ao direito à integridade física. E porque esta é a nossa conclusão, diremos que não encontramos qualquer obstáculo à imposição coerciva da realização de exames de ADN. Sendo possível a realização coerciva de testes de ADN, não haverá necessidade de proceder à valoração de qualquer conduta omissiva. Porque não haverá omissão.

Se esta posição se pode considerar relativamente isolada entre nós onde se qualificam os exames de sangue agressões banais violadoras da integridade física[26], pode ser invocada em seu abono a jurisprudência da Comissão Europeia dos Direitos do Homem que considerou que a realização deste tipo de exames não consubstancia qualquer violação da Convenção Europeia dos Direitos do Homem por ser conforme ao interesse superior da criança[27]. E se dúvidas persistirem quanto à possibilidade de recolha coerciva de sangue, então que se admita que quem tem de se submeter à realização de testes de ADN possa ser obrigado a cuspir para uma lâmina.

---

[26] Neste sentido, o acórdão n. 616/98 do Tribunal Constitucional, de 21.10.1998.

[27] Vide princípio 14.53 do Livro branco sobre os princípios relativos ao estabelecimento e às consequências jurídicas da filiação.

INVENÇÕES E GENOMAS
– O PROBLEMA DAS PATENTES

J. P. REMÉDIO MARQUES
Assistente da Fac. Direito de Coimbra
Professor Auxiliar da Universidade Lusíada do Porto

SUMÁRIO: § **1**. Introdução; interesse da questão; delimitação da análise; § **2**. A tutela da matéria biológica pelo direito de patente: referência sumária; § **3**. A posição do problema das patentes sobre genes humanos; § **4**. A retórica argumentativa. 4.1. O binómio descoberta / invenção: a Directiva n.º 98/44/CE e os conflitos interpretativos estabelecidos com a Convenção sobre a Patente Europeia de 1973. 4.1.1. Crítica; a patenteabilidade de elementos (genes) "isolados" do corpo humano; 4.1.2. Conclusões. 4.2. A novidade da invenção; 4.3. A industrialidade da invenção; a descrição da invenção; a indicação da concreta aplicação industrial; 4.4. A actividade inventiva. § **5**. As "cláusulas éticas" do direito de patente: a patenteabilidade do genoma humano e o problema da ofensa aos bons costumes e à ordem pública; § **6**. A extensão da protecção conferida pelo direito de patente às invenções biotecnológicas.

SIGLAS E ABREVIATURAS

CPE	– Convenção sobre a Patente Europeia
CPI 03	– Código da Propriedade Industrial de 2003
CRP	– Constituição da República Portuguesa
EIPR	– European Intellectual Property Review
EPOR	– European Patent Office Reports
GRUR	– Gewerblicher Rechtsschutz und Urheberrecht

GRUR Int. –Gewerblicher Rechtsschutz und Urheberrecht – Internationaler Teil
Guidelines – Guidelines for Examination in the EPO
IDEA – IDEA. The Journal of Law and Technology
IIC – International Review of Industrial Property and Copyright Law
I.P.L. R. – Intellectual Property Law Review
JPOS – Journal of the patent Office Society
JPTOS – Journal of the Patent and Trademark Office Society
Mitt. – Mitteilungen der deutschen Patentanwälte
OJ EPO – Oficial Journal of European patent Office
RDI – Rivista di Diritto Industriale
Rdn – anotação aos comentários legislativos
tb. – também
U.S.C. – United States Codes
USPQ – United States Patent Quarterly
= – igual a, igual em

§ 1.°
**Introdução; interesse da questão;
delimitação da análise**

a. Os programas de investigação científica sobre os *Genomas*[1] animais e vegetais têm por escopo o conhecimento e a sequenciação do material genético de diferentes espécies, aí incluída a *espécie humana*. Ou seja: a natureza e as características dos *programas genéticos* por cujo respeito as células, os tecidos e o restante *material biológico* dos seres vivos são responsáveis pela expressão das mais variegadas *propriedades* e *funções*.

Esta pesquisa reveste-se de um inabarcável interesse científico, médico, e *pour cause* – ou sobretudo – económico[2]. É que a praticabilidade

---

[1] O *genoma* consiste no *conjunto de genes* de um organismo, existentes em cada um dos cromossomas *de todas* as células desse organismo.

[2] Cfr., no tocante às aplicações ou resultados desta pesquisa, João Paulo F. REMÉDIO MARQUES, "A comercialização de organismos geneticamente modificados e os direitos dos consumidores: alguns aspectos substantivos, procedimentais e processuais", in *Estudos de Direito do Consumidor*, n.° 1, 1999, pág. 215 e ss., espec. págs. 216-218; João Paulo F. REMÉDIO MARQUES, "Introdução ao Problema das Invenções Biotecnológicas – Algumas Considerações", in *Direito Industrial*, Vol. I, Almedina, Coimbra, 2000, § 1.a.; João Paulo F. REMÉDIO MARQUES, "Algumas notas sobre a patenteabilidade de animais e vegetais", *in Lusíada, Revista de Ciência e Cultura*, Série Direito, n.°s 1 e 2, 1998, pág. 341 e

desta investigação científica (seja ela *primária* ou *aplicada*) repousa na utensilagem propiciada pela *engenharia genética*, a qual, por sua vez, está dependente do conhecimento da *estrutura* e das *funções* dos *genes*.

Não se estranhe, pois, que a *biotecnologia moderna* – que possibilita a *manipulação genética* da matéria biológica para além das *barreiras biológicas* que separam as diferentes espécies animais e vegetais, através da *transferência* e *introdução* de genes em organismos que originariamente os não contêm – faça de alguns *direitos de propriedade industrial* – *maxime*, o direito de patente – o instrumento para a remuneração dos *resultados* obtidos pela referida *investigação científica aplicada*. De facto, o montante dos investimentos financeiros emprestados à pesquisa e ao desenvolvimento de organismos geneticamente modificados apenas pode ser caucionado e assegurado pela correspondente e adequada tutela jurídica.

b. Vale isto por dizer que as *invenções biotecnológicas*, posto que mobilizam os métodos da engenharia genética, têm sempre como ponto de partida os *genes*[3], as *sequências parciais* de genes (*EST: Expressed Sequen-*

---

ss., espec. págs. 343.-346; STRAUSS, *Genpatente – recthliche, ethische, wissenschafts- und entwicklungspolitische Fragen*, Helbing & Lichtenhahn, Basel und Frankfurt am Main, 1997, págs. 10-15; BOSTYN, "the Prodigal Son: The relationship Between Patent Law and Health Care", in *Medical Law Review*, vol. 11, 2003, n.º 1, pág. 67 e ss., espec. págs. 69 e ss., 88 e ss., 90 e ss..

[3] Em termos simplificados, o *gene* é um segmento do ácido desoxiribonucleico (*ADN*), que compreende uma sequência ou sequências (*exões*) que codifica(m) para uma determina *proteína*, ou a sequência que permite a regulação da expressão de outro ou de outros *genes* (sequências *promotoras*). Isto dito, sem que se olvide que a molécula do *ADN*, presente em cada um dos *cromossomas* dos organismos *eucarióticos* (cujas células possuem um *núcleo* bem individualizado e são compostas por *vários cromossomas*; ao invés das células dos organismos *procarióticos*, cujas células só possuem *um cromossoma*), compreende também sequências *não codificantes* (*intrões*), cuja função parece residir, em parte, na regulação *estrutural* das sequências codificantes (*exões*). Temos, assim, que na macromolécula do ADN são surpreendidas diversas *regiões* ou *sequências* – cada uma delas apta a desempenhar determinadas funções. Distingue-se, em primeiro lugar, as regiões *promotoras*, aí onde se inicia a *replicação* do ADN; *regiões reguladoras* da replicação (o *ADN polimerase d*), uma região ou sequência *codificante* – que se apresenta como um mosaico formado por pequenos segmentos codificantes (os *exões*), interpolados por outros segmentos não codificantes (os *intrões*) – e *regiões de terminação* (*ADN ligases*, *codões de terminação*, *chain termination* ou *stop codons*, os quais, ao invés de serem lidos pelo ARN, são descodificados por outras proteínas, commumente designadas por *release factors*, como tal reconhecidas pelas célula na medida em que provocam a cessão da transcrição da região codificante em *ARN mensageiro*. A região codifi-

ces *Tags*⁴; *SNPs*: *Single Nucleotid Polymorfims*; *Open Reading Frames*⁵; em suma, aquilo que recentemente se tem designado por *Informative Genomic Sequences*: *IGS*) e a respectiva utilização, tendo em vista a obtenção de novos *processos*, *usos* e *produtos biotecnológicos*.

---

cante é, por definição, aquela que confere aos genes a sua verdadeira identidade – posto que é ela que determina a *natureza* e a *função* da proteína ulteriormente sintetizada, conquanto esse influência seja indirecta, já que as estruturas *secundárias* e *terciárias* que dão forma *tridimensional* às moléculas das proteínas são determinadas, pelo menos em parte, pelo rearranjo das cadeias de amino-ácidos. As células humanas, animais e vegetais dispõem de enzimas que permitem transformar o *ADN genómico* – que se apresenta, como é bem de ver, em forma *descontínua*, interpolado pelos *intrões* – em moléculas de *ARN mensageiro* nas quais se surpreende a *informação genética* disposta continuamente a partir dos *exões*, dada a subtracção dos *intrões*. Posto que esta característica não está presente nos organismos *procariotas* (bactérias, algas unicelulares), a inserção de um gene proveniente de um organismo *eucariota* (*v.g.*, vegetal, animal, gene humano) nas células dos microrganismos *procariotas* impede que o primeiro se forme e expresse em mosaico, através, como se viu, de segmentos codificante e não segmentos não codificantes. Daí que, mediante a utilização de certas enzimas, é possível obter uma *cópia artificial* do *ARN mensageiro* de um gene de um organismo *eucariota*. Esta *cópia* designa-se por *ADN complementar* (*cDNA*) e é, por isso mesmo, desprovida de segmentos não codificantes (*intrões*). Uma vez transferida para as células de bactérias – que, em cultura se multiplicam vários milhões de vezes num curto espaço de tempo –, é possível obter milhões de outras cópias de *ADN complementar* que codifique para uma *proteína* com interesse terapêutico, alimentar, ou outro.

Como se pode ver, o *ADN* é o suporte molecular da *informação genética*. A sua função é a de fornecer (*algumas das*) *instruções* (*código genético*) mediante as quais as células produzem outras moléculas, as quais, por seu turno, são responsáveis e determinam o crescimento, a estrutura e a função de cada célula. Se o *ADN* sofre alterações (*maxime*, através de uma *intervenção humana*, que jamais ocorreria mediante o simples jogo e interacção das forças e *reacções químicas* naturais), as moléculas produzidas pelas células também se modificam. Desta sorte, uma vez alteradas, *por acção humana*, as *instruções* fornecidas pelo *ADN* – as quais são veiculadas e *transportadas* pelas moléculas do *ácido ribonucleico* (*ARN*: *ARN mensageiro* e *ARN transportador*) para a área das células onde se *fabricam* as proteínas (os *ribossomas*) – através, designadamente, da inserção de um *gene* pertencente a um organismo de outra espécie, ou da alteração da cadeia de *nucleótidos* que estão na génese da formação dos *amino-ácidos*, é possível obter *proteínas* (*v.g.*, *enzimas, anticorpos monoclonais, anticorpos policlonais*) com *características* ou *propriedades* diversas das que ocorrem na Natureza por via do normal funcionamento dos *processos biológicos* ou *essencialmente biológicos*.

⁴ As *EST* são partes do código genético, meros *cordões* ou *segmentos* de uma sequência da molécula do *ARN mensageiro* sintetizada por *cópia* da sequência do *ADN genómico* que lhe serve de *molde* e que constitui o *gene*. Dado que se situam no *início* da sequência *total* do gene, caracterizam-se, destarte, por serem sequências de *nucleótidos* cuja estrutura determina a *função iniciadora* da *replicação* do *ADN genómico*, mediante o

auxílio de *enzimas* (que são um certo tipo de *proteínas*) de iniciação (*promoters*). Constituem, por isso, uma espécie de *etiquetas* ou *marcadores* (genéticos) aptas para a identificação das regiões do ADN *reguladoras* (exões) – e respectivos *codões* de iniciação da *transcrição* do ADN – que codificam para a produção das proteínas. Assim, também as *EST* – posto que são, por assim dizer, as *extremidades* dos genes (orientação 3' → 5' e 5' → 3') – permitem a identificação das demais sequências reguladoras do gene, designadamente as demais sequências promotoras. Estas, por sua vez, habilitam os biólogos moleculares e geneticistas a controlar a expressão de certos genes, *maxime* a sua alteração por ocasião da prevenção de certas doenças genéticas que não sejam multifactoriais, através da terapia genética (germinal ou somática). Uma outra aplicação poderá consistir no emprego das *EST* para fins de obtenção de fármacos (insulina, eritropoeitina, interferões), mediante as técnicas do *ADN recombinante*, utilizados no combate a múltiplas doenças ou síndromes: enfarte do miocárdio, anemia, diabetes, esclerose das placas, etc.

As *SNP* constituem, igualmente, marcadores genéticos, apresentado, tal-qualmente as *EST*, *sequências parciais* de genes. Porém, e ao invés, encontram-se essencialmente localizados no exterior dos genes, ou seja, na porção do *ADN* não codificante – cuja função é, também, pouco conhecida – correspondente a 90% da totalidade dos genomas (humano, animal ou vegetal). Não codificam para a produção de proteínas, mas servem para identificar genes. Estas zonas não codificantes revelam um grau de variabilidade muito elevado. Se bem que na maior parte dos casos estas *variações* são inconsequentes, noutros provocam efeitos fisiológicos (*in casu*, no ser humano). A disposição e o comprimento destas *repetições* revela certos caracteres polimorfos, transmitidos hereditariamente. Pelo que, se cada pessoa possui uma combinação pessoal e única destas *repetições* herdadas dos ascendentes, é possível, nomeadamente, estabelecer a filiação biológica, identificar genes responsáveis pela predisposição à causação de futuras doenças, isolar novos compostos químicos, que estejam na génese de fármacos (*maxime*, adequados à *estrutura genética* do *concreto* paciente), ou obter melhores métodos de diagnóstico e despistagem de doenças.

A escolha e utilização de múltiplas *SNPs* (por vezes 60.000) como *marcadores genéticos* (bi-alélicos), balizando a sua localização no genoma (*v.g.*, no cromossoma 7), permite detectar divergências ou semelhanças significativas nos concretos genomas em análise (*v.g.*, para efeitos de estabelecimento da filiação, identificação do agente da prática do crime, etc.). Doutra sorte, a utilização destas *SNPs* permite identificar uma eventual *mutação* no gene(s) responsável(eis) por uma doença *multifactorial* (cancro da próstata, esquizofrenia, hipertensão, obesidade, etc.), pois, essa alteração ocorrerá, por via de regra, numa porção de um determinado cromossoma já identificada através da presença próxima de um determinado marcador genético. Por último, se um *gene* é responsável por uma determinada marca, a sua sequência será diferente de forma estatisticamente significativa em relação a uma população de genes atingidos por referência a uma população de controlo. Cfr., sobre isto e *inter alia*, Maria Celeste LECHNER / Vera RIBEIRO, "Replicação do DNA'', in *Biologia Celular Molecular*, coord. por Carlos AZEVEDO, 3ª edição, Lidel,

Lisboa, 1999, pág. 131 e ss., espec. págs. 138-140; GUÉRIN-MARCHAND, *Les manipulations génétiques*, 2ª edição, P.U.F., Paris, 1999, pág. 20 e ss.; STRYER, *Biochemistry*, 4ª edição, W. H. Freeman and Company, New York, 1995, págs. 110, 901; AUSTIN, C. P. / TRIBBLE, J. L., "Gene patents and drug development", in *Human DNA: Law and Policy, International and Comparative Perspectives*, ed. por BARTHA MARIA KNOPPERS, Kluwer International, The Hague, London, Boston, 1997, pág. 379 e ss., espec. pág. 380; SUDBERY, *Human molecular genetics*, Addison Wesly Longman Limited, 1998, págs. 55-57, 69, 81, 89; HICKS, G. G. / CHEN, J. / RULEY, H. E., "Production and use of retroviruses", in *DNA Transfer to Cultured Cells*, ed. por RATYA RAVID / R. IAN FRESHNEY, Wiley-Liss, New York, etc., 1998, pág. 1 e ss.; THAURAUD, "Les problemes liés a la brevetabilité", in *Les Inventions biotechnologiques, Protection et Explotation*, Litec, Paris, 1999, pág. 43 e ss.; NIEDER, "Die gewerbliche Anwendbarkeit der Sequenz oder Teilsequenz eines Gens – Teil der Beschreibung oder notwendiges Anspruchsmerkmal von EST-Pagtenten?", in *Mitt.*, 2001, pág. 97 e ss., espec. pág. 98.

Detectam-se, pois, não só várias *noções operativas* dos *gene*s – em função do contexto em que se analisam –, mas também a percepção dos genes em *estados funcionais diferentes*, consoante o respectivo teor de purificação ou as alterações de que tenham sido objecto (*v.g.*, promotores, maior ou menor integridade da região codificante, presença ou ausência de intrões, etc.) e, por último, a constatação de que embora, no momento actual, se desconheça a *função última* (qual seja a codificar para uma determinada proteína) da maioria dos genes já *identificados* e *isolados*, eles podem ser caracterizados através de certas características químicas ou físicas, permitindo, *ab initio*, a descrição da sequência de *nucleótidos* de uma parte ou da sua totalidade, o que por razões óbvias confere um novo interesse ao problema da *novidade*, da *industrialidade* e da *descrição* das ideias inventivas que tomam como objecto os *genes* ou *sequências parciais* de genes.

Apesar de todas estas sequências *parciais* de *genes* ou do *genoma* implicarem a mobilização de vastos meios empresariais – *v.g.*, a identificação de cada um dos marcadores genéticos, de jeito a ser integrado numa carta genómica –, pois são múltiplas e complexas as diferentes etapas técnicas requeridas para a identificação de um marcador bi-alélico ou de uma *EST*, é, apesar de tudo e a todas as luzes, controverso afirmar, *sic et simpliciter*, a sua susceptibilidade de patenteação.

[5] Dado que os genes de regulação podem encontrar-se a montante e a jusante dos genes estruturais como também em sequências de *intrões*, mostra-se, por vezes, necessário sequenciar a *totalidade* de um dado genoma (*v.g.*, de bactérias, animais ou de seres humanos). A sequenciação destes organismos modelo permitiu confirmar a presença de inúmeros genes até aí desconhecidos. Os *Open Reading Frames* são, portanto, partes do genoma (*cDNA*, resultante de *ARN mensageiro*) onde podem ser identificados *sítios* que codificam para certas proteínas. Procurando, nessas sequências de ADN, as sequências dos *codões de terminação*, os geneticistas medem as distâncias entre estes codões. Se forem detectada a uma distância de, por exemplo, 300 nucleótidos, é bem possível que a sequên-

Embora seja nosso propósito estudar os *requisitos substanciais* de patenteabilidade, não iremos tratar, neste pequeno excurso, da patenteabilidade (e da sindicação desses requisitos de patenteabilidade) de outros constituintes *infra-celulares* humanos e não humanos, a despeito de conterem *informações genéticas*, tais como os *amino-ácidos*, os *conjuntos de amino-ácidos*, com maior ou menor extensão (*péptidos* e *oligopéptidos*), e as proteínas (*v.g.*, *de defesa*: os anticorpos ou imoglobulinas; *controladoras*: hormonas; *de catálise*: as enzimas; *de transporte e armazenamento*: ferritina)[6]. Por fim, trataremos sumariamente do *conteúdo* e *extensão* dos direitos industriais destarte criados (*rectius*, do âmbito de protecção), de jeito a apurar o *licere* que, em concreto, a outorga ao titular da patente a que é suposto corresponder a um conjunto de *poderes* e *faculdade jurídicas* mais ou menos vasto, precisamente predisposto ao exercício do ius prohibendi e das demais *faculdades jurídicas* ao dispor do titular da patente.

§ 2.º
**A tutela da matéria biológica pelo
direito de patente; referência sumária**

Tradicionalmente, a outorga de direitos de patente tão-só respeitava a ideias inventivas industriais *corporizadas* em objectos inanimados, quais fossem os métodos e os produtos obtidos através da *intervenção humana técnica* no domínio das forças físicas. Porventura devido a concepções

---

cia que os une codifique (total ou parcialmente) para uma proteína. A esta sequência *mistério* é se que chama *Open Reading Frame*. Após o que se estuda a sequência dos *amino-ácidos* que nela se encontram, de maneira a compará-la com outras sequências já conhecidas de diversos polipéptidos, capazes de sintetizar proteínas. Cfr. MOTULSKY, *Human Genetics, Problems and Approaches*, 3ª edição, Springer, Berlin, etc, 1997, pág. 728; MANGE, E. J. / MANGE, A. P. *Basic Human Genetics*, Sinauer Associates, Inc., Sunderland, Massachustts, 1994, págs. 303-304.

[6] Isto para além dos *plasmídeos*, que são moléculas de ADN circular de duas cadeias (bicatenário), fechadas de forma covalente, existentes nas células bacterianas independentemente do cromossoma. São, no fundo, mini-cromossomas, existentes nas células de bactérias. Os *plasmídeos* são vulgarmente utilizados como *vectores de clonagem* de genes humanos, uma vez reintroduzidos (com o *ADN* humano) nas células das bactérias. WEIL, *Bioquímica Geral*, 4ª edição, trad. portuguesa por MARIA CELESTE LECHNER, Fundação Calouste Gulbenkian, Lisboa, 1983; WATSON, j. / WITKOWSKI, J. / GILMAN, M. / ZOLLER, M., *Recombinant DNA*, 2ª edição, W. H. Freeman and Company, New York, 1992, págs. 27-28;

vitalistas de inspiração aristotélica, os organismos vivos – *rectius*, a matéria biológica[7] – foram sempre e invariavelmente excluídos do elenco dos *candidatos positivos* à patenteabilidade.

No que aos objectos inanimados dizia respeito – esses sim – eram susceptíveis de pertencerem, de um lado, ao mundo das *coisas naturais* e, do outro, ao mundo dos *artefactos*. Razão pela qual somente estes últimos poderiam ser *inventados* e, *uno actu*, lograr tornarem-se objecto de *direito de patente*, já que os primeiros seriam degradados a meras *descobertas*.

A breve trecho, a partir de meados do século XIX, com o amadurecimento da revolução industrial e o alargamento dos conhecimentos científicos aplicados no domínio da *química*, assistiu-se à *colonização* de certas matéria biológicas microbiológicas pelo direito de patente – basta lembrar o direito de patente, concedido, em 1873, pela *Patent and trademark office* (patente n.° 141, 072) a Pasteur, respeitante a uma bactéria quimicamente purificada.

O *imperialismo* do direito de patente estava, então, já em marcha, pesem embora tivesse sofrido um sério desafio provindo do segmento da doutrina que entendia que, como produtos da Natureza organismos vivos, não eram o resultado de *processos criativos*, alçando-se, ao invés, a um *não-estatuto*: eram *não-invenções* (*Nicht-Erfindungen*)[8]; ou que não cum-

---

[7] Nos termos do artigo 2.°/1, alínea a), da Directiva n.° 98/44/CE, de 6/7/1998 (in JOCE, n.° L, 213, de 30/7/1998, pág. 13 e ss.), relativa à protecção jurídica das invenções biotecnológicas, matéria biológica é *qualquer matéria que contenha informações genéticas e seja auto-replicável ou replicável num sistema biológico.*

Esta matéria biológica, uma vez geneticamente modificada, dá origem a *organismos geneticamente modificados* (OGM). De facto, de harmonia com a 2ª versão da Proposta de Directiva (in JOCE n.° C, n.° 139, 19/5/1999, pág. 7 e ss.), que visa alterar a Directiva n.° 90/220/CEE, sobre a comercialização de organismos geneticamente modificados e o Decreto-Lei n.° 126/93, de 20 de Abril, um *organismo geneticamente modificado* é uma entidade biológica, celular ou não celular, dotada de capacidade reprodutora ou de transferência de material genético, em que este tenha sido alterado de uma forma que não ocorra naturalmente, por meio de cruzamento e/ou de recombinação natural. Cfr. João Paulo F. REMÉDIO MARQUES, "A comercialização", (...), cit., pág. 219 e nota 12.

[8] Observe-se que estas objecções sentiram-se tanto nos E.U.A (THORNE, "Relation of Patent Law to Natural Products", in *JPTOS*, Vol. 6, (1923), pág. 23 e ss.; COOPER, "The patent system and the «New Biology»", in *Rutgers Computer & Technology Law Journal*, Vol. 1, (1980), pág. 18; WEGNER, "Patent Protection for Novel Microorganisms Useful for the Preparation of Known Products", in *IIC*, 1974, pág. 285 e ss. DAUS *et alii*, "Microbiological Plant patents", in *IDEA*, Vol. 10, 1966, pág. 87 e ss.) como na Europa (p. ex. SHADE, "Patentierung von Pflanzenzüchtungen", in *GRUR*, 1950, pág. 312 e ss., esp. pág. 317-318).

priam os requisitos da *novidade*[9], da *actividade inventiva*[10] e (impossibilidade) da *descrição* suficientemente clara e completa (*Beschreibung*)[11].

São famosas as patentes outorgadas a Pasteur, em 1873, em sede de *processos* químicos de fermentação e respectivos *produtos microbiológicos*. Desde o *Plant Patent Act* estadunidense, de 1930, até aos nossos dias assistiu-se à generalização da outorga de patentes a *microrganismos* – pelo menos, desde a década de quarenta do século XX[12] –, incluindo microrganismos *geneticamente modificados*, obtidos mediantes técnicas de *ADN recombinante*, acima sumariamente referidas[13]. Isto quanto aos microrganismos. Pois no tocante a *plantas* (e partes de plantas) *transgénicas*, a atribuição de direitos de patente já ocorre desde meados da década de oitenta do século XX, o mesmo sucedendo com os animais – ostras e ratos geneticamente modificados, desde 1987 e 1988, respectivamente. Quanto às sequências de *genes humanos*, a questão já foi, em várias ocasiões, discutida jurisprudencialmente, em especial no que tange ao binómio *descoberta / invenção*, ao preenchimento das cláusulas gerais da ofensa da *ordem pública* e dos *bons costumes* (art. 53.°/1 do CPI 03, art. 53.°/a, da CPE) e à satisfação do requisito da *industrialidade*[14].

---

[9] Cfr. sobre esta discussão, MARX, "Zur Patentierung von Pflanzenzüchtungen", in *GRUR*, 1952, pág. 456 e ss.

[10] Cfr. SCHICKEDANZ, "Zum Problem der Erfindungshöhe bei Erfindungen die auf Entdeckungen beruhen", in *GRUR*, 1972, pág. 161 e ss.

[11] SCHADE, ob. cit., pág. 317; COOK, "Applying the Plant Patent Act", in *JPOS*, Vol. 13, (1931), pág. 22 e ss.; ROSSMAN, "Plant Patents", in *JPOS*, Vol. 13, (1931), pág. 7 e ss.

[12] Se bem que haja, nos E. U. A, inúmeras patentes concedidas desde os finais do século XIX a ideias inventivas industriais cujo objecto eram microrganismos. Cfr. BIGGART, "Patentability in the United States of Microorganisms, Process Utilizing Microorganisms, Products Produced by Microorganisms and Microorganisms Mutational and Genetic Modification Techniques", in *IDEA*, 1981, pág. 114 e ss.; MOUFANG, *Genetische Erfindungen im gewerblichen Rechtsschutz*, Carl Heymanns Verlag, Köln, Berlin, Bonn, München, 1988, pág. 109 e ss.

[13] Desde o caso *Chakrabarty*, decidido favoravelmente pelo *Supreme Court*, em 1980 (bactéria geneticamente modificada capaz de degradar (e, por isso, eliminar) hidrocarbonetos – 206 USPQ 193, 197 = *GRUR Int.*, 1980, pág. 627 e ss.

[14] Cfr. entre outros, os casos T 301/87, *Alpha Interferon / Biogen I*, de 1987, in OJ EPO, 1990, pág. 335 = GRUR Int., 1991, pág. 121; T 500/91, *Biogen / Alpha Intereron II*, in EPOR, 1995, pág. 69; T 886/91, *Hepatitis B virus / BIOGEN INC.*, in GOLBACH, K. / /VOGELSANG-WENKE, H. / ZIMMER, F.-J., *Protection of Biotechnological Matter under European and German Law*, VCH-Law Books, 1997, pág. 88; T 923/92, *Human t-PA / /GENETECH*, in OJ EPO, 1996, pág. 564; T 386/94, in OJ EPO, 1996, pág. 658; T 207/94,

§ 3.º
A Posição do problema das patentes sobre genes humanos

a. Hodiernamente, o problema das *patentes de biotecnologia* não se joga tanto no plano da admissibilidade da tutela das ideias inventivas industriais – que se materializam em *processos, usos* ou *produtos* que sejam ou consistem em *matéria biológica* geneticamente modificada – quanto no enfoque do *tipo* ou da *espécie* de matéria biológica por cujo respeito possam ser concedidos direitos de patente e, outrossim, no que concerno ao âmbito de protecção do direito assim constituído.

Assim, a mais dos problemas suscitados pela patenteabilidade das *raças animais* e das *variedades vegetais* – atenta a norma proibitiva constante do artigo 53.º/b, da CPE (*idem,* no artigo 53.º/3, alínea h) do CPI 03)[15] –, a polémica doutrinal e jurisprudencial mais acesa situa-se, actualmente, em sede de patenteabilidade das *sequências parciais* e *totais* de *genes humanos* e dos demais *elementos* (orgãos, células, tecidos, gâmetas) e *produtos* (*v.g.*, cabelos, sangue, leite materno, dentes, unhas, cabelos e outras secreções) do *corpo humano.*

b. Surpreendem-se quatro possíveis enquadramentos quanto à patenteabilidade dos genes humanos:

(1) O que propugna a recusa, pura e simples, da patenteabilidade, ainda quando seja conhecida a sua *aplicação industrial* por excelência, que o mesmo é dizer, ainda que, por exemplo, nas reivindicações, seja indicada a *concreta proteína* para que codificam;

(2) O que aceita a patenteabilidade dos genes humanos, cujas sequências estejam completamente identificadas, contanto que também sejam conhecidas e indicadas as proteínas para que codificam e se demonstre, no

---

in OJ EPO, 1999, pág. 273; o caso *Howard Florey Institute / Fraktion der Grünen im Europäischen parlament et alii,* de 8/12/1994, in Dalloz, 1996, Jurisprudence, pág. 44, com anotação de J.-C. GALLOUX, pág. 46 e ss. (sequências de *ADN* humano que codificam para a proteína *relaxina H2* humana e respectivos precursores *prepolaxina H2* e *prerelaxina H2*); e, por último a decisão T 0272/95, de 23/10/2002, no caso que, agora no Instituto Europeu de Patentes, opôs o Howard Florey Institute aos mesmos (e a outros) oponentes, publicado em 24/9/2003, in http://www.epo.org.

[15] Cfr. João Paulo F. REMÉDIO Marques, "A patenteabilidade de animais", (…), cit., pág. 367 e ss.; João Paulo F. REMÉDIO MARQUES, "Introdução ao Problema", (…), cit., §§ 6.3. e 6.4., pág. 272 e ss.

plano técnico, a causação de efectivas vantagens na utilização dessas substâncias químicas;

(3) O que faz depender a concessão de direitos de patente da descrição da *sequência completa do gene*, desde que se trate de um *gene funcional*, independentemente de, à data do depósito, ser conhecida a função que desempenha nos mecanismos de regulação da *replicação* do ADN ou da codificação para proteínas;

(4) O que propugna a patenteabilidade das *sequências parciais* (*EST*, *SNP*) de genes, na medida em se mostrem aptas a caracterizar o gene enquanto entidade molecular até aí desconhecida. Razão pela qual aquelas *sequências parciais* sempre desfrutariam de uma *aplicação industrial*: exactamente na descoberta do gene a que pertençam, como sondas de nucleótidos (no diagnóstico de doenças) e no mapeamento do genoma completo do ser humano.

§ 4.º
A retórica argumentativa

Efectuado este breve excurso sobre a patenteabilidade da matéria biológica, especialmente sobre a matéria microbiológica de origem humana – os *genes* – e as diversas posições de princípio no que à tutela por direito de patente do *ADN* humano diz respeito, segue-se a análise da constelação dos principais problemas que este sector da *investigação científica aplicada* coloca ao Direito. Análise que será efectuada à luz do arrimo normativo trazido ao direito português pela incorporação da Directiva n.º 98/44/CE, de 6 de Julho de 1998, sobre a protecção jurídica das *invenções biotecnológicas*.

Iremos tentar demonstrar a natureza tendencialmente *sui generis* das soluções ora cogentes no espaço jurídico da União Europeia – que não, necessariamente aplicáveis, *qua tale*, no espaço jurídico da Convenção sobre a Patente Europeia – e a heterogeneidade e a *fragmentariedade* das invenções biotecnológicas, especialmente no que diz respeito à articulação entre a conformação do *conteúdo* dos vários *requisitos substanciais* de patenteabilidade e o *âmbito de protecção* adrede conferido ao direito de patente.

De entre os principais problemas técnicos e éticos postos ao direito de patente, salientam-se os que seguem: (1) as aporias suscitadas pelo problema da patenteabilidade das *descobertas*; (2) o problema da satisfação dos requisitos da *novidade*, da *actividade inventiva* e especialmente, da *industrialidade*; **(3)** a questão do *âmbito de protecção*, da extensão ou do *círculo de proibição* (NOGUEIRA SERÉNS) das patentes sobre sequências (*parciais* e *completas*) de *ADN* humano; **(4)** a limitação da patenteabilidade de genes humanos à luz da *cláusula ética* do direito de patente (*Ethik-Klausel des Patenterechts*)[16] existente nos ordenamentos jurídicos de tradição europeia continental.

4.1. *A descoberta / invenção de genes; a directiva n.° 98/44/CE e os conflitos interpretativos estabelecidos com a Convenção sobre a Patente Europeia de 1973*

a. A conformação da disciplina do direito de patente às especificidades do sector da biotecnologia do *ADN recombinante* postula diversos problemas de *interpretação*, os quais somente em pequena medida são removidos. Os resultados da aplicação da Directiva no julgamento dos casos concretos nos tribunais dos Estados membros da União e aderentes à CPE decerto que poderá confirmar esta desconfiança[17].

Decorre do artigo 3.°/2 da citada directiva sobre invenções biotecnológicas e do artigo 54.°/1, alínea b) do CPI 03, a distinção, em geral – quer se trate de *sequências de genes humanos*, quer se cure de *outras* substâncias biológicas – de três *fontes* (ou *estados*) de matéria biológica: **(1)** a matéria biológica pré-existente no seu estado natural; **(2)** a matéria biológica *isolada* do seu ambiente natural (e, *pour cause*, caracterizada); e **(3)** a matéria biológica produzida com base num processo técnico[18].

---

[16] Cfr. STRAUSS, *Genpatente, rechtliche, ethische*, (...), cit., págs. 24-27.

[17] REMÉDIO MARQUES, *Patentes de Genes Humanos?*, (...), cit., pág. 24 e ss.

[18] DI CATALDO, "La brevettabilità delle biotecnologie, novità, attività inventiva, industrialità", in *RDI*, I, 1999, pág. 177 e ss., espec. pág. 181. Não concordamos, contudo, com a afirmação do autor, segundo a qual a forma verbal *isolada* quadraria à matéria biológica extraída e separada do meio biológico envolvente mediante técnicas tradicionais, enquanto que a expressão *produzida com base num processo técnico* respeitaria, outrossim, às técnicas da *biotecnologia moderna, maxime* as que recorrem ao *ADN recombinante* (*transgénese*).

Cremos, de facto, que ambos os *estados* de matéria biológica acima descrita supõem uma *intervenção humana de natureza técnica* que não exclui (antes pressupõe) a utilização de uma qualquer destas (bio)tecnologias. Só que o último dos estados (matéria *produzida com base num processo técnico*) inculca que essa matéria pode, igualmente, ser o produto de técnicas de *engenharia genética* que permitam construir organismos vivos mais complexos a partir de moléculas de ADN e de ARN *totalmente sintéticas*, ou seja, moléculas cuja génese resida na construção de átomos e moléculas de *ácidos nucleicos* efectuada in

b. Pois bem. Uma primeira observação resulta à evidência. A *matéria biológica pré-existente no seu estado natural* é insusceptível de constituir uma realidade patenteável, por não constituir, tão-pouco, uma *invenção*. Um *produto biotecnológico* – produto que é formado por matéria biológica – ainda quando *pré-exista* no seu *estado natural* pode ser objecto de uma invenção, contanto que seja *isolado* do seu ambiente natural ou *produzido* com base num processo técnico (art. 3.º/2, da Directiva n.º 98/44/CE e artigo 54.º/1, alínea d) do CPI 03). Ainda conforme o dizer da citada Directiva, os elementos *isolados* ou destacados do *corpo humano* – nos vários estádios do seu desenvolvimento e constituição –, incluindo a *sequência* (total) ou a *sequência parcial de um gene*, podem constituir uma invenção patenteável, mesmo que a *estrutura* desse elemento seja *idêntica* à de um *elemento natural* (art. 5.º/1 e 2; *idem*, artigo 54.º/1, alínea b), do CPI 03).

Quer isto dizer, no contexto da directiva, que, tal como a matéria biológica meramente *isolada* do seu ambiente natural, ainda quando pré-exista no estado natural, pode constituir objecto de uma *invenção*, assim também – e por consequência – um *gene* ou uma *sequência parcial de um gene* tão--só *isolada* do corpo humano pode aceder à categoria de *invenção* patenteável, mesmo que a *estrutura* dessa *substância química* – que contém *instruções moleculares* encriptadas mas *inteligíveis* de acordo com determinadas *convenções de notação* – seja idêntica à do *ADN genómico* existente, em forma natural – e desde que seja obtida por modo de uma qualquer *intervenção humana de natureza técnica* por processos que não ocorrem através da mera interacção das forças químicas e físicas naturais – em todas as células do *corpo humano* ou do corpo do *nascituro já concebido*.

Vale isto por confrontar o teor desta directiva com o regime vigente no quadro da CPE e perquirir acerca da possibilidade de concatenar a regra acima enunciada com as normas – da CPE e do CPI 03 – que proíbem a

---

vitro, com a recriação (que não necessariamente uma *mimetização*) *puramente artificial* dos constituintes biológicos animais ou vegetais existentes na Natureza. Não se trataria de *produzir* matéria biológica a partir de outras matérias biológicas *in vivo*, devidamente *isoladas* e *destacadas* do seu meio biológico envolvente mais complexo, mas de recriar totalmente in *vitro* esses constituintes biológicos. Os resultados desta tecnologia não são, porém, ainda disponíveis, dadas as actuais dificuldades técnicas em criar, *de novo*, organismos *unicelulares* com várias centenas ou milhares de pares de bases de nucleótidos.

Diga-se, também, que o último dos estados da matéria biológica acima referido parece abarcar a produção totalmente *in vitro* de *matéria biológica híbrida* resultante da *fusão* com *matéria não biológicas*, de que são exemplo, os nano-organismos, obtidos através da *nanotecnologia* (*v.g.*, computadores nano moleculares).

patenteabilidade das *descobertas* (arts. 52.°/2, alínea a), da CPE e 52.°/1, alínea a), do CPI 03). Isto dito, ainda que o legislador da União haja (de forma ambígua?) ressalvado o *princípio da compatibilidade do cumprimento* das obrigações da directiva pelos Estados-membros em face da prévia assunção de outras obrigações decorrentes de convenções internacionais[19].

Em suma, no domínio da CPE fica a constatação – ou, no mínimo, a suspeita – de que os *genes* ou as sequências *parciais* de genes, ainda que *removidos* do corpo humano – uma vez precedidos do *consentimento esclarecido* do dador –, deverão, e ao invés, ser qualificados como meras *descobertas*, autorizando-se, no limite, que o *quid* patenteável abranja somente os *processos técnicos* de *isolamento* e/ou *purificação* daquelas substâncias.

E nem se diga que os problemas de compatibilização entre estes dois *blocos normativos* se acham, doravante, resolvidos mediante a simples alteração do Regulamento de Execução da CPE, ocorrida em 16/1/1999[20], por decisão do Conselho de Administração da CPE, ao abrigo do disposto no artigo 33.°/2.°, da CPE. Decisão, esta, que, sendo aplicável aos processos pendentes, ao introduzir *novas* regras interpretativas dos pedidos de *patentes biotecnológicas*, se limitou a transpor, *ipsis verbis*, algumas das estatuições mais importantes previstas nos artigos 2.°, 3.°/2, 4.°/2, 5.° e 6.°, da Directiva n.° 98/44/CE[21]. Isto porque – dado que não foi alterado o texto da CPE – as eventuais divergências entre o texto da Convenção sobre a Patente Europeia e o texto do respectivo regulamento de execução, serão resolvidas pela prevalência da primeira (art. 164.°/2, da CPE).

Ora, dispondo o artigo 138.°/1, alínea a), da CPE, que a patente europeia só pode ser declarada *nula*, em consequência da legislação de um Estado contratante se o objecto da patente europeia não for patenteável, nos termos dos artigos 52.° a 57.°, da CPE e estatuindo o artigo 139.°/1, do mesmo normativo, que um pedido de patente europeia é tratado como se fosse um pedido de patente nacional – para mais quando somente o *âmbito de protecção* da patente europeia é apreciado à luz da legislação dos Estados contratantes (art. 64.°/3, CPE), mas as questões atinentes à *nulidade* da patente, apesar de deverem ser decidas à luz da legislação nacional dos Estados aderentes, devem observar as determinações condi-

---

[19] Art. 1.°/1, da Directiva n.° 98/44/CE.
[20] Com início de vigência a partir de1/1/1999.
[21] Cfr. os novos arts. 23-B, 23-D e 23-E, do Regulamento de Execução da CPE.

cionantes constantes do artigo 138.°, da CPE[22] –, é bem de ver a potencial *desarmonia vertical* entre a novel legislação dos Estados-membros da União Europeia, fruto da incorporação no direito interno das disposições da Directiva n.°. 98/44/CE, e o teor dos artigos 52.° a 57.°, da versão ainda inalterada do texto da CPE[23], cuja observância igualmente cabe aos referidos Estados-membros.

Esta *desarmonia vertical* é, ademais, consequência do *conflito interpretativo*, surgido a montante, entre os dois textos de valor supra-legislativo: a CPE e a Directiva n.°. 98/44/CE. Conflito que não nos parece ser passível de solução através dos consabidos mecanismos inscritos na Convenção de Viena sobre o direito dos Tratados, de 23/5/1969, já que nem todos os países membros da CPE e da União Europeia ratificaram a referida convenção, como é o caso da República portuguesa, da França, da Irlanda e do Luxemburgo[24].

b. Seja como for, parece-nos oportuno indagar acerca da delimitação do *limiar mínimo* de não confundibilidade entre as *descobertas* (não patenteáveis) e as *invenções biotecnológicas* patenteáveis, de harmonia com o disposto na Directiva n.° 98/44/CE.

Observe-se, desde já, o quanto o preceituado na citada Directiva desfaz a tendencial harmonia doutrinal e jurisprudencial vigente ao derredor de uma noção unívoca de *invenção* contraposta à de *descoberta*[25].

---

[22] Cfr., sobre isto, SINGER, R. / SINGER, M., *The European Patent Convention*, Revised english edition por R. LUNZER, Sweet & Maxwell, London, 1997 (reimpressão de 1997), pág. 830 e ss.

[23] Esta desarmonia vertical dificilmente pode ser corrigida salvo se a própria CPE for alterada ou, em alternativa, se os orgãos jurisdicionais do Instituto Europeu de Patentes aplicarem o disposto na Directiva n.° 98/44/CE.

[24] GALLOUX, "La directive dans l'ordre international", in *Les Inventions Biotechnologiques, Protection et exploitation*, (...), cit., pág. 17 e ss., espec. págs. 24-25; FUCHS, "Patentrecht und Humangenetik", in *Mitt.*, 2000, pág. 1 e ss.,espec. pág. 6.

[25] No ordenamento estadunidense as coisas não se passam desta maneira. De facto, nos termos do art. 1.°, secção 8, n.° 8, da Constituição norte-americana: *The Congress shall have the power* (...) *To promote the progress of Science and useful arts, by securing for limited times to* (...) *Inventors the exclusive Right to their* (.) *Discoveries*. No mesmo sentido dispõe o *Patent Act*, de 1952 que (35 U.S.C., § 101): *Whoever invents or discovers any new and useful process, machine, manufacture, or composition of matter, or any new and useful improvement thereof, may obtain a patent therefor, subject to the conditions and requirements of this title*. Neste ordenamento, há muitos anos (provavelmente desde 1840: cf. o caso *Wyeth v. Stone*, 30 Fed. Cases, 723, C.C.D. Massachussets, *apud* SCHLICHER, *Patent Law: Legal and Economic Principles*, Clark Boardman Callaghan, Deerfield,

Na verdade, é mais ou menos pacífico que as *descobertas* consistem no *reconhecimento* ou *desvelamento* de relações causais, fenómenos ou propriedades até aí ignorados, apesar de pré-existirem na Natureza[26], revestindo, dessa maneira, uma *natureza teórica* e *abstracta*[27]. Já as *ideias inventivas industriais* (*invenções*) são *soluções* (*técnicas*), que utilizam *meios técnicos*, para resolver *problemas técnicos* e, por isso, também *práticos*, tendo em vista a satisfação, directa ou indirecta, de *necessidades humanas*[28].

Este binómio *descoberta / invenção* acha-se parcialmente subvertido no actual quadro da Directiva n.º 98/44/CE e do novo CPI 03– apesar da intenção aparentemente contrária deste legislador[29].

Na verdade, embora as *descobertas* sejam o *prius* das *invenções* e o referido binómio seja mais evanescente do que, à primeira aparência, possa ser sugerido[30], o certo é que o normativo da União Europeia contribui para o acentuar dessa erosão jurídico-dogmática. Precisamente por isso, há quem[31], perante a nova disciplina da Directiva – tentando *salvar o que resta* do referido binómio – pretenda interpretar *restritivamente* o disposto no artigo 52.º/2, alínea a), da CPE.

New York, Rochester, 1997-2000, § 3.03[3][a] e nota 17; HARMON, *Patents and the Federal Circuit*, 4ª edição, The Bureau of National Affairs, Inc., BNA Books, Washington DC, 1998, pág. 40 e ss.) encontra-se estabelecida a dicotomia entre os princípios, as teorias e (a revelação ou descoberta) (d)as leis da Natureza – insusceptíveis de patenteabilidade – e as coisas (e processos), que, apesar identificadas na Natureza, são objecto de intervenção humana (são *manufactured*) capaz de as tornar industrialmente *úteis* e, por conseguinte, patenteáveis. Daí que seja patenteável *anything under the sun that is made by man*.

[26] CAHVANNE, / BURST, *Droit de la propriété industrielle*, 5ª edição, Dalloz, 1998, pág. 65; João Paulo F. REMÉDIO MARQUES, "Introdução ao Problema das Invenções Biotecnológicas", (…), cit., § 4.1.*b*., pág. 222 e ss.

[27] DI CATALDO, *I brevetti per invenzione e per modelo*, Giufré, Milano, 1988, pág. 65; DI CATALDO, *Le invenzione e I modelli*, Giufré, Milano, 1990, pág. 32.

[28] João Paulo F. REMÉDIO MARQUES, "Introdução ao Problema das Invenções Biotecnológicas", (…), cit., § 4.1.*b*., pág. 222 e ss.

[29] Cfr. o considerando n.º 34: "(…) *a presente directiva não afecta os conceitos de invenção e de descoberta, tal como estabelecidos pelo direito de patentes, a nível nacional, europeu ou internacional*".

[30] KRESBACH, G., *Patentschutz in der Gentechnologie*, Springer Verlag, Wien, New York, 1994, pág. 2, 37-38; UTERMANN, "Naturstoffe-Überlegungen zum Stoffschutz", in *GRUR*, 1977, pág. 1 e ss.; MOUFANG, "La patenteabilidad de los descubrimientos genéticos", in *El Derecho ante el Proyecto Genoma Humano*, Vol. II, Fundación BBV, Madrid, 1994, pág. 273.

[31] SENA, "L'importanza della protezione giuridica delle invenzione biotecnologiche", in *RDI*, I, 2000, pág. 65 e ss., espec. pág. 70 e ss.

Haverá, pois, que considerar uma *noção complexa* de *descoberta*: as *descobertas não patenteáveis* e as *descobertas patenteáveis*. Donde, de um lado, caberia individualizar os princípios, os métodos matemáticos, as teorias científicas, as propriedades e os fenómenos naturais e, de outro, as *matérias inorgânicas* (*v.g.*, minerais) e as *matérias biológicas* (*v.g.*, microrganismos, vírus, bactérias, genes, etc.). Somente no que toca a este último grupo de coisas é que se faria mister fazê-lo aceder ao domínio do patenteável. Que o mesmo é afirmar que as *descobertas de per se*, consideradas *enquanto tal* e desprovidas de uma imediata *utilidade industrial*, não serão patenteáveis. Pelo contrário, as *descobertas* materializadas em objectos (*biológicos* ou *não biológicos*), uma vez despidas da *roupagem abstractizante* e teorizante de que, *ab initio*, se revestiriam, poderiam aceder ao estalão de *invenções*, contanto que o seu *objecto* fosse, *por si só* e por influência de uma *intervenção humana técnica*, um produto susceptível de *aplicação industrial*[32]. O artigo 52.º/3, *in fine*, da CPE parece caucionar este entendimento.

Assim, o poderem as matérias biológicas, meramente *isoladas* do seu *ambiente natural*, possuir uma *concreta utilidade* e/ou *industrialidade* constataria a veracidade daquela última proposição: a *patenteabilidade das descobertas aplicadas industrialmente*. Sendo que a derradeira confirmação desta interpretação se encontraria no preceituado do artigo 5.º/1, da mesma Directiva, de harmonia com o qual a *simples descoberta* de um dos elementos do corpo humano, incluindo a *sequência* ou a *sequência parcial* de um gene, não podem constituir invenções patenteáveis. Este modo de ver as coisas não nos parece o mais correcto do ponto de vista jurídico dogmático.

Ao cabo e ao resto, dá-se uma curiosa *inversão metodológica*. Isto é: a dilucidação do que deva entender-se por *quid* patenteável implica, como *prius*, a análise e verificação, *em concreto* (tratando-se de genes humanos), da susceptibilidade de *aplicação industrial* da invenção, ou seja, faz-se mister que *haja a possibilidade* de o objecto da invenção poder ser *fabricado* ou *utilizado* em qualquer espécie de indústria. Assim, da circunstância de o *quid* poder ser fabricado *industrialmente* derivaria a transformação desse *quid* numa *ideia inventiva* patenteável; em suma, a *aplicação industrial* é que lograria transformá-lo numa *invenção*.

---

[32] SENA, "L'importanza della protezione", (...), cit., págs. 70-71.

4.1.1. Crítica; a patenteabilidade dos elementos (genes) "isolados" do corpo humano

a. O regime jurídico instituído a partir da Directiva n.° 98/44/CE, ora transposto no CPI 03, ao desvelar-nos a referida *inversão metodológica*, contraria os postulados básicos do nascimento do direito de patente. Com efeito, o que cumpre averiguar é se, *prima facie*, há *invenção* ou uma simples *descoberta*. *Secundum*, pressuposta a existência de uma *invenção*, é que se torna possível imaginar *invenções não patenteáveis* e *invenções patenteáveis*[33].

Assim, o intérprete deve, em primeiro lugar, procurar indagar se está perante uma *invenção*, vale dizer, se tem perante si uma *solução técnica*, que fazendo uso de *efeitos técnicos* (que não somente *efeitos estéticos* ou *artísticos*), resolve um *problema técnico*. Só depois procurará perscrutar se essa invenção é *nova*, se desfruta de *actividade inventiva* e de *industrialidade*[34].

O regime instituído pela directiva não respeita este percurso metodológico. De facto, no dizer deste normativo, ao passo que a *mera descoberta* de um gene ou da *sequência parcial* de um gene não é patenteável, já estas matérias biológicas serão patenteáveis contanto que tenham sido *isoladas* ou *destacadas* do corpo humano e dos constituintes biológicos que as envolvem e o peticionante haja indicado uma *concreta aplicação industrial* (art. 5.°). O *mero isolamento*, desta matérias dos constituintes biológicos onde ocorrem no estado natural torna-as patenteáveis, independentemente de serem *purificadas*, contanto que desvelem um contributo técnico materializado numa específica aplicação industrial.

b. Não pode negar-se que inúmeras matérias biológicas *isoladas* e *destacadas* do corpo humano – incluindo genes e sequências parciais de genes – têm permitido o desenvolvimento e a comercialização de fármacos de imensa utilidade, aumentando a qualidade de vida dos pacientes, pelo que ninguém discorda que, também, neste particular, o direito de patente se predispõe a promover o progresso e o bem-estar humanos. Todavia, daqui não segue que as referidas matérias biológicas sejam, por si

---

[33] Cfr. REMÉDIO MARQUES, *Patentes de Genes Humanos?*, (…), cit., pág. 31 e ss.

[34] No mesmo sentido afirma-se nas *Guidelines* do Instituto Europeu de Patentes (Cap. C-IV, 2.2., *in fine*) que: *It must also be borne in mind that the basic test of whether there is an invention within the meaning of Art. 52(1), is separate and distinct from the question whether the subject matter is susceptible of industrial application, is new and involves an inventive step.*

só, patenteáveis, enquanto tenham sido meramente *isoladas* e *caracterizadas*, de tal maneira que esse *isolamento* e *caracterização* haja transmudado a sua intrínseca fisionomia: outrora *descobertas não patenteáveis* – ou, até, *apresentação de informações* –, volver-se-iam, doravante, em *invenções* susceptíveis de patenteabilidade.

É que, se bem repararmos, é a *natureza do processo de isolamento* ou de *destaque* que, no pensamento do legislador da União, determina a patenteabilidade *do produto* (*in casu*, genético) destacado. Na verdade, no considerando n.º 21 fica clara a ideia segundo a qual o elemento *isolado* do corpo humano ou produzido de outra forma é sempre o resultado de *processos técnicos* – inexecutáveis através do simples jogo das forças da Natureza – que o *identificaram*, *purificaram* (o que, como referimos, não é forçoso na mente de legislador da União Europeia), *caracterizaram* e *multiplicaram* fora desse corpo.

De resto, de acordo com a jurisprudência do Tribunal Federal de Patentes alemão (*BPatG*) – jurisprudência tirada em matéria de *invenções químicas*, cujo enquadramento dogmático e regime não é, no essencial, distinto do das *invenções biotecnológicas* –, os *produtos naturais* não devem ser tratados de forma diversa relativamente aos demais.

O facto de a *descoberta* ter sido precedida de muitos anos de pesquisa não a transforma, *sic et simpliciter*, numa *invenção* patenteável[35]. Pois que, patenteável é, ao invés, o esforço do inventor traduzido na solução de um *problema técnico*, *in casu*, a preparação de um novo composto químico com uma composição *mais pura*, embora já existisse na Natureza. Não basta, destarte, que ao requerente da patente seja, tão-só, exigida a remoção ou a colheita de uma substância do respectivo meio biológico envolvente. É preciso mais; faz-se mister que, para além do mero *isolamento*, ele proceda à *alteração* dessa mesma matéria biológica[36].

Daqui resulta que a não patenteação dos *processos* de isolamento, extracção, isolamento, caracterização e multiplicação impede a patenteação daqueles *produtos*: os *elementos isolados* do corpo humano ou *produ-*

---

[35] Assim, no caso *Antanamid*, de 28/7/1987, in IIC, 1979, pág. 494.

[36] Cfr., *inter alia*, na jurisprudência estadunidense: *Kiren-amgen Inc. v. Board of Regents of University of Washington* (in I.PR., 1995, pág. 557 e ss.); *Merk & Co. v. Olin Mathieson Chemical Corporation*, in Federal Reporter, Second series, 1958, pág. 156; *Amgen Inc. v. Chugai Pharmaceuticals Co. Ltd*, in U.S.P.Q., 2d., 1989, 1737. Cfr. SHEINES, "Patenting Gene Sequences", in *JPTOS*, 1996, pág. 121 e ss.; cfr., tb., na jurisprudência do Instituto Europeu de Patentes, o caso *Howard Florey v. Relaxin*, in OJ EPO, 1995, pág. 388 = IIC, 1996, pág. 704.

zidos por qualquer forma. E impede a patenteação mesmo quando se reconheça uma qualquer *aplicação industrial específica*.

c. Concede-se que, quando *isoladas* do corpo humano, as sequências completas (ou parciais) de um gene, podem ser usadas, directa ou indirectamente, na produção de fármacos e no desenvolvimento de outras terapias. São, por isso, usadas, *a jusante*, como soluções para resolver determinados problemas técnicos (*v.g.*, a terapia de uma particular doença ou síndrome).

Não nos parece, porém, que a mera *identificação* e *isolamento* destas substâncias – através de processo técnicos que não poderia ser executados senão através da intervenção humana – transforme, como que num *passe de mágica*, a *actividade de isolamento* numa *ideia inventiva industrial*, cujo *quid* se materializa *no mesmo* produto outrora preeexistente na Natureza, com a mesma estrutura, embora aí estivesse *misturado* noutros *sistemas biológicos continentes* mais complexos (*in casu*, no corpo humano).

O argumento que nos parece decisivo para afastar a patenteabilidade dos *genes* e das *sequências parciais* de genes que somente são *isoladas* do corpo humano reside, antes, na ausência de *efeito técnico*[37] para as alçar a *invenções de produtos*, já que o cientista se limita a sequenciar a *totalidade* ou o *segmento* do gene, tal-qualmente sucede quando uma empresa que pesquisa recursos geológicos e descobre ou *encontra*, a partir de certa profundidade, mediante a mobilização de complexa maquinaria e fazendo uso de *processos técnicos*, o mineral ou os hidrocarbonetos. A existir o *efeito técnico mínimo* requerido pelo direito de patente, ele somente se surpreende nos *processos* que propiciam a sequenciação, o *isolamento* e a *caracterização* das referidas substâncias biológicas. Razão pela qual esses *processos de sequenciação, isolamento* e *caracterização* serão, sem dúvida, patenteáveis, desde que satisfaçam os demais requisitos: *novidade*, actividade inventiva e industrialidade[38]. Os produtos, meramente isolados e caracterizados não seriam, nesta ordem de ideias, patenteáveis.

Quanto especificamente diz respeito às *sequências parciais de genes*, parece clara a intenção de o legislador não incentivar a sua patenteabi-

---

[37] Tb. GOEBEL, "Ist der Mensch Patentierbar? Zur Frage der Patentfähigkeit von Humangenen", in *Mitt.*, 1995, pág. 153 e ss., espec. pág. 157; MOUFANG, *Genetische Erfindungen*, (...), cit., pág. 161 e ss., Cfr., tb., FUCHS, "Patentrecht und Humangenetik", (...), cit., pág. 1 e ss., espec. págs. 3-4.

[38] FUCHS, "Patenterecht und Humangenetik", (...), cit., págs. 4-5; OSER, in *GRUR Int.*, 1998, págs. 648, 650 = "Patenting (Partial) Gene Sequences Taking Particular Account of the EST Issue", in *IIC*, 1999, pág. 1 e ss.

lidade, a despeito de a conceber com larga bonomia e largueza de critérios. De facto, apercebendo-se de que *a um gene* podem corresponder *várias sequências parciais desse gene*, cuja função concreta consista, tão-só, em *instrumento de pesquisa* (sondas, marcadores genéticos) com vista à identificação *completa* do gene (e/ou da sequência de amino-ácidos ou da proteína para que este codifica) – cada uma das quais tutelada por direitos de patente outorgados, no limite, a outras tantas sociedades –, não será invulgar que os Institutos Europeu e nacionais de patentes requeiram o depósito de tantos pedidos quantas as *sequências parciais* reivindicadas (do mesmo gene)[39]. O que – a mais de tornar quase incomportável o montante de taxas devidas – significa que o *depósito* conjunto de várias *sequências parciais do mesmo gene* violará, nestes casos, o princípio da *unidade da invenção* (arts. 71.º, do CPI 03 e 82.º, da CPE). Nem, tão-pouco, se poderá considerar que as *várias invenções* estão entre si ligadas, de modo a formarem um *único conceito inventivo geral* – hipótese, esta, em que, apesar de tudo, poderiam ser objecto de *um único* depósito. Daqui decorrerá o pagamento de taxas adicionais – pois, por exemplo, o depósito de 2000 sequências parciais de um gene, é tratado como depósito de 2000 *invenções independentes* –, tornando pouco ou nada atractivos os pedidos de patentes de *sequências parciais de genes* cuja única *aplicação concreta* seja, por exemplo, a de servir de *marcador genético* para a identificação da sequência completa.

d. A admissão da patenteabilidade de genes ou de *sequências parciais* de genes somente *identificados* e, consequentemente, *isolados* do corpo humano – enquanto *patentes de produtos* – poderá, entre nós, conflituar com o *direito de liberdade* de *criação intelectual*, plasmada no *direito à invenção*, de estalão constitucional (art. 42.º/2, da CRP), pois não se descortina que os *produtos biológicos,* assim *destacados* dos demais constituintes biológicos onde se encontravam emersos, sejam o *resultado* ou a *forma externa* de uma *forma mental*[40] que não esteve ao serviço da simples *descrição* de *formas naturais*. Bem pelo contrário, se assim for o *intelecto humano* e os *efeitos técnicos*, que dele se espera que venham a

---

[39] A mesma previsão decorre do considerando n.º 25 da Directiva n.º 98/44/CE, segundo o qual cada sequência é considerada uma *sequência autónoma* para efeito do direito de patentes, sempre que seja necessário indagar o âmbito dos direitos em casos de sobreposição de sequências nas partes que não são essenciais à invenção.

[40] Cfr., sobre a *estrutura formal* das obras do espírito e as criações intelectuais, GAUDRAT, "Réfléxions sur la forme des oeuvres de l'esprit'', in *Propriétés Intellectuelles*, Mélanges en l'honneur de André FRANÇON, Dalloz, Paris, 1995, pág. 195 e ss.

produzir-se, limitam-se a operar sobre as *particularidades do objecto* (*biológico*) visado, separando-o, não só *idealmente*, mas também *materialmente* do outros objectos (*biológicos*). A *forma mental intelectiva* reside, desta maneira, nos *processos técnicos* de *identificação*, *isolamento* e *caracterização* dessas matérias biológicas. Mas isto é insuficiente. È estultícia dizer-se que o cientista *inventou* o *produto biológico* na medida em que, uma vez *descoberto*, o tenha *simplesmente destacado* ou *isolado* do ambiente biológico que o circundava.

Já no que concerne à *purificação* daquelas substâncias biológicas de origem humana, não temos dúvidas em admitir, ao invés, que o *resultado* dessa *purificação* – a matéria biológica *purificada* (*v.g.*, fragmentos de *ARN polimerase* ou proteínas com uma actividade mais intensa, relativamente à função que normalmente desempenham nas células onde se localizam) – não constitui uma simples *descoberta* ou *apresentação de informação*.

Vale isto por dizer que, a mais do *isolamento* e *caracterização* da matéria biológica, é necessário que proceda à sua *purificação*, designadamente obtendo *ADN complementar* (*cDNA*) *excisado* dos *intrões*; modificando a sequência de amino-ácidos; *apagando* ou *adicionado* genes ao *código genético* das diversas substâncias que intervêm nos processo biológicos intra-celulares (*ARN transportador*; *ARN das mitocôndrias*, etc); *fundindo* sequências de ARN mensageiro de origem (animal/vegetal) diversa. Tudo isto de maneira a que se possa dizer que a matéria biológica adrede obtida *jamais existiu*, *como tal*, na Natureza. Ora isto pressupõe a prática de uma actividade humana de *natureza técnica*, dirigida não só à *identificação*, isolamento e *caracterização* daquelas substâncias, mas também à *modificação*, *fusão*, *cisão* ou *rearranjo* das *sequências parciais* ou *completas dos genes*.

Todas estas actividades humanas podem, à partida, alçar-se a *invenções de produtos biotecnológicos*, pois a *intervenção humana* implica que esses *produtos* sejam objecto de um *efeito técnico*, mediante o qual é possível *controlar* as forças da Natureza ou os *fenómenos naturais*, com vista à obtenção determinados resultados, que doutra maneira não ocorreriam[41]. Aqui, não só o *processo de purificação* pode ser patenteável como, igualmente, o próprio *produto purificado*.

---

[41] Cfr., por todos, BUSSE, *Patentgesetz, Kommentar*, 5ª edição, Walter de Gruyter, Berlin, New York, 1999, pág. 29 e ss., § 1., Rdn. 19 e ss.; MOUFANG, *Genetische Erfindungen*, (…), cit., pág. 137 e ss.

4.1.2. Conclusões

Do exposto é legítimo concluir que somente deverão ser, neste particular, *candidatos positivos* à patenteabilidade, as *invenções* relativas: **(1)** aos *processos* de identificação, isolamento e caracterização de genes ou de sequências parciais de genes[42]; **(2)** aos *processos* que apliquem a sequência *completa* ou *parcial* de *cDNA* ou de *ADN genómico* (seja utilizando as *ESTs*, as *Open Reading Frames* ou, em geral, os *SNPs*); **(3)** aos *usos* destas sequências para a expressão de genes noutros organismos, para transformar células de organismos *procariotas* ou *eucariotas*; ou para a obtenção de uma vacina ou como *screening agents* para a identificação de *ADN genómico* ou *ARN mensageiro* que codifiquem para uma determinada proteína[43]; **(4)** aos *genes* e às *sequências parciais* de genes *isolados* e, de alguma forma, *purificados*, seja por métodos tradicionais, seja por meio de técnicas de *ADN recombinante*; **(5)** às sequências de *ADN complementar* (*cDNA*), fabricadas por técnicas de *ADN recombinante*, por isso mesmo que são *cópias* de *ARN mensageiro*, aí onde os *intrões* se acham *excisados* ou removidos, relativamente ao *gene natural* que, como vimos[44], os incorpora; **(6)** às sequências de *ARN transportador* e de *ARN ribossomal*, que, enquanto implicadas no controlo da transcrição podem ser alteradas através da modificação das *proteínas* que com elas interagem (*partículas ribonucleoproteicas*)[45] **(7)** aos demais *produtos biológicos* obtidos a partir da alteração da sequência dos genes (*v.g.*, da alteração dos *codões* de terminação), tais como os *amino-ácidos* não existentes, *como tal*, na Natureza (*v.g.*, através do controlo dos fenómenos de *metilação*, de amputação), as cadeias de *péptidos* ou de *oligopéptidos* e as proteínas, bem como os *processos químicos* adrede criados para a obtenção desses produtos.

---

[42] E, a jusante, os processos de construção, selecção e identificação de marcadores genéticos (*ESTs*, *SPNs*), susceptíveis de serem utilizados como *instrumentos de pesquisa* em ulteriores investigações – constituindo, portanto, *produtos intermédios* – tendo em vista a obtenção de melhores *métodos e aparelhos (Kits) de diagnóstico*, de melhores *mapas* do genoma humano, etc.

[43] GOLDBACH / VOGELSANG-HENKE / ZIMMER, *Protecting of Biotechnological Matter*, (...), cit., pág. 120-121.

[44] cfr., *supra*, nota n.° 3.

[45] V.g., aumento da capacidade de o *ARN transportador* ser activado.

4.2. A novidade da invenção

a. Assente que esteja o juízo sobre a existência, *in concreto*, de uma invenção, é preciso, depois, averiguar o preenchimento dos restantes requisitos substantivos de patenteabilidade. Um deles é, como se sabe, o da *novidade*.

A invenção será *nova* acaso não esteja compreendida no *estado da técnica*, sendo que o *estado da técnica* compreende tudo o que se tornado *acessível ao público* – por escrito, oralmente ou por uso de facto da invenção – antes da data do depósito (art. 54.º, CPE), de jeito a poder ser conhecido e explorado pelo perito (*médio*) na especialidade (art. 56.º/1, CPI), pois a informação pré-existente à data do depósito, capaz de *destruir* a *novidade*, depende daquilo que ao perito da especialidade seja exigido que compreenda[46], sem que para tal deva ser exigido a realização de um esforço desproporcionado em relação aos conhecimentos que deve possuir[47] (*undue burden*).

b. No que tange à *novidade* dos genes ou das sequências *parciais* de genes, embora a consideração da circunstância de a estrutura dessas substâncias ser idêntica à que exista na Natureza, do simples facto do seu *isolamento* e *caracterização* (através de parâmetros estruturais ou funcionais) – desse *quid* até aí desconhecido – deriva a sua *novidade*[48], ainda quando o perito na especialidade pudesse implícita e teoricamente conhecer a sua existência (ou esta lhe não ser incognoscível). Faz-se, porém, mister que esse perito não pudesse, em concreto, reconhecer ou prever a sua existência[49].

Assim, a *sequência parcial* de um gene não se encontra compreendida no *estado da técnica* somente pelo facto de a sequência de nucleó-

---

[46] Cfr., *inter alia*, a decisão T 290/86, no caso *Imperial Chemical Industries v. Blendax Gmbh*, in OJ EPO, 1992, pág. 414.

[47] REMÉDIO MARQUES, *Patentes de Genes Humanos?*, (...), cit., pág. 38 e ss.

[48] No mesmo sentido, cfr. Guidelines, Cap. C-IV, 2.3.; FUCHS, "Patentrecht und Humangenetik", (...), cit., pág. 5.

[49] RAUH / JAENICHEN, "Neuheit und erfinderische Tätigkeit bei Erfindungen daren Gegenstand Protein oder DNA-sequenzen sind", in *GRUR*, 1987, pág. 753 e ss., espec. pág. 755; tb. a decisão T 301/87, no já citado caso *Alpha Interferons / BIOGEN*: as *sequências parciais* de genes (*EST*) existentes numa biblioteca de genes são novas, desde que as sondas de hibridização, capazes de permitir o seu isolamento e caracterização, não seja conhecidas.

tidos que a formam se encontrar armazenada numa *biblioteca de genes*, dado que aí ainda não fora *isolada* e *caracterizada*[50].

Do mesmo passo se pode afirmar que, se a mesma *sequência parcial* se achar compreendida no *estado da técnica*, tal não implica que essa publicidade se *comunique* à *sequência completa* do gene, posteriormente depositada por outro inventor. A despeito disto, a *sequência completa* do gene será *nova*. O mesmo se dirá nas eventualidades em que a *sequência completa* do gene (ou uma *sequência parcial* mais extensa) pertence(m) ao *estado da técnica*: uma parte dessa sequência pode ser *nova*, dado que se trata sempre de duas substâncias químicas diferentes – isto dito, sem prejuízo de se poder colocar o problema da ausência de *actividade inventiva*.

Enfim, a constatação da presença de pequenas diferenças na *estrutura química* da sequência de nucleótidos (no *cDNA*) pode indicar, apesar de tudo, a *novidade* do pedido depositado posteriormente, visto que essa pequena alteração pode bem conduzir a uma dramática alteração da cadeia de amino-ácidos e, logo, da *estrutura* e das *funções* da proteína para que codifica[51].

4.3. *A industrialidade da invenção; a descrição da invenção; a indicação da concreta aplicação industrial*

a. A patenteabilidade de uma invenção está, também, condicionada pela verificação da circunstância de a ideia inventiva ser susceptível de *aplicação industrial*, que o mesmo é dizer, que a ideia inventiva deve revelar-se idónea a ser *utilizada* ou *fabricada* em qualquer género de indústria ou na agricultura (arts. 51.°/1 e 53.°/3, ambos do CPI 03; art. 57.°, CPE) – por isso mesmo que o direito de patente tutela as *ideias inventivas industriais*.

---

[50] Assim, decisão T 412/93, no caso *KIRIN-AMGEN / ERYTHROPOEITIN*, in EPOR, 1995, pág. 629 =
[51] Em sentido análogo, cfr. a decisão T 886/91, de 16/6/1994, no caso *Hepatitis B virus / BIOGEN INC* (o tribunal decidiu, todavia, que à *nova variante* da sequência de ADN complementar – que codificava para uma proteína capaz de reconhecer os anticorpos da hepatite B, útil, portanto, para a fabricação de *vacinas* e *kits* de diagnóstico – faltava *actividade inventiva*).

O requisito da *industrialidade* encontra-se estritamente ligado ao cumprimento de uma outra obrigação, exactamente a que requer que o inventor *descreva* a invenção, de forma suficientemente *clara* e *completa* para que um perito na matéria a possa executar (art. 83.º, CPE; art. 62.º/4, do CPI 03)[52].

Dado que a invenção deve ser publicitada – de jeito a que, de um lado, os conhecimentos científicos aplicados destarte *publicamente revelados* possam ser utilizados por outros inventores e, por outro lado, que possa ser apreciada a *distância* entre a *solução técnica* reivindicada e as *soluções técnicas* que, à data do pedido, estavam disponíveis no domínio público e eram cognoscíveis pelo perito médio na especialidade (*actividade inventiva*) e, por último, que o *âmbito de protecção* do direito de patente seja razoavelmente delimitado em função da valia ou *contribuição técnica* e científica da ideia inventiva ora tutelada para o coetâneo estado da técnica[53] –, o inventor deve demonstrar a forma como a invenção pode *funcionar*.

b. Em sede de *invenções biotecnológicas*, este requisito assume um relevo particular[54], exactamente porque, quer o *resultado dos processos biotecnológicos,* quer os próprios *produtos biotecnológicos* têm uma capacidade *replicativa* ou *auto-replicativa*, pelo que se faz mister que o inventor possa assegurar a repetição *constante* dos resultados por si previstos e anunciados (o efeito técnico reivindicado) – seja no que diz respeito à *estrutura*, seja, em especial, no que concerne às *funções* que desempenham –, nas futuras linhas de *ácidos nucleicos* ou de *organismos vivos*

---

[52] SINGER, R. / SINGER, M., *The European Patent Convention*, (...), cit., págs. 213--214; BUSSE, *Patentgesetz, Kommentar*, (...), 5ª edição, cit., págs. 170-171, § 5, Rdn. 4 e ss.

[53] Deve evitar-se que as *reivindicações* sejam interpretadas de maneira tão *ampla* a ponto de o direito de patente abranger o exercício de actividades industriais, cujos processos que mobilizam ou produtos que fabricam ou comercializam não devem depender da invenção patenteada. Cfr., sobre o artigo 69.º, da CPE, e o respectivo protocolo interpretativo, aprovado em 5/10/1973, em resultado da Conferência Diplomática de Munique para a instituição de um Sistema Europeu de Concessão de Patentes, PAGENBERG, "The Scope of Article 69 European Patent Convention: Should Sub-combinations be Protected? A Comparative Analysis on the Basis of French and German law", in *Intellectual International Property Law & Policy*, Vol. 1, ed. por H. C. HAWSEN, Sweet & Maxwell, London, 1996, pág. 221 e ss.

[54] REMÉDIO MARQEUS, *Patentes de Genes Humanos?*, (...), cit., págs. 42-45.

mais complexos; ou que possa presumir-se que os referidos resultados poderão ser logrados com uma suficiente probabilidade. Mas não lhe é requerido que explique a *melhor maneira* (best mode) de comercializar ou fabricar o objecto ou o processo reivindicados.

Seja como for, parece-nos que o estalão da *industrialidade* das invenções biotecnológicas que incidem sobre *sequências completas* genes e sobre *sequências parciais* de genes, sendo mais *fraco* sempre que o *estado da técnica* da biologia molecular e da genética não permita reduzir a margem de imponderabilidade dos resultados, aumentará na proporção do aumento do acervo de conhecimentos científicos que, nestes domínios, permitem prever e assegurar a *reproductibilidade constante* destas substâncias[55].

Sem pretendermos, por ora, tomar posição definitiva sobre o tema, no que toca às *invenções biotecnológicas*, que tenham como objecto *sequências completas* ou *parciais* de genes, cumpre destacar os problemas atinentes:

(1) ao *depósito da matéria biológica* em instituições acreditada, posto que a *descrição* corre o risco de ser insuficiente se o material reivindicado não for acessível ao público e não puder ser descrito no pedido, de maneira a permitir a sua realização por um perito na especialidade[56]. Os artigos 13.° e 14.°, da Directiva n.°. 98/44/CE adoptaram as regras já plasmadas nos artigos 28 e 28a do Regulamento de Execução da CPE[57].

Curando-se de reivindicar sequências de genes, é exigido, a partir da decisão do presidente do Instituto Europeu de Patentes, 11/12/1992, a apresentação uniformizada (e em suporte digital) da *sequência de nucleótidos*[58] e de *aminoácidos*, de acordo com as normas WIPO Standard ST.32., *ex vi* do artigo 27a, do Regulamento de execução da CPE.

---

[55] Aproximadamente, cfr. BRANDI-DOHRN, "The Unduly Broad Claim", in *IIC*, 1994, pág. 648 e ss., espec. pág. 652

[56] Cfr. STRAUSS / MOUFANG, *Deposit and Release of Biological Material for the Purposes of Patent Procedure*, Nomos Verlagsgesellschaft, Baden-Baden, 1990, pág. 95 e ss., 141 e ss.; João Paulo F. REMÉDIO MARQUES, "Introdução ao Problema", (...), cit. § 7.1., pág. 290 e ss.

[57] Por sua vez, o Projecto de alteração do CPI (1999) também reproduz, no seu artigo 60.°, o disposto nos artigos 13.° e 14.°, da citada directiva.

[58] A sequência de nucleótidos e de amino-ácidos significa uma sequência contínua de dez ou mais nucleótidos e uma cadeia de quatro ou mais amino-ácidos.

(2) à possibilidade de, à face da descrição, estes ácidos nucleicos serem insusceptíveis de reprodução, atento o material biológico de que o inventor parte.

(3) ao risco de o *sentido* e o *alcance* das reivindicações (ainda que com o auxílio dos desenhos e do material biológico *depositado*) abranger coisas ou processos (biológicos) que ainda não existem[59], atribuindo-se, injusta e irrazoavelmente, ao inventor, um *âmbito de protecção* mais alargado. Isto porque no sector da biotecnologia detecta-se uma maior *impredictibilidade* de resultados do que em qualquer outro sector[60]. Razão pela qual o problema do *âmbito de protecção* das patentes reveste uma singular importância[61].

(4) à identificação clara da invenção, seja através da indicação dos *parâmetros químicos* e *físicos* (peso molecular, variações *alélicas*, localização, *dimensão* da sequência de nucleótidos, ou até os *efeitos biológicos*) dos ácidos nucleicos reivindicados, seja através da *descrição* da forma como são obtidos (*product-by-process claim*), seja através de uma *fórmula estrutural* – tal como nas *invenções químicas* em geral[62] – ou da apresentação da sequência de nucleótidos e/ou de amino-ácidos.

c. Uma das singularidades da Directiva n.º 98/44/CE reside na exigência, posta no artigo 5.º/3, de as reivindicações que tenham por objecto

---

[59] V.g., reivindicando resultados que não são cobertos pela descrição fornecida, seja quando esta

[60] *V.g.*, uma simples alteração da sequência de nucleótidos pode conduzir à formação de amino-ácidos diferentes; a supressão de um amino-ácido (trazido pelo *ARN transportador*) na cadeia de amino-ácidos pode conduzir à síntese de uma proteína estruturalmente idêntica a outra já anteriormente sintetizada ou pré-existente na Natureza, mas com propriedades diferentes (maior concentração, pureza, facilidade de obtenção, etc.).

[61] BARTON, "Patent scope in biotechnology", in *IIC*, 1995, pág. 605 e ss.

[62] São as chamadas reivindicações do tipo *Markush Claim*. Cfr. as *Guidelines*, Cap. C-II, 4.9.; DEHLINGER, "A Not-so-Radical Proposal for Selecting Radical Substitutions in Markush-Type Claims", in *JPTOS*, 1992, pág. 463 e ss., espec. pág. 464. Embora ao inventor seja requerido que demonstre (ou essa demonstração decorra da descrição, tal como o perito da especialidade a deverá apreender), com pelo menos um exemplo (*one-way rule*), o funcionamento da invenção, não raro essa demonstração será insuficiente, especialmente se a invenção cobrir várias alternativas ou variações.

sequências *completas* ou *parciais* de genes (patentes de produto) deverem indicar a *concreta aplicação industrial* das matérias[63], constando agora esta exigência no artigo 54.°/1, alínea b), do CPI 03.

Dado que a indicação da *concreta aplicação industrial* pode efectuar--se mediante uma *descrição* que utilize *linguagem funcional* – ao ser precipuamente referida a *função* da sequência parcial do gene –, aí onde é suficiente que o inventor exponha, pelo menos, *um exemplo* com vista ao desempenho da referida função[64], o problema do (excessivo) âmbito de protecção assim sugerido, revela contornos insuspeitos.

Embora esta exigência pareça relacionar-se com a preocupação de prevenir, no quadro da CPE, o surgimento de reivindicações idênticas às que foram apresentadas em 1992, pelo Instituto Nacional de Saúde norte-americano (NIH), sobre *sequências parciais* de genes (*ESTs*), cuja proteína para que codificavam era (e ainda é) desconhecida, já houve quem sugerisse que a referida exigência mais não significaria senão o afloramento de uma regra geral, segundo a qual nas invenções químicas e biotecnológicas de *produtos* haverá sempre uma *limitação do âmbito de protecção* à *concreta aplicação* do invento[65] ou às apliacações equivalentes como tal intuíveis pelo perito na especialidade.

Cremos, tão-sómente, que esta norma vem colocar um freio na *regra geral* oposta: a da *protecção absoluta* das patentes de produto[66]. A revelação de, pelo menos, *uma maneira* de alcançar a solução técnica não deve permitir o alargamento do *âmbito de protecção* do direito de patente a todas as (ulteriores) ideias inventivas que alcancem o mesmo resultado[67]. Quer dizer: nas invenções cujo objecto consista em sequências *completas* ou *parciais* de genes (*v.g.*, *ESTs*, *SNPs*), o *pioneirismo* da ideia inventiva – e das inerentes faculdades jurídicas – numa fase da *investigação apli-*

---

[63] Cfr., FUCHS, "Patentrecht und Humangenetik", (…), cit., págs. 5-6; NIEDER, "Die gewerbliche Anwendbarkeit der Sequenz oder Teilsequenz eines Gens", (…), cit., pág. 99.

[64] Cfr. *Guidelines*, Cap. III, 6.5.. Tendo em vista o problema da *clareza* e *suficiência* da descrição (art. 62.°/4 do CPI 03; art. 83.°, da CPE), as reivindicações deste jaez subordinam-se à designada *one-way-rule*, nos termos da qual uma maior *amplitude* do âmbito de protecção das reivindicações é aceitável na medida em que o perito na especialidade conheça, pelo menos, *uma maneira* de executar o invento mediante a leitura daquela descrição. Cfr. a Decisão T 292/85, no caso *Genetech Inc.*, in OJ EPO, 1989, pág. 275.

[65] DI CATALDO, *La brevettabilità delle biotecnologie*, (…), cit., págs. 189-190.

[66] O conteúdo desta regra mostra-nos que o *âmbito de protecção* não se restringe a um *qualquer uso* do produto patenteado, mas antes que a protecção se estende a qualquer uso, incluindo as utilizações que dele se façam fora do sector industrial onde fora patenteado.

[67] BARTON, *Patent Scope*, (…), cit., pág. 605.

cada tão próxima da *investigação básica* poderá bloquear as ulteriores pesquisas tendentes à obtenção de produtos biológicos *intermédios* (*v.g.*, enzimas, anticorpos, hormonas geneticamente modificados) e *finais* (*v.g.*, vacinas, fármacos, testes de diagnóstico), com uma inegável utilidade (*v.g.*, terapêutica)[68]. Isto significa que não é razoável, em muitos casos, fazer estender os direitos de patente a efeitos técnicos *desconhecidos*, que somente ocorrerão muito a *jusante*[69] do teor literal do *objecto do invento*, especialmente se há razões para supor que a limitação do *círculo de proibição* do direito de patente poderá contribuir para o aumento das vantagens competitivas daqueles que concorrem com o inventor no mesmo sector, salvo se a *extensão* ou o alargamento dessas fronteiras puder incrementar os incentivos colocados ao dispor do inventor e levá-lo a criar *novas soluções* técnicas a partir da primeira invenção de cuja patente seja titular.

Isto vale por significar que, provavelmente, a patente de uma *sequência parcial* de um gene só deverá abranger o *círculo* delimitado pelas utilizações *concretamente* expostas no pedido e outrossim, as que possam ser imaginadas pelo perito na especialidade, na data do depósito, salvo se uma nova *solução técnica*, não obstante esteja incluída no referido *círculo de proibição*, revista um superior valor acrescentado em relação às outras soluções que o perito na especialidade poderia prever (*reverse doctrine of equivalents*)[70], ou se o depositante limitou *expressamente* a invenção a um determinado *uso* (*maxime*, terapêutico)[71].

---

[68] Sobre isto, cfr. EISENBERG, "Proprietary Rights and the Norms of science in biotechnology Research", in *The Yale Law Journal*, 1987, pág. 177 e ss.

[69] Cfr., neste sentido, a decisão T 435/91, no caso *Unilever*, in OJ EPO, 1995, pág. 188, nos termos do qual não deve ser admitida a linguagem funcional se esta somente constituir um convite para a pesquisa de soluções técnicas alternativas daquelas que são mencionadas na descrição

[70] MAEBIUS, "NoveL DNA Sequences and the Utility Requirement", in *JPTOS*, 1992, pág. 651 e ss., espec. pág. 653. A *reverse doctrine of equivalents*, tal-qualmente fora formulada no caso *Graver Tank & Mfg. Co. v. Linde Air Products, Inc.*, 339 U.S. 605 (1949), permite, destarte, limitar o *âmbito de protecção* do direito de patente, especialmente quando as *reivindicações*, ao definirem o objecto da protecção requerida, forem para além do que, para o perito da especialidade, resulta da *descrição* do invento. Assim, se o objecto da invenção, cuja anulação é peticionada, desempenhar a mesma função mas de forma *substancialmente diversa*, inexistirá ofensa do direito de patente anterior, a despeito de existir uma aparente *contrafacção literal* dessa patente. Cfr. CHISUM, D. / NARD, C. A. / / SCHWARTZ, H. F. / NEWMAN, P. / KIEFF, F. C., *Principles of Patent Law, Cases and Materials*, Foundation Press, New York, 1998, págs. 1224, 1372; HARMON, *Patents and the Federal Circuit*, 4ª edição, (…), cit., págs. 248-249. O objectivo desta doutrina – que pode revestir potencialidades expansivas no direito europeu continental, especialmente no sector

De qualquer modo, é preciso saber como se logra satisfazer a referida exigência da industrialidade.

A este propósito – e no que respeita às *patentes de produto* – não nos parece que satisfaz este requisito a *lacónica* indicação de que as *sequências parciais* podem ser utilizadas como *sondas* para a *hibridização* de outras sequências (parciais) do mesmo gene, ou para *futura pesquisa* em matéria de marcadores genéticos, por isso mesmo que é excessivamente *vaga* e *genérica*.

Já nos parecem admissíveis, designadamente, as indicações:

(a) de formas isoladas de polinucleótidos, que contenham sequências de nucleótidos, capazes de *hibridizar* selectivamente ao genoma de um determinado vírus (*v.g.*, hepatite C)

(b) das sequências de *cDNA* (*ARN mensageiro* clonado e livre de *intrões*) que codificam para um *péptido* (cuja referência é expressamente efectuada), cuja *cadeia de amino-ácidos* tenham sido alterada (o amino-ácido cistina tenha sido substituído pelos amino-ácidos alanina ou serina);

(b) das sequências de *ADN* humano, com uma região de iniciação, o gene estrutural e uma região de terminação (codões de terminação) capazes de serem inseridos em células animais ou vegetais e induzirem a produção de proteínas (humanas)[72].

(c) das sequências de *ADN* humano que, sem a presença de intrões, codificam para a síntese de uma específica proteína.

(d) da molécula de *ADN recombinante* usadas para clonar uma sequência de *ADN* humano numa bactéria ou em células animais[73].

Não nos parece, pois, que seja determinante a afirmação plasmada no Considerando n.º (24) da Directiva n. 98/44/CE, segundo o qual o critério da *aplicação industrial* é respeitado se e quando for especificada a *proteína* ou a *proteína parcial* produzida[74].

---

das novas tecnologias e, *pour cause*, das invenções pioneiras – apesar do disposto no artigo no Protocolo interpretativo do artigo 69.º, da CPE –, também parece consistir na limitação proporcionada do âmbito de protecção do invento ao respectivo mérito intrínseco.

[71] Decisão *Antivirusmittel*, do BGH, de 16/6/1987, in *GRUR*, 1987, pág. 794

[72] *V.g.*, interferões, eritropoeitina, etc.

[73] Após o que se deve descrever a forma e o *locus* de inserção da sequência de ADN humano no microrganismo e reivindicar, igualmente, o ADN que *hibridiza* em contacto com o primeiro e o tipo de péptido para que codifica

[74] Tb., assim, BALDOCK / COOK / KARET / ROLLINS / WOOD, "Report Q 150: Patentability Requirements and scope of Protection of Expressed Sequence Tags (ESTs), Single

4.4. *A actividade inventiva*

a. A *actividade inventiva* é um outro requisito substantivo de patenteabilidade, previsto no artigo 55.°/2, do CPI 03 (*idem*, art. 56.°, CPE), de harmonia com o qual *só é invenção patenteável aquela que não resulta de uma maneira evidente do estado da técnica*. Atentemos no mais divulgado *teste* para a apreciação da *actividade inventiva*, no quadro da CPE (*problem and solution approach*)[75].

Uma vez identificado o *problema técnico* que na reivindicação se afirma resolvido e o respectivo *estado da arte* contemporâneo à data do depósito do pedido – *id est*, aquele conjunto de conhecimentos com que o perito na especialidade se teria instruído para resolver o *problema técnico* proposto (e resolvido pelo inventor)[76] –, é preciso comparar a utilidade e as vantagens práticas da *solução técnica* dada pelo *estado da arte* coetâneo da data do depósito e as que o inventor reivindica[77]. Finalmente, cumpre avaliar se a *solução técnica* reivindicada resulta de maneira evidente do *estado da técnica*, ou seja, se esse perito, confrontada com o mesmo problema *deveria*[78] ter obtido a mesma solução que fora expressamente reivindicada.[79]

Nucleotide Polymorphisms (SNPs) and Entire Genomes'', in *EIPR*, 2000, págs. 39-42, espec. pág. 40.

[75] SZABO, "The Problem and Solution Approach in the European Patent Office", In *IIC*, 1995, pág. 457 e ss., espec. pág. 457, espec. pág. 460 e ss.; BUSSE, *Patentgesetz, Kommentar*, (...), cit., págs. 130-131, Rdn. 22 e 23.

[76] O propósito desta abordagem inicial consiste em evitar, tanto quanto possível, que a solução reivindicada seja precipitadamente considerada óbvia para o perito da especialidade, exactamente porque há uma invariável propensão para considerar *óbvio* o que é objecto de reivindicação, atenta a tendência natural do ser humano em aprender uma distorcida imagem (retrospectiva) do desenvolvimento tecnológico anterior – *maxime*, numa época (que já remonta ao século XIX) de constante e acelerada renovação científica,

[77] Desta maneira, presta-se atenção aos *novos efeitos práticos* trazidos ao *estado da técnica* pela invenção reivindicada, em suma, ao *valor acrescentado* da invenção relativamente ao estado da arte. Cfr. REMÉDIO MARQUES, *Patentes de Genes Humanos?*, (...), cit., págs. 49-50.

[78] Não se trata de saber se o perito *poderia* ter chegado a essa solução, de acordo com o estado da arte devidamente documentado, já que *post factum finitum*, pode parecer-nos tecnicamente possível que o perito na especialidade pudesse obter a mesma solução. Porém, esta *expectativa teórica* de *sucesso* não é suficiente para estabelecer a ausência de *actividade inventiva*. Neste sentido, cfr. as *Guidelines*, Cap. IV, 9.5. (onde se faz a distinção *could/would*); tb. na decisão T 683/90, de 5/5/1992.

[79] Isto vale por dizer que, quanto mais *densificada* se apresentar a reivindicação mais difícil será concluir que o perito na especialidade poderia ter obtido a mesma solução.

A dilucidação desta questão passa, em geral, pela convocação de certos *índices* de *actividade inventiva*, tais como as *vantagens inesperadas*, os *efeitos* e *resultados surpreendentes*, a sentida *necessidade* do produto ou do processo, a superação de complexos problemas técnicos, etc[80].

b. A dilucidação da *actividade inventiva* encontra-se estreitamente relacionada com a *aplicação industrial* das sequências *completas* ou *parciais* de genes, *concretamente* indicada na *reivindicação*.

Haverá, por exemplo, *indícios* de actividade inventiva das *SNPs* e *ESTs* nas eventualidades em que estas *sequências parciais* de *genes* estejam associadas a certas doenças ou predisposições genéticas.

A questão pode revelar-se mais controversa se estes *marcadores genéticos* somente forem reivindicados como *sondas*, com vista à obtenção e identificação de outras *porções* ou *fragmentos* do gene, dado que inexistirá, por regra, qualquer *vantagem* específica ou *efeito técnico inesperado* que não pudesse ser intuído pelo perito na especialidade. Nestes casos, a *actividade inventiva* será provavelmente estabelecida se o inventor se limitar a reivindicar uma *patente de uso*[81] – a qual, no quadro da CPR, é tratada como *patente de processo*, *maxime*, se o *estado da técnica* somente incluir a sequência mas não for conhecida a *função*; neste caso, a reivindicação será dirigida ao *uso* dessa sequência no desempenho da *função* que seja expressamente indicada (*v.g.*, codificar para certos amino-ácidos com uma *função enzimática* específica).

Quanto à actividade inventiva das reivindicações de *ADN complementar* (*cDNA*), não raras vezes, a utilização de um diferente *processo de isolamento* e de *clonagem* e *expressão* do *ARN mensageiro* (e, logo, de excisão ou remoção dos *intrões*) num *vector de expressão* (*v.g.*, num plasmídeo) constituirá um índice de actividade inventiva. Noutros casos, a obtenção deste *ARN mensageiro* em maiores quantidades (ou em maior *pureza*) do que as propiciadas pelas respectivas fontes naturais pode, também, inculcar a presença de actividade inventiva[82]. Noutros ainda, procurar-se-á surpreender diferenças ou semelhanças *estruturais*, os obstáculos técnicos

---

[80] BUSSE, *Patentgesetz, Kommentar*, § 4, Rdn. 101 e ss., pág. 147 e ss., 163-164; MOUFANG, *Genetische Erfindungen*, (…), cit., pág. 278 e ss.; CHISUM / NARD/ NEWMAN / / KIEF, *Principles of Patent Law*, (…), cit., pág. 535 e ss., 632 e ss.

[81] BALDOCK / COOK / KARET/ ROLLINS / WOOD, "Report Q 150: Patentability Requirements", (…), cit., pág. 41.

[82] Cfr. a decisão T 386/94, no caso *UNILEVER NV and Others*, in OJ EPO, 1996, pág. 658.

inesperados com que o inventor se confrontara, o modo pelo qual seriam, ou não, ultrapassados pelo perito na especialidade e os efeitos técnicos *inesperados, surpreendentes* ou *imprevisíveis*[83].

Poderá obtemperar-se dizendo que inúmeras invenções biotecnológicas mobilizam técnicas (*maxime*, do *ADN recombinante*) que, hoje, se tornaram rotineiras e usualmente mobilizadas pelos técnicos do sector. Técnicas que, não raras vezes, implicam o uso de pertinácia, de diligência e de paciência, aí onde as soluções técnicas são precedidas de inúmeros erros, devidos a estratégias de pesquisa insuficientemente delineadas, ou são atingidas por mero *acaso*, após a realização em série de inúmeras operações técnicas abundantemente conhecidas pelos especialidades do sector.

Será lícito, nestas eventualidades, predicar, não obstante, a existência de *actividade inventiva*? Parece-nos que sim. Com efeito, nestas hipóteses, deve também perquirir-se se o perito médio na especialidade, atento o coetâneo *estado da arte* e a *descrição* do concreto invento, *deveria* obter a solução técnica reivindicada, acaso dispusesse de idênticos meios empresariais e recursos financeiros.

A *actividade inventiva* – em sectores de *tecnologias de ponta*, como o das biotecnologias – não reside tanto em averiguar o *flash do génio*, a *intuição* do inventor relativamente ao *especialista médio* do sector, quanto em recompensar, com a outorga do direito de patente, os *resultados* da investigação e desenvolvimento obtidos por grandes *equipas de cientistas* e precedidos de uma actividade material e intelectual *paciente*, diligente e repetitiva[84], em que haja mais "suor" do que inspiração. A dilucidação do

---

[83] Notar-se-á, porém, que no campo da biotecnologia, serão raros os casos em que se constata uma absoluta ou elevada *impredictibilidade* dos resultados técnicos alcançados. Isso não deve indiciar falta de actividade inventiva – já, porém, a simples necessidade de confirmar experimentalmente um resultado técnico razoavelmente *predictível*, poderá fazer presumir a falta de *actividade inventiva* – assim, CRESPI, "Inventivness in Biological Chemistry: an International Perspective", in *JPTOS*, 1991, pág. 351 e ss., espec. págs. 367-368.

[84] DI CATALDO, *La brevettabilità delle biotecnologie*, (...), cit., págs. 185-186 (desvalorizando, no sector das invenções biotecnológicas) o arquétipo do inventor pessoa humana e da invenção enquanto fruto espontâneo da sua capacidade intelectiva); VANZETTI, "Presentazione", in *I nuovi brevetti, Biotecnologie e invenzioni chimiche*, Giufré, Milano, 1995, págs. VI-VII: *È così accaduto che invenzioni chimiche, validamente brevettate in tutto il mondo e corrispondenti a prodoti di enorme sucesso planetario venissero da noi dichiarate prive del requisito dell'originalità, in quanto strutturalmente vicine a formule già note, senza minimamente avvertire il problema delle distanze chimiche, dei rapporti fra struttura chimica e attività biologica, dei modi della ricerca chimica e della differenza*

nível de organização de *meios empresariais* postos à disposição da pesquisa e desenvolvimento científicos – *v.g.*, dotações financeiras precipuamente orçamentadas, duração da investigação, máquinas e maquinismos postos à disposição, o grau de integração das equipas de investigação[85] – passa, deste modo, a ser tão importante quanto as *características intelectuais* e a formação profissional do perito na especialidade.

§ 5.º
As cláusulas éticas do direito de patente:
a patenteabilidade do genoma humano
e o problema da ofensa aos bons costumes e à ordem pública

a. Não estamos seguros em afirmar que o *direito de patente* é um direito essencialmente *amoral*[86].

Sempre diremos que, apesar de a generalidade das leis sobre direitos de patente preverem a recusa da outorga destes direitos nos casos em que a invenção, cuja *publicação* ou *exploração*, for contrária aos *bons costumes* ou à *ordem pública* (art. 53.º/1 do CPI 03; art. 53.º/a, CPE), nunca como nos últimos 15 anos o debate acerca do alcance deste limite do *contra legem* foi tão acesso[87]. O que ficou a dever-se às possibilidades técnicas que permitem da alteração das sequências genéticas humanas, a modi-

---

fra ricerca di base e ricerca applicata; o che il tradizionale principio dell'unità dell'invenzioni venisse applicato per ridurre arbitrariamente l'ambito di tutela brevettuale, senza porsi il problema di un concetto più ampio di unità, idoneo a rispecchiare la complessità di ricerca e dei risultati in campo chimico (…); tb. AULETTA, "Considerazioni sull'originalita dell'invenzione. Nota a Cass. 20 maggio 1950", in *Foro Italiano*, 1951, I, c, pág. 48 e ss. (no sentido da necessidade de averiguar acerca da possibilidade de o perito da especialidade, a despeito da incerteza dos resultados, ser capaz de resolver o problema técnico, cuja solução é reivindicada, com um custo de tal modo comportável, susceptível de tornar atractiva a actividade de pesquisa).

[85] DI CATALDO, *La brevettabilità delle biotecnologie*, (…), cit., pág. 186.

[86] Esta *amoralidade* do direito de patente era, no entanto, sugerida pelo Prof. ORLANDO DE CARVALHO, no seu ensino oral dos cursos de mestrado. Cfr., tb., LE TORNEAU, "Exist-t-il une morale des affairs?", in *La morale et le droit des affaires*, Montchrestien, Paris, 1996, pág. 7 e ss.

[87] Cfr. João Paulo F. REMÉDIO MARQUES, "Introdução ao problema", (…), cit., § 5, pág. 245 e ss.; STRAUSS, *Genpatente, ethische*, (…), cit., págs. 34-35, 62 e ss.; ZIMMERLI, "Patenting of Human Genes and Living Organisms: An Ethical Point of View", in *Patenting of Human Genes and Living Organisms*, coord. de F. VOGEL / R. GRUNWALD, Springer, Berlin, Heidelberg, New York, pág. 133 e ss., espec. pág. 136 e ss.; Paula MAR-

ficação dos demais *elementos do corpo humano* e a utilização de *processos de clonagem* e de modificação da *identidade génica germinal* de seres humanos.

b. A Directiva n.º 98/44/CE tentou enfrentar e resolver o problema destes limites do *contra legem*[88].

Desde logo, deixou cair a sindicação da eventual ofensa aos *bons costumes* e à *ordem pública* nos casos em que somente esteja em causa a mera *publicação* da invenção, já que tão-só um *juízo de prognose* acerca da (futura e eventual) exploração comercial do invento é que autoriza se julgue a invenção contrária à lei ou aos bons costumes e já não há, hoje, ponderoso motivo para entender que a mera publicitação da ideia inventiva pode causar dano à colectividade.

Depois, tentou *concretizar*, em jeito meramente *exemplificativo*, um conjunto de processos que, à partida, considera atentatórios da *ordem pública* e dos *bons costumes*. Precisamente os *processos* e as *utilizações* previstas nas várias alíneas do n.º 2 do artigo 6.º; e na mesma linha se dispôs essa exemplificação nas quatro alíneas do n.º 2 do artigo 53.º do CPI 03.

c. A patenteabilidade das sequências *completas* ou *parciais* de genes, bem como os *elementos isolados* do corpo humano e os processos de clonagem e alteração genética germinal é, enquanto *problema jurídico*, também um *problema ético* – ou não fosse o *problema do direito* um problema da construção e manutenção de uma juridicidade *axiologicamente fundada* perante o actual *totalitarismo técnico* e *económico*[89].

Pode, de facto, sustentar-se que a patenteabilidade de genes humanos e dos demais elementos e processos acima descritos reduz as *pessoas* ao

---

TINHO DA SILVA, "Genes y Patentes. Estarà desfasado el Derecho Tradicional?", in *Revista de Derecho Y Genoma Humano*, n.º 3, 1995, pág. 149 e ss., espec. págs. 153-154; IGLESIAS PRADA, *La Proteccion Juridica de los Descubrimientos Geneticos e el Proyecto Genoma Humano*, Editorial Civitas, Madrid, 1995, pág. 79 e ss.; ROGGE, "Patent auf genetische Informationem im Lichte der öffentlichen Ordnung und der guten Sitten", in *GRUR*, 1998, pág. 303 e ss.; FUCHS, "Patentrecht und Humangenetik", (...), cit., pág. 6.

[88] REMÉDIO MARQUES, *Patentes de Genes Humanos?*, (...),cit., pág. 56 e ss.; REMÉDIO MARQUES, "Introdução ao Problema das Invenções Biotecnológicas", (...), cit., págs. 245-262.

[89] António CASTANHEIRA NEVES, *A imagem do homem no universo prático*, in *Digesta, Escritos acerca do Direito, do Pensamento Jurídico, da sua Metodologia e Outros*, Vol. 1.º, Coimbra Editora, Coimbra, 1995, pág. 311 e ss., espec. pág. 333.

universo das *coisas*, susceptíveis de serem vendidas, permutadas ou modificadas. Em suma, uma novel *coisificação dos seres humanos*, claramente atentatória do princípio da *dignidade da pessoa humana* (art. 2.º, da CRP), enquanto ser conformador *de si próprio* e da sua vida de acordo com o seu próprio projecto espiritual. Isto dito, para além de propiciar a verificação de outros efeitos científica e moralmente perversos, tais como: a programação genética das gerações futuras; a perda da diversidade genética; o aumento das desigualdades sociais; a erosão do que resta do *direito à reserva sobre a intimidade da vida privada*; a discriminação genética; o acentuar da *exploração dos recursos genéticos* dos países subdesenvolvidos.

d. Embora reconheçamos que a questão deva ser circunstancialmente decidida num horizonte de *incerteza científica*, que o *princípio da precaução*[90] pode constituir, nesta sede, um arrimo metodológico e que mais nos preocupam as objecções formuladas ao derredor de retóricas argumentativas seculares, que não religiosas, sempre diremos que:

(1) A proibição da patenteabilidade não preclude, apesar de tudo, a possibilidade de a experimentação científica aplicada dos referidos *produtos* e *processos* ser mantida ou incrementada, para mais e doravante num *horizonte de segredo*, apesar de tudo susceptível de constituir um bem jurídico transaccionável (*Know How*).

(2) Alguns daqueles produtos e processos (*v.g.*, clonagem de embriões humanos, terapia genética germinal) podem vir a ser, no futuro, utilizados noutras áreas da biotecnologia (ou fora dela) com inegáveis vantagens para a saúde e bem-estar da Humanidade, pelo que a modulação dos *critérios éticos* deve ligar-se incidivelmente à *aplicação industrial* da invenção, isto é, deve ficar dependente da *ulterior utilização* da ideia inventiva[91]. Razão que nos leva a considerar que, na fase do *exame prévio*

---

[90] João Paulo F. REMÉDIO MARQUES, "A comercialização de organismos geneticamente modificados", (…), cit., págs. 224-236 (sobre a relevância e o conteúdo do *princípio da precaução* na biotecnologia); RESNIK, "The Morality of Human Gene Patents", in *Kennedy Institute of Ethics Journal*, Vol. 7, n.º 1, 1997, pág. 41 e ss., espec. pág. 53.

[91] LLWELYN, "Industrial Applicability / Utility and Genetic Engineering: Current Practises in Europe and in the United States", in *EIPR*, 1994, 1994, pág. 473 e ss.; WARREN, "A Mouse in Sheep's Clothin: The Challenge to the Morality Criterion Posed by Dolly", in *EIPR*, 1998, pág. 445 e ss.; contra, THOMAS/RICHARDS, "The Importance of the Morality Exception under the European Petent Convention: The Oncomouse Case Conti-

tendente à prolação do acto administrativo de concessão da patente, aqueles limites do *contra legem* somente devem ser chamados à colação se e quando a outorga do direito de patente se revelar *repugnante*[92]; se *entrar pelos olhos dentro* que a concessão da patente é *aberrante*[93] à luz do padrão comum de valores geralmente aceite na comunidade cultural considerada – *in casu*, a comunidade cultural europeia ocidental.

(3) Os Institutos Nacionais e Europeu de Patentes – enquanto *entidades administrativas* dada a escassa preparação e vocação, que, neste particular, é detida pelos seus funcionários e agentes – não são as instâncias apropriadas para sindicar as cláusulas da *ordem pública* e dos *bons costumes*[94].

O leva a supor que o *controlo jurídico da inovação científica* deva posicionar-se a *montante* – ao nível da regulamentação jurídica da própria pesquisa científica (*v.g.*, nas políticas de outorga de subsídios à investigação) – e a *jusante*[95] – em sede de comercialização de substâncias que sejam ou contenham organismos geneticamente modificados ou dos processos mencionados no artigo 6.°/2, da Directiva n.° 98/44/CE – dos procedimentos administrativos de que depende a concessão de direitos de patente e das acções judiciais onde seja apreciada a validade ou a subsistência dos direitos de patente.

(4) O conteúdo da *dignidade* da pessoa humana não parece colidir com a patenteabilidade dos genes enquanto *substâncias químicas retiradas* ou *removidas* do corpo humano (e que nele não voltem a ser implantadas *qua tale*)[96] – contanto que sejam objecto de *alteração* ou *modificação* –,

---

nues…", in *EIPR*, 2004, pág. 97 e ss., pág. 101, considerando que o artigo 53.°/a da CPE, respeita não apenas à "moralidade" da patenteação mas também à "moralidade" da exploração comercial, não distinguindo a responsabilidade atribuída aos institutos de patentes da responsabilidade reconhecida às restantes autoridades administrativas (que regulam os modos de exploração da invenção ou proíbem essa exploração) em matéria de sindicação destas cláusulas éticas.

[92] As *Guidelines* (Cap. C-IV, 3.1.) indicam um caminho análogo.

[93] Já assim, cfr. João Paulo F. REMÉDIO MARQUES, "Introdução ao Problema", (…), cit. § 5.c., págs. 253-256.

[94] Cfr. a decisão relaxina (ponto 6.5.), supra citada, contra THOMAS/RICHARDS, "The importance of Morality…", cit., pág. 101.

[95] GALOUX, in *Dalloz*, 1996, cit., pág. 48, n.° 12.

[96] Dado que a Directiva permite a patenteabilidade de elementos isolados ou destacados do corpo humano, há razão para perguntar se, tendo ocorrido *manipulação genética*

pois o ser *Pessoa Humana* depende mais das *auto-representações* espirituais e culturais – da *irredutível transcendência* que nos separou dos outros seres que habitam neste planeta –, das ideias, dos valores, das emoções e da personalidade de cada ser humano do que dos *caracteres fisiológicos* do corpo humano ou dos *genes* que (também e em larguíssima medida) partilhamos com as outras espécies de seres vivos, animais, vegetais e microrganismos.

(5) O *pluralismo ético* das sociedades hodiernas ocidentais preclude a obtenção de *consensos* completos sobre o que deva considerar-se abrangido no *sector normativo* daquelas *cláusulas gerais*. Esses *consensos* serão, invariavelmente e nos domínios agora em discussão, *efémeros*, sujeitos à mesma *revisibilidade* por cujo respeito os paradigmas científicos (e respectivos conhecimentos e meios científicos) são revistos e actualizados.

Em conclusão, tal como não devemos fechar a *caixa de Pandora* do genoma humano e a sua patenteabilidade, assim também não podemos subtrairmo-nos a analisar o mérito de algumas das suas *pragas e maldições*[97], sempre que o direito de patente pretende colocar-se ao serviço da *remuneração* (individual e social) dos *resultados* da investigação e inovação científicas.

§ 6.º
A extensão da protecção conferida pelo direito de patente às invenções biotecnológicas

No que a esta questão diz respeito, cumpre distinguir o âmbito do *exclusivismo merceológico* do âmbito do *exclusivismo inventivo*.

---

das sequências de *cDNA* (*ARN mensageiro* clonado) humano e a subsequente *inserção* dessas sequências no corpo humano de outras pessoas (v.g., por ocasião de transplantes de orgãos geneticamente modificados, através da presença de *ADN* patenteado de um anterior dador), a titularidade do direito de patente é *oponível* às pessoas em cujo genoma esteja presente uma sequência de ADN patenteado. A resposta é negativa, pois dessa forma é que a dimensão transcendente do ser humano seria *coisificada*, reduzindo-se as pessoas a meros objectos ou instrumentos. Daí que, embora o direito de patente continue válido e existente, se o *elemento isolado* do corpo humano é reintroduzido noutro corpo humano, o *licere* desse direito será, obviamente e nestes casos, limitado às utilizações comerciais ou industriais da *ideia inventiva* patenteada (e, logo, do *produto* em que ela se materializa) que ocorram *fora* do *corpo humano*, dos gâmetas, dos embriões e dos fetos humanos.

[97] RESNIK, "The Morality of Human Gene Patents", (...), cit., pág. 58.

Quanto ao primeiro, rege o disposto no artigo 101.°/2 do CPI 03, segundo o qual o *direito de patente confere ao seu titular o direito de impedir a terceiros, sem o seu consentimento, o fabrico, a oferta, a armazenagem, a introdução no comércio ou a utilização de um produto objecto da patente, ou a importação ou posse do mesmo produto para algum dos fins mencionados*. Tendo em vista, porém, a consecução do objectivo da livre circulação de mercadorias e a prevenção de práticas restritivas da concorrência, o artigo 103.°/1 do mesmo Código estipula que *os direitos conferidos pela patente não abrangem os actos relativos aos produtos protegidos por essa patente após a colocação desses produtos na Comunidade pelo titular da patente ou com o seu consentimento*. Este regime encerra o princípio do esgotamento dos direitos de patente, de harmonia com o qual o titular não pode impedir a ulterior comercialização dos produtos (ou processos) patenteados uma vez os haja, directa ou indirectamente (*v.g.*, através de um licenciado) e pela primeira vez colocado no mercado. O alcance deste princípio do esgotamento sofre, contudo, uma ligeira modificação no caso das invenções biotecnológicas. De facto, nos termos do artigo 10.° da directiva n.° 98/44/CE, o material biológico obtido por multiplicação ou reprodução do material (patenteado) colocado no mercado (da Comunidades Europeia e do Espaço Económico Europeu) pode ser livremente reproduzido ou multiplicado para fins de comercialização, se e quando essa actividade *resultar necessariamente da utilização para a qual a matéria biológica inicial fora colocada no mercado*. Todavia, o produto da multiplicação ou reprodução não pode, *de seguida*, ser utilizado para outras reproduções ou multiplicações. Eis, pois, uma nova configuração do princípio do esgotamento dos direitos de patente, aí onde a sua tradicional *aplicação irrestrita* após a *primeira comercialização* é substituída por uma ideia de esgotamento ligado ao *escopo* por cujo respeito o material de reprodução ou multiplicação é utilizado – o esgotamento em *sentido absoluto* cede o terreno a um *esgotamento funcional* dos direitos de patente.

Sendo certo, por outro lado, que a matéria biológica patenteada pode ser utilizada como veículo ou fábrica de produção de outras matérias biológicas (tal como ocorre nos ribossomas das células), a matéria biológica obtida a partir da matéria biológica protegida por direito de patente também deve ser abrangida pelo direito de uso exclusivo, atenta as especificidades dos organismos vivos. Daí que o artigo 8.°/1 da citada Directiva e o artigo 97.°/3 do CPI 03 digam que os direitos do titular da patente de um produto estendem-se a toda e qualquer matéria biológica obtida a partir da matéria biológica originária, contanto que aquela conserve as mesmas *propriedades* ou *características*. E o mesmo sucede em relação aos *processos biotecnológicos* patenteados: a extensão conferida a um *processo de obtenção de matéria biológica* (existente na Natureza ou geneticamente modificada) outorga – ressalvadas as limitações do *esgotamento funcional* que há pouco referimos – ao titular da patente o uso exclusivo da matéria biológica obtida, por reprodução ou multiplicação, a partir da matéria biológica *obtida directamente* pelo *processo patenteado*, desde que seja dotada das mesmas *propriedades* (artigo 97.°/4 do CPI 03). Esta solução vai ao arrepio da tradicional solução quanto ao *âmbito merceológico* de extensão das patentes de processo, segundo o qual os direitos conferidos por essa *patente de processo* abrangem somente os produtos (novos ou já divulgados) obtidos *directamente* pelo processo patenteado (art. 97.°/2, do CPI 03).

As mesmas angústias topam-se em sede de extensão merceológica das patentes sobre sequências genéticas. Poderá o adquirente destas sequências clonar o gene e permitir que terceiros o utilizem livremente para criar ou alterar outras matérias biológicas (ou *não biológicas*: *v.g.*, através de *processos nanotecnológicos*). A resposta nem sempre é negativa. Tudo dependerá da *função* (ou das *funções*) concretamente indicadas pelo inventor, dado que o artigo 5.°/3 da Directiva n.° 98/44/CE (*idem*, artigo 54.°/1, alínea b), do CPI 03) impõe que o requerente da patente de uma *sequência* ou de uma *sequência parcial* de um *gene* deva indicar concretamente a utilidade industrial desse material (*v.g.*, para marcador genético, para a produção de uma específica proteína). Sendo assim, afastado o princípio (tradicional) da *protecção absoluta* das patentes de produto, em matéria de patentes de produtos que contenham ou consistam em informações genéticas[98], o ordenamento jurídico alarga a protecção dessa invenção apenas a toda e qualquer matéria (biológica ou *não biológica*) em que o produto esteja incorporado (*v.g.*, num *nanocomputador molecular*) e na qual exerça a sua *função*[99] – artigo 9.° da Directiva n.° 98/44/CE.

---

[98] Sobre esta *protecção absoluta*, cfr. STRAUSS, "Zur Zulässigkeit Klimischer Untersuchungen am Gegenstand abhängiger Verbesserungserfindungen", in *GRUR*, 1993, pág. 306 e ss.

[99] Pelo que o adquirente da matéria biológica (onde se encontre essa sequência) pode livremente produzi-la ou multiplicá-la se as matérias biológicas (*v.g.*, um animal transgénico) que as incorporem no respectivo genoma forem utilizadas no comércio para outros fins em relação aos quais não é mobilizada a *função* (ou funções) ou as *propriedades* desempenhadas e evidenciadas pela referida sequência.

No que ao *exclusivismo inventivo* diz respeito, é importante mencionar o artigo 64.°/3 da CPE, segundo o qual qualquer *contrafacção* de uma patente europeia é apreciada em conformidade com as disposições da legislação nacional; bem como o artigo 69.° da mesma Convenção e o respectivo protocolo adicional: a violação do direito de patente (no que tange à ideia inventiva) depende, em primeiro lugar, do *teor literal* das reivindicações à luz do seu sentido técnico apreendido pelo perito na especialidade. Afastada, porém, a *contrafacção literal*, faz-se ainda mister averiguar se a *ideia inventiva* em análise, a despeito de ser *diversa* da anteriormente patenteada, pode ser considerada equivalente, eventualidade esta em que a contrafacção é surpreendida no *conteúdo* das reivindicações. É, por conseguinte, necessário determinar se, de um ponto de vista *funcional*, da ideia inventiva em análise (isto é, da ideia inventiva registada pelo réu ou da ideia inventiva cujo pedido foi objecto de um procedimento de oposição) *deriva o mesmo produto* (ou o mesmo processo ou uso patenteados), *substancialmente da mesma maneira*, para obter substancialmente *o mesmo resultado técnico-industrial*. Tomada a ideia inventiva como *um todo* (metodologia do *whole approach*, por oposição à da *element by element approach*), uma vez surpreendida a essência dessa ideia inventiva industrial, cabe apurar se a utilização dos meios alternativos e se a substituição desses meios por outros *seria* previsível ou *evidente* para o perito na especialidade, tendo em conta o *estado da técnica* e os conhecimentos em vigor – assim se vê também que os critérios por cuja satisfação se indaga a *actividade inventiva*, por ocasião do nascimento do direito de patente, são utilizados para a sindicação da *contrafacção* de direitos de patente já existentes.

No que tange às patentes de *produtos biotecnológicos*, cremos que a doutrina que sufraga a *protecção absoluta* não é, como insinuámos, a mais adequada à face da prossecução do interesse na *investigação* e *desenvolvimento* de novos produtos e na divulgação dos conhecimentos técnicos daí decorrentes, sendo certo que, doutra forma em abstracto, o titular de uma patente de um *gene* poderia (salvaguardado o princípio do esgotamento) opor o seu direito a todos os que comercializassem matérias biológicas em que fosse expressada a informação genética nele "codificada".

Tão-pouco cremos que o *efeito de fragmentação* de direitos de patente sobre sequências ou *sequências parciais* de genes possa contribuir para a diminuição dos *custos de transacção* inerentes às *licenças cruzadas* (*maxime*, licenças obrigatórias) que se fará mister estabelecer entre os múltiplos titulares de direitos de patente. Eventualidade em que nenhum dos titulares desfrutará de um exclusivismo comercial compensador em relação aos produtos que *a jusante* possam ser comercializados[100] e sofrerão os riscos associado à *insegurança jurídica* na protecção destas inovações desencorajará os agentes económicos[101], bem como as consequências da "dispersão" dos proveitos económicos (*rent dissipation*)[102] normalmente associada ao exclusivismo comercial.

A ideia central em toda esta problemática é a de que ao inventor apenas deve ser assegurado um direito *ad tempus* com a *extensão* e o *conteúdo* adequados à medida do contributo (inventivo) que lhe seja imputável em face do *merecimento intelectual* da ideia inventiva[103], relativamente ao coetâneo estado da técnica, sob pena de se impedir, no futuro, a divulgação de novos conhecimentos e a solução de outros tantos problemas técnicos[104]; e sob pena de a ideia inventiva industrial, por não ser criação intelectual, não merecer o *direito constitucional à invenção*, nos termos do artigo 42.°/1 e 2 da Constituição da República Portuguesa.

BIBLIOGRAFIA GERAL

AULETTA, G.
 – "Considerazioni sull'originalità dell'invenzione. Nota a Cass. 20 maggio 1950", in *Foro Italiano*, 1951, I, c, pág. 48 e ss.

AUSTIN, C. P. / TRIBBLE, J. L.,
 – "Gene Patents and drug development", in *Human DNA: Law and Policy, International and Comparative Perspectives*, ed. por BARTHA MARIA KNOPPERS, Kluwer International Law, The Hague, London, 1997, pág. 379 e ss.

---

[100] EISENBERG / HELLER, "Can patents Deter Innovation? The Anticommons in Biomedical Research", in *Science*, n.° 280, Maio, 1998, pág. 698.

[101] JANIS, "Second Tier Patent Protection", in *Intellectual Property Law Review*, 2001, pág. 71 = *Harvard Intellectual Law Journal*, Vol. 40, 1999, pág. 151 e ss.

[102] Cfr. GRADY / ALEXANDER, "Patent Law and Rent Dissipation", in Virginia Law Review, Vol. 78, 1992, pág. 305 e ss., espec. pág. 316.

[103] REMÉDIO MARQUES, "Introdução ao Problema das Invenções Biotecnológicas", (...), cit., págs. 324-325.

[104] Exemplifiquemos: se o inventor reivindica um processo de obtenção de ARN mensageiro, derivado de ADN genómico *natural*, para a obtenção de antigenes e proteínas, não deve entender-se que está a reivindicar todo e qualquer método de engenharia genética para a obtenção dessas mesmas matérias geneticamente modificadas (*v.g.*, insulina geneticamente modificada, embora expresse as mesmas propriedades e funções), pois os mesmos resultados poderão ser obtidos por outros inventores, mediante a mobilização de outros métodos.

BALDOCK, C. / COOK, T. / KARET, I. / ROLLINS, T. / WOOD, I
— "Report Q 150: Patentability Requirements and Scope of Protection of Expressed Sequences Tags (ESTs), Single Nucleotide Polymorphisms (SNPs) and entire Genomes", in *EIPR,* 2000, pág. 39 e ss.

BARTON, J. H.
— "Patent Scope in Biotechnology", in *IIC*, 1995, pág. 605 e ss.

BIGGART, W. A.
— "Patentability in the United States of Microorganism, Process Utilizing Microorganism, Products Produced by Microorganismsand Microorganisms Mutational and Genetic Modification Techniques", in *IDEA*, 1981, pág. 114 e ss.

BOSTY, S.T.J., "The Prodigal Son: The Relationship Between Patent Law and Health Care", in Medical Law Review, vol. 11, 2003, n.º 1, pág. 67 e ss.

BRANI-DOHRN, M.
— "The Unduly Broad Claim", in *IIC*, 1994, pág. 648 e ss.

BUSSE, R.
— *Patentgesetz, Kommentar*, 5ª edição, Walter de Gruyter, Berlin, New York, 1999.

CHAVANNE, A / BURST, J.-J.
— *Droit de la propriété industrielle*, 5ª edição, Dalloz, Paris, 1998.

CHISUM, D. / NARD, C. A. / SCHWARTZ, H. F. / NEWMAN, P. / KIEFF, F. C.
— *Principles of Patent Law, Cases and Materials*, Foundation Press, New York, 1998.

COOK, C.
— "Applying the Plant Patent Law, in *JPOS*, Vol. 13, (1931),pág. 22 e ss.

COOK, T. — cfr. BALDOCK, C.

COOPER, Iver P.
— *Biotechnology and the Law*, Vol. I, West Group, 1999 Revision.

CRESPI, R. S.
— "Inventivness in Biological Chemistry: an International Perspective", in *JPTOS*, 1991, pág. 351 e ss.

DAUS, D. G. *et alii*
— "Microbiological Plant Patents", in *IDEA*, Vol. 10, (1982), pág. 87 e ss.

DEHLINGER, P. J.
— "Not-so-Radical Proposal for Selecting Radical Substitutions in Markush-Type Claims", in *JPTOS*, 1992, pág. 463 e ss.

DI CATALDO, V.
— *I brevetti per invenzione e per modelo*, Giufré, Milano, 1988.
— *Le invenzione e I modelli*, Giufré, Milano, 1990.
— "La brevettabilità delle biotecnologie, novità, attività inventiva, industrialità", in *RDI*, I, 1999, pág. 177 e ss.

EISENBERG, R.
— "Proprietary Rights and the Norms of Science in Biotechnology Research", in *The Yale Law Journal*, 1987, pág. 177 e ss.

FUCHS. A.
— "Patentrechts und Humangenetik", in *Mitt.*, 2000, pág. 1 e ss.

GALLOUX, J.-C.
- in Dalloz, Jurisprudence, 1996, pág. 46 e ss.
- "Protection juridique et matiére biologique", in *Revue Internationale de Droit Comparé*, n.º 2, 1998, pág. 491 e ss.
- "La directive dans l'ordre internation, in *Les Inventions biotechnologiques, Protection et Explotation*, Litec, Paris, 1999, pág. 17 e ss.

GAUDRAT, Ph.
- "Réfléxions sur la forme des oeuvres de l'esprit", in *Propriétés Intellectuelles*, Mélanges en l'honneur de André FRANÇON, Dalloz, Partis, 1995, pág. 195 e ss.

GOEBEL, F. P.
- "Ist der Mensch Patentierbar? Zur Frage der Patentfähigkeit von Humangenen", in *Mitt.*, 1995, pág. 153 e ss.

GOLDBACH, K. / VOGELSANG-WENKE, H. / ZIMMER, F.-J.
- *Protection of Biotechnological Matter under European and German Law*, VCH--Books, 1997.

GRADY, M. F. / ALEXANDER, J. I.
- "Patent Law and Rent Dissipation", in *Virginia Law Review*, Vol. 78, 1992, pág. 305 e ss.

GUÉRIN-MARCHAND, C.
- *Les manipulations génétiques*, 2ª edição, P.U.F., Paris, 1999.

HARMON, R. L.
- *Patents and the Federal Circuit*, 4ª edição, the Bureau of National Affairs, Inc., BNA Books, Washington DC, 1998.

HICKS, G. G. / CHEN, J. / RULEY, H. E.
- "Production and use of retroviruses", in *DNA Transfer to Cultured Cells*, ed. por RATYA RAVID / R. IAN FRESHNEY, Wiley-Liss, New York, etc., 1998.

IGLESIAS PRADA, J. L.
- *La Protección Juridica de los Descubrimientos Geneticos e el Proyecto Genoma Humano*, Editorial Civitas, Madrid, 1995.

JANIS, Mark D.
- "Second tier Patent Protection", in *Intellectual Property Law Review*, 2001, pág. 17 e ss.

KARET, I. – cfr. BALDOCK, C.
KIEFF, F. S. – cfr. CHISUM, D.
KRESBACH, G.
- *Patentschutz in der Gentechnologie*, Springer Verlag, Wien, New York, 1994.

LECHNER, Maria Celeste / RIBEIRO, Vera,
- "Replicação do DNA", in *Biologia Celular*, coord. por Carlos AZEVEDO, 3ª edição, Lidel, Lisboa, 1999, pág. 131 e ss.

LE TORNEAU, Ph.
- "Exist-t-il une morale des affairs?", in *La morale et le droit des affaires*, Montchrestien, Paris, 1996, pág. 7 e ss.

LLWELYN, M.
– "Industrial Applicability / Utility and Genetic Engineering: Current Practises in Europe and in the United States", in *EIPR*, 1994, pág. 473 e ss.

MAEBIUS, P. B.
– *"Novel DNA Sequences and the Utility Requirement"*, in *JPTOS*, 1992, pág. 651 e ss.

MANGE, E. J. / MANGE, A. P.
– *Basic Human Genetics*, Sinauder Associates, Inc., Sunderland, Massachustts, 1994.

MARQUES, João Paulo F. REMÉDIO
– "Algumas notas sobre a pateteabilidade de animais e vegetais", in *Lusíada, Revista de Ciência e Cultura*, Série de Direito, n.°. 1 e 2, 1998, págs. 341-434.
– "A comercialização de organismos geneticamente modificados e os direitos dos consumidores: alguns aspectos substantivos, procedimentais e processuais", in *Estudos de Direito do Consumo*, n.°. 1, 1999, págs. 215-300.
– "Introdução ao problema das invenções biotecnológicas, Algumas considerações", in *Direito Industrial*, Vol. I, Almedina Coimbra, 2001, págs. 177 e ss.
– *Patentes de Genes Humanos?*, Centro de Direito Biomédico, 4, Coimbra Editora, Coimbra, 2001.

MARX, W.
– "Zur Patentierung von Pflanzenzüchtungen", in *GRUR*, 1952, pág. 456 e ss.

MOTULSKY, V.
– *Human Genetics, problems and Approaches*, 3ª edição, Springer, Berlin, etc, 1997.

MOUFANG, R.
– *Genetische Erfindungen im gewerblichen Rechtsschutz*, Carl Heymanns Verlag, Köln, Berlin, Bonn, München, 1988.
– "La patenteabilidad de los descubrimientos geneticos", in *El Derecho ante el Proyecto Genoma Humano*, Vol. II, Fundación BBV, Madrid, 1994.

NARD, C. A. – cfr. CHISUM, D.
NIEDER, M.
– "Die gewerbliche Anwendbarkeit der Sequenz oder Teilsequenz eines Gens – Teil der Beschreibung oder notwendiges anspruchsmerkmal von EST-Patenten?", in *Mitt.*, 2001, pág. 97 e ss.

NEVES, António Castanheira
– *Digesta, Escritos acerca do Direito, do Pensamento Jurídico, da sua Metodologia e Outros*, Vol. I, Coimbra Editora, Coimbra, 1995.

NEWMAN, P. – cfr. CHISUM

OSER, A.
– "Patenting (Partial) Gene Sequences Taking Particular Account of the EST Issue", in *IIC*, 1999, pág. 1 e ss.

PAGENBERG, J.
– "The Scope of article 69 European Patent Convention: Should Sub-combinations

be Protected? A Comparative Analysis on the Basis of French and German Law", in *Intellectual International Property Law & Policy*,Vol. I, ed. por H. C. HAWSEN, Sweet & Maxwell, London, 1996, pág. 221 e ss.

RAUH, P. A. / JAENICHEN, H.-R.
– "Neuheit und erfinderische Tätigkeit bei Erfindungen daren Gegenstand Protein oder DNA-sequenze sind", in *GRUR*, 1987, pág. 753 e ss.

RESNIK, D. B.
– "The morality of Human Gene Patents", in *Kennedy Institute of Ethics Journal*, Vol. 7, n.º 1, 1997, pág. 41 e ss.

ROGGE, R.
– "Patent auf genetische Informationem im Lichte der öffentlichen Ordnung und der guten Sitten", in *GRUR*, 1998, pág. 303 e ss.

ROLLINS, T. – cfr. BALDOCK, C.

ROSSMAN, J.
– "Plant Patents", in *JPOS*, Vol. 13, (1931), pág. 7 e ss.

SCHICKEDANZ, W.
– "Zum Problem der Erfindungshöhe bei Erfindungen die auf Entdeckungen beruhen", in *GRUR*, 1972, pág. 161 e ss.

SCHLICHER, J.
– *Patent Law: Legal and Economic Principles*, Clark Boardman Callaghan, Deerfield, New York, Rochester, 1997-2000.

SCHWARTZ, H. F. – cfr. CHISUM, D.

SENA, G.
– "L'importanza della protezione giuridica delle invenzione biotecnologiche", in *RDI*, I, 2000, pág. 65 e ss.

SHADE, H.
– "Patentierung von Pflanzenzüchtungen", in *GRUR*, 1950, pág. 312 e ss.

SHEINES, D.
– "Patenting Gene Sequences", in *JPTOS*, 1996, págs. 121-137.

SILVA, Paula Martinho da
– "Genes y patentes. Estarà desfasado el Derecho Tradicional?", in *Revista de Derecho y Genoma Humano*, n.º 3, 1995, pág. 149 e ss.

SINGER, R. / SINGER, M.
– *The European Patent convention*, Revised english edition por R. LUNZER, Sweet & Maxwell, London, 1997 (reimpreessão de 1997: a edição em língua alemã é de 1995).

STRAUSS, J. / MOUFANG, R.
– *Deposit and Release of Biological Material for the Purposes of patent Procedure*, Nomos Verlagsgesellschaft, Baden-Baden, 1990.

STRAUSS, J.
– "Zur Zulässigkeit klimischer Untersuchungen am Gegenstand abhängiger Verbesserungserfindungen", in *GRUR*, 1993, pág. 306 e ss.
– *Genpatent – rechtliche, ethische, wissenschafts- und entwicklungspolitische Fragen*, Helbing & Lichtenhahn, Basel und Frankfurt am Main, 1997.

SUDBERRY, P.
– *Human molecular genetics*, Adisson Wesley Longman Limited, 1998.
SZABO, G. S. A.
– "The Problem and Solution Approach in the European Patent Office", in *IIC*, 1995, pág. 457 e ss.

THAURAUD,
– "Les problémes liés a la brevetabilité", in *Les Inventions biotechnologiques, Protection et Explotation*, Litec, Paris, 1999, pág. 43 e ss.
THOMAS, D./RICHARDS, G.
– "The Importance of the Morality Exception under the European Patent Convention: the oncomouse case continues...", in EIPR, 2004, pág. 97 e ss.

UTERMANN, J.
– "Naturstoffe-Überlegungen zum Stoffschutz", in *GRUR*, 1977, pág. 1 e ss.

VANZETTI, A.
– "Presentazione", in *I Nuovi Brevetti, Biotecnologie e Invenzione Chimiche*, Giufré, Milano, 1995, págs. VII-VIII.

ZIMMERLI, W. Ch.
– "Patenting human Genes and Living Organisms: An Ethical Point of View", in *Patenting Human genes and Living Organisms*, coord. por F. VOGEL / R. GRUNWALD, Springer, Berlin, Heidelberg, New York, 1995.

WARREN, A.
– "A Mouse in Sheep's Clothin: The Challege to the Morality Criterion Posed by Dolly", in *EIPR*, 1998, pág. 445 e ss.
WATSON / GILMAN, M. / ZOLLER, M.
– *Recombinant DNA*, 2ª edição, W. H. Freeman and Company, New York, 1992.
WEGNER, H. C.
– "Patent Protection for Novel Microorganisms Useful for the Preparation of Known Products', in *IIC*, 1974, pág. 285 e ss.
WEIL, J. H.
– *Bioquímica Geral*, 4ª edição, trad. portuguesa por MARIA CELESTE LECHNER, Fundação Calouste Gulbenkian, Lisboa, 1983.
WOOD, I. – cfr. BALDOCK, C.

«EUTANÁSIA E SUICÍDIO ASSISTIDO»

por Augusto Lopes Cardoso

1. A dialéctica do direito à vida e do direito sobre a vida

1.1. *A tensão jurídica e a tensão histórica*

Entre o direito à vida e o direito sobre a vida há uma permanente dialéctica que vem desde os nevoeiros dos tempos.

Os parâmetros dessa tensão jurídica variam histórica e geograficamente. E hoje ainda não há univocidade de entendimento no puro plano sociológico ou dos costumes ou culturas por que se norteiam os povos; isto é, sem falar já numa perspectiva filosófica, quer a nível de tese quer a nível de filosofia política ou pragmática.

Na cultura greco-latina e judaico-cristã, de que somos essencialmente herdeiros na Europa, que distância vai entre o «*ius vitae naecisque*» do «*paterfamilias*» sobre seus dependentes ou do «*dominus*» sobre o escravo até à proibição da pena de morte?! E a despeito do mandamento «não matarás» que caminho percorrido até à punição da ajuda ao suicídio?!

Curiosamente, porém, enquanto cada vez mais se encontram mecanismos jurídicos de declarações universais, de convenções internacionais, constitucionais e para-constitucionais, para a garantia do direito à vida, que podiam levar à não permissão, cada vez mais radical, do direito sobre a vida, surgem novos e sofisticados meios para, a coberto por vezes dos mais autênticos eufemismos, se propor a licitude do domínio sobre a vida, como se fora sobre a morte.

1.2. *A missão da Medicina e o direito de morrer dignamente*

Ninguém duvidará de que a missão essencial da Medicina consiste em lutar contra a doença, e, por isso, em retardar o mais possível a fatalidade da morte. A tanto se votam os progressos da Ciência na busca mítica da imortalidade.

Mas acontece que a manutenção da "vida" pode levar, e quantas vezes leva, a desnaturar as próprias definições de vida e de morte.

É neste plano que se coloca a contradição entre o prolongamento artificial da vida, se é que de "vida" se trata já, e o direito de morrer dignamente, ou, como alguns dizem paradoxalmente, o «direito de viver a própria morte».

As técnicas sofisticadas de manutenção do ritmo cardíaco e respiratório, a verdadeira "engenharia" de vida através de aparelhos, o frenesim dos cuidados médicos, a aceitação de uma autêntica «mumificação tecnológica», não correrão o sério risco de fazer esquecer a pessoa, com a dignidade que lhe é inerente de *sujeito* do fenómeno vital, sob ou ao serviço do sucesso da técnica, tornando então a pessoa em *objecto* daquele fenómeno?

1.3. *O direito de morrer dignamente e o acto da eutanásia*

Mas entre o direito de morrer dignamente e o acto de eutanásia (nos vários planos que este comporta, como se verá), acto de terceiro intervindo na vida-morte de outrem, vai um abismo. Isto sem falar, evidentemente, no puro homicídio, porque a eutanásia é, na sua essência, um eufemismo ou sofisticação do homicídio.

Todavia, esse abismo pode tender a aplanar-se através de vias legislativas diversas; e as fronteiras podem perigar por se apagarem do mapa, ou, pelo menos, por não terem polícia aduaneira!

Entre o direito de morrer "na sua horinha", como diz o nosso povo, e o de antecipar esse momento inelutável, por razões mais ou menos filosóficas, mais ou menos pragmáticas, pode haver a tentação de não encontrar senão pequenas diferenças.

Que tem o Direito positivo a dizer de tudo isto?

1.4. *Proposição*

A matéria é de tal maneira vasta que deixa na perplexidade quem a procure abarcar.

Basta ler o cada vez maior número de estudos sobre o tema para verificar a vastidão de matéria que vai sendo metida no mesmo saco. A variedade e imprecisão terminológica é tal que o "leigo" corre o risco da maior confusão e de, porventura, acabar por não poder discernir o essencial do acessório, ou, pior, misturar situações completamente diferentes como se tivessem identidade de reflexão ou de tratamento.

Assim é que encontramos expressões pretendentes a, cada uma, ter uma certa autonomia conceitual, como «eutanásia terapêutica»,«eutanásia activa e passiva», «eutanásia positiva e indirecta», «eutanásia voluntária e involuntária», «eutanásia de duplo efeito», «eutanásia eugénica», «eutanásia criminal», «eutanásia experimental», «eutanásia solidária», «eutanásia legal», «eutanásia-suicídio assistido e ajudado», «eutanásia por sugestão», «ortotanásia», etc..

Por sua vez, a lei portuguesa não usa em parte alguma o termo *«eutanásia»*.

Trata-se, pois, de arrumar ideias, ainda por cima para com quem tenha variadas formações científicas, desde médicos a juristas. Mesmo para quem não seja especialista em Direito Penal, parece que o melhor ponto de partida será, no entanto, uma análise, embora breve, do que a nossa lei consagra, até porque os destinatários da exposição se preocuparão sobremaneira com o meio em que vivem. Uma dissertação sobre a história antiquíssima da matéria, uma perspectiva mais sociológica dela na actualidade ou até uma análise comparativa de legislações não seriam compatíveis com o tempo disponível. E é de admitir que, mesmo assim, criasse uma dispersão no auditório que mais uma vez levaria ao risco de ver a árvore sem lobrigar a floresta.

2. O crime do homicídio «privilegiado» do artigo 133.º do Código Penal

2.1. *A estatuição*

À face do artigo 133.º do Código Penal comete crime de *«homicídio privilegiado»* «*quem matar outra pessoa dominado por compreensível emoção violenta ou por compaixão, desespero ou motivo de relevante valor social ou moral, que diminuam sensivelmente a sua culpa»*.

Diferentemente da norma geral, que pune o homicídio com pena de prisão de 8 a 16 anos (artigo 131.º do Código Penal), o tipo de homicídio privilegiado a que se refere o citado artigo 133.º é punido com prisão de 1 a 5 anos, o que bem demonstra desde logo a desigual valoração social que é dada aos dois crimes.

2.2. A penalização da eutanásia em sentido próprio

No entanto, a realidade mais importante a reter, perante a enorme controvérsia a que a matéria tem sido sujeita, é a de que o legislador português fez uma opção deliberada e muito actual (o Código é de 1982 – Decreto-Lei n.º 400/82, de 23.09; e a norma foi revista em 1998 – Lei n.º 65/98, de 02.09) pela punição criminal das situações referidas.

É que não pode restar qualquer dúvida de que na referência feita a «*emoção violenta, compaixão, desespero ou motivo de relevante valor social*» se consagrou a punição – desvalorizada, embora – da que se costuma designar por «*eutanásia activa*», ou eutanásia em sentido próprio.

No dizer do autor do Projecto, em sessão da Comissão Revisora do Código, «*em relação a esta (a eutanásia activa) segue-se portanto numa solução intermédia: nem se pune como homicídio nem se deixa de punir. Aliás, este crime privilegiado tem também por função impedir que os tribunais deixem de punir a eutanásia activa por meio de recurso ao princípio da não exigibilidade. Pretende-se a sua punição, mas só dentro dos limites do artigo*» (Eduardo Correia).

2.3. A vontade autónoma, mas «dominada», do autor do crime

Não se prevê neste acto uma intervenção da vontade, mínima que seja, da vítima ou de outrem.

O atentado à vida é perpetrado de uma maneira inteiramente extrínseca, ou seja, por terceiro que põe termo à vida de outrem, «*dominado*» por factores psicológicos de grande monta.

Sendo a culpa, por natureza, do domínio do foro íntimo, ainda que extravasada por índices e susceptível de ser aferida com alguma objectividade pelo comportamento do homem comum, é preciso, pois, que os factores extrínsecos se reflictam no autor com tal força psíquica que diminuam sensivelmente a sua culpa, dominando-o («*dominado por*», diz a lei).

Quer dizer, ao julgador é indispensável apreciar (como, aliás, de maneira genérica em Direito Penal) a personalidade do agente. Não deve fazer apenas um juízo sobre o acto concreto como se fora ele próprio, juiz, ou o homem comum o seu autor. Tem de ficar convencido de que o agente foi psicologicamente «*dominado*» por factores dos que exemplificativamente se referem: a compaixão, o desespero ou motivo de relevante valor social ou moral, os quais diminuam sensivelmente a sua culpa.

Só esse *domínio* se traduz numa diminuição sensível da sua culpa.

2.4. A expressão «motivo de relevante valor social ou moral»

Esta breve digressão tem importância para reafirmar a situação típica de eutanásia activa, sem intervenção da vontade da vítima, que é o homicídio por piedade ou misericórdia.

E servirá também para procurar desde logo o que deva entender-se pela expressão, manifestamente hoje transformada em "cláusula geral", de «*motivo de relevante valor social ou moral*».

É que na anterior formulação da norma (1982) dizia-se «*ou de outro motivo, de relevante valor social e moral*», enquanto agora se diz «*ou motivo de relevante valor social ou moral*», o que poderá ter significado uma alteração de monta.

Com efeito, dantes era claro o carácter exemplificativo da norma. Ao colocar, para além dos casos da «*emoção violenta*», da «*compaixão*» e do «*desespero*», o de «*outro motivo*», reportava-se claramente à última parte do preceito e não à sua parte intermédia, como se deduzia até da vírgula existente entre «*outro motivo*» e a expressão «*de relevante valor social ou moral*». Por outras palavras, não se contemplava então «*outro motivo de relevante valor social ou moral*», mas, sim, «*outro motivo que diminua sensivelmente a sua culpa*», o que era muito diferente e da maior importância.

A modificação, porém, não foi feliz. Por um lado, deixa no ar a sensação de que para o legislador a «*emoção violenta*», a «*compaixão*» e o «*desespero*» não seriam qualificáveis, pelo menos, como motivos de relevante valor moral, como que, passe a expressão, "animalizando-os", retirando-lhes a natureza de um juízo moral sobre quem age, alienando-os para o campo do "instinto". Por outro lado, veio admitir que possam ser invocados motivos de «*relevante valor social*», criando cláusula geral e sem fundo que poderá ter os entendimentos mais estranhos. Por outro ainda, autonomizou os eventuais motivos de «*relevante valor moral*», à laia de outra cláusula geral e de contornos imprecisos que poderá chegar a extremos inimagináveis à medida da "moral" de cada um, de quem agir e até de quem proferir julgamento. Os perigos de erro nesta delicada matéria, dos quais o menor não será o da involução em Direitos Fundamentais, só a corrigir pelo legislador quando o mal feito seja de monta, ficam à vista.

Parece, pois, que o senso jurídico e de defesa de Direitos Fundamentais deve levar a encontrar como matriz comum aos "casos" referidos pela lei, a de que se trata, em qualquer deles, de julgar alguém que praticou a morte «*dominado*» por motivos de carácter psicológico que fizeram diminuir sensivelmente a sua culpa, de que são exemplo os que a norma indica.

Foi, na verdade, a esses factores de domínio psicológico que o legislador tributou, para serem invocáveis, de *«relevante valor»*, ainda que desajeitadamente tenha autonomizado esta expressão para o caso vaguíssimo de *«motivo social ou moral»*.

2.5. *As motivações não atendíveis*

Deste modo, o que vem de concluir-se será da maior importância, pois faz excluir em absoluto *«motivos»* a que se conferisse *«relevante valor social ou moral»*, como fossem razões ideológicas, políticas ou de "moral política" ou pretensamente científicas, de que foram exemplo as práticas eutanásicas nazis e não só.

Nesses casos, ao contrário do previsto no preceito, trata-se de motivações "frias", cerebrais, intelectuais, de "moral" individual pretendida alçar a "moral social", que não se poderá dizer que dominam psicologicamente o autor a ponto de se justificar a *diminuição sensível da sua culpa*. Ou seja, forçoso seria aí aplicar a punição geral do homicídio e não a punição privilegiada a que nos temos referido.

Assim é de considerar, em princípio, nos casos de aniquilamento das chamadas "vidas indignas de serem vividas", num pretenso juízo objectivo sobre essas vidas como seriam as dos doentes mentais incuráveis. Essa purga não é sequer caso de eutanásia no sentido próprio, mas verdadeira prática eugénica, determinada, calculada, a que falta, pois, nomeadamente, o factor psicológico de diminuição sensível de culpa para que o seu autor possa "beneficiar" da previsão do citado artigo 133.º.

2.6. *A eutanásia activa: a acção*

A hipótese mais frequente de todos os estudos e dos "casos judiciais" difundidos pelos meios de comunicação, e na previsão do citado artigo 133.º CP, é a do médico que, movido pela piedade perante o doente em sofrimento e de cura clinicamente impossível, põe termo aos dias daquele com a administração de substância letal. E, assim procedendo, abrevia a vida no seu correr inexorável, isto é, não a deixa chegar ao seu termo pelo seu curso "normal".

Trata-se, pois, de uma intervenção *activa* no ciclo da vida, contribuindo *por acção* para o interromper.

Não restarão dúvidas de que esta situação está contida na previsão penal. O que não quer dizer, claro, que seja de condenação automática, já que ao Juiz não cabe apenas o doseamento de pena dentro dos parâmetros legais (1 a 5 anos de prisão), como se lhe pode deparar a ponderação de outros condicionalismos e mecanismos do Direito Penal que lhe permitam ou diminuir a pena mínima ou suspendê-la ou até chegar à absolvição.

2.7. *A relevância do consentimento do ofendido*

Será um desses condicionalismos ou mecanismos o do consentimento do ofendido?

Com efeito, não é pelo facto de, perante a decisão do autor da morte, tal consentimento ter preexistido à acção que deixa de haver incriminação pelo mesmo art. 133.º do Código Penal, para porventura passar a haver o menos grave crime do artigo 134.º (isto é, o homicídio a pedido, a que se faz referência adiante). Na verdade, para que o acto esteja subsumido a este crime não basta o simples «*consentimento*», mas antes é preciso que tenha havido um «*pedido sério, instante e expresso*».

Tão-pouco esse consentimento tem força suficiente para tornar o facto criminalmente não punível, pois que, como é sabido, esse tipo de vontade da vítima só exclui a ilicitude quando o interesse jurídico em causa seja livremente disponível [Código Penal, arts. 31.º-1 e 2-d) e 38.º-1]. E a vida não é disponível por outrem, o que ninguém contestará, mesmo aqueles que defendem que ela é disponível pelo próprio (o que é coisa bem diferente).

Quer isto dizer outrossim que tal consentimento não faz sequer inscrever o acto (acto criminoso) noutro tipo de crime, qual fosse o de ajuda ao suicídio (Código Penal, artigo 135.º), pois que ali é um terceiro que pratica a morte, enquanto aqui é a própria vítima que, embora ajudada, a provoca.

Mas já parece de atender ao consentimento da vítima como factor de atenuação ao ser determinada a medida da pena, nos termos gerais do artigo 72.º do Código Penal.

2.8. *A eutanásia passiva: a omissão*

Problema diverso do que vem sendo estudado é o da chamada «*eutanásia passiva*» em sentido genérico, que muito vagamente se pode definir como a morte resultante da omissão de cuidados médicos.

Ela comporta aspectos vários que vão desde os casos hoje designados de «*ortotanásia*», própria ou imprópria, e chegam à prática ou à omissão da prática de «*distanásia*» (até para poder analisar quando há eventual distanásia abusiva).

Tudo o que adiante vai esquematizado (também a propósito da distanásia) é condicionado pelo conceito de «*morte*».

Este é hoje um conceito jurídico (tal como definido na Declaração do Conselho Nacional Executivo da Ordem dos Médicos de 01.09.94, *in* Diário da República – I série B, de 11.01.94), mas, por essência, é um conceito médico ou do âmbito das ciências médicas.

O conceito médico mais actual de «*morte*» tem, pois, em conta a chamada «*morte cerebral*» (morte do «tronco cerebral»), para a não confundir com situações em que, tendo ocorrido esta, se mantenha uma vida aparente, meramente vegetativa ou até mecânica.

Não pode haver um verdadeiro atentado contra a vida quando esta é só uma aparência, acompanhada de algumas das suas funções, como sejam o bater do coração ou a função respiratória. Por isso, a Medicina distingue, naquilo que imperfeita e genericamente chamam os "leigos" de "estados de coma", os que são dos que já o não são por ter sobrevindo «*morte*»; só nos primeiros casos há aparência de vida.

2.8.1. *A omissão de tratamento inútil*

Não deve questionar-se se a omissão ou interrupção de "*tratamento inútil*" constitui crime. Não o é.

Tal é a opinião de todos os autores, e não vemos como concluir de modo diverso face ao artigo 156.º do Código Penal, ainda mais quando correlacionado com o artigo 150.º do mesmo Código.

Com efeito, não se pode falar em *homicídio por negligência* quando do médico não era exigível uma diligência dentro das «*leges artis*» que se traduzisse em evitar a morte (o que é diferente de prolongar a vida). Isso do mesmo passo que as intervenções e outros tratamentos que, segundo o estudo dos conhecimentos e da experiência da medicina, se mostrem indicados e forem levados a cabo, de acordo com as *leges artis*, por um médico ou outra pessoa legalmente autorizada a empreendê-los com intenção de prevenir, diagnosticar, debelar ou minorar uma doença, um sofrimento, uma lesão ou fadiga corporal ou uma perturbação mental não se consideram ofensas corporais (Código Penal, artigo 150.º-1).

Não se afigura, portanto, preciso dar relevância – como se pretende em vários países – à necessidade de qualquer tipo de *"testamento de vida"* relativo à não prossecução de tratamento inútil ou de prolongamento artificial de vida.

O menos que se dirá é que tal declaração de vontade é também desnecessária, pois que a licitude da omissão de tratamento ou de não uso de meios de distanásia já era evidente.

A omissão mais patente é a de *não usar meios artificiais* de prolongamento da vida, quer sejam mecânicos quer sejam químicos, ali *não ligando* ao "aparelho", aqui *não encetando o* novo tratamento.

2.8.2. *A interrupção dos meios artificiais de sobrevivência*

Assim se deve considerar também desvinculante e não incriminatório o acto que se traduza já na verdadeira *antecipação* do momento da morte (e já não só no prolongamento da vida) por interrupção dos *meios artificiais de sobrevivência,* de entre os quais vem logo ao espírito o "desligar da máquina" ou o *interromper* outro tratamento.

Isto a despeito de, na pura omissão dos cuidados médicos, por natureza um *non facere*, intervir já um acto de *facere*, pelo menos quando se pára a "máquina" ou se desliga o paciente dela.

2.8.3. *Outras omissões ou interrupções de tratamentos*

Mas mesmo a omissão de tratamentos considerados à primeira vista "inúteis" ou a interrupção de "meios artificiais" de sobrevivência não têm uma leitura linear quando a vida subsiste, afora os casos de verdadeiro "encarniçamento" terapêutico.

Refiram-se os casos de estabilidade da vida, ainda que longe da "qualidade desejada", com o apoio de determinados tratamentos ou "meios artificiais" (até porque, em princípio, todo o tratamento é uma intervenção externa no corpo e, por isso, uma actividade "artificial" de compensação face às normais reacções orgânicas). Os casos mais típicos são os de "estados de coma" prolongados, durante às vezes anos, em que é necessário fazer apelo a meios, por exemplo, de alimentação forçada.

Deve entender-se que não é lícito, à face da nossa lei, e mantendo-se um estado de vida, tomar a iniciativa de omissão dos cuidados ou da supressão dos meios, sob pena, pelo menos, de prática de homicídio por negligência (já que se não se afigura tão evidente subsistir incriminação pelo art. 200.º do Código Penal – o crime de «omissão de auxílio»).

As situações têm extrema delicadeza, mas não devem ser vistas no puro plano objectivo. Não será exigível, por exemplo, a prática de tratamentos sucessivos para debelar afecções esporádicas e isoladas que, pela sua natureza, estão ligadas a um processo patológico global e irreversível, tratamentos esses que neguem de facto o direito de morrer dignamente. Ao médico incumbe uma decisão consciente, mas em permanente conflito de deveres (cf. art. 36.º do Código Penal), sendo justificável que se decida pela morte digna e certa em vez de um retardamento desta à custa de um debelar momentâneo das patologias parciais.

Mas já não poderá deixar de se exigir uma acção médica de tratamento quando o estado de vida do paciente "estabilizar", ainda que à custa de "meios" aparentemente "artificiais" (não se esqueça que uma prótese também é um "meio artificial").

Outro problema sério, que tem também em conta um quadro de grave conflito de deveres (Código Penal, art. 36.º) ou até de estado de necessidade desculpante (Código Penal, art. 35.º), é o da decisão médica em caso da existência de meios de tratamento limitados face aos diversos casos patológicos a que o médico tenha de fazer frente. Mas não é aqui o lugar para tratar tal questão.

2.9. *O abreviar a vida e a diminuição do sofrimento*

O *abreviar a vida* é sempre o ponto de referência para o risco da prática do homicídio penalmente considerável, por «eutanásia» no sentido restrito ou por «ortotanásia».

Mas bem diferente da situação referida, em que se põe termo à vida de outra pessoa (abrevia a vida) com o fim de suprimir o sofrimento, é a de já, ao diminuir ou tratar o sofrimento, se abreviar a vida.

Ali há eutanásia no verdadeiro sentido (eutanásia activa) ou ortotanásia (eutanásia passiva); aqui não.

Nesta hipótese, o médico viu-se envolvido num manifesto conflito de deveres: o de proteger a vida do seu paciente e o de o defender ou tratar do sofrimento. Na verdade, se é obrigação do médico lutar contra as causas do mal que afecta o seu doente, também o é, com mais razão quando aquela luta se prevê fracassada, lutar contra os efeitos insuportáveis, dolorosos, que a doença lhe inflige. Nenhum médico deverá hesitar eticamente em diminuir este sofrimento, apesar de poder ter a convicção científica de que o tratamento eleito contribui para o abreviamento da vida.

Afigura-se que o Direito Penal cobre esta situação sob o campo do chamado *«estado de necessidade desculpante»*, isto é, como causa de exclusão de culpa (Código Penal, art. 35.º), culpa sem a qual, mesmo que sob a menor gravidade da mera negligência, não pode haver crime (Código Penal, art. 13.º).

Mas para que esta desculpabilização seja aplicável forçoso será sempre o recurso às melhores *leges artis*, ou seja, uma medicação perigosa não é admissível senão quando não exista outra. Desde que exista, portanto, um modo de apaziguar a dor que não atente contra a vida, não pode ser utilizado o meio medicamentoso que a abrevie. Mas, se só existe este, o médico não apenas pode, como porventura deve, utilizá-lo, sem que com isso se enleie nas malhas criminais.

2.10. *A esperança num tratamento futuro e incerto e a distanásia*

Como se viu, a não punibilidade do médico pelo acto omissivo de cuidados de saúde é aferida pela diligência exigível do profissional, ou seja, por aquilo que as *leges artis* permitem conhecer quanto a um tratamento ser útil ou inútil.

E mesmo isso não deixa de ter margem de delicadeza, qual seja a de admitir que sempre valerá a pena prolongar a vida, ainda que artificialmente, sob os auspícios de que "enquanto há vida há esperança"; ou seja, porque a natureza humana se mantém insondável *ad infinitum* e, em relação ao médico, porque os avanços da medicina são hoje tão rápidos e às vezes tão inesperados que sempre valeria a pena esperar o máximo, pois que de um momento para o outro podia surgir o novo meio eficaz de cura.

A solução está longe de ser líquida, mas parece dever considerar-se também o acto como ilícito e até penalmente perseguido.

É que, se as intervenções e tratamentos médico-cirúrgicos são despenalizados no artigo 150.º do Código Penal, não se considerando *«ofensa à integridade física»*, é preciso para tanto que o médico tenha agido *«com intenção de prevenir, diagnosticar, debelar ou minorar uma doença, um sofrimento, uma lesão ou fadiga corporal ou uma perturbação mental»*. E, no caso, não é nítida essa *«intenção»* e antes o clínico sabe que, de acordo com os conhecimentos médicos de que dispõe, não está a debelar ou a minorar a doença e antes que esta leva inexoravelmente à morte próxima.

Atenta, pois, não só contra a integridade física do paciente como contra a sua liberdade pessoal. Ficará aí de pé a doutrina, sustentada genericamente por alguns antes da nova disciplina penal, de que «toda a intervenção médica é, tipicamente, uma ofensa corporal, só justificável através do consentimento do paciente» (Figueiredo Dias).

Sendo assim, na hipótese de distanásia, porque ela é contrária à *intenção* de agir prevista no citado artigo 150.°-1, há efectivamente, e em princípio, crime de ofensa à integridade física, atentado contra o corpo humano não consentido e até contra a liberdade da pessoa.

Assim é quer haja quer não haja aumento de sofrimento. E maior é o gravame penal se assim procede contra a vontade do paciente de que não seja feita a distanásia.

Mas é, ainda, de admitir que o prolongamento abusivo da vida com sofrimento do paciente agrava o procedimento do clínico. Este não poderá, até, escudar-se na vontade dos familiares do doente e antes esses familiares poderão incorrer em co-autoria criminal nos termos do art. 26.° do Código Penal. De resto, o «*consentimento*» que não o da própria vítima não tem, neste campo, efeitos úteis para o infractor (cf. artigo 158.°-2 CP).

2.11. *A vontade do paciente de prolongar a vida*

Em toda a problemática até aqui encarada foi figurada a comissão por omissão por atitude autónoma do médico, não acompanhada, portanto, por acto de vontade de outrem, em especial do paciente.

Que dizer, pois, se o paciente manifesta – ou manifestou, antes, de maneira livre, clara e expressa – o desejo do prolongamento da vida mesmo com tratamento medicamente inútil, e porventura doloroso, o desejo de verdadeira «distanásia»?

É de entender que o médico não tem o direito de fazer prevalecer a sua vontade científica e antes tem o dever de respeitar o desejo do doente, praticando todos os actos médicos conducentes ao prolongamento da vida, e de modo a que isso suceda nas melhores condições clínicas possíveis designadamente no que respeita à diminuição do sofrimento.

Se assim não proceder, corre o risco de ser acusado pelo crime de homicídio – eutanásia passiva, ortotanásia (porventura privilegiado, não interessa) –, pois que, de facto, pela sua omissão abrevia a vida do seu paciente (não lhe prolonga a vida), o que lhe não é lícito nas ditas condições.

3. O crime do homicídio a pedido da vitima do art. 134.º do Código Penal

3.1. *A estatuição*

Outra perspectiva desta extensa temática é a do artigo 134.º do Código Penal: «*Quem matar outra pessoa determinado por pedido sério, instante e expresso que ela lhe tenha feito é punido com pena de prisão até 3 anos*».

3.2. *A penalização da eutanásia com «vontade determinante» da vítima e não de outrem*

É o chamado crime de homicídio a pedido da vítima, que deste modo se distingue daquele em que essa vontade não concorreu (art. 133.º CP).

Este tipo de verdadeira eutanásia em que a vontade *determinante* é a da própria vítima é, pois, punido entre nós. Isto representou uma opção muito firme e afirmada do nosso legislador, e isso perante a vaga de tentativa de despenalização deste tipo de actos a que se assistia então como agora em vários países ditos civilizados.

Todavia, conferiu-se relevo muito especial à iniciativa volitiva do ofendido como móbil do próprio crime, de tal modo que, quer em comparação com o crime genérico de homicídio, quer com o de homicídio privilegiado que tem vindo a ser estudado, este crime é ainda mais benevolamente penalizado.

Forçoso será, porém, que se prove a necessária relação de causa para efeito entre o pedido instante, sério e expresso da vítima e o acto do autor da morte.

No entanto, já não cai na mesma previsão penal o caso em que com a vontade do autor do acto concorra a vontade ou pedido de *outrem que não a própria vítima*.

É a situação, por exemplo, de intervenção letal activa do médico a pedido dos familiares do doente, que, por sua natureza (menor, diminuído psíquico), ou por sua situação (estado de coma) está incapaz de emitir vontade.

Esta hipótese não cabe sequer no crime menos grave do chamado homicídio a pedido. Cai sempre nas malhas ou do «*homicídio privilegiado*» do já analisado art. 133.° CP ou do homicídio em geral (se o médico não foi dominado psicologicamente).

3.3. O «pedido» de menor ou de inimputável

E se essa «*pessoa*» for um menor ou um inimputável?

A pergunta não é absurda. É que na anterior redacção falava-se em pedido de «*pessoa imputável e maior*» e agora os adjectivos desapareceram.

Mas parece óbvio que não ocorreu alteração de substância na lei, mas apenas melhor formulação dela. Na verdade, não sendo relevante por princípio – salvo em casos especiais que a lei determina para os menores – a vontade emitida por pessoas nestas circunstâncias, é evidente que nunca o «*pedido*» podia ser tomado como relevante nem «*sério*», mesmo que «*expresso*».

Por isso, se alguém agiu determinado por tal tipo de pedido, não pode invocar isso a seu favor, e, quando muito, será incriminado pelo artigo 133.° do Código Penal e já não pelo mais brando artigo 134.°.

3.4. A omissão de cuidados médicos a «pedido»

Uma das primeiras questões que se levantarão é a de saber se este crime, para que exista, tanto pode ser perpetrado por acção como por omissão.

Nesta última hipótese, a vítima recusaria, por seu pedido sério, instante e expresso, o *tratamento útil* da doença. Que responsabilidade para o médico a quem o pedido se dirigiu?

A pergunta não é desrazoável, porque, de acordo com o art. 10.° do Código Penal, «quando um tipo legal de crime compreenda um certo resultado, o facto abrange não só a *acção* adequada a produzi-lo, como a *omissão* da acção adequada a evitá-lo, salvo se outra for a intenção da lei» (n.° 1). Contudo, o mesmo artigo prescreve que «a comissão de um resultado por omissão só e punível quando sobre o omitente recair um dever jurídico que pessoalmente o obrigue a evitar esse resultado» (n.° 2).

E tem o médico esse dever jurídico no caso que nos ocupa?

Embora colocada esta questão sob uma nova perspectiva, já atrás foram deixados elementos para a resposta. Ela, aliás, tem ainda outro plano e patamar, qual seja o de saber se aquela omissão integrará porventura um tipo de ajuda ao suicídio incriminável.

A matéria exigiria uma maior explanação, mas é de avançar uma solução que sinteticamente se pode assim formular: não só não é incriminável a omissão do médico, como, porventura, poderá ser considerada penalmente ilícita a sua intervenção.

Na verdade, do já citado art. 156.º do Código Penal resulta ser punível com prisão até 3 anos e multa o médico que promova «intervenções ou tratamentos sem consentimento do paciente», ainda que «segundo o estado dos conhecimentos e da experiência da medicina, se mostrem indicados e forem levados a cabo de acordo com as *leges artis*» e «com intenção de (...) debelar ou minorar uma doença» (cf. art. 150.º-1 do Código Penal). De modo que, por maioria de razão, o médico não pode actuar contra a vontade séria, instante e expressa do paciente. Não recai, pois, sobre o clínico dever jurídico que pessoalmente o obrigue a evitar esse resultado.

Pelo contrário, a incriminação por essa acção ou intervenção do médico funda-se na violação do direito à liberdade e como tal está incluída no capítulo dos crimes contra este direito.

3.5. *O pedido por «testamento de vida»*

Problema diferente é o de saber se o «pedido» de que a lei fala para tipificar este crime pode resultar do vulgarmente designado "testamento de vida", a que outros chamam "testamento de morte".

Refere-se, pois, a disposição de vontade feita por escrito solicitando a morte, por exemplo na previsão ou sob a condição do sucesso ou ocorrência de determinado acontecimento: a detecção de um cancro ou de outra doença, a entrada em estado de coma como consequência de acidente ou de doença, a perda das faculdades mentais, etc..

A questão tem sido colocada com acuidade em países em que se tenta introduzir perigosamente uma legislação eutanásica capeada às vezes de maneira eufemística como «normas relativas ao direito à dignidade terapêutica do doente incurável».

E mesmo aí não tem deixado de ser salientada a justa dúvida sobre o valor jurídico de tal declaração, ainda que mais não seja sobre a sua persistência no momento em que deva ser aplicada: um homem em plena saúde não tem da morte o mesmo sentimento daquele que é envolvido pela angústia da doença. E então quando perde as faculdades volitivas como sustentar que há-de prevalecer a vontade que anteriormente manifestou?

Mas não há necessidade de envolvimento em tão acesa polémica, até porque entre nós, como se viu, a defesa da vida prevalece nas normas que vêm sendo comentadas, e noutras, e é punível o homicídio a pedido da vítima.

Interessa apenas aquilatar do "valor penal" da vontade assim manifestada para o efeito de saber se ela diminui a responsabilidade do homicida a ponto de a este ser aplicado o citado art. 134.º do Código Penal agora comentado.

A resposta parece dever ser negativa.

Na verdade, só em caso dificilmente configurável é de imaginar que o «pedido» da vítima se traduza em *«pedido instante»* quando gizado em documento anterior ao evento que se previu como devendo determinar a morte. Isto ainda que a solicitação «expressa» se possa qualificar como *«séria»*, isto é, ao tempo, livre e consciente.

A punição não deverá, pois, beneficiar do regime do homicídio a pedido, mas, quando muito, do homicídio privilegiado do artigo 133.º.

3.6. *A relevância do «pedido instante»*

Procurando o espírito da norma, parece que a qualificação da declaração da vontade necessária à tipificação do artigo 134.º o factor mais decisivo é o de que essa vontade seja *«instante»*.

Ser uma vontade *«séria e expressa»* é, por natureza, tudo o que é necessário para a validade de uma declaração com relevância jurídica, como resulta dos princípios gerais de Direito (*maxime* definidos no Código Civil sobre a declaração negocial).

É certo que a lei passou a falar hoje em pedido *«sério»*, qualificativo menos civilista, mas nem por isso menos expressivo, quando dantes falava de *«pedido consciente e livre»*. Já paralelamente, a lei penal, quando previa e continua a prever o consentimento relevante (já sem falar no consentimento presumido – art. 39.º do Código Penal), qualifica a respectiva manifestação de vontade de «séria, livre e esclarecida» (Código Penal, artigo 38.º-2). Mas é a mesma coisa. Uma vontade não «consciente» e não «livre» é uma aparência de vontade ou é uma vontade viciada por erro ou coacção, erro ou coacção sem os quais ela se teria exprimido doutro modo. Em suma, é uma vontade não séria. E a exigência de que seja, ademais, uma vontade «*expressa*» traduz-se em não consentir, para estes efeitos, a vontade implícita ou tácita.

Deste modo, uma vontade, um «*pedido*», «*instante*» já sai dos escaninhos correntes de qualificação de uma declaração válida.

Será então necessário que o pedido seja pertinaz, repetido, insistente, de tal modo que tenha razoavelmente «*determinado*» o autor a corresponder a essa solicitação. Não estará em causa, pois, a pusilanimidade ou fraqueza do autor que se tenha considerado movido por um simples pedido da vítima; mas, sim, a força persuasiva desta, a instância, ou premência, ou insistência, ou pertinácia com que o dirigiu.

4. O crime de incitamento ou ajuda ao suicídio do artigo 135.º do Código Penal

4.1. *A estatuição*

Finalmente, não deve ser deixado em silêncio um outro degrau em que se revela a larga problemática da eutanásia com previsão legal.

É de referir o crime de incitamento ou ajuda ao suicídio, a que se reporta o art. 135.º do Código Penal: «*1. Quem incitar outra pessoa a suicidar-se, ou lhe prestar ajuda para esse fim, é punido com pena de prisão até 3 anos, se o suicídio vier efectivamente a ser tentado ou a consumar-se. 2. Se a pessoa incitada ou a quem se presta ajuda for menor de 16 anos ou tiver, por qualquer motivo, a sua capacidade de valoração ou de determinação sensivelmente diminuída, o agente é punido com pena de prisão de 1 a 5 anos*».

4.2. *A penalização da eutanásia por indução*

É aquilo a que alguns apelidam de «*eutanásia por sugestão*», que o é, pelo menos, no caso do «incitamento». Melhor se dirá eutanásia por indução.

Assim é que não deixa este tipo de actos delituosos de ser uma «*acção*» (pelo menos) de terceiro perante a vida, o direito à vida, de outrem.

Se no nosso país é punida, noutros há em que, apesar do enorme desenvolvimento da respectiva dogmática jurídica, como é o caso da Alemanha, não sofre condenação penal.

É que, se é certo que todo o oceano da eutanásia nos confunde como juristas, este caso particular é confrontado com uma situação ainda mais perturbadora. É que o suicídio não é punido nem é punível, pelo que se apresenta como pouco claro que se puna a participação naquele acto.

4.3. *A dignidade jurídica do suicídio*

Efectivamente, parece dever concluir-se do ordenamento português que o suicídio não é sequer um acto ilícito, no verdadeiro sentido, apesar de atentar contra o bem jurídico "vida". É que, no dizer de ilustre autora, «a reprovabilidade jurídica do suicídio teria de passar pela violação de um dever de viver com fundamento na ordem jurídica a partir da Lei Fundamental. Mas ainda ninguém demonstrou que o dever constitucional de protecção da vida se imponha ao próprio titular» (Valadão e Silveira).

A prova desta asserção deduz-se também do já citado artigo 156.º do Código Penal quando proíbe as intervenções médicas sem consentimento do paciente.

O valor da dignidade da pessoa humana, com a vertente da liberdade pessoal, compatibiliza-se, pois, sem o desvirtuar, com o valor do direito à vida.

Mas, como bem propugna a mesma jurista, «a circunstância de o suicídio não ser um acto ilícito está muito longe de permitir concluir que se traduza num direito».

E remata: «constata-se uma "tolerância" pela ordem jurídica relativamente a tal acto desde que efectuado sem intervenções alheias que contribuam para a sua promoção» (Valadão e Silveira).

4.4. *A capacidade de valoração ou de determinação sensivelmente diminuída*

O «estado de espírito» do suicida que preside à distinção dos dois graus de incriminação da participação no suicídio tem a ver essencialmente com uma análise médica da situação.

Na verdade, já vimos que é mais fortemente penalizado o incitamento ou ajuda ao suicídio (sem falar já nos casos do menor de 16 anos) quando aquele que se dá a morte «*tiver a capacidade de valoração ou de determinação sensivelmente diminuída*».

Foi dado por assente, antes de mais, que o menor de 16 anos é equiparável a essa diminuição de capacidade. Mas igualmente se deve assim considerar em relação a um «*inimputável*» – que na redacção anterior era expressamente referido e agora deve reputar-se enquadrado na dita diminuição sensível de capacidade.

Em vez de «*capacidade de valoração ou de determinação sensivelmente diminuída*», o texto pregresso falava em pessoa que tiver «*sensivelmente diminuída, por qualquer motivo, a resistência moral*». Admite-se que a actual letra seja mais perfeita, pois que, bem mais do que diminuição sensível de «*resistência moral*» está em causa essa diminuição na «*capacidade de determinação ou valoração*».

Certo é, porém, que os casos do suicídio consciente e livre, por contraposição àqueles em que a vontade está diminuída, são extremamente raros. Di-lo a experiência médica e a estatística social, a ponto de haver quem repute a vontade do suicida sempre sob o domínio da patologia e, logo, sensivelmente diminuída a respectiva capacidade de valorar e de se determinar e, até, de resistir moralmente às influências de outrem. Para além dos casos de influência exógena na decisão, de que são exemplos típicos o alcoolismo e outras tóxico-dependências, são estados de espírito desencadeados por fortes depressões psíquicas endógenas ou exógenas que estão na origem normal do suicídio.

Isto quer, assim, dizer que a excepção na previsão legal assumirá a natureza de regra, na prática. E isso provocará que em geral a participação no suicídio seja normalmente incriminada com igual gravidade do que a chamada eutanásia activa do artigo 133.º do Código Penal (e dantes era-o com mais gravidade) e mais ainda do que o homicídio a pedido – o que, porventura, será um excesso na proporcionalidade, para que se não vislumbra razão clara.

Curiosamente, como alerta a mesma autora, esta diferença tem lógica em relação aos ordenamentos jurídicos como o germânico, em que não é punida a participação no suicídio. Aí há quem defenda que o incitamento ou ajuda ao suicídio de indivíduo gravemente deprimido tem a dignidade de ser considerado punível como autoria mediata de homicídio. Mas esta controvérsia dogmática, que no nosso país não tem o mesmo significado, reafirma que a participação no suicídio é, de facto, um caso de eutanásia: é o "*terceiro*" em relação à vítima mortal quem é punido (longe vai o tempo em que a família do suicida sofria a punição!).

4.5. *O homicídio com autoria mediata*

O regime penal português não tira, porém, como se adverte, que não possa haver casos de auxílio ao suicídio que não devam antes ser considerados e punidos como homicídio em autoria mediata.

Assim, se a inimputabilidade (certas situações esquizofrénicas ou psicóticas, por exemplo) ou a própria menoridade inferior aos 16 anos se traduzem, no caso, não numa diminuição sensível da capacidade de valoração e determinação, mas numa total supressão dessa capacidade, não se pode falar já em participação no suicídio, mas em algo mais grave, pois que subsiste completa falta de posse de si mesmo para realizar um suicídio com a relevância penal do artigo 135.º do Código Penal.

Do mesmo modo não poderá colher esta incriminação mais atenuada o caso de o suicida agir por brutal coacção física ou psicológica a que outrem o submeta. Como judiciosamente se escreveu, «o artigo 135.º pune quem incita ou ajuda alguém ao suicídio, e não *quem obrigue* esse mesmo a matar-se» (Valadão e Silveira); ou – acrescente-se – quem substitua *de facto* a vontade daquele que pôs termo aos seus dias.

4.6. *A vontade do participante no suicídio*

Particularmente agudo neste tipo de crime é o seu elemento subjectivo, cuja auscultação, no entanto, reafirma a convicção de que se pretende a punição da eutanásia.

Com efeito, o atentado à vida "bem" protegido pelo crime do art. 135.º, é perpetrado pela vítima. Por isso, a vontade do participante tem de incluir as consequências do acto do seu incitamento ou ajuda, apesar de a "última palavra", o último elemento para que o crime fique definido (suicídio consumado ou tentado), depender da decisão da própria vítima. Assim, «uma conduta de participação no suicídio só tem relevância penal se o participante actua com dolo, ou seja: se prevê e quer como consequência da sua actuação o acolhimento da proposta ou o reforço de um propósito já existente» (Valadão e Silveira).

O comportamento punido é, deve repetir-se, de natureza eutanásica. Ao juiz incumbe ponderar, na personalidade e motivações do agente, se foi a perversão que o comandou ou se foram, também, a dominação «por compreensível emoção violenta, compaixão, desespero ou motivo de relevante valor social ou moral» «que diminuam sensivelmente a sua culpa» –

por paralelismo com as condicionantes previstas no já comentado art. 133.º. A diferença é que a dominação psicológica nesta hipótese o levou a praticar o homicídio *quo tale*, enquanto na outra o levou a incitar ou ajudar ao suicídio. Os casos judiciais referidos nos trabalhos da especialidade retratam os dois tipos de actuações.

5. Breve conclusão

O Direito deve estar atento ao devir social. Mas isso não pode impelir o legislador a soluções precipitadas e muito menos aceder a modas ou a correntes ideológicas quando está em causa a própria pessoa humana na sua essência e dignidade, e a pessoa concreta, única e irrepetível.

A história das liberdades públicas demonstra que os direitos individuais, inicialmente concebidos como simples abstenção do Poder, tenderam a ser garantidos como prestações positivas desse mesmo Poder. Apenas a intervenção deste, em matérias tão delicadas, não pode, nem deve, ceder ao pragmatismo ou mesmo a *vox populi*, como se fosse possível submeter a sondagens ou estatísticas de opinião, ou a sufrágio ou até a referendo os Direitos Fundamentais.

Impõe-se uma meta essencial: a defesa da pessoa humana e da sua dignidade eminente. E, para a prosseguir, não basta uma visão sectorizada ou técnica, mas é de exigir uma reflexão pluridisciplinar. O perigo nas "cedências" nestas matérias é o da descida sucessiva para outros patamares. Da eutanásia lícita ao eugenismo é um pulo. Mas da punição da eutanásia não se segue a automática ou informática condenação, porque também o réu é uma pessoa a respeitar como tal, ao ajuizar do seu comportamento com a sua personalidade.

BIBLIOGRAFIA SUMÁRIA

ACADEMIA DAS CIÊNCIAS DE LISBOA – «*Colóquio sobre Eutanásia*», 385 págs. e vários autores, ed. Publicações do II Centenário da Academia, 1993.

ALMEIDA SANTOS, Agostinho, «*Eutanásia – Homicídio, suicídio ou liberdade de morrer?*», in "Colóquio sobre Eutanásia", Publicações do II Centenário da Academia das Ciências de Lisboa, Lisboa, 1993.

ANTUNES VARELA, João de Matos, «*A Eutanásia e os Direitos da Personalidade*», in "Colóquio sobre Eutanásia", Publicações do II Centenário da Academia das Ciências de Lisboa, Lisboa, 1993.

ASSOCIAÇÃO DOS MÉDICOS CATÓLICOS PORTUGUESES – «*Da Vida à Morte*», 319 págs. e vários autores, Coimbra, 1988.

ASSOCIATION DE CONSULTANTS INTERNATIONAUX EM DROIT DE L'HOMME – «*Essais sur le concept de "Droit de vivre"*», 317 págs. e vários autores em memória de Yougindra Khushalani, ed. Bruyllant, Bruxelles, 1988.

BARAHONA FERNANDES, «*A antropoética do bem morrer*», in "Colóquio sobre Eutanásia", Publicações do II Centenário da Academia das Ciências de Lisboa, Lisboa, 1993.

BELEZA, José – «*A ortotanásia como problema jurídico-penal*», in "As técnicas modernas de reanimação; conceito de morte; aspectos médicos, teológico-morais e jurídicos", ed. do Conselho Distrital do Porto da Ordem dos Advogados, 1973.

BELEZA DOS SANTOS – «*Obstáculos à ilicitude e à culpabilidade*», Lições de 1949.

BIOÉTHIQUE DANS LES ANNÉES '90 – «*Compte-rendu des groupes de travail du coloque national de réfléxion scientifique*», tomo I, ed. Omega, Gent, 1987.

BISCAIA, Jorge, «*Problemas éticos da reanimação neonatal*», in "Colóquio sobre Eutanásia", Publicações do II Centenário da Academia das Ciências de Lisboa, Lisboa, 1993.

BIZATTO, José Ildefonso – «*Eutanásia e responsabilidade médica*», ed. Sagra, Porto Alegre, 1990.

BORGES, Anselmo, «*A Morte humana na sociedade actual*», in "Colóquio sobre Eutanásia", Publicações do II Centenário da Academia das Ciências de Lisboa, Lisboa, 1993.

CABRAL, Roque, «*Eutanásia e Distanásia: clarificações necessárias*», in "Colóquio sobre Eutanásia", Publicações do II Centenário da Academia das Ciências de Lisboa, Lisboa, 1993.

CÂMARA, Cristina da, «*Conceitos éticos em unidades de cuidados intensivos*», in "Colóquio sobre Eutanásia", Publicações do II Centenário da Academia das Ciências de Lisboa, Lisboa, 1993.

CARDOSO DA SILVA, José, «*A Eutanásia em Oncologia*», in "Colóquio sobre Eutanásia", Publicações do II Centenário da Academia das Ciências de Lisboa, Lisboa, 1993; «*A medicina dos doentes em situações limite*», in "Cadernos de Bioética", ed. do Centro de Estudos de Bioética, ano V, n.º 6, pág. 53, 1994.

CARRINGTON DA COSTA, «*Morrer numa unidade de cuidados intensivos*», in "Colóquio sobre Eutanásia", Publicações do II Centenário da Academia das Ciências de Lisboa, Lisboa, 1993.

CAVALEIRO DE FERREIRA, Manuel – «*Lições de Direito Penal*»,1940.

CERQUEIRA GONÇALVES, Joaquim, «*A Eutanásia: opção ética ou cultural*», in "Colóquio sobre Eutanásia", Publicações do II Centenário da Academia das Ciências de Lisboa, Lisboa, 1993.

CERRUTI, François-Régis – «*L'euthanasie – aproche médicale et juridique*», ed. Privat, 1987.

COHEN, D. – «*Le droit à la mort – la tragédie de Karen Quinlan*», 1978.

COSTA ANDRADE, Manuel da – «*Direito Penal e modernas técnicas biomédicas*», in "Revista de Direito e Economia", ano XII – 1986).

CORREIA, Eduardo – «*Direito Criminal*», 1963.

CORREIA, Eduardo – «*Actas da Comissão Revisora do Código Penal – Parte especial*», in "Boletim do Ministério da Justiça", n.ºs 286 e 290.

CUELLO CALÓN – «*El problema juridico-penal de la eutanasia*», 1951.

DEBRAY, Jean-Robert – «*Le malade et son médecin*», 1964.

DIJON, Xavier – «*Entre le Droit et la Mort – Propositions pour éviter et récuser l'èuthanasie*», in "Journal des Tribunaux", Bruxelles, ano 104 – n.ºs 5322 e 5323.

DUMAS, André – «*L'homme et sa mort*», 1979.

DURÃO, José Manuel, «*A Eutanásia e a sua ilegitimidade*», in "Colóquio sobre Eutanásia", Publicações do II Centenário da Academia das Ciências de Lisboa, Lisboa, 1993.

FEYTOR PINTO, Vítor, «*Entre a Vida e a Morte, a razão da Esperança*», in "Colóquio sobre Eutanásia", Publicações do II Centenário da Academia das Ciências de Lisboa, Lisboa, 1993.

FERREIRA E SILVA, Serafim – «*Conceito e Momento da Morte*», in "As técnicas modernas de reanimação; conceito de morte, aspectos médicos, teológico-morais e jurídicos", ed. do Conselho Distrital do Porto da Ordem dos Advogados, 1973.

FIGUEIREDO DIAS, Jorge de – «*O problema da consciência da ilicitude em Direito Penal*», 1969; «*O problema da Ortotanásia: Introdução à sua Consideração Jurídica*», in "As técnicas modernas de reanimação; conceito de morte, aspectos médicos, teológico-morais e jurídicos", ed. do Conselho Distrital do Porto da Ordem dos Advogados, 1973; «*Responsabilidade Médica em Portugal*», in "Boletim do Ministério da Justiça", n.º 332, págs. 21 e segs..

GENTIL MARTINS, António, «*O Médico e a Eutanásia*», in "Colóquio sobre Eutanásia", Publicações do II Centenário da Academia das Ciências de Lisboa, Lisboa, 1993.

GONÇALVES MOREIRA, José Maria, «*Eutanásia e diálogo com o doente terminal*», in "Colóquio sobre Eutanásia", Publicações do II Centenário da Academia das Ciências de Lisboa, Lisboa, 1993.

GRAVEN, Jean – «*Le procès de l'èuthanasie – Les données et la solution d'un probléme "insoluble"*», 1964.

GUILLON, Claude / LE BONNIEC, Yves – «*Suicídio, modo de usar*», ed. Antígona, 1990.

HODELN-TABLADA, Ricardo – «*Morte encefálica. Novos aspectos da discussão*», in "Cadernos de Bioética", ed. do Centro de Estudos de Bioética, ano XI, n.º 25, pág. 95, 2001.

HOTTOIS, Gilbert / PARIZEAU, Marie-Helène, «*Les mots de la Bioéthique*», ed. De Boeck Université, pág. 208, 1993.

ISASCA, Frederico – «*Para uma interpretação dos artigos 13.º, 14.º e 16.º do Código de Processo Penal, em face do crime de homicídio a pedido da vítima*», in "Revista do Ministério Público", ano 11, n.º 42, Abril/Junho 1990.

LESSEPS DOS REIS, «*Eutanásia – Aspectos médico-legais*», *in* "Colóquio sobre Eutanásia", Publicações do II Centenário da Academia das Ciências de Lisboa, Lisboa, 1993.

LOBO ANTUNES, João, «*Prolongar a vida, prolongar o sofrimento – um conflito ético do nosso tempo*», *in* "Colóquio sobre Eutanásia", Publicações do II Centenário da Academia das Ciências de Lisboa, Lisboa, 1993.

LOPES CARDOSO, Augusto – «*Alguns aspectos jurídicos da Eutanásia*», conferência na Academia das Ciências de Lisboa em 7.11.1990 – *in* 'Boletim do Ministério da Justiça' 1990, n.º 401-5; idem *in* 'Divulgação – Revista de Enfermagem Oncológica', ano V, n.º 20, pág.20 – Out. 1991; e ainda *in* "Colóquio sobre Eutanásia", Publicações do II Centenário da Academia das Ciências de Lisboa, Lisboa, 1993; «*A decisão de tratar ou não tratar*», *in* "Cadernos de Bioética", ed. do Centro de Estudos de Bioética, ano IX, n.º 18, pág. 19, 1998; «*Oportunidades e limites do Bio-Direito*», *in* "Cadernos de Bioética", ed. do Centro de Estudos de Bioética, ano X, n.º 19, pág. 3, 1999.

MACHADO MACEDO, «*Ética e Eutanásia: Acordo possível?*», *in* "Colóquio sobre Eutanásia", Publicações do II Centenário da Academia das Ciências de Lisboa, Lisboa, 1993.

MAIA GONÇALVES, M. – «*Código Penal Português, Anotado*», 1983.

MARTINHO DA SILVA, Paula – «*O "Bio-Direito" é universalisável ou somente harmonizável?*», *in* "Cadernos de Bioética", ed. do Centro de Estudos de Bioética, ano X, n.º 19, pág. 9, 1999.

MÉMETEAU, Gérard – «*La responsabilité civile medicale en droit français et québécois*», 1990.

MOITINHO DE ALMEIDA, José Carlos – «*A responsabilidade civil do médico e o seu seguro*», 1972.

MONTEIRO, Fátima (e outros) – «*Eutanásia – pelo direito de morrer em paz*», *in* "Cadernos de Bioética", ed. do Centro de Estudos de Bioética, ano XI, n.º 24, pág. 85, 2000.

MOTA, José Castel-Branco, «*Os meios extraordinários de prolongar a Vida*», *in* "Colóquio sobre Eutanásia", Publicações do II Centenário da Academia das Ciências de Lisboa, Lisboa, 1993.

MURATORE, Saturnino – «*Eutanásia*», *in* "Dicionário de Bioética", págs. 450, ed. Perpétuo Socorro, 2001.

NUNES, Rui – «*Dimensão ética da abordagem do doente terminal*», *in* "Cadernos de Bioética", ed. do Centro de Estudos de Bioética, ano IV, n.º 5, pág. 13, 1993.

OLIVEIRA SÁ, Fernando, «*Eutanásia e "Testamento biológico*», *in* "Colóquio sobre Eutanásia", Publicações do II Centenário da Academia das Ciências de Lisboa, Lisboa, 1993.

OSSWALD, Walter – «*Medicamentos na fase terminal da vida e Eutanásia*», *in* "Colóquio sobre Eutanásia", Publicações do II Centenário da Academia das Ciências de Lisboa, Lisboa, 1993; «*Um fio de Ética*», "Do morrer e do deixar morrer", págs. 85 a 118, ed. Instituto de Invest. e Form. Cardiovascular, 2001.

PERELMAN – «*Droit, morale et philosophie – V – Droit et morale devant l'euthanasie*», 1968.

PINA, J.A. Esperança – «*A Responsabilidade dos médicos*», ed. Técnicas Lidel, 1994.

PINTO DA COSTA, J. «*Eutanásia: um destino a cumprir?*», *in* "Colóquio sobre Eutanásia", Publicações do II Centenário da Academia das Ciências de Lisboa, Lisboa, 1993.

Pinto Magalhães, Vasco – «*Encontro com o outro no fim da vida*», in "Cadernos de Bioética", ed. do Centro de Estudos de Bioética, ano X, n.º 21, pág. 41, 1995; «*O sofrimento, que solução para os nossos dias?*», in "Cadernos de Bioética", ed. do Centro de Estudos de Bioética, ano VI, n.º 9, pág. 61, 1995.
Pouillard, D. – «*Le droit de vivre sa mort*», 1979.
Rateau, M. – «*L'euthanasie et sa réglementation génèrale*», 1964.
Regourd, Serge – «*Les Droits de l'Homme devant les manipulations de la Vie et de la Mort – Problèmes actuels en droit public français*», in "Revue du Droit Public et de la Science Politique en France et à l'Étranger", n.º 1, 1981.
Ribeiro da Silva, João, «*O pensamento médico e a Eutanásia*», in "Colóquio sobre Eutanásia", Publicações do II Centenário da Academia das Ciências de Lisboa, Lisboa, 1993.
Robert, Jacques – «*Rapport sur le corps humain et la liberté individuelle en Droit français*», 1974.
Rocha e Melo, António, «*É a morte cerebral ainda um problema?*», in "Colóquio sobre Eutanásia", Publicações do II Centenário da Academia das Ciências de Lisboa, Lisboa, 1993.
Rodrigues, Nestor, «*A dor oncológica justifica a Eutanásia*», in "Colóquio sobre Eutanásia", Publicações do II Centenário da Academia das Ciências de Lisboa, Lisboa, 1993.
Serrão, Daniel, «*Viver, envelhecer e morrer com dignidade*», in "Colóquio sobre Eutanásia", Publicações do II Centenário da Academia das Ciências de Lisboa, Lisboa, 1993; «*A Eutanásia e o direito de não sofrer*», in "Cadernos de Bioética", ed. do Centro de Estudos de Bioética, ano VI, n.º 9, pág. 29, 1995.
Silva Araújo, Manuel – «*As novas técnicas de reanimação e a revisão do conceito de morte*», in "As técnicas modernas de reanimação; conceito de morte, aspectos médicos, teológico-morais e jurídicos", ed. do Conselho Distrital do Porto da Ordem dos Advogados, 1973; «*Não ressuscitar. Quando e porquê?*», in "Colóquio sobre Eutanásia", Publicações do II Centenário da Academia das Ciências de Lisboa, Lisboa, 1993.
Sinde Monteiro, Jorge – «*Responsabilidade Médica em Portugal*», in "Boletim do Ministério da Justiça", n.º 332, págs. 21 e segs..
Sousa, Paula – «*A ética em oncologia*», in "Cadernos de Bioética", ed. do Centro de Estudos de Bioética, ano IX, n.º 18, pág. 27, 1998.
Teixeira Fernandes, António, «*Modernidade e Eutanásia*», in "Colóquio sobre Eutanásia", Publicações do II Centenário da Academia das Ciências de Lisboa, Lisboa, 1993.
Valadão e Silveira, Maria Manuela Fernandes Barata – «*Sobre o crime de incitamento ou ajuda ao suicídio*», ed. da Associação Académica da Faculdade de Direito de Lisboa, 1990.
Vaz Serra, Adriano, «*Eutanásia: a perspectiva do Psiquiatra*», in "Colóquio sobre Eutanásia", Publicações do II Centenário da Academia das Ciências de Lisboa, Lisboa, 1993.
Verspieren, – «*L'euthanasie, – Études*», 1977.

O SEGREDO MÉDICO NO DIREITO PORTUGUÊS VIGENTE*

Luís Vasconcelos Abreu
Assistente da Faculdade de Direito de Lisboa

SUMÁRIO: 1. Generalidades; 2. Enquadramento normativo; 3. Carácter profissional; 4. Bens e interesses jurídicos tutelados; 5. Titulares do segredo; 6. Sujeitos do dever. 6.1 O segredo médico partilhado; 7. Objecto e conteúdo do dever; 8. Excepções ao dever. 8.1 Situações expressamente reguladas. 8.1.1 O consentimento do doente e a defesa dos seus interesses; 8.1.2 A salvaguarda dos legítimos interesses do médico; 8.1.3 O regime dos acidentes de trabalho; 8.1.4 As doenças de declaração obrigatória; 8.1.5 Os poderes da Inspecção-Geral dos Serviços de Saúde. 8.2 A regra geral da ponderação de interesses e o seu regime processual; 9. Pós-eficácia. 9.1. O segredo médico e a transmissão do consultório; 10. Sanções.

«The concept of medical confidentiality arises from the patient-physician relationship and, thus, is almost as old as medicine itself, and older than the Common Law or the Civil Law; the medical *duty* of secrecy corresponds with the patient's *right* to see his human dignity and privacy respected by all others.»

Dieter Giesen, International medical malpractice law: a comparative law study of civil liability arising from medical care, Tübingen: Mohr; Dordrecht, Boston, London: Nijhoff, 1988, 406.

---

* Texto revisto da exposição feita em 8 de Abril de 2002, no âmbito do Curso de pós-graduação em Direito da bioética – 2001/2002, promovido pela Faculdade de Direito de Lisboa.

«Le monde de la santé est passé de la génération du secret à la génération de la communication, la révolution technologique ayant permis de renforcer le degré de protection et la qualité des «flux de santé» (flux informationnels, flux thérapeutiques, flux socio-économiques, flux innovants).

Dans ce contexte, les professionnels de santé, practiciens, industriels ou institutionnels n'ont pas échappé à la mise en réseau qui répond à la tendance généralisée du rapprochement des disciplines et de l'échange de l'information au service de la qualité et de la productivité. Or, la mise en réseau et l'informatisation des professionnels de santé entraînent la dématéralisation des dossiers médicaux et tend au partage du secret médical.»

Avant-propos, Guide juridique du dossier médical informatisé (sob a direcção de Alain Bensoussan e de Ariane Mole), Paris: MMI Éditions, 2001

1. Generalidades

As duas citações escolhidas para iniciar esta breve exposição pretendem chamar à atenção para a necessidade de o segredo médico ser compreendido atendendo à forma como a medicina é exercida na actualidade.

Assim, a primeira frase, da autoria do Professor Giesen, infelizmente já falecido e que foi uma das maiores autoridades alemãs e mundiais nos diferentes domínios do direito médico e da responsabilidade médica, com a particularidade de parte da sua obra ter sido publicada em inglês, por forma a assegurar uma efectiva contribuição para o debate científico para além das fronteiras do seu país, recorda-nos como o segredo médico é tão antigo como a própria medicina, reconduzindo-o também ao direito do doente a que a sua dignidade e intimidade sejam respeitadas.

Já a segunda citação, retirada de um pequeno grande livro francês recentemente publicado, contextualiza na perfeição o referido dever de sigilo. A prestação de cuidados médicos passou efectivamente do mundo do segredo à idade da comunicação. Não é possível tratar hoje do segredo médico sem ter presente, por exemplo, a legislação sobre protecção de dados pessoais[1] ou a que regula o acesso aos documentos da Administração.

---

[1] Há quem considere que o segredo médico é a mais antiga regra sobre protecção

O médico que desenvolvia a respectiva actividade sozinho no seu consultório tem vindo a ser progressivamente substituído por formas de exercício societário da profissão. A medicina pratica-se hoje, como tantas outras actividades, de uma forma empresarial, nela avultando o papel dos equipamentos, sempre mais sofisticados. Cada vez mais se contrata com uma clínica e não directamente com um profissional[2]. Daí a tendência para que as normas que se aplicam aos ficheiros organizados noutras áreas valham igualmente para os dossiers médicos[3].

Por outro lado, os hospitais englobam serviços múltiplos e estão informatizados[4]. Neles, os actos médicos são praticados por diferentes profissionais, consoante os dias ou turnos em que prestam serviço[5]. O que torna até difícil descobrir o responsável por uma violação do dever de sigilo[6].

A visão do segredo médico como um valor absoluto e supremo, sobre o qual competia exclusivamente ao médico decidir[7], não se compagina com a sociedade e a medicina dos dias de hoje, nem com o princípio, que também já ganhou foros de cidadania, de ser o doente o titular dos interesses protegidos[8].

É a partir destes pressupostos que se vai avançar.

---

de dados pessoais. Cfr. *Helmut Bäumler*, Medizinische Dokumentation und Datenschutzrecht, MedR 1998, 400-405, 400. Marcando a diferença entre os dois domínios, designadamente pela forte ligação do sigilo médico aos direitos do doente, *Erwin Deutsch*, Medizinrecht, 4ª ed., Berlim/Heidelberg/Nova Iorque: Springer, 1999, 251.

[2] Analisando as especificidades dos novos contratos médicos, *Carlos Ferreira de Almeida*, Os contratos civis de prestação de serviço médico, *in* Direito da saúde e bioética (Intervenções no II Curso de Direito da saúde e bioética), Lisboa: AAFDL, 1996, 75-120.

[3] Cfr. *George J. Annas*, The rights of patients: the basic ACLU guide to patient rights, 2ª ed., Southern Illinois University Press, 1989, 175.

[4] Quanto aos problemas colocados, em sede de protecção da vida privada, pelo aparecimento do computador, v. as considerações de *M. Januário Gomes*, O problema da salvaguarda da privacidade antes e depois do computador, BMJ, n.º 319, Outubro 1982, 21-56.

[5] Dando nota das ameaças que para o segredo profissional decorrem da evolução registada no exercício da medicina, *Silva Carneiro*, Responsabilidade da administração hospitalar, RDES, ano XIX-1972, 123-307, 268-277.

[6] Cfr. *Manuel García Blásquez/Juan J. Molinos Cobo*, Manual práctico de responsabilidad y defensa de la profesión médica (Aspectos jurídicos y médico-forenses), 2ª ed., Granada: Comares, 1997, 132.

[7] Elementos sobre a evolução histórica do segredo médico podem ser obtidos em *Patrick Loiret*, La théorie du secret médical, Paris: Masson, 1988, 29-37. Este Autor sublinha o facto de o segredo médico derivar de considerações de ordem ética, tendo sido adoptado pela profissão médica antes de lhe ser imposto por via legislativa.

[8] Cfr. *Fernando Manuel Oliveira Sá*, Segredo médico – peritagem médico-legal,

Não sem antes fazer uma prevenção. O dever de segredo pode ter por base a relação contratual e será até vantajoso que as partes regulem a matéria. Mas o segredo médico excede largamente a convenção entre as partes, encontrando-se consagrado a diversos níveis. A presente exposição pretende traçar um enquadramento geral do direito português vigente[9-10].

2. Enquadramento normativo

As informações relativas à saúde de uma pessoa fazem parte da sua vida privada[11] e, como tal, são tuteladas pelo direito fundamental à reserva

---

Revista portuguesa do dano corporal, ano II, n.º 3 (Novembro 1993), 9-25, 9-13. V. também as considerações introdutórias de *Cunha Rodrigues*, Sobre o segredo médico, *in*, do A., Lugares do direito, Coimbra: Coimbra Editora, 1999, 471-492.

[9] Fica de fora, por exemplo, a abordagem, necessariamente especializada, do crime de violação de segredo profissional. Sobre a matéria, *Rodrigo Santiago*, Do crime de violação de segredo profissional no Código Penal de 1982, Coimbra: Almedina, 1992, e, mais recentemente, *Manuel da Costa Andrade*, Anotação ao art. 195.º do Código Penal, *in* Comentário Conimbricense do Código Penal (dirigido por Figueiredo Dias), Parte especial, tomo I (arts. 131.º a 201.º), Coimbra: Coimbra Editora, 1999, 771-802. V. também *António Pires Henrique da Graça*, Sigilo médico, deontologia e tutela penal, CJ/STJ, ano VII, tomo I-2000, 5-12.

[10] Para uma abordagem de outro tipo, v., por exemplo, *Mark Siegler*, Confidentiality in medicine – a decrepit concept, *in* Contemporary issues in bioethies (ed. Tom L. Beauchamp/Le Roy Walters), 5.ª ed., Wadsmorth Publishing Company, 1999, 169-171, bem como *Bernard Friedland*, Physician-patient confidentiality. Time to re-examine a venerable concept in light of contemporary society and advances in Medicine, The Journal of Legal Medicine, 15:249-277. Neste artigo, defende-se a revelação da história médica dos pais aos filhos, com fundamento nos avanços da genética, no incremento dos custos dos exames e tratamentos médicos e no crescente número de famílias monoparentais, em que a história clínica dos seus membros não é partilhada entre os mesmos, ao invés do que sucede no âmbito da família tradicional. Entre nós, *Paulo Otero*, Personalidade e identidade pessoal e genética do ser humano: um perfil constitucional da bioética, Coimbra: Almedina, 1999, 72, considera inconstitucional qualquer sistema normativo de segredo que vede ao interessado a possibilidade de conhecer a forma como foi gerado ou o respectivo património genético.

[11] Cfr. *Paulo Mota Pinto*, O direito à reserva sobre a intimidade da vida privada, BFDUC, vol. LXIX (1993), 479-585, 527. No direito comparado, por exemplo, *Deutsch*, Das Persönlichkeitsrecht des Patienten, AcP 192 (1992), 161-180, 170, e *Michel Rossinelli*, Aspects constitutionnels des droits des patients, *in* Aspects du droit médical (sob a responsabilidade de P. Tercier), Friburgo: Éditions Universitaires Fribourg Suisse, 1987, 49-58, 54.

da intimidade da vida privada (art. 26.°, n.° 1 CRP). Por esta via, o sigilo médico vem a beneficiar do regime dos direitos fundamentais: aplicação imediata, vinculação de todos os sujeitos de direito, públicos e privados, e restrições apenas impostas por lei e na medida do necessário para salvaguardar outros direitos ou interesses constitucionalmente protegidos (art. 18.° CRP).

Estamos num domínio que não é axiologicamente neutro, impondo-se respeitar as opções fundamentais.

Ainda na Constituição, cumpre referir o art. 35.°, que consagra um conjunto de direitos fundamentais em matéria de defesa contra o tratamento informático de dados pessoais, com destaque, relativamente ao tema em análise, para o direito ao sigilo, bem como a correspondente obrigação que recai sobre os responsáveis pelos ficheiros e a proibição de acesso aos mesmos por terceiros[12].

Passando para o plano da legislação ordinária, o Estatuto da Ordem dos Médicos impõe claramente o segredo profissional como um dos deveres dos médicos (art. 13.°, c) EOM), cuja violação é passível de conduzir à aplicação de uma medida disciplinar[13-14]. Segundo a Lei de Bases da Saúde[15], assiste aos utentes do Serviço Nacional de Saúde o direito de ter rigorosamente respeitada a confidencialidade sobre os dados pessoais revelados (respectiva Base XIV, n.° 1 d)).

Mas é no Código Deontológico que a matéria se encontra mais desenvolvidamente regulada[16-17]. Aí temos a definição do âmbito do segredo

---

[12] Cfr. J. J. Gomes Canotilho/Vital Moreira, Constituição da República Portuguesa Anotada, 3ª ed., Coimbra: Coimbra Editora, 1993, 214-219, 215 e 217. V. também Helena Moniz, Notas sobre a protecção de dados pessoais perante a informática (O caso especial dos dados pessoais relativos à saúde), RPCC, ano 7.°, fasc. 2.°, Abril-Junho 1997, 231-298, 245/261.

[13] O Estatuto da Ordem dos Médicos em vigor foi aprovado pelo Dec.-Lei n.° 282/77, de 5 de Julho.

[14] Para os médicos dentistas, o dever de segredo está previsto na al. c) do n.° 1 do art. 12.° do Estatuto da Ordem dos Médicos Dentistas, aprovado pela Lei n.° 110/91, de 29 de Agosto, com a redacção da Lei n.° 82/98, de 10 de Dezembro, e da Lei n.° 44/2003, de 22 de Agosto. No que respeita aos veterinários, tal dever resulta da al. l) do n.° 1 do art. 18.° do Estatuto da Ordem dos Médicos Veterinários, aprovado pelo Dec.-Lei n.° 368/91, de 4 de Outubro (v. também os n.°s 3 e 4 do mesmo preceito). A obrigação de sigilo profissional dos veterinários merece certamente ser ponderada por quem se propõe aprofundar a problemática dos direitos dos animais.

[15] Lei n.° 48/90, de 24 de Agosto.

[16] Reconhece-se eficácia jurídica ao Código Deontológico, uma vez que a publici-

profissional, a regulamentação no que respeita ao segredo na posse das entidades colectivas de saúde, o dever de o médico zelar para que os seus auxiliares respeitem também eles o segredo profissional, as causas de exclusão do dever em causa, o problema das acções de honorários e do destino dos registos médicos em caso de transmissão de consultório, o modo como devem ser passados os atestados médicos, a regra de que o médico deve organizar as suas publicações de forma a que não seja possível a identificação dos doentes, bem como diversas outras normas que irão ser sucessivamente trazidas à colação a propósito dos diferentes pontos que compõem a presente exposição (arts. 67.° a 80.°).

Por último, o segredo médico é hoje igualmente tutelado pela Lei de Protecção de Dados Pessoais (Lei n.° 67/98, de 26 de Outubro), que transpôs para a ordem jurídica interna a Directiva n.° 95/46/CE, do Parlamento Europeu e do Conselho, de 24 de Outubro, relativa à protecção das pessoas singulares no que respeita ao tratamento de dados pessoais e à livre circulação desses dados (arts. 7.°, n.° 4, 17.° e 47.° LPDP).

3. Carácter profissional

O médico é o *confidente necessário* do doente[18]. Este tem de lhe revelar aspectos íntimos para que o clínico possa proceder a um diagnós-

---

dade que lhe tem sido assegurada, desde logo pela sua publicação inicial no n.° 3/85 (Março) da Revista da Ordem dos Médicos, e, posteriormente, através de publicações da Ordem dos Médicos, como é o caso da compilação denominada «Estatuto e regulamentos da Ordem dos Médicos», elaborada em Janeiro de 2000 pelo Departamento jurídico da Secção Regional do Sul da Ordem, num trabalho de Paulo Sancho e Vasco Coelho, assim como noutras publicações, de que é bom exemplo o n.° 9 dos Cadernos da Faculdade de Medicina de Lisboa, de Dezembro de 2001, intitulado precisamente «Direito à dignidade humana e Código deontológico em Medicina», de par com a disponibilização do referido Código Deontológico no *site* de legislação e documentação oficial da Ordem – http://www.ordemdosmedicos.pt –, permite concluir que o Código é susceptível de ser conhecido no círculo dos seus destinatários, que são os médicos. Para uma interpretação restritiva da norma do n.° 1 do art. 5.° do Código Civil, *José de Oliveira Ascensão*, O Direito. Introdução e Teoria geral. Uma perspectiva luso-brasileira, 11ª ed., Coimbra: Almedina, 2001, 288/289. Sobre o valor jurídico do actual Código Deontológico, por último, *Guilherme de Oliveira*, Auto-regulação profissional dos médicos, RLJ, ano 134.°, n.° 3923, 34-40, 36.

[17] Pertencem ao Código Deontológico todos os preceitos citados no texto, salvo indicação em contrário.

[18] Cfr., por exemplo, *Cunha Rodrigues*, ob. e loc. cits., 476.

tico correcto, primeiro passo para se alcançar o resultado desejado. Não há, portanto, do lado do doente, grande margem para escolha.

Por isso, o sigilo faz parte do estatuto profissional dos médicos, da deontologia que rege a respectiva actividade. O doente só revelará os tais detalhes pessoais se tiver a certeza que o médico os conservará para si.

Inerente à profissão, o segredo médico vale qualquer que seja a modalidade do seu exercício.

Dispõe o art. 68.º do Código Deontológico que o segredo profissional abrange todos os factos que tenham chegado ao conhecimento do médico no exercício do seu míster ou por causa dele, compreendendo especialmente:

- os factos revelados directamente pelo doente, por outrém a seu pedido ou terceiro com quem tenha contactado durante a prestação de cuidados ou por causa dela;
- os factos apercebidos pelo médico, provenientes ou não da observação clínica do doente ou de terceiros;
- os factos comunicados por outro médico obrigado, quanto aos mesmos, a segredo profissional (n.º 1).

Ainda segundo o mesmo preceito, a obrigação de segredo existe quer o serviço solicitado haja ou não sido prestado e quer seja ou não remunerado (n.º 2). Por outro lado, o segredo é extensivo a todas as categorias de doentes, sendo, em princípio, proibido enviar doentes para fins de diagnóstico ou terapêutica a qualquer entidade não vinculada a segredo profissional médico (n.º 3).

É comum a doutrina sublinhar a ligação do conhecimento dos factos ao exercício da profissão, afirmando-se ser essencial que o referido conhecimento resulte directa e exclusivamente daquele exercício[19].

Mas pode-se ir um pouco mais longe. Não só porque cada vez mais o direito vai no sentido de, com fundamento no princípio da boa fé, tutelar a confiança legítima das pessoas, sempre que justificada[20], como também devido ao facto de o Código Penal referir o segredo conhecido em razão

---

[19] Cfr. *João Álvaro Dias*, Responsabilidade, informação, consentimento e confidencialidade, Revista portuguesa do dano corporal, ano II, n.º 4 (Maio 1994), 9-32, 28, e Procriação assistida e responsabilidade médica, Coimbra: Coimbra Editora, 1996, 303/304.

[20] Sobre a tutela da confiança, elencando os respectivos pressupostos, *António Menezes Cordeiro*, Tratado de direito civil português, I, Parte geral, tomo I, Coimbra: Almedina, 1999, 184-188.

da profissão, o que permite abranger o conjunto dos factos de que o médico teve conhecimento porque era médico (art. 195.° CP)[21].

Quando um doente encontra ocasionalmente o seu médico e lhe confia dados relativos ao seu estado de saúde ou sempre que uma pessoa, num qualquer evento social, contacta com um médico e, atendendo aos especiais conhecimentos deste, lhe revela pormenores ligados à sua saúde que não confiaria a ninguém que não fosse médico, nestas hipóteses há um investimento de confiança na discrição do médico, que parece perfeitamente justificado atento o conhecimento geral da existência de uma deontologia médica e, nela, do sigilo profissional[22].

Segundo o art. 68.° do Código Deontológico, o segredo profissional abrange todos os factos que tenham chegado ao conhecimento do médico no exercício do seu míster ou por causa dele. Não se descortina razão para que esta última parte da norma fique confinada, por exemplo, às situações conhecidas através do exercício de cargos na Ordem dos Médicos. Bem pelo contrário, é possível por esta via incluir os casos em que a confiança gerada pelo estatuto profissional do médico levou a que lhe fossem confiadas determinadas informações quando não se encontrava propriamente a exercer a profissão.

4. Bens e interesses jurídicos tutelados

Os bens jurídicos protegidos através do segredo médico são a saúde e a intimidade da vida privada do doente (art. 26.°, n.° 1 CRP)[23]. Conforme já se referiu, o médico tem acesso a aspectos muito pessoais e, por vezes, mesmo embaraçosos da vida do seu paciente, que só lhos relata se estiver seguro que eles não serão transmitidos a terceiros. Essa confiança do doente no médico é essencial ao bom funcionamento da respectiva relação e pressupõe que, do outro lado, exista a obrigação de sigilo[24].

---

[21] Cfr. *Costa Andrade*, ob. e loc. cits., 781/783.

[22] É a este propósito bastante elucidativo o facto de a quase totalidade dos doentes não pedir confidencialidade ao médico, dando-a por adquirida. Cfr. *Loiret*, ob.cit., 51. Pode, assim, dizer-se que a confiança no segredo médico ainda está intacta. Cfr. *Ernst Rimpel*, Zum Stellenwert der Schweigepflicht für den Arzt, *in* Aktuelle Probleme und Perspektiven des Arztrechts (organizado por Heike Jung/Richard Johannes Meiser/Egon Müller), Estugarda: Enke, 1989, 34-38, 34 e 37.

[23] Cfr. *Didier Berberat/Daniel Perdrizat*, Registre des tumeurs et protection de la personnalité, *in* Aspects du droit médical, cit., 131-148, 142.

[24] Cfr. *Deutsch*, Medizinrecht, cit., 251.

O direito à confidencialidade constitui, assim, uma consequência directa da referida confiança do doente no seu clínico. O doente revela a sua intimidade, porque tal é necessário para que possa ser tratado com sucesso. É o interesse individual do paciente que o segredo médico salvaguarda em primeira linha[25]. Sem a mencionada confiança, o doente ou não iria ao médico ou, pelo menos, conservaria para si muita da informação pertinente, prejudicando o diagnóstico e a terapia[26-27].

A relação médico-doente não é uma relação entre iguais: de um lado, está o conhecimento; do outro, a necessidade de cuidados de saúde. Por isso, o segredo médico, eticamente fundado, é como que o preço a pagar pelo médico por estar autorizado a partilhar e explorar a intimidade do doente[28].

Tudo isto não significa, porém, que não se descortine aqui também uma tutela de interesses colectivos[29]. Essencial à confiança da população na classe médica, o segredo médico releva para o conjunto da profissão e para a saúde pública em geral[30]. Por exemplo, no caso da SIDA, as populações de risco evitariam o contacto com os profissionais de saúde,

---

[25] Cfr., por exemplo, *Dieter Giesen*, International medical malpractice law: a comparative law study of civil liability arising from medical care, Tübingen: Mohr; Dordrecht, Boston, London: Nijhoff, 1988, 408, que sublinha o aspecto de o segredo médico não poder ser utilizado pelos médicos para se protegerem a si próprios (loc. cit., nota (11)), e *Adolf Laufs*, Arztrecht, 5ª ed., Munique: Beck, 1993, 239/240. Entre nós, *Oliveira Sá*, ob. e loc. cits., reconduz a visão do segredo médico como um valor absoluto e supremo, sobre o qual, em caso de conflito de interesses, o médico decidiria, a uma perspectiva de medicina paternalista, que não se encaixa nas coordenadas da medicina actual.

[26] Cfr. *Jean-Marie Hubaux*, Les droits et obligations du patient, Bruylant-Academia, 138.

[27] Há domínios, como, por exemplo, a psicoterapia em que sem a garantia do sigilo não seria praticamente possível a intervenção clínica. Cfr. *Rimpel*, ob. e loc. cits., 34.

[28] Cfr. *Dominique Folscheid*, La relation médecin-patient, *in* Dominique Folscheid/ /Brigitte Feuillet-Le Mintier/Jean François Mattei, Philosophie, éthique et droit de la médecine, Paris: puf, 1997, 247-255, 251.

[29] Bastante elucidativa a este respeito é a afirmação, constante do art. 67.º do Código Deontológico, de que o segredo médico constitui matéria de interesse moral e social. Aliás, já o dizia o art. 89.º do anterior Estatuto da Ordem dos Médicos, aprovado pelo Dec.-Lei n.º 40.651, de 21 de Junho de 1956.

[30] Cfr. *Paula Lobato Faria*, Protecção jurídica de dados médicos informatizados, *in* Direito da saúde e bioética (Intervenções no I Curso de Direito da saúde e bioética), Lisboa: Lex, 1991, 153-168, 158, e *Stéphane Spahr*, Le secret médical en matière d'assurance--maladie, *in* Aspects du droit médical, cit., 117-126, 118.

com todas as consequências negativas daí decorrentes, caso receassem quebras de privacidade[31].

O facto de estarmos perante um direito fundamental e a importância do segredo médico para o tratamento em si levam a que se conclua no sentido da primazia da referida vertente de tutela individual[32]. Pertence ao passado a tese segundo a qual se o segredo médico visasse garantir interesses puramente individuais, então ele teria de ceder sempre que estivesse em causa um qualquer interesse colectivo[33].

5. Titulares do segredo

Uma vez que os bens jurídicos protegidos são a saúde e a intimidade da vida privada do doente, não há dúvidas que o titular do segredo médico é este último. Recorrendo a uma sugestiva expressão, o médico será o simples detentor do segredo, enquanto o doente é o seu senhor[34].

Deste modo, o sigilo vale nas relações entre o médico e terceiros, não podendo ser oposto pelo clínico ao seu paciente[35]. O doente tem direito de conhecer a informação que lhe respeita[36], devendo-lhe ser facultado o acesso ao seu processo ou fichas.

---

[31] O exemplo é de *Paula Lobato Faria*, ob. e loc. cits. na nota anterior.

[32] Após detalhada exposição das concepções existentes sobre a matéria, defende o primado da dimensão pessoal, de tutela da privacidade, no crime de violação de segredo profissional, *Costa Andrade*, ob. e loc. cits., 773/778, em especial 776/777. Consequentemente, a violação de segredo profissional é um crime semi-público, dependendo do procedimento criminal de queixa ou participação (art. 198.° CP).

[33] Neste sentido, *L.A. Duarte dos Santos*, Do segredo profissional em medicina, Coimbra: Casa do Castelo, 1944, 10/11.

[34] Cfr. *Oliveira Sá*, ob. e loc. cits., 13.

[35] Cfr. Guide juridique du dossier médical informatisé (sob a direcção de Alain Bensoussan e de Ariane Mole), Paris: MMI Éditions, 2001, 75/77, e *Helmut Narr/Martin Rehborn*, Arzt-Patient-Krankenhaus, 2ª ed., dtv, 1991, 96. O problema da oponibilidade do sigilo ao doente só na aparência pode ser considerado um paradoxo. Na realidade, aquilo que o paciente comunica ao médico são apenas os sintomas de que se queixa, os quais o clínico depois vai ter de aprofundar. Cfr. *Loiret*, ob. cit., 64.

[36] O *consentimento informado*, como o próprio nome indica, pressupõe precisamente o esclarecimento prévio do doente pelo médico. Tal não impede, porém, que haja casos em que o médico não deva revelar o seu diagnóstico ao doente (por exemplo, devido ao risco de suicídio que a transmissão da informação produziria). Sobre o chamado *privilégio terapêutico*, entre nós, *João Vaz Rodrigues*, O consentimento informado para o acto médico no ordenamento jurídico português (Elementos para o estudo da manifestação da vontade do paciente), Coimbra: Coimbra Editora, 2001, 279-286.

No entanto, em termos de acesso aos registos, as informações de carácter médico são comunicadas ao interessado por intermédio de um médico por si escolhido, através do qual se efectiva o referido direito de acesso[37]. Trata-se de uma regra que é imposta pela necessidade de proteger a saúde do doente, não estando directamente relacionada com o dever de segredo médico. A interposição do *filtro* do médico visa obviar a uma transmissão desumanizada e, eventualmente, até danosa das informações clínicas, assegurando antes, em seu lugar, uma comunicação capaz de gerar efeitos positivos, úteis para o doente[38].

6. Sujeitos do dever

Independentemente de outros profissionais do sector da saúde se encontrarem também eles sujeitos a segredo profissional[39-40], o dever de segredo é, para os médicos, um dever profissional, que se impõe a todos eles (art. 67.°), qualquer que seja o modo como exerçam a profissão. Ou melhor, está-se perante uma obrigação inerente à condição de médico.

Conforme já se deu nota, prescreve expressamente o Código Deontológico que o dever de segredo existe quer o serviço solicitado tenha ou não sido prestado e quer seja ou não remunerado, sendo extensivo a todas as categorias de doentes (art. 68.°, n.°s 2 e 3).

---

[37] Assim o preceitua o art. 8.°, n.° 3 da Lei n.° 65/93, de 26 de Agosto (Acesso aos documentos da Administração, republicada em anexo à Lei n.° 94/99, de 16 de Julho), bem como o art. 11.°, n.° 5 da LPDP.

[38] Cfr. *Rita Coco*, Sapere e non sapere, *in* Privacy (a cargo de Agostino Clemente), Pádua: Cedam, 1999, 437-464, 443, a propósito do preceito que no direito italiano corresponde ao nosso art. 11.°, n.° 5 da LPDP.

[39] Para os enfermeiros, o dever de sigilo encontra-se previsto no art. 85.° do Estatuto da Ordem dos Enfermeiros, aprovado pelo Dec.-Lei n.° 104/98, de 21 de Abril. Cumpre ter presente que o art. 195.° do Código Penal prescreve a obrigação de segredo para quem tenha tomado conhecimento de facto sigiloso em razão do seu estado, ofício, emprego, profissão ou arte. Cfr., no direito francês, o citado Guide juridique du dossier médical informatisé, 68/69.

[40] Recorde-se, a propósito, o art. 57.° do Estatuto Hospitalar, aprovado pelo Dec.--Lei n.° 48.357, de 27 de Abril de 1968, segundo o qual todo o pessoal hospitalar é obrigado a guardar segredo de ofício relativamente aos factos de que tenha conhecimento no exercício das suas funções, nos mesmos termos do pessoal médico. A vigência do Estatuto Hospitalar foi expressamente ressalvada pelo n.° 2 do art. 21.° do Dec.-Lei n.° 19/88, de 21 de Janeiro (Aprova a lei de gestão hospitalar), em tudo o que não se encontre regulado neste diploma e respectiva regulamentação.

Ainda segundo o mencionado Código, o médico perito e o médico do trabalho[41] encontram-se submetidos às mesmas regras deontológicas de toda a classe médica, concretamente à obrigação de segredo profissional. Há uma regulamentação cuidadosa com vista a assegurar a independência do médico encarregado de desempenhar funções periciais[42], que tem a obrigação de se certificar de que a pessoa a examinar tem conhecimento da sua especial qualidade e da obrigação que sobre ele recai de comunicar os resultados do exame à entidade mandante (art. 101.º).

Pode, portanto, afirmar-se que a *autonomia* do médico perito é, tal como a dos demais médicos, não só *técnica* como *deontológica*[43]. As informações a transmitir circunscrevem-se ao resultado da perícia, não a tudo aquilo que o médico teve conhecimento ao realizar o exame. Assim, por exemplo, o médico do trabalho tem de se pronunciar sobre se o trabalhador pode desempenhar determinada função, não podendo revelar os motivos do seu parecer[44-45].

---

[41] De acordo com o art. 97.º do Código Deontológico, a medicina do trabalho é uma das funções de carácter pericial.

[42] Desde logo, através da consagração expressa da regra da incompatibilidade entre as funções de médico perito e de médico assistente (art. 99.º).

[43] A expressão é de *Menezes Cordeiro*, Manual de direito do trabalho, Coimbra: Almedina, 1991, 110, o qual afirma que a *autonomia deontológica* não pode ceder perante quaisquer instruções patronais.

[44] Cfr. *Narr/Rehborn*, ob. cit., 93/94. Ainda na doutrina alemã, considerando contrária aos bons costumes (§ 138 BGB) uma cláusula pela qual a entidade patronal obriga o seu trabalhador a consentir antecipadamente que o médico ao serviço da empresa transmita a esta os resultados do seu diagnóstico, *Eberhard Jung*, Das Recht auf Gesundheit: Versuch einer Grundlegung des Gesundheitsrechts der Bundesrepublik Deutschland, Munique: Beck, 1982, 146. Se a determinação da capacidade laboral não suscita especiais dificuldades quanto ao segredo profissional, tal como uma peritagem sobre lesões sofridas, já o mesmo não se passa com um exame psiquiátrico a um arguido, cujo comportamento psicológico é distinto consoante se encontra perante um polícia, o juiz ou o médico. Com efeito, junto deste último pode haver a tentação para descarregar sentimentos de culpabilidade, real ou imaginária, revelando factos que o tribunal não conhece e que podem conduzir a uma sentença de condenação. Sobre esta problemática, sublinhando, em particular, as cautelas que o psiquiatra deve ter, não só para não desvirtuar os fins da sua missão, como também por força do segredo médico, *García Blásquez/Molinos Cobo*, ob. cit., 135/138.

[45] Defendendo uma maior liberdade de movimentos do perito médico em face do segredo profissional, concretamente para as perícias requisitadas por entidades oficiais, geralmente judiciais, e pelas seguradoras, com fundamento no superior interesse da administração da justiça e no funcionamento do segredo de justiça, *Oliveira Sá*, ob. e loc. cits., 15-21.

Também com muito interesse, o Código Deontológico impõe aos médicos o dever de zelarem para que os seus auxiliares se conformem com as normas de segredo profissional (art. 76.°), assim como regula a matéria do segredo na posse das entidades colectivas de saúde (art. 69.°).

Quer num caso quer no outro, há que trazer à colação o regime da Lei de Protecção de Dados Pessoais, articulando-o com as normas da deontologia.

Os médicos deverão, actualmente, clausular uma obrigação de confidencialidade não só nos contratos que celebrem com o pessoal administrativo dos seus consultórios, como igualmente no âmbito dos contratos realizados com os seus fornecedores ou prestadores de serviços informáticos[46]. Por outro lado, o profissional de saúde a que faz referência a LPDP quando, no n.° 4 do seu art. 7.°, regula o tratamento de dados referentes à saúde, deverá ser um médico. Apenas sob a direcção e responsabilidade de um médico é de admitir tal processamento de dados[47-48].

6.1. *O segredo médico partilhado*

O interesse do doente, fundamento da obrigação de segredo médico, justifica que a informação possa circular, na medida do necessário, entre os diferentes profissionais que intervêm no tratamento. Fala-se a este propósito no chamado *segredo partilhado*[49]. Atenta a frequência com que o problema se coloca por comparação com o que sucede noutras profissões, está-se aqui, sem dúvida, perante um dos traços característicos do sigilo médico.

---

[46] Cfr. Guide juridique du dossier médical informatisé, cit., 68.

[47] V. o art. 69.°, n.° 5 do Código Deontológico.

[48] Não vem sendo esse, contudo, o entendimento da Comissão Nacional de Protecção de Dados, a qual considera que a LPDP, em termos gerais, aceita a legitimidade para o tratamento de dados de saúde quando o profissional, integrado num estabelecimento de saúde, esteja obrigado a segredo profissional. Mas sem que isso signifique que o simples facto de um funcionário hospitalar estar obrigado a sigilo lhe permite ter acesso a toda a informação sobre os doentes. A referida Comissão é, aliás, bastante exigente quanto à partilha de informação clínica nos estabelecimentos hospitalares. V. a respectiva Deliberação n.° 23-A/99, de 2 de Junho, *in* Relatório da Comissão Nacional de Protecção de Dados 1999, 99-110.

[49] Cfr. Guide juridique du dossier médical informatisé, cit., 71-75, 71. Em Espanha, o Código de Ética e Deontologia Médica prescreve no n.° 2 do seu art. 17.°, relativamente ao exercício da medicina em equipa, que cada médico é responsável pela totalidade do segredo. Cfr. *García Blásquez/Molinos Cobo*, ob. cit., 133.

Vejamos então os competentes preceitos do Código Deontológico.

Desde logo, ao definir-se o âmbito do segredo são abrangidos os factos comunicados por outro médico, também ele sujeito, quanto à factualidade em causa, a sigilo profissional (art. 68.º, n.º 1 c)).

Mas é sobretudo o art. 78.º que ora importa destacar, norma segundo a qual sempre que o interesse do doente o exija, o médico deve comunicar sem demora a qualquer outro médico assistente os elementos do processo clínico necessários à continuidade dos cuidados. O mesmo sucede no caso de hospitalização (art. 122.º).

Há também o dever de, quando o estado do doente assim o tornar necessário, recomendar-lhe a consulta de um médico especialista, facultando a este último os dados convenientes (art. 112.º). Por outro lado, cumpre referir as conferências médicas (art. 114.º e ss.), nas quais cabe ao médico assistente prestar ao seu colega conferente todas as informações úteis (art. 118.º).

A terminar este ponto, recorde-se que quanto ao segredo no âmbito das entidades colectivas de saúde, rege o já mencionado art. 69.º do Código Deontológico.

7. Objecto e conteúdo do dever

Só os factos que não são conhecidos de terceiros, os factos sigilosos, são objecto do dever de segredo[50]. Com efeito, o carácter reservado não emerge da obrigação de sigilo, mas esta daquele. A existência de factos a coberto de segredo é pressuposto da referida obrigação[51-52].

Saber se a informação de que se está doente se encontra, ou não, coberta pelo segredo médico poderá depender, portanto, do tipo de doença em causa, embora, em geral, a resposta seja positiva.

---

[50] Cfr. *Hubaux*, ob. cit., 141.

[51] Cfr., para o segredo bancário, *Fernando Conceição Nunes*, Os deveres de segredo profissional no Regime geral das instituições de crédito e sociedades financeiras, *in* Revista da Banca, n.º 29, Janeiro/Março 1994, 39-63, 50.

[52] Há quem afirme que quando uma pessoa é vítima de acidente na via pública e, consequentemente, transportada ao hospital pelo 112, o segredo médico fica afastado no que concerne às informações relativas ao acidente solicitadas pelas competentes autoridades policiais, ao contrário do que sucede nos casos em que a ocorrência não teve lugar na via pública ou em lugar público, ainda que o transporte haja sido feito pelo 112, ou quando o acidente se deu na via pública ou em lugar público, mas não houve intervenção do 112. Cfr. *Hubaux*, ob. cit., 141/142.

Referiu-se, de início, que segundo o art. 68.º do Código Deontológico, o segredo profissional abrange todos os factos que tenham chegado ao conhecimento do médico no exercício do seu míster ou por causa dele. Fica, assim, abrangido não só aquilo que foi objecto de diagnóstico[53], as características físicas e psicológicas do doente e da doença, mas também os hábitos de vida e até a situação económica ou profissional do paciente[54-55].

Justifica-se uma referência ao Juramento de Hipócrates: *lo que en el tratamiento, o incluso fuera de él, viere u oyere en relación con la vida de los hombres, aquello que jamás deba transcender, lo callaré teniéndolo por secreto*[56].

Quanto ao conteúdo do dever em análise, a obrigação de não revelar as informações cobertas pelo sigilo profissional compreende duas vertentes. Em primeiro lugar, não transmitir os dados a terceiros[57]. Mas igualmente, com grande alcance prático, impõe-se a adopção das precauções necessárias para que os mesmos terceiros não tenham acesso aos elementos sigilosos[58-59]. Por exemplo, no que se refere à organização das instalações, do consultório[60].

---

[53] O progresso da medicina leva a incluir também o prognóstico. Cfr. *Loiret*, ob. cit., 71.

[54] Cfr. *Giesen*, ob. cit., 408. Diferente é a separação entre *factos médicos* e *extramédicos* proposta por J. A. *Esperança Pina*, A responsabilidade dos médicos, 2ª ed., Lisboa: Lidel, 1998, 130/131, A. para o qual só os *factos médicos* constituem objecto do segredo profissional.

[55] Não raro o médico tem acesso a informações relativas a terceiros, por exemplo, familiares, cuja intimidade deve ser salvaguardada. V., entre outros, *Heinz Müller-Dietz*, Juristische Grundlagen und Dimensionen der Schweigepflicht des Arztes, *in* Aktuelle Probleme und Perspektiven des Arztrechts, cit., 39-57, 42.

[56] Utiliza-se uma tradução espanhola, publicada pela Editorial Gredos (Tratados hipocráticos, I, 1ª ed., 1983, 2ª reimpressão, Madrid, Gredos, 78).

[57] Sublinhando as cautelas a ter com as informações dadas ao telefone, *Rimpel*, ob. e loc. cits., 36.

[58] Cfr. *Spahr*, ob. e loc. cits., 118/119.

[59] A obrigação é de guardar o segredo, sendo indiferente que a sua violação ocorra por acção ou por omissão. Recorde-se como a infracção disciplinar é uma infracção *formal*, consistindo na violação pelo médico dos deveres a cujo cumprimento se encontra adstrito, pelo que é irrelevante que tenha sido realizada por acção ou por omissão. Também no plano da responsabilidade civil, existindo o dever jurídico de guardar segredo, não há dificuldades quanto à afirmação da responsabilidade por omissão.

[60] Cfr. *Rudolf Ratzel*, Ärztliches Standesrecht: eine Darstellung für Klinik und Praxis, Francforte: Kommentator-Verl., 1990, 48.

Recorde-se que o médico tem o dever de documentar, de registar as observações feitas (art. 77.º), o que potencia o risco de violações do sigilo, uma vez que para além do próprio médico há uma outra fonte de informação, consubstanciada no processo ou fichas clínicas dos doentes[61].

Cumpre então verificar se para além do doente, titular dos interesses protegidos, e dos médicos, para os quais vigora a mencionada regra do *segredo partilhado*, há outras pessoas que não devam ser consideradas terceiros para este efeito.

O caso paradigmático é o do cônjuge. A comunhão de vida em que o casamento se traduz (art. 1577.º CC) e, em especial, os deveres de respeito e cooperação entre os cônjuges (art. 1672.º CC) parecem apontar no sentido de se justificar a prestação recíproca de uma informação verdadeira e completa sobre o estado de saúde, assim se afastando, em regra, o segredo sobre a matéria[62].

Também aos pais, no exercício do poder paternal, deverão ser dadas as informações sobre o estado de saúde do menor, para poderem decidir quanto aos tratamentos a adoptar. Mas a menoridade consubstancia apenas uma incapacidade para o exercício, pessoal e livre, de direitos, não uma incapacidade de gozo. O menor é, portanto, o titular do segredo. À medida em que se aproxima a maioridade, a balança inclinar-se-á mais para o respeito da vontade do menor e, consequentemente, para uma redução dos casos em que os progenitores devem ser informados[63].

Por último, merece igualmente ser referido o facto de o Código Deontológico preceituar que a obrigação de segredo profissional não impede o médico de tomar as medidas indispensáveis à salvaguarda da vida e saúde dos membros da família que residam com o doente (art. 72.º).

---

[61] Cfr. *Bäumler*, ob. e loc. cits., 400.

[62] Não se trata certamente de uma solução válida para todos os casos. O direito da família tem a sua dogmática própria, cabendo aos respectivos especialistas aprofundar este ponto. V., a propósito, *Guilherme de Oliveira*, H.I.V. e S.I.D.A. – 14 perguntas sobre relações de família, *in*, do A., Temas de direito da medicina, Coimbra: Coimbra Editora, 1999, 165-183, em especial 170/172. Defendendo que o segredo médico vale perante o cônjuge, *Narr/Rehborn*, ob. cit., 94.

[63] Sobre poder paternal, interesses do menor e tratamento médico, v. o Parecer n.º 8/91, de 16 de Janeiro de 1992, do Conselho Consultivo da Procuradoria-Geral da República, homologado por despacho do Secretário de Estado da Saúde, de 7 de Julho de 1992, BMJ, n.º 418, Julho 1992, 285-318.

8. Excepções ao dever

Vai-se agora analisar as situações em que o médico se encontra vinculado ao cumprimento do dever de segredo, mas este é licitamente levantado, seja pela vontade do doente, seja pela possibilidade de o médico salvaguardar os seus próprios interesses, ou, ainda, por motivos de ordem geral, definidos à partida pelo legislador ou concretizados para um caso concreto pelo juiz encarregue de o fazer. O número de excepções legalmente existentes mostra como o segredo médico perdeu o seu carácter de valor absoluto.

8.1. *Situações expressamente reguladas*[64]

8.1.1. *O consentimento do doente e a defesa dos seus interesses*

Se o doente é o titular dos interesses jurídicos protegidos através do segredo médico, há que respeitar a sua vontade sempre que ela for no sentido do levantamento do dever em causa. Deste modo, o Código Deontológico prescreve que o consentimento do doente ou do seu representante excluem o mencionado dever de segredo, quando a revelação não prejudique terceiras pessoas com interesse na manutenção do sigilo (art. 70.°, a))[65].

---

[64] Durante largos anos, o legislador consagrou, no âmbito dos acidentes de viação, a obrigação de os estabelecimentos hospitalares, dependentes ou não de organismos do Estado, participarem a admissão dos indivíduos sinistrados e fornecerem acerca do acidente todas as informações que lhes fosse possível prestar (art. 56.°, n.° 6 do Código da Estrada, aprovado pelo Dec.-Lei n.° 39.672, de 20 de Maio de 1954). Mas esta derrogação legal ao segredo médico deixou de vigorar. Assim, o actual Código da Estrada, aprovado pelo Dec.-Lei n.° 114/94, de 3 de Maio, entretanto revisto e republicado pelo Dec.-Lei n.° 2/98, de 3 de Janeiro, e posteriormente alterado pelo Dec.-Lei n.° 162/2001, de 22 de Maio, revogou em bloco o Código de 1954 e não contém norma do mesmo teor. No sentido da referida revogação em bloco, v. o Parecer complementar, de 4 de Novembro de 1994, ao Parecer n.° 49/91, do Conselho Consultivo da Procuradoria-Geral da República, bem como o respectivo despacho de homologação, DR, II série, n.° 64, de 16-3-1995, 2937-2947, 2946/2947.

[65] Noutra norma, estabelece-se que o atestado ou certificado médicos não devem especificar o mal de que o doente sofre, salvo por solicitação expressa do mesmo, caso em que o médico fará constar esse condicionalismo (art. 74.°, n.° 3). A propósito dos atestados médicos justificativos de falta a acto processual, v. o Assento do STJ, de 3 de Abril de 1991, BMJ, n.° 406, Maio 1991, 96-102.

Esta ressalva, inspirada em legislação[66] tributária de concepções sobre o segredo médico que não se coadunam com a respectiva tutela, na actualidade, pelo direito fundamental à reserva da intimidade da vida privada, com todas as consequências daí decorrentes, tem de ser harmonizada com a constituição. Só quando estiverem em causa direitos fundamentais desses terceiros, concretamente o direito dos mesmos à reserva da intimidade das suas vidas privadas, é que a respectiva posição deverá ser ponderada.

Precisamente porque a dispensa, pelo doente, da obrigação de segredo que recai sobre o médico corresponde a uma limitação voluntária do direito à reserva da intimidade da vida privada, que é um direito de personalidade, há que lhe aplicar o art. 81.º do Código Civil. Assim, temos que o consentimento terá de ser delimitado quanto às informações a revelar e é sempre revogável, ainda que acarrete a obrigação de indemnizar os prejuízos que tal revogação provoque às legítimas expectativas da outra parte[67].

Por outro lado, o Código Deontológico admite igualmente a quebra do segredo médico quando tal seja absolutamente necessário à defesa da dignidade, da honra e dos legítimos interesses do doente, mediante prévia consulta ao Presidente da Ordem (art. 70.º, b)).

A norma tem, por exemplo, interesse, atenta a pós-eficácia de que goza a obrigação de sigilo profissional do médico[68], para os casos em que as pessoas constantes do elenco do art. 71.º, n.º 2 do Código Civil pretendam reagir contra ofensas a bens de personalidade do já falecido, ou quando os familiares queiram ter acesso aos ficheiros clínicos com o objectivo de responsabilizar o médico.

Relativamente à última hipótese, a vontade hipotética de um cidadão comum, reconstruída em termos objectivos, com apelo ao princípio da boa fé (art. 239.º CC), vai certamente no sentido de facultar aos seus familiares o acesso à informação necessária para uma eventual responsabilização do médico que o assistiu sem sucesso[69].

---

[66] Art. 91.º, n.º 2 do já citado Estatuto da Ordem dos Médicos de 1956, aprovado pelo Dec.-Lei n.º 40.651, de 21 de Junho desse ano.

[67] Cfr., para o segredo bancário, *Menezes Cordeiro*, Manual de direito bancário, 2ª ed., Coimbra: Almedina, 2001, 352. As limitações à dispensa do segredo pelo próprio doente justificam que se coloquem dúvidas sobre a validade de cláusulas em que um segurado aceita que, no futuro, os médicos ao serviço da seguradora com a qual contratou comuniquem a esta última os resultados dos seus exames. Admitindo esta excepção, *Narr/Rehborn*, ob. cit., 98.

[68] V. adiante o ponto 9.

[69] Cfr. *Ratzel*, ob. cit., 51. V. *Giesen*, Anotação a BGH 31-Mai.-1983, JZ 1984, 279--283, 281/283, e também *Loiret*, ob. cit., 116/118.

8.1.2. A salvaguarda dos legítimos interesses do médico

Continuando com o Código Deontológico, o médico poderá, mais uma vez após consulta ao Presidente da Ordem[70], quebrar o sigilo a que se encontra vinculado nos casos em que isso seja absolutamente necessário à defesa da sua dignidade, da sua honra ou dos seus legítimos interesses (art. 70.º, b)).

Quanto à definição do âmbito destes últimos, o mesmo Código dá uma indicação clara ao excluir a quebra do segredo profissional na cobrança judicial ou extrajudicial de honorários (art. 71.º). Ainda que acabe por, na mesma norma, ressalvar a excepção de início referida, dando assim lugar a algumas dúvidas interpretativas. Mas esta opção pela prevalência dos interesses pessoais do doente sobre os interesses patrimoniais do médico não é nova, antes vem da legislação anterior[71].

Como exemplos de situações em que o sigilo cede diante dos interesses do médico, para além das hipóteses expressamente mencionadas de salvaguarda da dignidade e honra do profissional, temos os processos de responsabilidade médica.

8.1.3. O regime dos acidentes de trabalho

O Estado social de direito preocupa-se com a protecção da vítima dos acidentes de trabalho[72]. Nessa linha, a matéria tem sido alvo da atenção do legislador. Para o que aqui importa, o regime legal vigente, à semelhança do que já sucedia com o anterior[73], consagra a obrigatoriedade de os estabelecimentos hospitalares e os médicos fornecerem aos tribunais de trabalho todos os esclarecimentos e documentos que lhes sejam requisita-

---

[70] Diferentemente, os dentistas, salvo os casos de levantamento do sigilo pelo doente, carecem de autorização prévia da Ordem dos Médicos Dentistas (art. 21.º, n.º 5 do seu Código Deontológico), assim como os advogados têm de obter prévia autorização do Presidente do Conselho distrital respectivo (art. 81.º, n.º 4 do Estatuto da Ordem dos Advogados, aprovado pelo Dec.-Lei n.º 84/84, de 16 de Março, com alterações posteriores).

[71] Art. 92.º do Estatuto da Ordem dos Médicos de 1956.

[72] V., por último, *Luís Menezes Leitão*, A reparação de danos emergentes de acidentes de trabalho, *in* Estudos do Instituto de Direito do Trabalho, vol I (I Curso de pós-graduação em Direito do trabalho) (coordenação: Pedro Romano Martínez), Coimbra: Almedina, 2001, 537-579.

[73] Art. 36.º do Dec.-Lei n.º 360/71, de 21 de Agosto.

dos relativos a observações e tratamentos efectuados a sinistrados ou por qualquer modo relacionados com acidentes de trabalho (art. 33.º do Dec.--Lei n.º 143/99, de 30 de Abril, que regulamentou a Lei n.º 100/97, de 13 de Setembro)[74].

8.1.4. *As doenças de declaração obrigatória*

Outra limitação expressa, imposta por lei, ao dever de segredo médico, no caso por força das exigências de tutela da saúde pública, é o que sucede relativamente às doenças de declaração obrigatória.

Com efeito, dispõe a Base IX, n.º 2 da Lei n.º 2.036, de 9 de Agosto de 1949, que os médicos que, no exercício da sua profissão, tenham conhecimento ou suspeita de doença contagiosa deverão comunicá-lo à autoridade sanitária da área. A tabela das doenças de declaração obrigatória consta actualmente da Portaria n.º 1071/98, de 31 de Dezembro[75]. Acresce a cegueira, considerada doença de declaração obrigatória pelo Dec.-Lei n.º 49.331, de 28 de Outubro de 1969.

Deveres de participação constam também do Dec.-Lei n.º 89/77, de 8 de Março, que regulamenta o afastamento temporário da frequência escolar e demais actividades desenvolvidas nos estabelecimentos de ensino dos alunos, pessoal docente, administrativo e auxiliar quando atingidos por doenças transmissíveis.

8.1.5. *Os poderes da Inspecção-Geral dos Serviços de Saúde*

A Inspecção-Geral dos Serviços de Saúde é o órgão central do Ministério da Saúde que tem por missão assegurar o cumprimento das leis

---

[74] Reveste igualmente interesse para o sigilo médico o preceituado pelo art. 32.º do cit. Dec.-Lei n.º 143/99 quanto aos boletins de exame e de alta.

[75] Como a SIDA não consta da vigente tabela de doenças de declaração obrigatória, a obrigação de revelar deverá, nesse caso, ser equacionada, relativamente ao cônjuge, nos termos da oponibilidade ao mesmo do dever de segredo médico, a que se fez referência no anterior ponto 7, e, em geral, de acordo com a regra da ponderação de interesses, que irá ser explicitada no ponto 8.2 seguinte. Fazendo apelo ao princípio da proporcionalidade para resolver o conflito entre saúde pública e direito à privacidade relativamente ao doente com SIDA, Carla Amado Gomes, Defesa da saúde pública vs. liberdade individual. Casos da vida de um médico saúde pública, Lisboa: AAFDL, 1999, 32/33. V. também *Vaz Rodrigues*, ob. cit., 248-252.

e regulamentos em todos os serviços e estabelecimentos dependentes do referido Ministério ou sujeitos à sua tutela. Detém poderes de acção inspectiva e de acção e auditoria disciplinares.

Por isso, o pessoal da inspecção, dirigente e técnico superior pode requisitar, para consulta ou junção a autos, quaisquer processos ou documentos, designadamente os existentes nos arquivos clínicos dos serviços e estabelecimentos do Ministério da Saúde, conforme dispõe o art. 28.º, d) do Dec.-Lei n.º 312/87, de 18 de Agosto, que aprovou a orgânica da Inspecção-Geral dos Serviços de Saúde. Tal poder é contrabalançado pelo dever de sigilo consagrado no art. 35.º do mesmo diploma.

8.2. *A regra geral da ponderação de interesses e o seu regime processual*

O art. 519.º, n.º 4 do Código de Processo Civil remete o levantamento do segredo profissional para o disposto no processo penal. Assim, o regime da quebra do sigilo consta do art. 135.º do Código de Processo Penal, que estabelece um princípio de ponderação de interesses[76-77].

Os valores da administração da justiça e, em particular, os interesses encabeçados pelo processo penal não justificam, portanto, só por si a quebra do segredo médico[78].

De acordo com o referido art. 135.º do CPP, há que distinguir dois momentos. Um primeiro, relativo à questão da legitimidade da escusa para depor que haja eventualmente sido suscitada, na situação que ora interessa analisar, por um médico com base no cumprimento do dever de segredo profissional a que se encontra vinculado.

Quer o Ministério Público quer o tribunal podem, depois de uma averiguação sumária e após ter sido ouvida a Ordem dos Médicos, ordenar a prestação do depoimento por considerarem ilegítima, no caso, a invocação do segredo médico. Por exemplo, porque os factos em causa não estão

---

[76] Concretamente, o tribunal pode decidir da prestação de testemunho com quebra do segredo profissional sempre que esta se mostre justificada em face das normas e princípios aplicáveis da lei penal, nomeadamente por força do princípio da prevalência do interesse preponderante (art. 135.º, n.º 3 CPP).

[77] Sobre o art. 135.º do CPP, *Costa Andrade*, ob. e loc. cits., 795/797, e *M. Simas Santos/M. Leal-Henriques*, Código de Processo Penal Anotado, 2ª ed., I vol. (arts. 1.º a 240.º), Lisboa: Rei dos Livros, 1999, 733-753.

[78] Cfr. *Costa Andrade*, ob. e loc. cits., 799.

a coberto do mesmo. É matéria que se encontra regulada nos n.ºs 2 e 5 do art. 135.º do CPP[79].

Diferente é o problema do levantamento do segredo médico por força da prevalência de outros interesses. Cabe exclusivamente ao juiz ponderar os interesses em jogo e definir qual deve ser considerado preponderante, dessa forma ficando decidido o conflito de deveres perante o qual o médico se encontra colocado. Será, portanto, o tribunal, ouvida a Ordem dos Médicos, a ordenar, ou não, o levantamento do segredo médico, em conformidade com a avaliação por si efectuada (n.ºs 3 e 5 do art. 135.º CPP)[80].

A solução legal vai no sentido de uma ponderação, em concreto, dos interesses em presença, de um lado, o dever de segredo, do outro, por exemplo, o dever de cooperação com a justiça. Atenta a protecção constitucional do segredo médico, o levantamento a ordenar deverá restringir-se ao necessário para tutela dos outros valores. A decisão pertence apenas ao juiz[81], como é próprio de um Estado de direito quando estão em causa direitos fundamentais.

9. Pós-eficácia

A obrigação de segredo profissional mantém-se, com naturais diferenças[82] e limites, designadamente temporais, após ter cessado a prestação de serviços médicos, ou seja, a relação jurídica no âmbito da qual ela surgiu, assim como se prolonga mesmo para além da morte do doente[83], cujos

---

[79] A possibilidade de o Ministério Público ordenar a prestação do depoimento, na hipótese do n.º 2 do art. 135.º do CPP, não é pacífica na doutrina e na jurisprudência, havendo quem entenda que terá de ser o tribunal a tomar essa decisão. Manifestando a sua simpatia pela primeira solução, *Simas Santos/Leal-Henriques*, ob. cit., 740/742, Autores que referenciam as duas posições existentes.

[80] Quanto aos n.ºs 3 e 5 do CPP, por exemplo, *Simas Santos/Leal-Henriques*, ob.cit., 742/744.

[81] Em regra, será competente para o efeito o tribunal imediatamente superior àquele onde o incidente se tiver suscitado (art. 135.º, n.º 3 CPP), ou seja, o Tribunal da Relação.

[82] Justificar-se-á, por exemplo, salvaguardar, após o respectivo falecimento, a informação de que um determinado indivíduo não estava doente?

[83] Afirmam-no expressamente a Declaração de Genebra (1948) e o Código internacional de ética médica (1949), ambos adoptados pela *World Medical Association (WMA)*. Podem ser consultados na obra do Professor Giesen a que de início foi feita referência (Apêndices II e III, respectivamente).

interesses são igualmente salvaguardados em caso de morte do médico ou de cessação da respectiva actividade.

Deste modo, segundo a terminologia jurídica, fala-se na pós-eficácia do dever de segredo médico. Entre nós, há norma expressa no Código Civil a afirmar que os direitos de personalidade gozam igualmente de protecção depois da morte do seu titular (art. 71.º, n.º 1 CC) e não é pelo simples facto de, segundo a lei civil, a personalidade cessar com a morte que se deve rejeitar a referida tutela dos bens da personalidade após o falecimento do respectivo titular[84].

O sigilo profissional é, com efeito, um domínio onde se podem colocar com muita acuidade problemas de salvaguarda da reserva da intimidade da vida privada de pessoas já falecidas[85]. A procura da justa medida para a referida pós-eficácia é tarefa que se impõe[86].

9.1. O segredo médico e a transmissão do consultório

Atente-se agora mais de perto numa das hipóteses onde surge a mencionada pós-eficácia do segredo médico, que é o caso do destino dos registos aquando da transmissão de consultório.

Tal situação encontra-se regulada no Código Deontológico, cujo art. 80.º preceitua que sempre que um médico cesse a sua actividade profissional, as suas fichas serão transmitidas ao médico que lhe venha a suceder, salvaguardada a vontade dos doentes interessados e garantido o segredo profissional (n.º 1).

Na falta de médico que lhe suceda, o facto deverá ser comunicado à Ordem dos Médicos por quem receber o espólio do consultório ou pelos médicos que tenham cohecimento da situação, cabendo à Ordem decidir acerca do destino a dar aos registos clínicos em causa (n.º 2).

---

[84] V. *Knut Müller*, Postmortaler Rechtsschutz: Überlegungen zur Rechtssubjektivität Verstorbener, Francforte et al.: Lang, 1996, em especial 80/82. Na doutrina portuguesa, *Rabindranath Capelo de Sousa*, O direito geral de personalidade, Coimbra: Coimbra Editora, 1995, 188-198 e 364-367, em especial nota (344), p. 192.

[85] Nessa linha, é merecedora de aplauso a eliminação da causa da morte nos assentos de óbito, introduzida pelo Dec.-Lei n.º 54/90, de 13 de Fevereiro.

[86] Por exemplo, confrontando o segredo médico com os interesses da investigação histórica, *Loiret*, ob. cit., 207/209. Quanto às acções de responsabilidade civil, v. o anterior ponto 8.1.1.

O direito profissional aponta, assim, no sentido de a vontade do doente ser respeitada aquando da passagem dos respectivos registos pelo seu médico ao colega que lhe vai suceder. A questão está em saber se há que auscultar préviamente o doente e dele obter o consentimento para a transmissão ou se, pelo contrário, basta que ao mesmo seja assegurada a possibilidade de se manifestar ainda que *a posteriori*.

Seria, sem dúvida, vantajoso que fosse clausulada a obrigação de informar o doente para que este pudesse dar a conhecer a sua vontade, permitindo-se-lhe designadamente reaver as suas fichas se assim o desejasse[87]. Tal não implica, porém, que se conclua no sentido da invalidade ou ineficácia de uma transmissão de consultório médico, incluindo os ficheiros dos doentes, pelo facto de a mesma não ter sido precedida da obtenção do consentimento destes últimos para a passagem dos respectivos registos[88].

10. Sanções

A violação do dever de segredo médico pode dar lugar a três tipos de reacções:

- criminais (art. 195.° CP e, para os funcionários e agentes administrativos, art. 383.° CP, encontrando-se o conceito de funcionário definido, para o efeito de aplicação da lei penal, no art. 386.° CP; art. 47.° LPDP)[89];
- disciplinares, quer de responsabilidade disciplinar profissional, isto é, perante a Ordem dos Médicos, quer de responsabilidade disciplinar administrativa, relativamente aos médicos integrados em serviços públicos, ou laboral, para aqueles que exercem ao abrigo de um contrato individual de trabalho;
- civis, concretamente através do instituto da responsabilidade civil.

---

[87] Cfr. *Marie Chaniot-Waline*, La transmission des clientèles civiles, Paris: LGDJ, 1994, 134.

[88] Na Alemanha, segundo a jurisprudência do BGH, não é admissível que um médico se vincule a transmitir os registos clínicos mesmo sem o consentimento dos seus doentes. Quanto ao consentimento para a transmissão, ele pode ser tácito. V. *Laufs*, ob. cit., 247.

[89] Sobre o crime de violação de segredo profissional, cujo estudo, conforme de início se referiu, extravasa o âmbito deste breve apontamento, v. os já citados trabalhos de *Rodrigo Santiago* e *Costa Andrade*.

Estamos perante ilícitos distintos, que desempenham funções diversas, daí a possibilidade de cumulação das referidas formas de responsabilidade[90].

Com efeito, na responsabilidade civil o escopo ressarcitório é o predominante, ao passo que para a responsabilidade criminal, domínio marcado pelo princípio da culpa, são tradicionalmente apontadas finalidades de retribuição e de prevenção geral e especial.

Por seu lado, com a aplicação, sujeita a juízos de oportunidade, de uma medida disciplinar visa-se sobretudo motivar o infractor para o cumprimento, no futuro, dos seus deveres, ou, nos casos mais graves, afastar do exercício da profissão quem não tem condições para nele prosseguir.

Ora se não há dúvidas quanto ao facto de a responsabilidade disciplinar administrativa e laboral não se cumularem, porque nas situações em que não se está perante o exercício da profissão em regime de profissional liberal, o médico ou é funcionário ou agente da Administração pública ou exerce ao abrigo de contrato individual de trabalho[91], maiores dificuldades suscita a articulação entre a responsabilidade disciplinar profissional, por um lado, e a responsabilidade disciplinar administrativa ou laboral, pelo outro.

O Código Deontológico, no seu art. 5.º, pretendeu estabelecer uma competência exclusiva da Ordem dos Médicos para apreciar a responsabilidade disciplinar por violações à deontologia e técnica médicas. Mas esta norma não prevalece sobre a lei geral e quer a Administração pública quer os empregadores privados não podem ficar privados do seu poder disciplinar[92].

À partida, haverá, assim, que equacionar o exercício separado da responsabilidade disciplinar profissional, por um lado, e das responsabilidades disciplinares administrativa ou laboral, pelo outro. Através do princípio da proporcionalidade e de uma interpretação adequada da proibição do *ne bis in idem* é que se conseguirá obviar a uma dupla reacção disciplinar, só admissível quando existam interesses disciplinares autónomos que a justifiquem.

---

[90] Cumpre também ter presente a suspensão do exercício de funções por força de condenação em pena de prisão (art. 67.º CP).

[91] Cfr. *Lesseps L. Reys/Rui Pereira*, Introdução ao estudo da medicina legal, vol. I (Deontologia e direito médico), Lisboa: AAFDL, 1990, 55 (o capítulo relativo à responsabilidade médica é da autoria do Dr. Rui Pereira).

[92] Cfr., para a responsabilidade disciplinar administrativa, *José Manuel Sérvulo Correia*, As relações jurídicas de prestação de cuidados pelas unidades de saúde do Serviço Nacional de Saúde, in Direito da saúde e bioética (Intervenções no II Curso de Direito da saúde e bioética), cit., 11-74, 61/63.

INTERRUPÇÃO VOLUNTÁRIA DA GRAVIDEZ*

por HENRIQUE MOTA

I. PRELIMINARES

(i) AGRADECIMENTOS

Antes de mais, desejo agradecer muito vivamente o convite do Senhor Professor José de Oliveira Ascensão para participar neste curso, apresentando um tema que me interessa muito, desde há largos anos; e que me dá a oportunidade de regressar a esta escola onde fui sempre tão bem acolhido, e com a qual me orgulho de ter colaborado na fase académica do meu percurso profissional.

---

* Na preparação desta exposição foram especialmente considerados os seguintes elementos bibliográficos: a) *Vida e Direito*, (coord. Jorge Bacelar Gouveia e Henrique Mota), Cascais, Principia, 1998 – e, de entre os textos apresentados nesta obra, especialmente os trabalhos de António Luciano de Sousa Franco «Prefácio»), António Pedro Barbas Homem («A política do egoísmo: tudo é permitido, nada é proibido»), Augusto Lopes-Cardoso («Sobre a interrupção voluntária da gravidez»), Eduardo Vera Cruz («Aborto: uma questão mal colocada»), Francisco Lucas Pires («Aborto e Constituição»), Germano Marques da Silva («O meu depoimento acerca do referendo sobre o aborto»), Luís Menezes Leitão («A questão do Aborto»), Paulo Câmara («Sobre a criminalização da interrupção voluntária da vida intra-uterina»), Paulo Ferreira da Cunha («Ética, Sociedade e Direito no referendo do aborto»), Paulo Otero («A proibição da privação arbitrária da vida») e Pedro Pereira dos Santos; b) *Direitos do Homem – de João XXIII a João Paulo II*, (coord. Giorgio Fillibeck),Cascais, Principia, 2000; *Mensagens para a Paz – Textos de Paulo VI a João Paulo II para a Celebração do Dia Mundial da Paz*, Cascais, Principia, 2002; c) bem os meus próprios estudos nestas matérias, nomeadamente, «Pessoa, Sociedade e Estado», in *Gaudeum et Spes – Uma Leitura Pluridisciplinar 20 Anos Depois*, Lisboa, Rei dos Livros, 1989; «Universalismo», in *Polis – Enciclopédia Verbo da Sociedade e do Estado* (vol. 5), Lisboa, Verbo, 1987; e *Biomedicina e Novos Direitos do Homem – Uma aplicação do princípio da não tipicidade dos direitos fundamentais (artigo 16.º, n.º 1,da Constituição* (inédito, policopiado) Lisboa, Universidade Católica Portuguesa, 1998.

(ii) ENDORSEMENT (ESCLARECIMENTO DA POSIÇÃO ADOPTADA)

A) *Posição adoptada*

Ao longo da minha vida – com académico, como jornalista e, agora, como editor – apreendi que não há neutralidade, nem isenção, nem equidistância perante a vida e as suas incidências; e, menos ainda, quando se trata de temas de fronteira, como é o caso do objecto da minha exposição. Afirmar o contrário é um embuste para ganhar vantagem na manipulação dos incautos. O que há é honestidade na abordagem dos assuntos e na sua apresentação, além de frontalidade na assunção das respectivas convicções filosóficas e dos pressupostos científicos da investigação.

Por isso, desejo tornar claro o meu ponto de vista sobre o tema que me foi confiado: rejeito incondicionalmente a legalização, a despenalização ou a descriminalização do aborto – o que lhe quiserem chamar, no meio da enorme «confusão semântica» que marca este assunto desde sempre!. Por isso, votei "não" no referendo de 28 de Junho de 1998; e, pela mesma razão, estive contra e na primeira fila das manifestações de 1983 e de 1984, aquando dos primeiros debates e, depois, na aprovação da primeira lei sobre a matéria.

Não obstante, esforcei-me, agora, por preparar uma apresentação rigorosa e séria, revendo o tema e a bibliografia; mas não tenho qualquer pretensão de neutralidade absoluta. A conclusão da minha investigação confirma os resultados anteriores: a despenalização do aborto é ilegítima face aos princípios fundamentais do Direito; e, no caso concreto do nosso país, é um procedimento inconstitucional à luz da ordem jurídica positiva vigente[1]. Como diz Paulo Ferreira da Cunha:

> *Quer pela via da necessária eticidade do Direito, quer pela da obrigatória conformidade do direito positivo com o Direito Natural, quer ainda pela ideia de constituição material (...), em todos os casos o aborto será crime. Ainda que a lei positiva o não declare.*[2]

---

[1] Rebato energicamente a ideia de que esta é uma posição tributária de convicções religiosas, amarrada aos "preconceitos religiosos" (vd. Henrique Garcia, TVI Jornal de 11 de Fevereiro de 2002, a propósito do caso dos seis gémeos da Madeira); é, sem qualquer dúvida, um problema que entronca em valores éticos e humanos universais – e, por isso, congrega também à sua volta pessoas afirmadamente distantes da religião (vd. António José Saraiva, in *Expresso* de 13 de Junho de 1998, a propósito do referendo) – só para manter este debate confinado a jornalistas prestigiados.

[2] In *Vida...*, p. 143.

B) *Apreciação do argumento da «TOLERÂNCIA»*

A tolerância de que tantos falam só pode ser para com as pessoas e não para com o erro.

> *A penalização abstracta de um comportamento não equivale a qualquer condenação (...); não há pena – ou seja, condenação – sem culpa. (...) Recusar a protecção jurídica da vida humana não é, nunca foi, uma atitude de tolerância.*[3]

Dramaticamente, confunde-se hoje – talvez, algumas vezes, com propósitos malévolos – tolerância e indiferença. Na primeira compreende-se e perdoa-se a pessoa que faz o mal; na segunda recusa-se a distinção entre o mal e o bem, tudo permitindo e dispensando as pessoas de usar critérios valorativos – num ambiente ruinoso de relativismo ético e moral. Este é o ambiente propício à anomia e, por consequência, à ruptura do estado de direito democrático.

C) *Apreciação de outros argumentos*

Todos os outros argumentos, na maior parte dos casos falaciosos, são irrelevantes para a presente exposição e roubam-nos tempo ao essencial.

Poderíamos perder-nos a discutir «a protecção das mulheres», e, em especial, «a protecção das mulheres mais pobres e desprotegidas»; bem como o «direito a uma maternidade responsável» ou à «autodeterminação sexual das mulheres»; «o princípio da igualdade dos progenitores na decisão de abortar um filho comum»; o «combate ao aborto clandestino», a «ineficácia da lei penal» ou a «extinção dos operadores ilícitos». Mas qualquer um destes assuntos é secundário em face do tema que nos é proposto.

(iii) DEDICATÓRIA

Desejaria recordar de modo expresso dois insignes juristas: o Professor Manuel de Cavaleiro Ferreira e o Professor Francisco Lucas Pires. Um e outro são exemplo de coragem e de militância pela verdade,

---

[3] Pedro Pereira dos Santos, in *Vida...*, pp. 160-161.

guardando de ambos memórias extraordinárias. Esta exposição é devedora a ambos, porque os teve sempre presentes.

De Manuel de Cavaleiro Ferreira relembro o que escreveu no prefácio do seu *Direito Penal Português*:

> *Cabe* [aos juristas] *a missão da defesa do Direito, a defesa dos valores humanos que superam a mera actividade política e se não captam na sua verdadeira natureza mediante uma formação exclusivamente técnica. A política é, no seu campo próprio, coisa meritória e não pode invadir a esfera do Direito no que ele contém de verdade ontológica, nem transformar a utilidade ou a opinião em critério de justiça.*
>
> *O Direito descobre-se, não se inventa. Legislar não é moldar ao sabor de ideologias várias e contraditórias à realidade humana e social; quando uma sociedade se deixa dominar pela crença supersticiosa da omnipotência do legislador e pelo relativismo dos valores, todos os despotismos apontam no horizonte, quer sejam autocráticos, quer sejam democráticos; e da negação da verdade global, absoluta, nasce paradoxalmente a pretensão das ideologias a tomarem a veste da verdade.*[4]

De Francisco Lucas Pires recordo um excerto do seu último texto, precisamente, publicado na referida obra colectiva Vida e Direito:

> *Uma "vida humana" recortada entre a raiz e o caule pela tesoura do direito (...) repercutiria ainda uma outra faceta das fracassadas e perigosas pretensões do* **homem novo***, afinal assente na procura de instrumentalização da vida. Pelo contrário, a ideia de "dignidade humana" (artigo 1.º da CRP), hoje central à ideia de liberdade jurídica, supõe a unidade do humano e, ao mesmo tempo, a sua capacidade de desenvolvimento em todas as direcções, nela entroncando, por isso mesmo, todos os restantes direitos fundamentais (...).*
>
> *A unidade europeia, que é a unidade de um continente onde já não se pratica a pena de morte, que rebasceu no pós-guerra cultura do Homem contra a violência e que, recentemente, com a queda do muro de Berlim, assistiu também à falência dos regimes que haviam feito da liberalização incondicional do aborto de massa uma das insígnias do velho Estado socialista, tem também no próximo referendo* [o de 28 de Junho de 1998] *sobre a "interrupção voluntária da gravidez" um motivo de renovação e de esperança.*[5]

---

[4] *Direito Penal Português*, vol. II, Lisboa, Verbo, 1981, p. 6.
[5] *Vida...*, pp. 61-62

Nesta exposição, também quero recordar uma família que por estes dias foi famosa e viu, mesmo, a sua privacidade devassada na comunicação social, pela curiosidade "voyeurista", pelo preconceito modernista e pela crítica autoritária às suas opções: Idalina e José António Santos e aos seus seis filhos gémeos – a família da Madeira que me ensinou uma grande lição de vida: que o amor é indivisível e absoluto; que está acima das opções e de quaisquer interesses, mesmo os de procriar e de assegurar a descendência, e de qualquer suposto 'direito à felicidade'.

(iv) TEMA E PLANO

A) *Tema*

A minha primeira reacção ao título deste curso de pós-graduação foi de estranheza: «direito da bio-ética». Verdadeiramente, não me parece que haja um direito da ética; e muito menos, uma subordinação da ética ao direito. Há, concerteza, um direito da biologia, da medicina e da bio-medicina; mas não da bio-ética.

Contudo, este título acaba por ser feliz, uma vez que reflecte adequadamente o principal desafio lançado ao direito: o desenvolvimento da ciência, em cada uma das suas etapas, precisa de ser acompanhado cuidadosamente por uma reflexão crítica *que inspire normas jurídicas adequadas para a salvaguarda da integridade da vida humana.*[6]

Concretizando mais, face ao nosso tema:

As questões colocadas pelo aborto não se reconduzem a problemas legais, logo não pode procurar-se na lei a sua solução. O aborto é um problema moral ligado à valoração da vida humana e deve ser socialmente objectivado num conjunto de regras jurídico-morais consensualizadas na comunidade, pelo esclarecimento e discussão das opiniões divergentes[7].

Tudo ponderado, o direito precisa de se fundamentar numa base ético-moral sólida. Esta exposição não ignora que responde a uma iniciativa de uma escola de Direito – onde se ensina e aprende as leis e os seus métodos de criação, análise e interpretação; mas onde também se investiga

---

[6] João Paulo II, «Jornada Mundial da Paz 1999», in *Mensagens...*, p. 265-266.
[7] Eduardo Vera-Cruz Pinto, in *Vida...*, p. 53.

para desvendar, proclamar e defender os princípios enformadores do Direito (os seus referenciais de valores).

> (...) *a dissociação entre ética e direito tem vindo a ser colocada pelo pensamento materialista dominante nos nossos dias, designadamente através da instrumentalização e manipulação da linguagem jurídica*[8].

Esta realidade é inaceitável! Do mesmo modo que a vida jamais pode ser degradada ao nível de objecto, também o direito não pode ser amesquinhado a um sistema de preceitos, deixando amordaçar a sua vocação essencial para proclamar e defender os valores absolutos e para expressar o nível e o progresso civilizacional de cada sociedade. Igualmente, e do mesmo modo que a vida de um filho não depende da vontade arbitrária e egoísta da mãe – mesmo com o beneplácito do pai –, o direito não está subjugado à pretensão do legislador – mesmo quando referendada por uma maioria democrática ou ratificada por uma jurisdição de fiscalização da constitucionalidade.

B) *Plano*

Considerado o tema, a presente exposição divide-se em quatro partes: na primeira apresentam-se os contornos da questão e, principalmente, os conceitos relevantes; na segunda aborda-se a dimensão supra-constitucional dos direitos do homem; na terceira averigua-se a perspectiva constitucional dos direitos do homem, com um enfoque particular na dignidade da pessoa humana e na distinção entre direitos do homem e direitos fundamentais; na quarta refere-se a Constituição portuguesa, destacando-se os direito à vida, o direito à identidade genética e o princípio da igualdade entre o pai e a mãe.

Assim:

I. Colocação do Problema
   (i) Os conceitos: esclarecimento
   (ii) Precisão do conceito de vida
   (iii) Arbitrariedades

II. Dimensão supra-constitucional dos direitos do homem
III. A Dimensão constitucional dos direitos do homem

---
[8] Pedro Barbas Homem, in *Vida...*, p. 23.

(i) A Descoberta do Direito
(ii) A Dignidade da Pessoa Humana. Sentido e âmbito
   (a) Uma perspectiva integral,
   (b) Uma perspectiva neutra,
(iii) A constitucionalização dos direitos do homem.
   a) Sequência
   b) Os direitos fundamentais.
   c) Os direitos do homem e os direitos fundamentais
(iv) A dignidade da pessoa humana e os direitos fundamentais

IV. A Constituição Portuguesa de 1976
  (i) Preliminares
  (ii) O direito à vida
    a) Proeminência do direito à vida.
    b) Conflito de direitos.
    c) Extensão do direito à vida.
    d) Um sofisma
  (iii) O Direito à identidade genética
  (iv) O Princípio da Igualdade entre pai e mãe: direito de ambos os pais a uma progenitura responsável

II. COLOCAÇÃO DO PROBLEMA

(i) Os CONCEITOS: ESCLARECIMENTO

Com a lei de 1984, o aborto passou a chamar-se «interrupção voluntária da gravidez» – antes, numa linguagem mais popular, também já se chamava «desmancho».

A expressão legal não é feliz, apesar de semanticamente não ser incorrecta. Admitindo que não tivesse havido intenção de iludir os cidadãos, impõem-se duas anotações:

a) foi utilizada uma palavra plurivalente (ou polivalente): interrupção tem um significado vulgar de «suspensão» e não de «terminação» – veja-se, inclusivamente, o significado de ininterrupto.

b) o interrompido relevante não é a gravidez (da mãe) mas a gestação (do filho, ainda em estado fetal); por outras palavras, a questão substancial é a sobrevivência do filho e, consequentemente, o direito deste (ainda feto) a viver sem embaraços de terceiros (mesmo que este seja a própria mãe), conforme o respeito pela natureza e por ele determinam (e não as causas de subsistência, positiva ou negativa, da gravidez).

(ii) Precisão do conceito de vida

A moderna ciência médica não tem dúvidas sobre o início da vida humana: ocorre na concepção, isto é, no exacto momento em que se fundem os gâmetas masculino e feminino. Depois deste momento, nada de mais relevante ocorre – a nidação do ovo, cerca de treze dias depois, ou o nascimento, cerca de 270 dias transcorridos; já nada mais releva para a determinação da vida.

Contudo e por absurdo, mesmo que fosse possível suscitar uma dúvida sobre o momento do início da vida, teríamos que concluir pelo desconhecimento de qualquer outro marco. Adiante veremos a relevância desta ressalva.

(iii) Arbitrariedades

Deste modo, reveste-se de total arbitrariedade a imposição de qualquer prazo negativo para reconhecer o direito do feto a nascer: por um absurdo bio-médico e por um absurdo jurídico não podemos dizer que até à semana "y" não há vida; ou que até àquela altura essa vida humana não merece tutela. Numa perspectiva bio-médica, porque desde a concepção que já não ocorre qualquer alteração qualitativa que nos permita diferenciar tratamentos. De um ponto de vista jurídico, porque desse modo a lei não tem suporte científico para distinguir (descriminalizando ou despenalizando, primeiro; e repondo a moldura penal, depois).

Aliás, confrontado com a lei de 1984, o legislador português confessou aquela arbitrariedade em 1997, quando alargou as causas de aborto (ao feto inviável, sem prazo) e quando aumentou para 24 semanas a despenalização por malformação ou grave doença do nascituro (artigo 142.1.c), do Código Penal) – antes possível até à 16ª semana – e para 16 semanas a despenalização com fundamento em violação – antes possível até à 12ª semana.

Perante esta situação, é legítimo perguntar: qual o fundamento para a aposição de um prazo, se há uma efectiva e justificada causa de despenalização? o que muda após aquele prazo que justifique alterar o quadro penal? porque não manter a exclusão da ilicitude durante todo o tempo da gravidez? ou, mesmo, durante os primeiros dias após o parto para os casos de aborto eugénico?[9]

Estes prazos não têm qualquer relevância científica (do ponto de vista da determinação do início da vida), nem justificação técnica (no que respeita às regras da *artis* médica). Uma vez mais, estamos perante uma dissimulação do problema; ou perante uma estratégia gradual que visa alargar aqueles prazos paulatinamente (como aconteceu em 1997); ou em face de uma cobardia que não deixa o legislador alargar os prazos para limites em que já seja possível reconhecer socialmente a gravidez.

III. DIMENSÃO SUPRA-CONSTITUCIONAL DOS DIREITOS DO HOMEM

Não podemos escapar a uma palavra – mesmo que curta – sobre a relação entre os direitos do homem e o direito natural, porque esta é uma relação iniludível e fundamental, sem a qual o nosso tema não fica devidamente enquadrado e não se compreendem os fundamentos e razões da análise apresentada. Desde o início, com Jacques MARITAIN, reafirmamos que

> [a] *verdadeira filosofia dos direitos da pessoa humana repousa sobre a ideia de lei natural*[10].

O direito natural é o direito justo por si, devendo a legislação positiva reconhecê-lo como tal, desenvolvendo os seus princípios e fazendo as escolhas de política legislativa de acordo com ele – é uma espécie de Superconstituição[11]. O direito positivo tem o dever e o encargo de o reconhecer e de o realizar de maneira que, quando isso não acontece,

---

[9] Deste modo precaver-se-ia o nascimento 'indesejável' de seres humanos portadores de deficiência, além de se evitarem e superarem erros no diagnóstico pré-natal. Aliás, este tornar-se-ia, então, desnecessário, evitando-se o seu custo e, numa 'perspectiva pró-vida', evitando-se erros (hoje frequentes) de aconselhamento abortivo de fetos sem deficiência...

[10] *Les Droits de l Homme et la Loi Naturelle*, Nova Iorque, Éditions de la Maison Française, Inc., 1942, p. 85.

[11] Vd. GROPALLI, «Il Diritto Naturale e la Corte Costituzionale», in *RIFD*, 1953, p. 43.

estamos perante um direito injusto. Será, aliás, por este padrão que se aferirá da justiça de um certo ordenamento, em geral, e das leis sobre o aborto, em particular.

Se o justo absoluto não é realizável pelos homens e, consequentemente, não pode ser exigido do ordenamento jurídico, não se pode deixar de reconhecer que algumas normas são invariáveis e intemporais; e que elas se impõem aos ordenamentos nacionais. Isto porque, se é certo que as circunstâncias e as necessidades da vida do Homem em sociedade variam, é falso que o próprio Homem seja uma realidade contingente. A sua natureza e dignidade não sofrem alteração com o processo histórico. Daí que se possa detectar um núcleo invariável do Homem e do Direito, com validade absoluta, intemporal e acultural. Um núcleo onde, repetimos, se encontram os direitos do homem e, em particular, o direito à vida.

> *[O direito à vida] é um direito mais reconhecido do que criado, mais natural do que jurídico, e, por isso, ao mesmo tempo pré-catálogo e cabeça de catálogo*[12].

IV. A DIMENSÃO CONSTITUCIONAL DOS DIREITOS DO HOMEM

(i) A Descoberta do Direito

O conhecimento histórico dos direitos do homem, tal como o do direito natural, é o resultado de um processo civilizacional de descoberta. Se é certo que aquelas realidades não existem por causa do conhecimento que os homens têm delas, na medida em que são intemporais e conaturais ao ser humano, a sua compreensão vai resultando de um esforço de civilização feito pela humanidade. Do mesmo modo que as regras que regem os fenómenos da natureza não deixam de existir pelo facto de o homem não ter delas conhecimento, ou ter uma informação incorrecta, o direito natural e os direitos do homem também existem ainda quando desconhecidos ou ignorados obstinadamente. A actuação humana, num como noutro caso, não visa "inventar" a natureza, mas estudá-la, descobri-la e reconhecê-la – e, num segundo momento, protegê-la. E mesmo que, num dado momento histórico, aquela realidade possa ainda não ter sido compreendida e assumida pela inteligência humana ou seja recusada pela obstinação da

---

[12] Francisco Lucas Pires, in *Vida...*, p. 59.

ignorância ou do preconceito, isso não significa que seja menos natureza ou que as suas leis dependam da vontade dos homens.[13] Neste caso, é o Homem quem está diminuído, e assim se compreendem os esforços que a humanidade faz no sentido de aumentar os seus conhecimentos.

Mas, por outro lado, porque a operação intelectual desenvolvida pelo Homem foi a da descoberta e não a da invenção ou da criação – foi a do reconhecimento de uma realidade de facto que não lhe deve a sua existência, mas que lhe impõe o seu respeito – os progressos do ser humano, também na área da ciência jurídica, têm de estar conformes com aquelas leis. Por isso, o Direito é uma ciência; não é uma arte que recria esteticamente a realidade; ou uma técnica que inventa mecanismos.

Em suma, os avanços jurídicos da Humanidade hão-de ter em conta o conhecimento entretanto adquirido das leis da natureza, *v.g.* do direito natural, as quais se apresentam como um limite à actuação humana e como um padrão de reconhecimento e de legitimidade daquele mesmo progresso.

Daqui ressaltam, portanto, três consequências.

a) A primeira expressa-se na limitação natural da liberdade de iniciativa humana, traduzida, nomeadamente, na ilegitimidade de uma actuação que atente contra os direitos do homem.

> *A liberdade é uma força moral ao serviço de uma causa. É por isso que em democracia o que importa a cada um não é (...) sobretudo a liberdade dos outros, com o sacrifício do próprio sujeito se necessário for. Uma liberdade posta ao serviço do próprio, facilmente resvala numa ditadura para os outros.*[14]

b) A segunda manifesta-se numa compreensão adequada do processo de reconhecimento daqueles direitos, os quais, existindo por si, não dependem de um acto de vontade do legislador, pelo que a sua existência não resulta da sua consagração legal, mas da natureza das coisas, impondo-se-lhe absolutamente.

---

[13] É impossível deixar de recordar Galileu e o que ele disse a todos aqueles que se lhe opunham com a ignorância científica e o preconceito político-religioso: *Eppur si muove*. Aliás, exemplarmente e a propósito deste nosso tema, no-lo recordou António Pinto Leite em artigo publicado no *Expresso* (agora incluído em *Qual é o Mal?*, Cascais, Principia, no prelo).

[14] Germano Marques da Silva, in *Vida...*, p. 64.

c) Por isto se pode dizer, finalmente, que a compreensão daquela realidade, *maxime*, dos direitos do homem, se transforma num "*acquis*" da Humanidade, num *termine di storia*, num acervo de conhecimentos; e é, por isso, o principal critério para aferir da legitimidade dos governantes, especialmente quanto ao exercício dos poderes que lhe foram conferidos pelo povo. Como escreveu o próprio John ADAMS

> *[v]ós tendes direitos anteriores a qualquer governo sobre a terra; direitos que não podem ser recusados ou restringidos pelas leis humanas; direitos que provêm do Grande Legislador do Universo.*

Mas se os direitos existem independentemente do Estado, impondo-se-lhe, mesmo, isto não significa que seja irrelevante a actuação dos órgãos da comunidade política, desde que estes compreendam os seus próprios limites e não pretendam subverter um processo de pesquisa e de conhecimento da realidade num outro de decisão e de afirmação voluntarista. O Estado, em geral, e o Estado Constitucional ou Estado de Direito – seja ele monáquico ou republicano –, em particular, surgem para garantir aqueles direitos, reconhecendo-os e assumindo-os como nenhum outro antes o fizera.

É a garantia dos direitos que exige o poder político e o direito.

(ii) A DIGNIDADE DA PESSOA HUMANA. SENTIDO E ÂMBITO

> *A dignidade da pessoa humana (...) não tem qualquer sentido se não significar que em virtude da lei natural a pessoa humana tem o direito de ser respeitada e é sujeito de direitos, possui direitos. Há coisas que são devidas ao homem pelo facto de ele ser homem.*[15]

Os direitos do homem encontram o seu fundamento e razão de ser na dignidade da pessoa. A dignidade do homem representa o direito aos direitos, a razão de ser daqueles, a sua manifestação integradora e unificadora. Do mesmo modo que não se pode pensar a dignidade do homem sem direitos do homem, não se podem conceber estes sem aquela. A dignidade do homem não conferirá especificadamente direitos fundamentais, mas é irrecusável que é ela que constitui o fundamento para que eles sejam reconhecidos e garantidos.

---

[15] Jacques MARITAIN, *Les Droits...*, citado, p. 84.

Quando se pretende esclarecer o conteúdo deste conceito, tantas vezes utilizado sem critério, não podemos deixar de encontrar duas dimensões explicativas.

(a) Uma perspectiva integral, na qual ressalta a filiação divina do homem (Gén. 1, 27: *Deus criou o homem à Sua imagem*). Por isso dizemos, acompanhando Manuel Gomes da Silva, que o homem *transcende o universo das coisas*;[16] e com ele alertamos para o facto de qualquer exposição sobre a concepção de homem e da dignidade da pessoa humana não poder ser mutilada dos seus fundamentos, sob pena de se tornar em *mentira estéril ou, ainda mais, maléfica e perigosa*[17].

> "*o homem não contém em si o seu fim nem a sua perfeição e nada há nele que tenha real valor quando olhado em absoluto; se, todavia, o contemplarmos à luz da sua criação divina e da sua missão sublime para com Deus, ele adquire, ou melhor*, cada homem *adquire valor verdadeiramente infinito, só mensurável pelo alto significado da sua semelhança com Deus.*"[18]

É verdadeiramente aqui que encontramos o fundamento e a resposta para a nossa pergunta, ainda que reconheçamos que alguns leitores poderão sentir dificuldade em aceitá-la e compreendê-la. Mas tal facto não constitui razão para a ignorarmos ou a escondermos supostamente no refúgio de um qualquer respeito humano, de um esforço de consensualismo científico, ou numa atitude moderna de conformação com as imposições de laicização do conhecimento e do saber. Pelo contrário, ela é a resposta ao problema, mesmo no confronto com as mentalidades ateia e agnóstica (*humanismo ateu*).

(b) Uma perspectiva neutra, na qual relevam as características fundamentais que distinguem o ser humano dos demais animais: a liberdade e a racionalidade humanas, *razão e consciência* como diz a Declaração Universal dos Direitos do Homem, no seu artigo 1.º Segundo estas características, o homem é pessoa e diferencia-se dos outros animais porque é, simultânea e incindivelmente, um ser *livre* e *racional*. De facto, antes de

---

[16] «Esboço de uma Concepção Personalista do Direito. Reflexões em Torno da Utilização do Cadáver Humano para Fims Terapêuticos e Científicos», in *Revista da Faculdade de Direito da Universidade de Lisboa*, 1964, vol. XVII, p. 189.

[17] *Idem*, p. 191.

[18] *Idem*, p. 211.

mais, aquilo que revela a natureza do homem é a possibilidade de ele decidir, sem constrangimentos naturais (instinto), físicos (coacção) e intelectuais (opressão) o seu futuro. Mas, ao fazê-lo, e aqui detectamos o segundo traço distintivo do ser humano, ele procede de acordo com critérios de razão – o que ainda tem a ver com a sua libertação do instinto –, de conhecimento e de valoração da realidade, de esperança. Esta característica essencial da pessoa (i) permite-lhe discernir judiciosamente sobre as suas escolhas, de acordo com critérios de interesse e utilidade próprios, ponderando as implicações da sua socialidade; (ii) concede-lhe decidir da sua liberdade, assumindo a sua responsabilidade; (iii) consente-lhe afirmar a sua identidade, compreendendo a pluralidade do género humano. Em suma, destas duas características resulta que o homem é, por sua própria natureza, um ser que constrói o seu futuro pelas escolhas que faz. Nisto se distingue de todos os outros animais que fazem das suas existências uma obra do acaso ou da repetição.

Mas dizer somente que a dignidade da pessoa humana se afirma exclusivamente pela liberdade e racionalidade presentes em cada homem poderia levar-nos a concluir que certos homens – então meras aparências de homens – não teriam dignidade e, consequentemente, não poderiam reivindicar direitos – p. ex., os doentes mentais, os menores de tenra idade, os fetos e, até, qualquer ser humano durante a fase do sono. Os direitos de todos estes, a existirem, resultariam não da sua dignidade, inexistente, mas de uma decisão consensual ou convencional da comunidade política, uma espécie de acto de comiseração. Ora, uma tal compreensão apresenta-se absolutamente inadequada e inaceitável para qualquer espírito são.

O elemento novo a trazer à colação, então, é o da **potencialidade**. Como diz OZAR

> *a base dos direitos morais é a* potencialidade *para a prática de actos livres e racionais. Os seres humanos têm esta potencialidade desde o momento da sua concepção*[19].

De facto, não podemos encontrar depois da concepção um momento que nos sugira, sequer, que há uma situação nova que nos permita reconhecer ou negar direitos, uma vez que, desde então, todo o processo humano é caracterizado pelo crescimento, isto é, não se detectam alterações qualitativas mas unicamente quantitativas no ser humano. O que ocorre desde

---

[19] David Ozar, «Rights: What They Are and Where They Come From», in *Philosophical Issues in Human Rights*, Nova Iorque, Random House, 1986, p. 13.

então é o desenvolvimento da potencialidade para praticar actos livres e racionais. Por esta razão, mesmo antes de nascer ou quando a pessoa estiver adormecida – fisiológica ou patologicamente –, ela pode vir a praticar actos do tipo descrito, com a única condição de nascer e crescer ou de despertar do seu estado de sonolência, uma vez que nela se encontram reunidas todas as condições e energias que a tornam apta a praticar aqueles actos.

c) Mas a teoria da potencialidade ainda não é suficiente: há casos em que o "ser humano" nasce, ou adquire posteriormente ao nascimento, deformidades tais que o impossibilitariam, definitivamente e de acordo com os conhecimentos da ciência médica, de decidir livre e racionalmente. Precisamos, então, de aprofundar a teoria da potencialidade, através daquela a que chamaremos ***teoria da imanência***, segundo a qual persiste em qualquer homem, independentemente da fase do seu desenvolvimento físico ou do seu estado de saúde mental, o fundamento da sua capacidade para decidir livre e racionalmente, como manifestação e concretização da exigência ontológica de realização do fim último de cada pessoa. O ser humano, ainda que, por razões diversas, não possa exercer num certo momento, que a própria ciência não pode considerar definitivo e irredutível, aquele seu atributo essencial, tem nele imanentemente, sem interrupção, o motivo da sua liberdade e o critério para a sua razão.

Uma coisa é dizer-se que um ser humano está impossibilitado de exercer as suas características fundamentais, num certo momento; outra, completamente diferente, é defender-se que, por causa disso, ele perdeu aquelas mesmas características – que caducou a sua dignidade como pessoa. Sendo irrecusável que existem certas pessoas que, numa certa fase da sua vida, poderão não estar aptas a exercer a sua liberdade e a sua racionalidade (v.g., os fetos ou, mesmo, as crianças), não se pode, ao contrário, aceitar que um doente mental padecendo de doença irreversível e sem cura de acordo com os conhecimentos médicos de cada momento (v.g. um paciente com esquizofrenia) perca, ainda que transitoriamente, a sua dignidade de homem.[20]

---

[20] Aliás, a história de John Forbes Nash, tão bem apresentada no filme *Uma Mente Brilhante* é disso um excelente exemplo. Nash, Nobel da Economia em 1994, depois de lhe ter sido diagnosticada uma esquizofrenia paranóica, que o obrigou a reformar-se precocemente em 1958, com 30 anos, em 1974 teve uma recuperação inesperada e substancial que lhe permitiu, mesmo, regressar á vida universitária. Vd. João César das Neves «Nash, John Forbes», in David Henderson e João César das Neves (coord.), *Enciclopédia de Economia,* Cascais, Principia, 2000, p. 928.

(d) Em suma, não é possível deixar de considerar que o homem, por ser homem, tem *uma dignidade que nem um império, nem um Estado lhe podem conceder ou negar*[21], porque nele, em todos eles, se encontram residentes as características essenciais da humanidade: a liberdade e a racionalidade, imanentes, potenciais ou presentes em cada ser humano.

(iii) A CONSTITUCIONALIZAÇÃO DOS DIREITOS DO HOMEM.

A) *Sequência*

A constitucionalização dos direitos do homem tem sido a expressão normal do movimento de reconhecimento estatal dos direitos.

Sendo a positivação um fenómeno de reconhecimento e não de atribuição de direitos, a sua razão de ser, então, é, para além da sua publicidade, a possibilidade de os mesmos serem tutelados pelos tribunais. A constitucionalização, assim entendida, não é fonte dos direitos, mas garantia predisposta a seu favor – uma garantia, aliás, reforçada.

B) *Os Direitos fundamentais*

Uma breve incursão pela doutrina portuguesa permite concluir que os autores aplicam o conceito de direitos fundamentais à relação que se estabelece entre a ordem jurídica estadual e os direitos do homem por virtude da sua consagração constitucional. E, desta forma, podemos dizer que os direitos fundamentais são os direitos do homem constitucionalizados.

C) *Os direitos do homem e os direitos fundamentais*

Assim colocada a questão, não há qualquer incompatibilidade entre os direitos do homem e os direitos fundamentais, na medida em que revelam duas manifestações diferentes da mesma realidade[22].

---

[21] João Paulo II, *Discurso aos Deportados da II Guerra*. No mesmo sentido, Jorge Miranda, «O Artigo 1.º e o Artigo 2.º da Constituição», in *Estudos sobre a Constituição*, vol. II, Lisboa, Petrony, 1978, *pp. 15-16*: *(...) em cada ser humano estão presentes as faculdades da humanidade e (...) todo e qualquer homem, toda e qualquer mulher é irredutível e insubstituível.*

[22] Carl Schmitt, *Teoria de la Constitución"*, Madrid, Alianza Ed., 1982, pp. 169 e ss.

Enquanto que os primeiros se reportam imediatamente à natureza humana e à dignidade dela decorrente, devendo entender-se como direitos originários, naturais e independentes de qualquer consagração legal para poderem existir – imposições da natureza humana, manifestações inadiáveis da dignidade do Homem; os segundos são, ao contrário, resultantes de consagração legal, na forma específica de norma constitucional, condicionados pelos primeiros, normalmente sua enumeração, traduzindo-se, sempre que reproduzam direitos do homem, em garantias materiais daqueles que lhes servem de substrato. Nesta perspectiva, os direitos fundamentais não são uma realidade autónoma e o poder constituinte não é ilimitado. Este tem uma função enumeradora dos direitos do homem, concretizada nos direitos fundamentais, sua especificação e garantia.

Aliás é aqui que encontramos a razão substancial para a existência na nossa Constituição de uma cláusula aberta dos direitos fundamentais.

Ora, pode haver, como acontece em todas as Constituições, direitos fundamentais que não resultem inadiavelmente de uma imposição da dignidade do Homem, dizendo-se, portanto, que há uma incoincidência positiva uma vez que o âmbito dos direitos fundamentais excede, felizmente, o dos direitos do homem. Mas já não é admissível, e regressamos ao problema da legitimidade, que se verifique uma incoincidência negativa, isto é, que o âmbito dos direitos fundamentais não cubra todos os direitos do homem reconhecíveis, independentemente de, do ponto de vista numérico, apresentar mais direitos do que aqueles que resultariam de uma operação aritmética de adição dos simples direitos do homem. Em suma, e utilizando linguagem da matemática, o conjunto dos direitos do homem tem que estar contido no conjunto dos direitos fundamentais.

(iv) A DIGNIDADE DA PESSOA HUMANA E OS DIREITOS FUNDAMENTAIS

Uma vez que, por último, os direitos fundamentais resultam da dignidade do homem, não podemos senão concordar com Vieira de ANDRADE quando defende que, em sede de direito positivo, temos dois tipos ou graus de direitos. Os direitos de primeiro grau, direitos naturais ou direitos fundamentalissimos, e os direitos de segundo grau, ou direitos fundamentais – os que decorrem daqueles ou os completam[23]. Embora se possa dizer que

---

[23] *Direitos Fundamentais na Constituição Portuguesa de 1976*, 2ª. Ed., Coimbra, Almedina, 2001, p. 98.

estes segundos têm o seu fundamento na sua consagração legal, ao contrário dos primeiros que decorrem imediatamente da natureza das coisas e existem independentemente de qualquer acto de vontade do poder político, temos de voltar a referir a opinião do autor de Coimbra quando afirma que, apesar de tudo,

> *é este princípio* [da dignidade da pessoa] *que está na base da sua previsão constitucional e da sua consideração como direitos fundamentais.*[24]

Daqui resulta, ainda, que as leis que violem estes direitos devem ser consideradas materialmente inválidas, ilegítimas, ou injustas e, consequentemente, inexistentes, independentemente de poderem ser inconstitucionais. Face à ilegitimidade, o vício da inconstitucionalidade surge como uma questão de segunda ordem, porque, embora grave, o que ele revela essencialmente é a invalidade formal e o caso que temos perante nós é o de invalidade substancial.

Estamos perante um caso de inexistência porque se pretende fazer valer como lei um facto ao qual falta o requisito material essencial da sua validade. São a gravidade do vício, a sua evidência e a sua natureza que nos conduzem à inexistência.

Em suma, a dignidade do homem origina a existência de direitos da pessoa humana, é o seu fundamento; e estes impõem-se absolutamente ao poder político, o qual, encontrando no homem a sua razão de ser, a sua legitimidade e o limite da sua actuação, tem de guardar respeito absoluto a tudo quanto defina a essência daquele, *maxime*, a sua dignidade e os seus direitos, sob pena de os actos praticados contra aqueles limites terem de ser considerados como não existentes, sem efeitos e não acarretando qualquer dever de obediência, antes justificando e, eventualmente, impondo a desobediência dos cidadãos.

V. A CONSTITUIÇÃO PORTUGUESA DE 1976

(i) Preliminares

Entre todos os direitos e princípios constitucionais relevantes para o nosso tema, sobressaem o princípio da dignidade da pessoa humana e o direito à vida, conforme escreveu Francisco Lucas Pires:

---

[24] *Idem, ibidem.*

Não se trata em ambos os casos de duas normas quaisquer no sistema da Constituição. A primeira encabeça o Capítulo I do Título I respeitante aos "Direitos, Liberdades e Garantias Pessoais". A segunda é a primeira norma da Constituição e dos respectivos Princípios Fundamentais. Dir-se--ia, pois, que a "dignidade da pessoa humana" é o primeiro princípio da Constituição Portuguesa e que o "direito à vida" é o primeiro dos direitos fundamentais respectivos.

Ambos, princípio e direito, são, por sua vez, proclamados de maneira absoluta e irrestrita. A colocação e a formulação de ambos mostram como o direito à vida assume a proeminência de um "direito capital" no sistema de valores da Constituição (...) um prius *cronológico e um pressuposto lógico em relação aos restantes direitos,*

(...) um direito fundamental qualificado.

[a negação deste tandem] ofenderia o espírito e a unidade do sistema de direitos fundamentais da Constituição.[25]

Aliás, inúmeros autores sublinham, naturalmente, esta relação. Sousa Franco, por exemplo, refere que

A eminente dignidade da pessoa humana atribui-lhe, desde que começa a existir (e esse começo é hoje bem delimitado pela ciência), um núcleo essencial de poderes e deveres, dos quais o primeiro é o direito à vida. Por ele se há-de dizer não à guerra (...), à pena de morte, à eutanásia e (...) ao aborto livre.[26]

(ii) O DIREITO À VIDA

(a) Proeminência do direito à vida. **O direito à vida é**

aquele de que derivam todos os demais, logo é primacial[27]
em qualquer operação de concordância prática entre este [o direito à vida] e outros direitos há-de respeitar-se aquela precedência.[28]

(b) Conflito de direitos. Um direito só pode ser sacrificado no conflito com valores jurídicos efectivamente homólogos. Aqui é aplicável o

---

[25] Vida..., pp. 59; 60.
[26] Vida..., p. 10.
[27] Augusto Lopes Cardoso, in Vida..., p. 40.
[28] Francisco Lucas Pires, in Vida..., p. 59.

«princípio da concordância prática» – baseado em três critérios ou requisitos: proporcionalidade, necessidade e adequação.

Deste modo, o respeito pela vida humana e a defesa do direito à vida previsto no artigo 24.º da CRP nunca impediram, em absoluto, o aborto. Este sempre teve uma causa de exclusão da culpa (Código Penal, artigo 31.º) no conflito de direitos que ocorre quando confrontamos direitos da vida da mão e do filho; e o mesmo se diga, do conflito de direitos entre irmãos (numa gravidez múltipla). Para tal, o direito já consagra os institutos da legítima defesa e do estado de necessidade desculpante (artigos 31 e ss., do Código Penal)

Cientes disto, mesmo aqueles que defenderam a lei de 1984 (e os retoques que sofreu em 1997) reconheceram e justificaram-na, quase sempre, com razões que eventualmente poderiam concorrer com a vida humana intra-uterina, prevalecendo mesmo sobre ela.

Apesar deste esforço de justificação, é indubitável que o «princípio da concordância prática» está ausente nos designados aborto terapêutico (excepto quando esteja em causa a vida da mãe e não haja outro modo de remover o perigo), aborto eugénico e aborto criminológico.

(c) Extensão do direito à vida. Considerando a forma e alcance do artigo 24.º, que não comporta qualquer restrição ou excepção à proclamação geral de protecção da vida, não podemos nós fazê-lo, eliminando da órbita da sua protecção a vida intra-uterina, no todo ou em parte da sua duração. Onde a lei não restringe, não pode o legislador ou o intérprete fazê-lo; onde a ciência bio-médica não distingue, não pode a ciência jurídica apartar. A humanidade do feto, desde a concepção, *é hoje ume evidência apodítica*[29].

Mas, ainda que fosse conforme à verdade e à ciência duvidar sobre o momento do início da vida, aí teríamos de observar o princípio **in dubio pro libertate; in dubio pro vita**, como muito bem refere Paulo Otero:

> *(…) mesmo que exista a mais angustiosa das dúvidas científicas sobre o momento de origem da vida intra-uterina, sabendo-se que ela é anterior ao nascimento e posterior à concepção, deve tratar-se todo este período como se desde o momento da concepção exista sempre vida.*[30]

---

[29] Francisco Lucas Pires, in Vida…, p. 60.
[30] Vida…, p. 148.

d) Um sofisma Uma palavra ainda para impedir um sofisma. Considerando que a personalidade jurídica só se adquire com o nascimento completo e com vida e que só as pessoas são sujeitos de direito, alguns poderão ser levados a um disparate lógico: condicionar o direito à vida (que é também o direito de nascer, no caso da vida intra-uterina) ao nascimento.

Nem sequer é relevante a questão da imputação: saber se antes do nascimento temos uma mera tutela objectiva ou o reconhecimento de um verdadeiro direito subjectivo, como a qualquer ser humano nascido. Sempre se diz que só pode ser a última: de outro modo, como se compreenderia o reconhecimento de diversos direitos, sejam fundamentais ou de personalidade, pouco importa, ao nascituro – por exemplo, a herdar e receber doações, ao bom nome, a um património genético inviolado e, o maior de todos, a nascer?

Aliás, a haver alguma alteração ela deve ocorrer na regra relativa ao momento de aquisição de personalidade jurídica, uma vez que, hoje, não há qualquer dificuldade ou motivo de incerteza quanto à determinação da concepção e ao momento em que ocorre. Mesmo assim e perante a actual redacção do artigo 66.º, conjugado com as várias disposições que reconhecem direitos ao nascituro, temos que concluir que os direitos são reconhecidos sob condição (suspensiva) do nascimento; e que, neste sentido, existe uma personalidade jurídica pré-natal (embora prejudicada pela falta de capacidade jurídica – mas isso, afinal, também acontece com os menores de idade).

> (...) figurando o nascimento como condição da eficácia de direitos na esfera jurídica do nascituro, não pode o próprio nascimento deixar de estar salvaguardado pela lei civil. Assim, para além dos direitos sucessórios do nascituro, reconhece-se-lhe um interesse juridicamente protegido a nascer.[31]

(iii) O DIREITO À IDENTIDADE GENÉTICA

Uma palavra rápida sobre este direito, reconhecido na revisão de 1997.

Pessoalmente, é para mim motivo de grande regozijo, uma vez que foi um dos direitos que estudei e considerei acolhidos no nosso ordenamento constitucional, por recurso ao princípio da cláusula aberta.[32]

---

[31] Paulo Câmara, in *Vida...*, pp. 140-141.
[32] Vide *Biomedicina e Novos Direitos do Homem...*, pp. 186 e ss.

Do ponto de vista da exclusão da ilicitude do aborto, há que reconhecer que este direito vem reforçar o reconhecimento do direito à vida. A interpretação necessária destas duas normas leva-nos a reconhecer que o reconhecimento de um património genético inviolado precisa da garantia e defesa da própria vida – por absurdo, ninguém defenderá que é menos mau morrer que ser submetido a torturas genéticas ... Quando muito, poderão ser equivalentes, mas basta.

(iv) O Princípio da Igualdade entre Pai e Mãe; direito de ambos os pais a uma progenitura responsável

O conceito de paternidade responsável pode ser considerado e objecto de protecção legal antes da concepção, isto é: o Estado e a sociedade podem predispor mecanismos e oferecer meios para os casais – e, mesmo, para que cada um dos membros do casal – possa assumir responsavelmente a progenitura.

Mas, uma vez concebida uma nova vida, o erro ou a imprevisão (ou o que quer que seja!) já não podem actuar contra a nova vida, já que *qualquer ser humano é sempre um fim em si mesmo, não um instrumento para satisfação dos desejos dos seus progenitores, não devendo por isso o seu direito a nascer ficar dependente deles*[33]. Perante uma nova vida a mãe (e o pai, claro!) tem que actuar responsavelmente, porque a liberdade sexual da mulher e a sua autodeterminação sexual não podem iludir as suas consequências.[34]

---

[33] Luís Menezes Leitão, in *Vida...*, p. 101.

[34] Assim também Luís Menezes Leitão (in *Vida...*, p. 101): *(...) nunca foi argumento relevante 'o direito à paternidade consciente' para um homem se poder opor a uma acção de investigação da paternidade, obrigando-o antes a lei a assumir os seus deveres paternais para com os filhos que gera, desejados ou não. Não se vê, por isso, como permitir o aborto com base num pretenso 'direito à maternidade consciente'.*

TESTES GENÉTICOS, TERAPIA GÉNICA, CLONAGEM[1]

por STELA BARBAS

I. INTRODUÇÃO

O Homem subiu definitivamente à ponte da barca da sua existência e tomou conta do próprio destino.

A ciência já não se limita à descrição dos processos biológicos, mas tenta alterar a natural evolução das espécies, ao criar em laboratório novos seres autónomos não previstos nos planos da natureza.

As mais valias são incontáveis, porém, há, também, valores que estão a ser postos em causa.

Como refere o Sr. Prof. Doutor Oliveira Ascensão "em tudo o que respeita ao conhecimento e às possibilidades de intervenção sobre o homem como ser biológico tem havido avanços extraordinários nos tempos recentes"... "Sempre as descobertas científicas trouxeram objecto de meditação para a análise filosófica e jurídica. Apenas, a aceleração das descobertas científicas obriga a uma aceleração dessa análise; e as acrescidas possibilidades de intervenção sobre o ser humano obrigam a levar mais longe a meditação sobre a natureza essencial do homem"[2].

O desenvolvimento científico originou uma aventura sem precedentes na "construção" de um novo Homem.

Vivemos uma era de grande crise para a pessoa. De crise específica, concreta, induzida pelo sismo das inovações biotecnológicas.

---

[1] Mestre em Direito pela Universidade de Coimbra.
Professora Aux. da Universidade Autónoma de Lisboa.
[2] JOSÉ DE OLIVEIRA ASCENSÃO, *Direito e Bioética*, «Revista da Ordem dos Advogados», Ano 51, Lisboa, Julho de 1991, pág. 430.

Tentar avançar uma noção daquilo que é a pessoa presentemente não esgota os problemas que ela suscita[3]. Há, ainda, que elucidar as novas condições da sua ascripção a estas fronteiras do homem onde se activa, cada vez mais, a biomedicina[4].

A apreensão e extensão da pessoa nunca tinham sido desordenadas nestes moldes. Poderá a pessoa subsistir incólume, nesta total oscilação das referências?

À medida que mais reivindico a minha humanidade plena[5], mais sou levada a tornar-me membro do género humano. Quando ser-se a si próprio se transforma numa aspiração de natureza universal, a individualidade e a universalidade caminham lado a lado de mãos dadas. Pode, desta sorte, a pessoa engrandecer-se, concomitantemente, dos dois prismas.

Poder-se-á objectar que esta análise está ferida de um universalismo do género humano pouco atento à diferença radical das identidades que caracterizam as pessoas e os povos, ainda que não esconda a intenção de sujeitar todas as culturas a uma única representação daquilo que faz o

---

[3] Declaração Universal dos Direitos do Homem, de 10 de Dezembro de 1948; Convenção de Salvaguarda dos Direitos do Homem e das Liberdades Fundamentais, de 4 de Novembro de 1950; Carta Social Europeia, de 18 de Outubro de 1961; Pacto Internacional sobre os Direitos Civis e Políticos e Pacto Internacional relativo aos Direitos Económicos, Sociais e Culturais, de 16 de Dezembro de 1966; Convenção para a Protecção das Pessoas relativamente ao Tratamento Automatizado de Dados de Carácter Pessoal, de 28 de Janeiro de 1981; Convenção sobre os Direitos da Criança, de 20 de Novembro de 1989; Convenção para a Protecção dos Direitos do Homem e da Dignidade do Ser Humano face às Aplicações da Biologia e da Medicina: Convenção sobre os Direitos do Homem e a Biomedicina adoptada pelo Comité de Ministros do Conselho da Europa, em 19 de Novembro de 1996, aberta à assinatura dos Estados membros em Oviedo, em 4 de Abril de 1997 e ratificada por Portugal, em 3 de Janeiro de 2001; Declaração Universal sobre o Genoma Humano e os Direitos do Homem da UNESCO, de 11 de Novembro de 1997.

[4] O artigo 1.º (Objectivo e finalidade) da Convenção sobre os Direitos do Homem e a Biomedicina consagra :

"As partes na presente Convenção protegerão a dignidade e a identidade de todos os seres humanos e garantem a todas as pessoas, sem discriminação, o respeito pela sua integridade e pelos outros direitos e liberdades fundamentais face às aplicações da biologia e da medicina.

Cada Parte deverá tomar, no seu direito interno, as medidas necessárias para tornar efectivas as disposições desta Convenção."

[5] A humanidade não é apenas uma dignidade em outro, mas é uma dignidade em mim. Nietzche ao acusar Kant de "hipocrisia rígida" denota que não compreendeu bem este autor. NIETZCHE, *Par-delà le bien et le mal*, UGE, 1973, pág. 32.

valor do homem. Porém, não estará esta objecção, ela própria, aprisionada a um entendimento pouco elaborado do universal?

Universalização não deve ser confundida com uniformização pois se assim fosse seria um pretenso universalismo. Muito pelo contrário, universalização pode ser entendida como emergência de equivalências, numa pluralidade contínua de formas, onde o universal está, aliás, longe de derivar sempre do mesmo lado.

A universalização ética não é, de modo algum, a uniformização das sabedorias específicas, mas sim a partilha de valores íntimos. A título de exemplo, são possíveis inúmeras abordagens dos Direitos do Homem[6], mas o fundamental é respeitá-los em toda a parte. É isso que exige a universalidade da pessoa[7].

São cada vez em maior número os autores que defendem que, à medida que se desenvolvem as áreas do saber humano que se debruçam sobre a pessoa, se agrava a crise da perda da identidade do homem. Como já referia Scheler, na história de mais de dez mil anos, encontramo-nos numa época em que o homem tornou-se para si mesmo universal e radicalmente problemático: não sabe quem ele próprio é e dá-se conta de nunca mais o saber[8].

No actual contexto científico e cultural possibilitado pela biotecnologia em que o próprio significado da pessoa se encontra um tanto ou quanto diluído, aumenta, progressivamente, a tendência para elaborar novas antropologias com o contributo interdisciplinar do direito, da genética, da filosofia, etc.

No livro Direito ao Património Genético[9] chamo a atenção para todo um conjunto de problemas que a biotecnologia suscita e pede resposta, tais como a inseminação artificial post-mortem, a clonagem, o contrato de gestação uterina, o anonimato do dador, a descoberta do genoma humano, os testes genéticos, etc.

---

[6] Para uma melhor compreensão da dificuldade da riqueza multidimensional da pessoa, cfr. ANTÓNIO MENEZES CORDEIRO, *Tratado de Direito Civil Português*, I, Vol. I, Almedina, Coimbra, 1999, págs. 155 e seguintes.

[7] Relativamente aos direitos do homem, cfr. os diversos trabalhos de JORGE MIRANDA, entre os quais: *Manual de Direito Constitucional*, IV, *Direitos Fundamentais*, Coimbra Editora, Coimbra, 1998.

[8] M. SCHELER, *Philosophische Weltanschauung*, Bonn, 1929, pág. 62.

[9] STELA MARCOS DE ALMEIDA NEVES BARBAS, *Direito ao Património Genético*, Almedina, Coimbra, 1998.

Circunscrevendo-me agora aos testes genéticos, terapia génica e clonagem, eu diria que nos encontramos num momento crucial da história da humanidade. Estamos "numa época de fazer época", pela excepcional capacidade de mudança, de modificação que os recentes avanços científicos proporcionam.

II. TESTES GENÉTICOS

A par da medicina curativa surgiu a preventiva[10] que propõe a adopção de determinadas medidas para evitar os estados patológicos. Esta, por seu turno, deu lugar à medicina preditiva, predizente ou de predicção que advoga a despistagem de riscos de doenças entre indivíduos actualmente sãos.

Os testes genéticos[11,12,13] possibilitam aceder ao céu e ao inferno,

---

[10] *The ethical, social and scientific problems related to the application of genetic screening and monitoring for employees in the context of a European approach to health and safety at work* (Biomedical and health research contract ct 92-1213), Final report, Karel Van Damme and Ludwine Casteleyn, Project financed by Community funds under the 3 d Framework Programme, pág. 47.

[11] O artigo 6.º da Declaração Universal sobre o Genoma Humano e os Direitos do Homem consagra que ninguém pode ser discriminado pelas suas características genéticas. E, por sua vez, o artigo 5.º determina as condições a que devem estar subordinados os testes genéticos.

A Recomendação n.º R 92 (3), de 10 de Fevereiro de 1992, respeitante a provas genéticas e à detecção com fins de assistência sanitária, sugere algumas regras para uma correcta utilização dos testes: informação ao público acerca da qualidade dos serviços genéticos, aconselhamento, igualdade de acesso, natureza facultativa, sigilo médico, privacidade ou confidencialidade dos resultados, exclusão do direito de terceiros (nomeadamente das companhias de seguros) de aceder à informação, etc.

O artigo 11.º da Convenção sobre os Direitos do Homem e a Biomedicina proíbe toda e qualquer forma de discriminação de uma pessoa em função do seu património genético. Por seu turno, o artigo 12.º estipula que os testes genéticos só devem ser realizados para fins de saúde ou de investigação relacionada com a saúde estando, sempre, condicionados a aconselhamento genético apropriado. Cfr. PAULA MARTINHO DA SILVA, *Convenção dos Direitos do Homem e da Biomedicina Anotada*, Edições Cosmos, Lisboa, 1997.

[12] Em Portugal, a Assembleia da República na Resolução n.º 48/2001, de 12 de Julho (Defesa e salvaguarda da informação genética pessoal), recomenda ao Governo a regulamentação urgente da aplicação de testes genéticos, diagnósticos ou preditivos nos cuidados de saúde nacionais, observando regras específicas e estritas de consentimento informado e de fins médicos ou de investigação médica.

Na Resolução n.º 47/2001, de 12 de Julho, a Assembleia da República aprova medidas

identificando males ainda não instalados mas, também, enfermidades incuráveis.

Com efeito, estão já identificados e isolados genes humanos que explicam não só a origem como, ainda, as características de diversas enfermidades hereditárias. É possível, assim, predizer, com bastante antecedência, doenças de que indivíduos aparentemente sãos virão a padecer.

Para avaliar a relevância dos testes, parece-me útil salientar que até ao presente foram inventariadas mais de quatro mil espécies de alterações genéticas e que algumas delas correspondem a doenças hereditárias com grande incidência. Os novos testes já diagnosticam a Coreia de Huntington, fibrose quística, Alzheimer, Tay Sachs, Lou Gehrig, hemofilia, talassémia, deficiência alfa-1-antitripsina, esclerose lateral amiotrófica, ataxia talangectasia, gaucher, cancro do ovário, da mama, e do cólon hereditário, mal de Charcot-Marie-Tooth, hiperplasia adrenal congénita, distrofia muscular de Duchenne, distonia, anemia de Falconi, factor V-Leiden, síndroma X-frágil, distrofia miotónica, neurofibromatose de tipo I, fenilcetonúria, doença poliquística renal, síndromas de Prader Willi e de Angelman, etc.[14]

Deste jeito, os progressos operados a nível do diagnóstico trouxeram a chamada medicina predizente que possibilita conhecer as doenças que nos irão acompanhar durante a vida e, assim, tentar, oportunamente, o seu combate.

O destino já não está nas estrelas mas sim nos genes!...

A medicina predizente tem incontáveis vantagens, como é presumível e lógico, no entanto, quando orientada para certas finalidades, abre a hipótese de originar resultados bastante pejorativos ao permitir diagnosticar, de modo precoce, características hereditárias das pessoas antes que se cheguem a revelar.

---

de protecção da dignidade pessoal e da identidade genética do ser humano, mais concretamente, resolve pronunciar-se pelos seguintes princípios fundamentais para a defesa e salvaguarda da dignidade pessoal e da identidade genética do ser humano... alínea e) "Garantia de que as intervenções admissíveis no domínio genético dependem sempre do consentimento livre e esclarecido da pessoa, assegurando-se protecção e adequada representação a quem careça de capacidade para o prestar."

[13] Sobre a problemática dos testes genéticos, cfr. GUILHERME DE OLIVEIRA, *Implicações jurídicas do conhecimento do genoma*, in «Temas de Direito da Medicina», Coimbra Editora, Coimbra, 1999, págs. 106 e seguintes.

[14] Relativamente a algumas destas doenças o teste revela, ainda, apenas, uma susceptibilidade de vir a sofrer da enfermidade, como é o caso dos vários tipos de cancro referidos e da doença de Alzheimer.

Em muitos casos existe ainda uma grande disparidade entre as faculdades diagnósticas e as terapêuticas o que suscita a problemática da legitimidade versus ilegitimidade do exame nas doenças ainda sem cura. Qual a reacção do indivíduo a quem foi diagnosticada uma enfermidade incurável?[15] Que repercussões terá na sua vida pessoal, afectiva, académica e profissional? Será discriminado socialmente? Pode configurar um instrumento de ilegítima discriminação social, nomeadamente em questões laborais, contratos de seguros, no ensino, nas relações familiares (regulação do poder paternal, adopção), hipotecas e outras transacções comerciais, etc. As companhias de seguros e as entidades patronais poderão ter acesso a diagnósticos relativos aos seus potenciais segurados ou trabalhadores e "agrupá-los" em classes biológicas em função dessa análise?[16-17]. Passará a pessoa a ser avaliada mais pelos genes que tem do que propriamente por aquilo que é e que faz? Seres humanos "etiquetados" pelos genes?

Além disso, a sujeição a um exame genético é susceptível de pôr em causa, designadamente, o direito à privacidade do testado. A informação genética constitui o núcleo, o cerne mais profundo da nossa intimidade biológica.

Toda a pessoa deve ter o direito de conhecer os elementos de investigação médica que lhe digam respeito e em paralelo o direito de preservar

---

[15] Além disso, não podemos olvidar que a informação genética é também informação sobre outrem. Assim sendo, como reagirão, por exemplo, os filhos ou os irmãos ao tomarem conhecimento que o seu parente padece de determinada doença incurável que, provavelmente, também, os afectará?

[16] A nível dos seguros de vida ou de saúde está latente um conflito de interesses entre, por um lado, o segurando e, por outro, a companhia de seguros: o primeiro pretende fazer um seguro sem ter de se submeter a testes genéticos predizentes; a segunda quer obter o maior número possível de dados sobre a saúde actual e futura do segurando para proceder ao cálculo dos prémios ou, mesmo, recusar fazer o seguro em função dos riscos de saúde, STELA BARBAS, *Dos novos contratos de seguro*, «Revista Direito e Justiça», Universidade Católica Portuguesa,Volume XIV, Tomo 3, Lisboa 2000, págs. 147 e seguintes.

[17] A principal questão que já se coloca actualmente em diversos países é o de saber se o trabalhador tem o dever de revelar a informação que detém sobre a previsibilidade da sua saúde futura e a entidade patronal tem o direito de exigir que o candidato ao emprego ou o trabalhador se submeta a testes genéticos predizentes para efeitos de selecção ou de despedimento. A decisão final do empregador teria por base não uma incapacidade actual (pessoas presentemente aptas) mas, uma mera predição de doenças futuras ou predisposições, STELA BARBAS, *Contratos de trabalho em face das novas possibilidades de diagnóstico*, «Brotéria», Vol. 150, n.° 5 / 6, Lisboa, Maio / Junho de 2000, págs. 597 e seguintes.

o conhecimento desses dados exclusivamente para si numa concepção mais ampla de privacidade[18].

É necessário reconhecer a existência do já chamado direito a não saber. Este direito, também, denominado de direito à autodeterminação informativa, consagra que compete apenas ao próprio decidir se quer ou não conhecer o seu mapa genético. Há pessoas que preferem não saber para não viverem atemorizadas com algo que até nem é certo acontecer.

Haverá vantagens na predição de doenças para as quais ainda não existe cura? Por vezes, nestas situações, a previsão transforma-se em maldição!...

O recurso excessivo aos testes genéticos pode dar origem a uma espécie de sociedade hipocondríaca. Há, frequentemente, uma certa morbidez a envolver estes testes[19]. Como já foi dito, a figura Pessoana de o homem ser um cadáver adiado tende a ser mais actual.

Mas, felizmente algumas doenças detectadas nos testes já podem ser curadas através da terapia genética: nestes casos, a profecia precede a cura, ou, por outras palavras, a medicina preditiva antecede a curativa.

III. TERAPIA GÉNICA

Com efeito, uma vez diagnosticada a doença o passo seguinte consiste, logicamente, na tentativa de a debelar. Do ponto de vista da genética molecular só existe uma solução: a alteração do gene. Esse é, precisamente, o objectivo da terapia génica que consiste na introdução de um gene funcional que supra as deficiências do gene alterado: uma espécie de "enxerto"de material genético hereditário[20].

---

[18] STELA BARBAS, *Democracia ou genomacracia: uma questão em aberto*, Comunicação apresentada ao Curso de Pós-Graduação em Direito da Faculdade de Direito da Universidade Cândido Mendes, Rio de Janeiro, Brasil, Outubro de 2001; STELA BARBAS, *Aspectos jurídicos do Genoma*, Comunicação apresentada ao Curso de Pós-Graduação em Genética do Instituto de Biociências, Letras e Ciências Exactas, Universidade Estadual de São Paulo, São José do Rio Preto, Brasil, Outubro de 2001.

[19] Neste sentido, o Danish Council of Ethics, *Ethics and Mapping of the Human Genome*, Copenhagen, 1993, pág. 60.

[20] LUÍS ARCHER, Palavras de abertura do IV Seminário Nacional, Poderes e Limites da Genética do Conselho Nacional de Ética para as Ciências da Vida, in «Poderes e Limites da Genética», Actas do IV Seminário do Conselho Nacional de Ética para as Ciências da Vida, 17-18 de Novembro de 1997, Presidência do Conselho de Ministros, Lisboa, 1998, pág. 8.

Por outras palavras, substituiremos, permitam-me a expressão, as nossas peças "estragadas", "gastas", ou com "defeito de fabrico" por peças boas. Cada vez mais o ser humano será reciclado[21]. Estamos a um passo de conseguir transformar o velho sonho da eterna juventude em realidade científica.

Mais dia menos dia já não acordaremos sobressaltados com o pesadelo do nosso envelhecimento ou dos nossos familiares queridos mas viveremos o sonho de se ter finalmente atingido a eterna juventude.

No entanto, o empreendimento deste projecto não é tão simples como o seu princípio.

1. Terapia génica somática

A terapia génica somática foi, pela primeira vez, realizada em 14 de Setembro de 1990, numa menina de 4 anos de idade, no Hospital do National Institute of Health de Bethesda, no Estado de Maryland (EUA) pela equipa do doutor W. French Anderson[22]. A criança, por deficiência no gene da desaminase da adenosina (ADA), não produzia anticorpos em quantidade suficiente para debelar infecções normais, correndo, deste modo, perigo de vida[23]. A menina fazia, há alguns anos, um tratamento localizado com um químico que substituía a ADA. Porém, estava a deixar de produzir efeito. A terapia génica consistiu em isolar, do seu sangue, determinadas células (linfócitos t), introduzir, *in vitro*, nestas células, o gene ADA na sua forma correcta e reinjectar estas células, já reparadas, no sangue da criança[24]. De a partir daí começou a produzir anticorpos praticamente normais[25-26].

---

[21] Para quem aceita a tese da reincarnação da alma, é possível, agora, argumentar que graças à terapia genética a alma já não precisará de procurar sucessivos novos corpos para reincarnar, basta manter-se fiel sempre ao mesmo corpo, este, sim, em permanente reciclagem.

[22] A autorização foi dada pela Food and Drugs Administration (FDA) em 4 de Setembro de 1990.

[23] A imunodeficiência severa combinada (Severe combined immunodeficiency) conduz à acumulação de produtos tóxicos nos linfócitos T (e em grau menor nos B), o que os impede de fabricarem anticorpos. O doente fica vulnerável a todo o tipo de infecções.

[24] Ou seja, do sangue foram extraídos linfócitos T. Para estas células, crescidas *in vitro* através da acção da interleucina-2, transferiu-se o gene da ADA por meio de retrovírus deficientes na sua capacidade de auto-replicação e semelhantes aos usados noutras

Ainda a nível da terapia génica é necessário distinguir as tentativas de restituição de uma função por correcção genética, incidindo sobre células somáticas, das que é viável realizar em células germinais. A distinção é fundamental na medida em que toda a transformação genética efectuada em óvulos ou espermatozóides pode ser, eventualmente, transmitida à descendência. As correcções genéticas operadas em células somáticas não são transmissíveis, apenas se circunscrevem ao organismo tratado.

Penso que uma vez observado o princípio do consentimento informado, à luz da doutrina do respeito pela autonomia individual, a terapia génica somática é não só legítima, como louvável.

2. Terapia génica germinativa

A terapia génica germinativa ou germinal permitirá evitar a transmissão de doenças genéticas hereditárias. Consubstanciará não só a cura do indivíduo em si, mas de toda a sua descendência. Por outras palavras, enquanto a terapia génica somática facilita curar uma pessoa de uma enfermidade, a germinativa possibilitará erradicar uma doença, através de uma só intervenção, de um número indefinido de gerações.

2.1. *Objecções*

Porém, regra geral, são apresentadas três objecções fundamentais à terapia germinativa:

a) Actualmente, sabe-se que a presença de determinados genes associados a doenças recessivas revelou-se como um esforço adaptativo indispensável para a perpetuação da espécie humana. Nesta orientação, dou

---

experiências preliminares. Depois de transduzidos, os linfócitos foram restituídos, por via endovenosa, à dadora.

[25] Passados alguns anos as crianças tratadas apresentavam já uma resistência normal às agressões do ambiente, com ausência de efeitos laterais significativos, Cfr. RUI NUNES, *Dimensões éticas da terapia génica*, in «Poderes e Limites da Genética», Actas do IV Seminário do Conselho Nacional de Ética para as Ciências da Vida, 17-18 de Novembro de 1997, Presidência do Conselho de Ministros, Lisboa, 1998, págs. 137 e seguintes.

[26] Foi concedida, também, outra autorização, nos Estados Unidos da América, pela Food and Drugs Administration (FDA) para o transplante de gene para o tumor Necrosis Factor. Em Itália, o transplante génico por déficit de ADA foi realizado, pela primeira vez, em 1992, no Istituto Scientifico – Ospedale "S. Raffaele" de Milão.

como exemplos: o gene patogénico determinante da doença de Tay-Sachs que confere maior resistência à tuberculose; o gene responsável pela hipercolesterolémia familiar mas que permite minimizar os efeitos de uma sub-alimentação; também, a drepanocitose, em heterozigotia, condiciona ligeira anemia, no entanto, transmite ao seu portador resistência acrescida ao paludismo; ou, ainda, a vantagem evolutiva conferida por certos genes associados à *diabetes mellitus*[27].

b) O segundo argumento que pode ser carreado – empobrecimento total da diversidade genética – reveste natureza metafísica fundamentando-se em especulações teóricas sobre as consequências duma manipulação genética incontrolada: afirmar, por exemplo, que a sobrevivência da espécie humana e o equilíbrio ecológico estão dependentes da existência da diversidade das espécies. A heterogeneidade genética é um bem em si mesmo sendo ilícito qualquer tipo de interferência nesta predeterminação.

c) E, por último, os métodos técnico-científicos existentes não possibilitam ainda evitar totalmente os possíveis riscos (e por enquanto não calculáveis) dos efeitos secundários deletérios que se perpetuariam indefinidamente[28].

2.2. *Posição adoptada*

Todavia, entendo que é possível contra-argumentar nos seguintes moldes:

a) No que diz respeito à primeira objecção, se é certo, por um lado, que

---

[27] AGOSTINHO DE ALMEIDA SANTOS, *Diagnóstico genético pré-implantatório*, in «Poderes e Limites da Genética», Actas do IV Seminário do Conselho Nacional de Ética para as Ciências da Vida, 17-18 de Novembro de 1997, Presidência do Conselho de Ministros, Lisboa, 1998, págs. 118 e seguintes.

[28] Na Alemanha, o Relatório Benda – *Der Bundesminister für Forschung und Technologie*, Bonn, 1985 – condenou a terapia germinal. Por seu turno, a Lei Alemã para a Defesa do Embrião – *Gesetz Zum Schutz von Embryonen* – de 1990 pune com pena de prisão até 5 anos ou multa todo aquele que proceder a terapia germinal.

A Lei Espanhola – *Ley 35/1988, de 22 de noviembre, sobre Técnicas de Reproducción Asistida* –, adoptou posição semelhante.

Em França, o *Comité Consultatif National d'Éthique pour les Sciences de la Vie et de la Santé* num Parecer emitido em 1990 recomendou a proibição da terapia germinal.

Na mesma orientação se pronunciou a Comissão de Ciência e Tecnologia da Câmara dos Comuns na Grã-Bretanha, em Julho de 1995, Cfr. *Bulletin of Medical Ethics*, September 1995, n.º 110, pág. 9.

são reconhecidas as vantagens dos genes deletérios, porém, por outro lado, também, é sabido que alguns medicamentos já conseguem superar esses problemas tão bem ou melhor que os genes deletérios. E, num futuro, mais ou menos próximo, obter-se-ão medicamentos ainda mais sofisticados que permitirão debelar as dificuldades, eventualmente, ainda, subsistentes.

b) Relativamente à diversidade genética, é possível contrapor que seriam necessárias várias centenas de gerações para que a prevalência percentual de um gene dado se alterasse significativamente por causa da terapia génica em células da linha germinal. Logo, os efeitos sobre a diversidade genética seriam inferiores ao que se podia pensar.

c) E, no que concerne à última objecção equacionada, é viável argumentar que, por enquanto, a terapia génica germinativa só deve ser realizada no tratamento de doenças para as quais já se tenha alcançado, com sucesso, a terapia somática. Não se pode proceder à sua condenação *tout court*. Mais cedo ou mais tarde, a experiência acumulada em sede de terapia somática permitirá um aperfeiçoamento da técnica. Penso, na esteira do Sr. Prof. Doutor Luís Archer[29], que quando se trate de uma doença grave que cause, designadamente, sofrimento significativo e morte prematura e, partindo do princípio que a metodologia não implique questões éticas e seja aceite pela opinião pública, será não só lícito como também conveniente intentá-la. Por exemplo, no caso dos diabéticos, tentar-se-á erradicar a enfermidade da linha germinal através desta terapia evitando, assim, o sofrimento, as angústias, as despesas e a morte de milhões de doentes.

Além disso, cada intervenção em células da linha germinal economizará um número ilimitado de terapias em células somáticas. Este método possibilitará reduzir, de modo radical, a incidência de doenças hereditárias.

Nesta orientação, talvez seja viável afirmar que quando a terapia germinativa for possível, sem riscos, a sua utilização configurará não só um direito mas também um dever.

IV. ENGENHARIA GENÉTICA DE MELHORAMENTO

Por seu turno, a grande diferença entre a terapia génica e a engenharia genética de melhoramento ou eugénica[29] concretiza-se em que en-

---

[29] LUÍS ARCHER, *Terapia génica humana*, in «Ética y Biotecnología», Fundación Humanismo y Democracia, Universidad Pontificia Comillas, Madrid, 1993, págs. 136-137.

[30] É possível em sede de engenharia genética de melhoramento proceder à distinção

quanto a primeira se circunscreve à reposição da normalidade pela transferência de um gene terapêutico para uma pessoa doente, a segunda pretende a adição, a uma pessoa sã, de um gene para lá do que é normal.

Corrigir um genoma humano defeituoso é algo muito distinto de introduzir um gene para melhorar uma característica, na medida em que pode alterar o equilíbrio metabólico de um ser humano. Metaforicamente falando é como se tentassem inserir num televisor (que trabalha bem) algo diferente para o melhorar, mas correndo o grave risco de o danificar.

A engenharia genética de melhoramento tem como finalidade a "produção", a "fabricação" de um homem *à la carte*; reporta-se a situações que não têm, propriamente, a ver com a cura de doenças mas, somente, com alterações de debilidades somáticas e psicossomáticas ou, mesmo, com acentuação de características consideradas desejáveis. Por outras palavras, pretende a introdução ou a modificação de um ou mais genes com o objectivo de aperfeiçoar certa característica física, traço morfológico ou psico-afectivo.

Futuras gerações manipuladas, criadas por produção industrial com as características específicas desejadas "pedidas", "encomendadas" por outrem?!...

A engenharia genética de melhoramento colide com o princípio da não instrumentalização do ser humano, princípio este que faz com que cada homem seja sempre considerado um fim em si mesmo, e nunca um meio para atingir determinado fim.

A engenharia genética de melhoramente pode conduzir à "fabricação" intencional de duas espécies de seres humanos. As modificações genéticas que viessem provocar distinções raciais, étnicas ou de classe e,

---

entre somática e germinativa. As objecções por mim equacionadas concernem, logicamente, apenas à germinativa.

Porém, há quem não admita sequer a somática, argumentando que mesmo que a engenharia genética de melhoramento venha a ser realizada, sem efeitos secundários nocivos, terá sempre de ser analisada à luz do princípio da igualdade da pessoa. No caso da possibilidade técnico-científica de adição de um gene para melhorar a memória quem deverá ser escolhido? As pessoas mais necessitadas? Ou, pelo contrário, as mais inteligentes para poderem beneficiar a sociedade? Ou, pura e simplesmente, as que têm dinheiro para pagar a intervenção?

Será necessário articular o princípio da igualdade com o da não discriminação uma vez que todos somos potenciais candidatos: Como seleccionar quem para receber um gene de melhoramento os que podem pagar?!...

A engenharia eugénica pode levar à radicalização das desigualdades sócio-económicas já existentes.

por maioria de razão, qualquer ideia de criar uma nova raça ofenderia o princípio da igualdade da pessoa.

V – CLONAGEM

Cumpre-me, também, nesta comunicação falar em clonagem.

Proponho-me abordar a problemática ética-jurídica da clonagem reprodutiva de seres humanos. E sublinho humanas, precisamente, para referir que é de clonagem de pessoas que se trata. Com efeito, é possível falar em clonagem de pessoas, de células somáticas ou de animais.

A clonagem de células somáticas em seres humanos é de preconizar, cumpridas determinadas regras, nomeadamente a do consentimento informado, confidencialidade, etc.

O método de cloning aplicado a animais ou a plantas também não suscita particulares problemas éticos, desde que se observem normas internacionalmente aceites para a experimentação animal e a preservação da biodiversidade seja garantida.

No entanto, a clonagem humana reprodutiva não é cientificamente justificada e é reprovável por consubstanciar instrumentalização da pessoa.

Ter um duplo e ser imortal esteve sempre presente nas fantasias humanas, designadamente na literatura e nos próprios mitos. A clonagem está ligada, precisamente, ao tema da imortalidade. A múmia egípcia foi designada como uma cópia do morto. Actualmente, o homem pretende uma cópia do vivo ou do defunto, já não uma cópia morta mas uma cópia com vida.

Os profetas da clonagem visam a criação de seres geneticamente iguais a outros, com a mesma estrutura física, a mesma aparência, a mesma maneira de ser e de estar no mundo, os mesmo gostos, pensamentos, idiossincracias. Enfim, teríamos, assim, um mundo mais uniforme!...

Um Homem novo para um mundo novo. Ou, diria antes, um Homem igual (porque clonado) para um mundo diferente!...

A clonagem é uma matéria que suscita já inúmeras dúvidas e contradições. Passo a enumerar algumas hipotéticas questões do foro jurídico e ético que podem ser equacionadas se (ou, quiçá, quando !...) a clonagem reprodutiva de seres humanos se realizar.

Suponhamos o caso de um casal António e Berta. Se Berta resolver "fabricar" um ser igual a si própria , a pessoa que nasce é sua filha ou sua irmã? Nos termos do n.º 1 do art. 1796.º do Código Civil, a filiação resulta do facto do nascimento. Logo, Berta é a mãe. Mas, é a mãe da própria gémea?!... E o pai quem é? Ou melhor, será que nesta situação se pode falar em paternidade uma vez que o clone recebe a informação genética de um único progenitor? Se a noção de progenitura for reduzida à transmissão da carga genética chegamos à conclusão que o filho só tem um ascendente biológico. Porém, segundo o preceituado no número 2 do art. 1796.º e no art. 1826.º do C.C. o pai é o marido da mãe. É a consagração da velha máxima *Pater is est quem justae nuptiae demonstrand*. Logo, na hipótese em análise o pai seria António, marido da Berta.

E se Berta resolver clonar-se e para este fim celebrar um contrato de gestação uterina com uma mãe hospedeira. Quem é a mãe[31]? Segundo o critério legal anteriormente referido mãe é quem dá à luz. Ou seja, a portadora. E o pai seria o marido da mãe. Isto é, o marido da portadora. E, se o marido da mãe de aluguer tiver consentido na inseminação artificial da sua mulher não pode impugnar a presunção de paternidade de acordo com o artigo 1839.º, n.º 3.

Retomando a questão anterior de saber se o clone é descendente ou irmão gémeo do ser clonado as consequências serão diferentes nomeadamente na área do Direito das Sucessões. O clone integrará a 1ª ou a 3ª classe de sucessíveis do art. 2133.º? A 1ª classe é a dos descendentes e a 3ª é a dos irmãos. Assim, herda como descendente ou apenas como irmão? Será um herdeiro legitimário ao abrigo do art. 2157.º? E como tal não pode ser privado da sua legítima (art. 2156.º), a não ser no caso (raro no direito português) da deserdação (art. 2166.º)?

Imaginemos unumas outra hipótese: Emília e Manuel têm um filho de seis anos de idade chamado Carlos. Resolvem ter, através da clonagem, outro filho igual a Carlos. Carlos tem um irmão gémeo seis anos mais tarde. À medida que Carlos cresce observa o irmão a "repetir" o seu desenvolvimento?!...

Será de admitir que se possa produzir uma criança fenotipicamente idêntica ao ser que lhe deu origem genética?[32-33-34-35-36-37-38].

---

[31] JOSÉ DE OLIVEIRA ASCENSÃO, *Procriação assistida e direito*, in «Estudos em Homenagem ao Prof. Doutor Pedro Soarez Martinez», Vol. I, Almedina, Coimbra, 2000, pág. 667.

[32] O Princípio 20 da Recomendação do C.A.H.B.I. sobre Procriação Artificial Humana dispõe que deve ser interdita a utilização de técnicas de procriação artificial para criar seres humanos idênticos por clonagem ou por outros métodos.

[33] O artigo 20.º, n.º 2 da Lei Espanhola – Ley 35/1988, de 22 de noviembre, sobre Técnicas de Reproducción Asistida –, considera infracção muito grave: "Crear seres huma-

Como se processará o desenvolvimento psíquico-intelectual do sósia genético?

A imagem da pessoa que lhe deu origem poderá funcionar como um travão, uma barreira ao livre desenvolvimento da sua própria personalidade?

O produto da cultura biológica sempre que olhar para o "progenitor" olhará também para o seu próprio futuro?

Com estas condicionantes poder-se-á defrontar com inúmeras dificuldades para conseguir adquirir uma personalidade, uma identidade própria, diferente do "progenitor" (pensando na já conhecida enorme influência mútua que se processa entre gémeos verdadeiros).

---

nos idénticos, por clonación u otros procedimientos dirigidos a la selección de la raza" (alínea k) e "La creación de seres humanos por clonación en cualquiera de las variantes o cualquier otro procedimiento capaz de originar varios seres humanos idénticos" (alínea l). O Código Penal Espanhol, de 1995, no artigo 161.º, n.º 2, proíbe a criação de seres humanos idênticos por clonagem ou quaisquer outros procedimentos que visem a selecção racial.

[34] A Lei Alemã para a Defesa do Embrião – *Gesetz Zum Schutz von Embryonen* –, de 1990, no § 6, pune com pena de prisão até cinco anos ou multa todo aquele que provoque artificialmente o aparecimento de um embrião humano com a mesma formação genética que um outro embrião, feto ou defunto (n.º 1). E será igualmente punido todo aquele que transferir para uma mulher um embrião designado no parágrafo 1 (n.º 2). É, ainda, punível a experiência (n.º 3).

[35] A Lei Inglesa – *Human Fertilisation and Embriology Act* –, de 1990, não admite a clonagem humana (secção 3, n.º 3).

[36] A Declaração Universal sobre o Genoma Humano e os Direitos do Homem de 1997 consagra que a clonagem humana não deve ser permitida (artigo 11.º).

[37] O número 1 do artigo 5.º do Decreto 415/VII, de 17 de Junho de 1999, que Regula as Técnicas de Procriação Medicamente Assistida (Diário da República, II Série-A, n.º 80, de 16 de Julho de 1999, págs. 2296-2300) proíbe o recurso a técnicas de procriação medicamente assistida com o objectivo deliberado de criar seres humanos idênticos, designadamente por clonagem, ou de dar origem a quimeras ou de intentar a fecundação interespécies. No entanto, o Decreto foi vetado pelo Presidente da República no dia 30 de Julho de 1999, (Diário da República, II Série-A, n.º 82, de 3 de Agosto de 1999, págs. 2316).

O n.º 3 do artigo 26.º da Constituição da República Portuguesa de 1976 (aditado pela Lei Constitucional n.º 1/97, de 20 de Setembro) determina que a lei garantirá a dignidade pessoal e a identidade genética do ser humano, nomeadamente na criação, desenvolvimento e utilização das tecnologias e na experimentação científica.

[38] A clonagem humana encontra-se, também, proibida pelo Protocolo Adicional à Convenção sobre os Direitos do Homem e a Biomedicina aberto à assinatura dos Estados membros do Conselho da Europa em Paris, em 12 de Janeiro de 1998, e ratificado por Portugal, em 3 de Janeiro de 2001, (Diário da República, I Série-A, n.º 2, de 3 de Janeiro de 2001, págs. 14-35).

Se se aceitar a clonagem a partir de cromossomas de ídolos famosos é provável que o fenómeno do mimetismo, a que os ídolos andam na maior parte das vezes associados, conduza a que muitos pais "mandem fabricar" os filhos de acordo com esses modelos. Admitir-se-á que a criança fruto da técnica de *cloning* tenha que transportar durante toda a vida nos ombros a patética escolha dos progenitores por um determinado ídolo político, desportivo ou do mundo do espectáculo?

Será correcto a criança poder sentir que não é amada por si mas pelas suas características que previamente foram ou não seleccionadas e proporcionadas pelos genes?

Clonar um indivíduo é pretende-lo "por medida"; é "moldar-lhe", coartar-lhe o seu destino.

A última fronteira nesta escalada de hipóteses suscitada pela biotecnologia seria a de uma Humanidade dividida em duas ou mais "raças" com destinos diferentes: uma de super-homens, belos, fortes e inteligentes, de amos e outra de infra humanos para servir aquela.

É um mundo novo !...

O entusiasmo actual pelo acesso aos dados genéticos explica-se pelos progressos alcançados na compreensão dos mecanismos da hereditariedade e na capacidade de identificação dos indivíduos segundo as suas características genéticas únicas e irrepetíveis.

Porém, poder-se-á colocar a questão de saber se não existirá perigo de estarmos a caminhar para uma visão redutora do ser humano; uma genetização da vida social? Traduzirá este fascínio a expressão de um novo materialismo que reduz o conhecimento do corpo ao mecanismo dos genes de que depende o fenótipo de cada um? O prémio não será um risco acrescido de supervalorização do indivíduo com o concomitante postergar da pessoa cuja existência é, também, uma coexistência, um relacionamento com o outro?

A profunda unidade ontológica faz da pessoa um ser *corpore et anima unus*.

Porém, a animação da clonagem humana continua sujeita a construções míticas e delírios, com visionários a profetizarem a reconstrução do Homem e do mundo.

A produção humana pelo método de *cloning* está, por vezes, imbuída de uma carga eminentemente eugénica: os profetas da clonagem visam a obtenção do gémeo ideal, a (re) produção dos grandes Homens da Humanidade. Criar-se-iam Picassos, Sócrates... e não homens comuns.

Apesar disso, entendo que não podemos radicalizar os problemas e concluir que se que se fosse possível clonar Cícero, Leonardo Da Vinci, Einstein obteríamos novamente Cícero, Leonardo Da Vinci, Einstein, pois o contexto familiar, político, cultural, económico, social, etc., seria outro. Se é certo que, por um lado, a carga genética é essencial, por outro lado, não podemos descurar o contributo fundamental fornecido pelo meio. Pelo que, seria necessário "reproduzir", também, todo o contexto em que os "modelos" se desenvolveram, desde a concepção até à morte. Consubstanciaria, sem dúvida, a reprodução de seres com as mesmas características mas, não seria portanto uma fotocópia milimétrica.

Todo o ser vivo é o produto do diálogo entre genes e meio de vida, e no caso concreto do homem, ser espiritual, o enriquecimento produz-se não apenas a nível do meio ambiente, mas, também, cultural e espiritualmente. Chamo à colação o exemplo dos gémeos idênticos cuja personalidade se pode desenvolver de modo completamente diferente.

O modo de ser e de estar de cada pessoa não depende, apenas, dos seus genes mas, também, do meio ambiente, da família, dos amigos, dos vizinhos, da escola que frequentou, do trabalho que exerceu, da educação, das experiências que o marcaram desde a primeira infância, ou, simplesmente, por outras palavras, do contexto espácio-temporal da sua própria existência!...

A pessoa compreende princípios específicos, características e qualidades individuais ao ponto de não ser suficiente dizer que ela é composta de tal alma, de tal carne ou de tais ossos. A alma, a carne e os ossos determinam a natureza humana, mas é esta alma, esta carne e estes ossos que determinam este indivíduo.

O homem é livre, único, incondicionável e irrepetível implicando o reconhecimento da sua diversidade simultaneamente a aceitação da sua liberdade e igualdade. E, como tal, são de condenar os esforços desenvolvidos com o intuito de homogeneizar as propriedades biológicas das pessoas.

É cada vez maior a necessidade de repersonalização do direito salvaguardando a dignidade do homem, o seu valor[39] assim como a sua identi-

---

[39] Como ensina Luís CARVALHO FERNANDES, *Teoria Geral do Direito Civil, I, Introdução. Pressupostos da Relação Jurídica*, Universidade Católica Editora, Lisboa, 2001, págs. 72 e seguintes: "O princípio da personificação jurídica do Homem, com o inerente reconhecimento da qualidade da pessoa jurídica a todos os Homens, bem merece ser apontado como o primeiro dos princípios do Direito Civil português, e não por simples ordem de sistematização. Nesta ordenação da matéria domina uma hierarquia de valores e, com a simples colocação deste princípio no topo de todos os acima enumerados, pretende-

dade única e irrepetível que constitui, aliás, o cerne, o núcleo do direito à diferença.

VI. CONCLUSÃO

Cabe ao Direito o enquadramento nos princípios de um autêntico humanismo de molde a que a promoção e tutela dos direitos do homem encontrem fundamento na sua própria essência.

Quando o entrechoque de interesses e contradições se instala naturalmente na vida das pessoas, a regra jurídica é o instrumento último para impôr condutas obrigatórias.

A solução não está, obviamente, em condenar todos os avanços científicos caindo num dogmatismo fixista pois seria esquecer que a ciência tem sido o motor da civilização. Há que acolher como bençãos os seus resultados positivos.

É preciso encontrar uma solução de compromisso razoável entre o direito fundamental à investigação (artigo 42.° da Constituição da República Portuguesa) e a lealdade, a necessidade absoluta de defender as raízes da identidade humana (artigo 26.°[40] do referido Diploma).

Com efeito, os progressos da engenharia genética operados nas últimas décadas e os que são previsíveis num futuro próximo abrem diversos horizontes não só para a investigação científica como para o campo jurídico, explorando novas possibilidades para o melhor e para o pior. É precisamente na fronteira do melhor e do pior que a Ética deve tentar traçar e balisar um caminho que permita evitar os precipícios mas, também, que possibilite progredir até onde se quer chegar. A consciência ou o medo do

---

mos afirmar a ideia de que o Homem é a figura central de todo o Direito (e, por maioria de razão, do Direito Civil), o mais imprescritível dos valores que o dominam. Ao escolher este como o primeiro dos princípios do Direito Civil vai ainda uma opção no sentido de adoptar uma concepção de tendência humanista ou personalista deste ramo de Direito, constituindo o Homem e os direitos que lhe são reconhecidos o ponto mais alto do tratamento dos conflitos de interesses regidos pelo Direito Civil. A não ser assim, a própria maneira de ser deste ramo de Direito e os específicos meios técnicos de que se socorre perderiam, em muitos aspectos, o seu sentido."

[40] Cfr. GOMES CANOTILHO / VITAL MOREIRA, *Constituição da República Portuguesa Anotada*, 3ª Edição, Coimbra Editora, Coimbra, 1993, anotação ao art. 26.°; MARCELO REBELO DE SOUSA / JOSÉ DE MELO ALEXANDRINO, *Constituição da República Portuguesa Comentada*, Lex, Lisboa, 2000, anotação ao art. 26.°.

risco pode impedir ir mais além ou mesmo bloquear o avanço. Todavia, por seu turno, a inconsciência do risco, a ânsia da aventura é susceptível de conduzir a catástrofes das quais só se toma verdadeira consciência, muitas vezes, tarde demais.

A Ética fornece, ou deve fornecer, critérios considerados fundamentais para a tomada de decisões e de acções.

A tradição judaíco-cristã continua a ensinar que o homem se encontra perante o bem e o mal. A Ética é, actualmente, (como, aliás, sempre foi) a arte de optar pelo primeiro.

Na medida em que as preocupações da Ética reflectem as do Direito no peso dos jogos e da avaliação dos interesses sociais em análise, o Direito, pelas suas instituições, métodos e processos, tem o dever de tentar sensibilizar a humanidade para uma nova ordem de valores em que Direito, Ética e Ciência têm de caminhar lado a lado em perfeita harmonia.

Do ponto de vista ético-jurídico, que concepção de humanidade se encontrará subjacente à prática da clonagem? Que concepção de humanidade temos nós já hoje?

E, numa perspectiva preditiva ou predizente, que concepção de humanidade queremos e teremos nós amanhã? Aquela que hoje nós no domínio do subconsciente, inconsciente ou mesmo do consciente escolhemos como sendo a mais idónea.

E, especificamente, quem é que na realidade escolhe? Quando? Como? Em que termos? Em que condições? Em obediência a algum modelo pré-determinado?

Decidimos nas nossas práticas quotidianas como, por exemplo, a nível da investigação científica.

De um lado, o homem como ente livre e autónomo. Como algo ainda não construído, mas em permanente e incessante construção. O homem como produto da dinâmica interactiva entre genes e meio ambiente.

Do outro lado, o homem clonado, programado, como um dado constituído previamente, já determinado, construído, igual a outrem cujas características nós escolhemos previamente para ele.

Que humanidade teremos, então, nós amanhã?!... Já decidimos ontem para hoje, decidiremos também hoje para amanhã?!... Quais de entre nós decidirão?!... E decidiremos pelos outros?!... Os outros de ontem, de hoje e de amanhã?!... Sem que eles tenham o direito de se manifestarem, de dizerem o que pensam, de revelarem se concordam ou não com as escolhas feitas antecipadamente por nós para eles?!...

Eticamente correcto?!...

Hans Jonas, face ao novo contexto sócio-cultural, propõe um novo imperativo categórico[41]: é preciso agir de modo a que a nossa acção seja compatível com a permanência de uma existência autenticamente humana na terra e "de forma a que os efeitos do teu comportamento não sejam destrutivos para a possibilidade futura de tal vida"[42]. E o que define essa existência autenticamente humana é a liberdade como capacidade de escolha e de autodeterminação, como capacidade de relação e de comunicação. Deste modo, Hans Jonas procura somente tirar as consequências de condições e de novas possibilidades de acção relativamente às nossas obrigações morais.

Subsiste, ainda, a certeza da incerteza do futuro. No entanto, o futuro nunca foi tão previsível como o é actualmente. São inúmeras as hipóteses com que nos deparamos e são múltiplos os meios que temos para as alcançar. Assim sendo, a problemática da escolha reveste-se de primordial importância. Nas fronteiras da vida humana abrem-se novas possibilidades e responsabilidades com o constante progresso da biotecnologia. No passado nunca fomos tão responsáveis pela existência que deixamos às gerações vindouras e, consequentemente, pelo seu futuro[43].

Actuamos numa biosfera que atravessa uma autêntica e incessante revolução. Vivemos num mundo em permanente construção, onde ainda não existe futuro mas em que somos activos artífices da sua criação.

---

[41] KANT considera imperativo categórico que cada um aja de tal forma que a máxima da sua vontade possa valer sempre como princípio de lei universal.

[42] HANS JONAS, *Le Principe Responsabilité*, Ed. du Cerf, Paris, 1990, pág. 33.

[43] Há responsabilidades não só para com as gerações futuras mas, também, para com a actual, que se vai transformando lentamente nas gerações vindouras pelo nascimento e morte de muitos seres humanos. Não é possível uma separação total, completa entre uma geração e as seguintes.